रचनात्मक लेखन

रचनात्मक लेखन

सम्पादक

प्रो. रमेश गौतम

लेखन

डॉ. माधुरी सुबोध

डॉ. राजेन्द्र गौतम

डॉ. प्रभात रंजन

भारतीय ज्ञानपीठ

छठा संस्करण : 2016
सातवाँ संस्करण : 2022

भारतीय ज्ञानपीठ
लोकोदय ग्रन्थमाला : ग्रन्थांक 881

प्रकाशक

वाणी प्रकाशन ग्रुप
4695, 21-ए, दरियागंज, नयी दिल्ली-110 002
फ़ोन : 011-23273167, 23275710
ईमेल : sales@vaniprakashan.in

ISBN : 978-93-5518-378-1

रचनात्मक लेखन
(पत्रकारिता)
सम्पादक : **प्रो. रमेश गौतम**

RACHNATMAK LEKHAN
(Journalism)
Edited by Prof. Ramesh Gautam

मुद्रक : आर. के ऑफ़सेट प्रिंटर्स, दिल्ली-110 032

आवरण चित्र : देव प्रकाश

Seventh Edition : 2022

Price : INR. 199

अनुक्रम

खण्ड : एक

रचनात्मक लेखन

रचनात्मक लेखन क्या है ?

रचनात्मकता और उसका आधार

अपने मन के अनुसार सृष्टि करना मानव स्वभाव का अंग है। उसकी रचना के रूप अलग हो सकते हैं, पर ज्यों-ज्यों वह बड़ा होता है—उसकी रचनाधर्मिता की दिशाएँ बदल जाती हैं। दो साल का बालक पेड़ की टहनी हाथ में लेकर उसे बन्दूक बना लेता है और 'डूऽऽ डूऽऽ डु डु डूऽऽ' करता 'फायरिंग' का अपना विचार सम्प्रेषित कर सकता है। फिर उसी टहनी को बगल में दबाकर — पीछे की ओर घुमा कर 'शीऽऽ शीऽऽ' करता 'पैस्टकण्ट्रोल' का भाव जता देता है। कभी वह टहनी झाड़ू बन जाती है, तो कभी काल्पनिक घोड़ा भी बन सकती है।

वही बालक थोड़ा बड़ा होकर सब्जीवाला बन बैठता है। 'सब्जी लोऽऽ, गाजर लो, आलू लो' की आवाज़ लगाता है तो कभी 'कबाड़ीऽऽ' वाला बन जाता है। 'सब्जी लोऽऽ' की आवाज़ लगाकर अपने माता-पिता की ओर साभिप्राय देखता है तो वे भी उसके इस खेल में शामिल हो जाते हैं। फिर शुरू होता है सद्यः आलेख का (मानस) लेखन।

"क्या बेच रहे हो?"

"सब्जी।"

"क्या सब्जी है?"

"आऊऽऽ (आलूऽऽ)।"

"क्या भाव है?"

'दो।' (दो लुपया।)

'अच्छा, एक किलो देना।'

बालक हाथ से आलू उठाकर तोलने का अभिनय करता है। फिर हाथ में (काल्पनिक) आलू पकड़ा कर कहता है—बछ, जाओ। खतम।"

फिर दूसरे काम में लग जाता है, या खेलने चला जाता है अथवा माँ से दूध की माँग करने लगता है। यह 'सृजन का समय' या 'मूड' कुछ देर रहता है, फिर दैनन्दिन क्रियाओं में घुल जाता है।

कुछ बड़ा होकर वह गुड्डे-गुड़ियों का संसार रचता है। ढाई-तीन साल की उम्र में वह कहानियाँ बुनने लगता है। कल्पना की उड़ाने भरने लगता है। परिवार के लोग 'कुछ-कुछ' समझते हैं और 'कुछ' समझने की कोशिश करते हैं। आंगिक अभिनय के साथ शिशुगीतों (नर्सरी राइम्स) का गायन भी आरम्भ हो जाता है।

''पानी बरसा छम छम छम।
छाता लेकर निकले हम॥
पाँव फिसल गया गिर गये हम।
नीचे छाता ऊपर हमऽऽऽ॥''

फिर 'प्ले स्कूल' जाने की उम्र से तुकबन्दी शुरू हो जाती है और चार साल की उम्र तक आते-आते वह अच्छी भली तुकबन्दी करने लगता है। मेरी तीन साल की बेटी ने अपनी 'माँ' के विषय में कविता बनायी:

मम्मी बिंदी लगाती है
लोरी मुझे सुनाती है।

और पाँच साल पूरे करने से पहले उसने अपनी स्कूल डायरी में लिखा—

I have a sweet mother / and a father and a brother / she has brown eyes / she looks very wise.

यह सिलसिला जारी रह सकता है। सम्भव है बाद में छूट भी जाए।

रचनात्मकता सबसे पहले आत्माभिव्यक्ति है। इस अभिव्यक्ति के माध्यम कई हो सकते हैं। कोई शब्दों में, कोई रंगों और रेखाओं में, तो कोई शरीर की भाषा में अपनी बात अभिव्यक्त करने में सहजता और सुविधा अनुभव करता है। अनुकूल परिस्थितियाँ, उचित वातावरण, निरन्तर अभ्यास और लेखन की अनिवार्यता की अनुभूति—रचनात्मक लेखन के आधार हैं इनके माध्यम से कोई व्यक्ति अच्छा लेखक बन कर सफलता की सीढ़ियाँ चढ़ सकता है।

जीवन अनुभवों का सबसे बड़ा भण्डार और अनुभव सबसे बड़ा गुरु है। *जीवन में पाये अपने किसी अनुभव की छुअन हमारे भीतर सौन्दर्य की कौंध* उत्पन्न करती है जिससे प्रेरित होकर हम अभिव्यक्ति के लिए बेचैन हो उठते हैं। जब-जब विचारों की कौंध होती है—छोटा-बड़ा मानव उसे अभिव्यक्ति करने के लिए व्याकुल हो उठता है। उस विचार या अनुभव को मौखिक या लिखित अभिव्यक्ति देता है तो रचना बनती है। तब शब्दों के मोती ढुलकने लगते हैं—उनकी लड़ियाँ अपने आप बनने लगती हैं। जब उसे वह कागज़ पर लिख डालता है तो वह रचना दीर्घ आयु पाकर चिरंजीवी हो जाती है।

कला और काव्य की रचना 'सुन्दर' की सृष्टि के लिए होती है। क्रिस्टोफर, कॉडवैल के अनुसार, "जो असुन्दर है, उससे भिन्न जो कुछ है उसे सुन्दर कहा जा सकता है।" (Beauty then is defined by all that is not beauty.) वस्तुत: 'सुन्दर' अभावात्मक गुण नहीं है। सुन्दर-असुन्दर के निर्धारण में हमारे सामाजिक-सांस्कृतिक संस्कार महत्त्वपूर्ण भूमिका निभाते हैं किन्तु कलाओं में इसी आधार पर श्लील-अश्लील का निर्धारण भी कई बार कठिनाइयाँ उत्पन्न करता है। वास्तव में सौन्दर्य वह गुण या तत्त्व है जिससे हम वस्तु के सच्चे स्वरूप को पहचान सकते हैं और जो हमारी चेतना को सत्, चित् और आनन्द से पूर्ण करता है। जो हमारी चेतना के अनुकूल और उपयोगी है—उसे सुन्दर माना जा सकता है। जो अनुपयोगी और कष्टदायी है वह असुन्दर है। कलाकार की 'सुन्दर' की धारणा अपनी समझ और जगत में आनेवाले परिवर्तनों के साथ निरन्तर बदलती रहती है। रचना इसी सुन्दर की सृष्टि के लिए होती है। कलाकार स्थूल और भौतिक इच्छाओं से सूक्ष्म मानसिक और आत्मिक आनन्द के लिए इस सौन्दर्यमयी सृष्टि की ओर आकर्षित होता है। कलाकार हमारी आत्मा का शिल्पी है। उसे तराश कर नया रूप और आकार देता है। इसीलिए कलाओं को ललित कला और उपयोगी कला के तराजू में तोलकर एक को श्रेष्ठ और दूसरे को तुच्छ नहीं समझा जाना चाहिए।

कला सौन्दर्यानुभूति है। किन्तु रचना का जन्म हमेशा 'सुन्दर' की 'अनुभूति' के 'क्षण' विशेष में ही हो अथवा 'कौंध' का क्षण प्रवाहित होकर रचना का रूप तत्काल ले—अनिवार्य नहीं। अनुभूति के ये क्षण कभी-कभी इतने प्रबल भी हो सकते हैं—पर सदा ऐसा नहीं होता। सभी रचनाएँ 'मानसिक द्रवण' के क्षण अथवा 'सौन्दर्य की कौंध के क्षण' विशेष में नहीं लिखी जातीं।

न ही सौन्दर्य की यह अनुभूति निरन्तर अथवा दीर्घ समय तक सदा बनी रहती है। यह भी सम्भव नहीं कि जब तक 'रचना' न हो रचनाकार का मानस उस कौंध से चौंधियाता रहे और न ही कागज़-कलम हाथ में लेते ही रचना बनने लगती है। कई बार ऐसा भी होता है कि कोई अतीतभावी अनुभव जाग उठता है और कचोटने लगता है, तब उसे अभिव्यक्त करना ज़रूरी लगे। 'अभिव्यक्ति की अनिवार्यता' या 'ज़रूरत' जब साँस लेने की तरह ज़रूरी लगे—तभी श्रेष्ठ रचना सम्भव है।

यही रचनाकार के लिए सबसे बड़ी चुनौती होती है। रचना में (1) 'अनुभव' की प्रमुख भूमिका रहती है। अनुभव के अभाव में परिपक्व रचना करना सम्भव नहीं। रचनाकार ये अनुभव जीवन से ही बटोरता है। दिन-प्रति-दिन के अनुभव हों अथवा जातीय या राष्ट्रीय अनुभव—रचना को हृदयस्पर्शी बनाते हैं। उनकी सरसता या पनीलापन (तरलता)हमें छू जाता है। लेखन के लिए सकारात्मक दृष्टिकोण स्पृहणीय है। हमारे 'अनुभव के फूल' किसी के लिए काँटे न बनें — ध्यान रखना चाहिए।

(2) किसी भी रचना में आने वाली अर्थ-छवियाँ 'कल्पना' से ही सम्भव होती हैं। लेखकीय कल्पना निराधार नहीं होती। लेखक के पाँव अनुभव की ठोस ज़मीन पर होने चाहिए। पाँव ज़मीन पर —उड़ान और नज़र आसमान पर। 'जैसे उड़ि जहाज को पंछी फिरि जहाज पर आए।' वापिस धरती पर लौटना ही होगा। जिस बात को हम कह रहे हैं, उसे प्रामाणिक ढंग से कहना चाहिए। 'उसे सिद्ध करके दिखाना चाहिए।' सामाजिक घटनाओं के अनगढ़ कंकड़ जब हमारी जीवन-सरिता में फेंके जाते हैं तो विचारों के वृत्त बनते चले जाते हैं।

सृजनात्मक लेखन के लिए *ज्ञानात्मक संवेदना* और *संवेदनात्मक ज्ञान* अपेक्षित है। समस्त रचनात्मक कार्य अर्थ-सूचना केन्द्रित भी होता है। तभी कल्पना का पंछी अनुभवों के तालाब के इर्द-गिर्द मण्डराता है।

नि:सन्देह रचना कल्पना से ही सम्भव है और बिना 'लक्ष्य' के कल्पना निरर्थक होती है। उसे अपने अनुभव के फूल खिलाने से पहले अपने लक्ष्य को जान लेना चाहिए। अपने मूल्यों को भी पहचानना चाहिए ताकि उन्हें अभिव्यक्त कर सके।

अनुभव से प्राप्त संवेदना (भावना), बुद्धि या विचार, कल्पना और उद्देश्य—सर्जनात्मक लेखन के ये चार महत्त्वपूर्ण घटक हैं। फिर बारी आती है भाषा की। 'सुन्दर' 'ललित' भाषा की। भाषा की रचनात्मकता सबसे पहले आत्माभिव्यक्ति है। हर कलाकार की अभिव्यक्ति का माध्यम भिन्न होता है। शब्द, रंग या कुछ और। साहित्यिक अभिव्यक्ति में इसका माध्यम भाषा है। वह यहाँ अभिव्यक्ति का माध्यम भी है और भाव या अनुभूति तक पहुँचने का माध्यम भी। रचनात्मक लेखन में भाषा की महत्त्वपूर्ण भूमिका है। अभिव्यक्ति का सम्बन्ध अनिर्वचनीयता से भी है। यदि रचयिता कुछ अभिव्यक्त नहीं कर पाता तो यह उसकी भाषा की सीमा हो सकती है।

अपने भावों की अभिव्यक्ति के लिए रचनाकार से लोक-व्यवहार की भाषा की अपेक्षा की जाती है। साहित्य में भाषा का रूप लोक-व्यवहार का भी हो और उससे अलग—विलक्षण भी। इसीलिए साहित्यिक अभिव्यक्ति में शब्द और अर्थ की कई गहरी छवियाँ होती हैं। वह भाषा का ऐसा प्रयोग है जिसमें नये-नये अर्थ और जगत के नये-नये सन्दर्भ खुलने लगते हैं। वह बोलचाल की भी हो और मानक भी। हमारी ज़रूरत की उपज हो, आम जीवन से उपजी हो। भाषा का निजी चरित्र होता है। हमें उसे बदलना नहीं चाहिए, भाषा की प्रकृति बदलने से उसका सौन्दर्य नष्ट हो जाता है।

लेखक के लिए उसकी शुद्धता से अधिक महत्त्व उसकी सहजता का है। बोलियों और स्थानीय रंगों से कहानी-उपन्यास और नाटक की भाषा अर्थपूर्ण बनती है। ये स्थानीय रंग लोक प्रचलित शब्दों, मुहावरों-लोकोक्तियों के प्रयोग और भाषिक भंगिमाओं के माध्यम से विशिष्ट बनते हैं। उनमें लोकभाषा ओर लोक जीवन की

छवियों का रचनात्मक उपयोग होता है। इसीलिए साहित्यिक लेखन शुद्ध साहित्यिक नहीं होता। वह विशिष्ट सामाजिक-सांस्कृतिक सन्दर्भों में ही जीवन्त हो उठता है। लोकभाषा के रचनात्मक उपयोग से रचनात्मक लेखन समृद्ध ही नहीं होता बल्कि उसमें वह गुण सम्भव हो पाता है जो किसी अनुवाद में नहीं उतारा जा सकता। यदि कोशिश की भी जाय तो वह लोकजीवन की गन्ध उड़ जाती है—जैसे इत्र उड़कर गायब हो जाता है। वह शब्द और अर्थ का संयोग है। शब्द भी कई अर्थों को ध्वनित करते हैं—'गिरा अरथ जलवीचि सम' की अर्थ ध्वनि में वह भाव स्पष्ट है।

कोई भी रचना अभिव्यक्ति की अनिवार्यता से उपजती है। रचनाकार जीवन में प्राप्त अपने अनुभवों को रचना में उतारता है। 'आत्मविस्तार की इच्छा' में रचना की सामर्थ्य निहित है। 'अपनी अनुभूतियों और अनुभवों को दूसरों से बाँटने की इच्छा' किसी रचना की प्रबल प्रेरक शक्ति है। समाज से जुड़ने में इस अभिव्यक्ति की सार्थकता है। रचना अपने रचनाकार के सीमित 'मैं' को सामूहिक अस्तित्व से जोड़ती है। इसलिए उसका लक्ष्य समाज ही है। इस अर्थ में रचना करना सामाजिक गतिविधि है। सामाजिक कार्रवाई है।

रचनाकार के अन्तर्जगत को प्रतिबिम्बित करने के साथ-साथ कोई रचना अपने समय और समाज का दर्पण भी होती है। अपने समय के जीवन, जगत् और परिवेश से वह असम्पृक्त नहीं रह सकती। अपने समय और समाज की छायाएँ उसमें सहज ही देखी जा सकती हैं। समाज रचना का प्रेरक भी है और उसके माध्यम से रचनाकार अपनी सामाजिकता का परिचय भी देता है। दोनों का अन्योन्याश्रित सम्बन्ध निर्विवाद है।

रचनाकार पैदा होता है या बनाया जाता है?

इस प्रश्न का उत्तर देना बड़ा कठिन है। जन्मजात प्रतिभा के बिना रचना नहीं की जा सकती। किन्तु किसी न किसी अंश में प्रतिभा हरेक में विद्यमान रहती है। आवश्यकता है उसे जगाने की, जो प्रशिक्षण और अभ्यास से सम्भव हो सकता है। काव्य अथवा सर्जनात्मक साहित्य की गणना ललित कलाओं के अन्तर्गत की जाती है। 'सृजन की अदम्य लालसा' या 'आत्मा की अभिव्यक्ति और आत्म-विस्तार' इसकी विशिष्टता हैं। दूसरी ओर उपयोगी कलाओं का लक्ष्य धनार्जन अथवा 'कोई अन्य आवश्यकता' हो सकता है। यही 'उपयोगितावादी दृष्टिकोण' दोनों के बीच विभाजन रेखा खींचता रहा है।

किन्तु एक अन्य पहलू भी कम महत्त्वपूर्ण नहीं है। सूचना-क्रान्ति के वर्तमान युग में रचनात्मक साहित्य के लक्ष्य और उद्देश्य में बदलाव आया है। अब 'सृजन की अदम्य इच्छा' मात्र रचना के लिए प्रेरित नहीं करती—उसका आर्थिक पहलू अधिक

महत्त्वपूर्ण हो गया है। अब वह मात्र 'स्वांतः सुखाय' नहीं रह गया है, व्यवसाय भी बन गया है। वह अर्थोपार्जन या जीविका का माध्यम भी है। मीडिया लेखन हो या कवि-सम्मेलन या विशेष अवसरों के लिए तैयार की गयी रचनाएँ। (जी हाँ हुजूर मैं गीत बेचता हूँ!—भवानी प्रसाद मिश्र) व्यावसायिकता लेखन और प्रस्तुतीकरण — दोनों दृष्टियों से महत्त्वपूर्ण हो गयी है। अतः इन रचनाओं के प्रति हमारा दृष्टिकोण बदला है। सर्जनात्मक लेखन 'प्रशिक्षण' का भी लक्ष्य है जिसमें अभ्यास की अनिवार्यता स्वतः रेखांकित हो उठती है। प्रतिभा में निखार तभी सम्भव है। प्रतिभा, प्रशिक्षण और अभ्यास का समुच्य लेखन में परिपूर्णता (Perfection) ला सकता है। इस सन्दर्भ में श्री सूर्यकान्त त्रिपाठी 'निराला' के विचार दृष्टव्य हैं, जो उनकी उदार और प्रगतिशील दृष्टि के परिचयाक हैं। साथ ही समय के साथ रचनात्मक-विमर्श के विकसित किये जाने का पक्ष भी प्रस्तुत करते हैं :

"जो लोग यह समझते हैं कि कवि पैदा होता है, बनाया नहीं जाता, जैसी कि अंग्रेज़ी उक्ति प्रचलित है, वे इसका वैज्ञानिक तात्पर्य नहीं जानते। कवि भी बनाया जाता है। काव्य-पाठ, सूक्ष्म-अध्ययन, भाषा-ज्ञान इसके कारण हैं। काव्य के अध्ययन से कवि-संस्कार पैदा होते हैं—यहीं कवि बनाया जाता है। संसार के 99 फीसदी कवि भाषा के मर्मज्ञ थे। भाषा में एक प्रवाह फेरने की शक्ति इसीलिए कवि में होती है। हिन्दी में कबीर के लिए कहा जाता है कि वे लिखना न जानते थे। पर इसके मानी ये न हुए कि बोलचाल की भी भाषा उन्हें न आती थी। वे अपनी मातृभाषा जानते थे। उसी में उन्होंने कविता की। सत्य-दर्शन से हृदय की ग्रन्थि खुल ही गयी थी। वे कविता कर चले। पर वे भी साहित्य-संस्कारों से बाहर चलकर कुछ नहीं कह सके—किसी ऐसे शब्द का प्रयोग उन्होंने नहीं किया, जिसका अर्थ पहले से न जानते रहे हों, न किसी ऐसे साहित्यिक शब्द का प्रयोग किया, जिसका अर्थ उन्हें समझना था। छन्दों में भी यही बात है। जनता के हृदय की गति से ताल देते हुए जो छन्द उनके प्राणों से मिले हुए थे, उन्हीं में कबीर ने कविता की। भाव भी साधु संस्कार-जन्य प्राचीन हैं। इस तरह यह स्पष्ट होता है कि कवि बनाया जाता है। यही कवि का पैदा होना भी है। अर्थात कवि पैदा होता है और कवि बनाया जाता है, ये दोनों वाक्य दार्शनिक दृष्टि से एक हैं। 'कवि बनाया नहीं जाता,' इस उक्ति से कवि की केवल महत्ता प्रकट की गयी है।"

हमारे कहने का मतलब यह है कि कवि पैदा होता है, ऐसा विचार कर साहित्य और काव्य-पाठ से विरत न होना चाहिए। इस समय पहले से कहीं अधिक साहित्यिक प्रतियोगिता संसार में है। साहित्य के अध्ययन से, शब्दों को प्यार करने से, उनकी ललितकला का मर्म आत्मा सुझा देगी।

शब्द-साहित्य का ज्ञान आत्मा में मधुर-मधुर प्रतिध्वनित होकर बाहर निकलने

पर काव्य कहलाता है। आज शब्द-साहित्य का बाह्य संसार में बड़ा विस्तार है। इसलिए उसे, संसार में हुई उसकी भिन्न-भिन्न गतियों के साथ, ज्ञान के साथ, आत्मसात करके बाहर निकालने में बड़े श्रम और अध्ययन की आवश्यकता पड़ती है। हमारे कवि साहित्य में तभी जीवित रह सकेंगे, जब इधर सपरिश्रम कार्य करेंगे। रस, अलंकार, ध्वनि आदि काव्य-साहित्य के पूर्व लक्षण चिरन्तन हैं, इसमें सन्देह नहीं। पर *थियेटर के गानों की तरह आज अनेक मौलिक काव्य-रागिनियाँ एक साथ मिल-मिलकर एक विशिष्ट स्वर से संसार को चकित कर रही हैं, इधर भी ध्यान होना चाहिए। आजकल बल्कि इसी नवीनता की विजय है। प्राण इसी में है।''*

[हिन्दी जगत, अप्रैल-जून 2004 पृ.5 पर उद्धृत]

सर्जनात्मक लेखन का अभ्यास कैसे करें?

कई बार विचारों की घुमड़न ऐसी प्रबल होती है कि लिखना अनिवार्य हो जाता है। यह सहज और प्रतिभावान लेखन का परिचायक है। किन्तु अभ्यास...निरन्तर अभ्यास से अभिव्यक्ति में सुगढ़ता आती है। इसके लिए :

(i) निरन्तर अच्छी पुस्तकें पढ़ें। अच्छी रचनाएँ उत्प्रेरक का कार्य करती हैं।

(ii) रोज डायरी लिखने की आदत डालिए।

(iii) अचानक कोई अच्छा विचार या वाक्य सूझे तो उसे डायरी में लिख लेना चाहिए।

(iv) जो अच्छी और प्रभावशाली रचनाएँ आप पढ़ते हैं या सुनते हैं—उन की प्रभावी पंक्तियों या संवादों को डायरी में अवश्य लिखें। सूक्तियाँ चिन्तन-क्षमता या विचारों को तो बढ़ाती ही हैं—लेखन की शैली को भी प्रौढ़ता प्रदान करती हैं।

(v) जब कभी विशेष यात्रा पर जाएँ या संगोष्ठी में भाग लें अथवा नये व्यक्ति से मिलें—तो अपना प्रभाव अवश्य व्यक्त करें—उसकी (Summary) बनाएँ।

(vi) जब खाली बैठे हों या फुर्सत में हों तो अपनी लिखी डायरी को पढ़िये। कुछ लिखने का विचार 'शायद' कौंध जाए।

(vii) अखबार रोज पढ़िये। जब कोई नया शब्द, नया शीर्षक या अभिव्यक्ति का नया रूप दिखे, उसे डायरी में नोट कर लें।

(viii) नयी फिल्म देखें, नया विचार आए या प्रभावी संवाद सुनें तो नोट कर लें।

(ix) प्रकृति के निकट रहने का अभ्यास कीजिए। प्राकृतिक वातावरण, पार्क, नदी-किनारा, वर्षा से पहले अथवा बाद का आकाश, सूर्योदय या सूर्यास्त को गम्भीरता से निहारिए, इन्द्रधनुष दिखे—जो विचार आएँ—लिख डालिए।

(x) कभी किसी मेले में जाएँ या प्रदर्शनी में या उत्सव में—इसका ब्यौरा अलग कागज़ पर लिख डालिये।

(क) किसी विलक्षण चरित्र को देखें—विचित्र वेशभूषावाली महिला या सँपेरा, नेता या अभिनेता—उनके जीवन के बारे में कल्पना कीजिए। कैसा व्यक्ति होगा? कैसा होगा उसका व्यवहार? कैसा होगा उसका परिवेश?

(ख) 'कॉफी हाउस' में बैठकर या 'मेट्रो' में सफ़र करते हुए अपने आस-पास के लोगों को ध्यान से देखें। उनके चरित्र को पढ़ने की कोशिश कीजिए। अपने किसी ऐसे ही पूर्व अनुभव को टटोलिए। क्या दोनों में कोई सम्बन्ध जुड़ता दिखायी देता है? विस्तार से विचार कीजिए—Detail देखने की कोशिश करें।...और...कोई कहानी बन सकती है।

लोक-व्यवहार की भाषा तथा लेखन-साहित्य

हिन्दी के सन्दर्भ में शुरू से ही इस बात को लेकर प्रयास होते रहे हैं कि लोक-व्यवहार की भाषा तथा लेखन-साहित्य की भाषा को अलग-अलग दिखाया जा सके। इसका कारण हिन्दी भाषा की अपनी प्रकृति में ही निहित है। हिन्दी वास्तव में इतनी अलग-अलग शैलियों में बोली जाती है कि यह आवश्यक हो जाता है कि एक ऐसी भाषा में साहित्य रचा जाये जिसमें हिन्दी की बोलियों के तत्त्व आएँ तो ज़रूर मगर उनके प्रयोगों में एकरूपता बनी रहे। इस भाषा को मानक भाषा कहा जाता है और आरम्भ से ही हिन्दी के मानकीकरण के प्रयास होते रहे हैं।

लोक-व्यवहार की भाषा और लेखन-साहित्य की भाषा के अन्तर को कुछ उदाहरणों के माध्यम से समझने का प्रयास करते हैं। मैं के लिए 'अपन', 'हम' आदि अनेक सम्बोधनों का प्रयोग अलग-अलग क्षेत्रों में वहाँ की बोली के प्रभाव में किया जाता है, लेकिन मानक रूप 'मैं' ही है। इसी तरह कहीं 'मैं कह रिया था' बोला जाता है, कहीं 'हम कह रहे थे' बोला जाता है, लेकिन मानक रूप 'मैं कह रहा था' ही चलता है। इसी तरह लोक-व्यवहार की भाषा में मुहावरेदारी खूब होती है, बात-बात में लोकोक्ति कही जाती है। मानक भाषा-प्रयोग में बोलियों यानी लोक-व्यवहार की भाषा की इस शक्ति का प्रयोग किया जाता है।

वैसे लोक-व्यवहार की भाषा और लेखन-साहित्य में स्याह-सफ़ेद के तौर पर फ़र्क नहीं किया जा सकता है। कई बार लेखन-साहित्य में भी लोक-व्यवहार की भाषा का इतना सहज प्रयोग होता है कि मानक भाषा में न होने के बावजूद वह सहज ग्राह्य हो जाता है। इसका एक अच्छा उदाहरण फणीश्वर नाथ 'रेणु' का उपन्यास 'मैला आँचल' है लेकिन इस तरह की साहित्यिक कृतियों को अपवादस्वरूप ही माना जाना चाहिए। क्योंकि 'मैला आँचल' जैसा दर्जा किसी और साहित्यिक कृति को प्राप्त नहीं है। आइए 'मैला आँचल' उपन्यास की भाषा की एक बानगी देखते हैं—'यद्यपि 1942 के जन-आन्दोलन के समय इस गाँव में न तो फौजियों का कोई उत्पात हुआ था और न आन्दोलन की लहर ही इस गाँव तक पहुँच पायी थी, किन्तु जिले भर की घटनाओं

की खबर अफवाहों के रूप में यहाँ तक जरूर पहुँची थी।...मोगलाही टीशन पर गोरा सिपाही एक मोदी की बेटी को उठाकर ले गये। इसी को लेकर सिख और गोरे सिपाहियों में लड़ाई हो गयी, गोली चल गयी। ढोलबाजा में पूरे गाँव को घेरकर आग लगा दी गयी, एक बच्चा भी बचकर नहीं निकल सका। मुसहरू के ससुर ने अपनी आँखों से देखा था। ठीक आग से भूनी गयी मछलियों की तरह लोगों की लाशें महीनों पड़ी रहीं, कौआ भी नहीं खा सकता था; मलेटरी का पहरा था। मुसहरू के ससुर का भतीजा फारबिस साहब का खानसामा है, वह झूठ बोलेगा? पूरे चार साल बाद अब इस गाँव की बारी आयी है। दुहाई माँ काली! दुहाई बाबा लरसिंह!'

यह तो हुआ 'मैला आँचल' उपन्यास की भाषा का प्रश्न, लेकिन आमतौर पर साहित्यिक-लेखन की भाषा लोक-व्यवहार की भाषा से काफ़ी भिन्न होती है। क्योंकि क्षेत्रवार लोगों की भाषा भिन्न हो जाती है, उन्हें मानक भाषा के सहारे एकसूत्रता दी जाती है। औपचारिक साहित्यिक लेखन की भाषा की एक बानगी देखते हैं:—

"लतिका आर्मचेयर पर ऊँघने लगी। डॉक्टर मुकर्जी का सिगार अँधेरे में चुपचाप जल रहा था। डॉक्टर को आश्चर्य हुआ कि लतिका न जाने क्या सोच रही है और लतिका सोच रही थी—क्या वह बूढ़ी होती जा रही है? उसके सामने स्कूल की प्रिंसिपल मिस वुड का चेहरा घूम गया—पोपला मुँह, आँखों के नीचे झूलती हुई माँस की थैलियाँ, जरा-जरा-सी बात पर चिढ़ जाना, कर्कश आवाज़ में चीखना—सब उसे 'ओल्डमेड' कहकर पुकारते हैं। कुछ वर्षों बाद वह भी हूबहू वैसी ही बन जाएगी...लतिका के समूचे शरीर में झुरझुरी सी दौड़ गयी, मानो अनजाने में उसने किसी गलीज वस्तु को छू लिया हो। उसे याद आया कुछ महीने पहले अचानक उसे ह्यूबर्ट का प्रेमपत्र मिला था—भावुक याचना से भरा हुआ पत्र, जिसमें उसने न जाने क्या कुछ लिखा था, जो कभी उसकी समझ में नहीं आया। उसे ह्यूबर्ट की इस बचकाना हरकत पर हँसी आयी थी, किन्तु भीतर ही भीतर प्रसन्नता भी हुई थी—उसकी उम्र अभी बीती नहीं है, अब भी वह दूसरों को अपनी ओर आकर्षित कर सकती है। ह्यूबर्ट का पत्र पढ़कर उसे क्रोध नहीं आया, आयी थी केवल ममता। वह चाहती तो उसकी गलतफ़हमी को दूर करने में देर न लगती, किन्तु कोई शक्ति उसे रोके रहती है, उसके कारण अपने पर विश्वास रहता है, अपने सुख का भ्रम मानो ह्यूबर्ट की गलतफहमी से जुड़ा है... ।"

यह उद्धरण निर्मल वर्मा की कहानी 'परिन्दे' से लिया गया है। इसमें साहित्यिक लेखन की वर्णनात्मक भाषा का परिचय मिलता है।

पत्रकारिता और रचनात्मकता

पत्रकारिता को तात्कालिकता की अभिव्यक्ति का माध्यम कहा जा सकता है। लेकिन

पत्रकारिता भी लेखन का माध्यम है, इसलिए उससे भी यह अपेक्षा की जाती है कि रचनात्मकता के तत्त्व उसमें हों। पत्रकारिता को इसी कारण तात्कालिक साहित्य भी कहा जाता है।

पत्रकारिता आज केवल प्रिण्ट की ही नहीं रह गयी है। रेडियो, टी.वी. के अलावा आजकल इण्टरनेट भी पत्रकारिता के माध्यम बन चुके हैं। लेकिन यहाँ चूँकि हम बात लेखन की विधा के रूप में पत्रकारिता की कर रहे हैं, इसलिए यहाँ हम प्रिण्ट पत्रकारिता और रचनात्मकता के सन्दर्भ में ही चर्चा करेंगे। क्योंकि प्रिण्ट पत्रकारिता और रचनात्मक लेखन एक-दूसरे से सम्बद्ध भी रहे हैं।

आमतौर पर जब हम प्रिण्ट पत्रकारिता की चर्चा करते हैं तो हमारा आशय समाचार पत्रों, पत्रिकाओं आदि से होता है। वास्तव में पत्रकारिता के उद्भव और विकास ने जहाँ एक ओर साहित्य की अनेक विधाओं को समृद्ध किया है वहीं उसने अनेक विधाओं को पनपने के भी अवसर प्रदान किये हैं। कहानी की विधा के बारे में यह कहा जाता है कि भले-किस्से, लोककथाओं, दास्तानों आदि के रूप में उनका अस्तित्व काफ़ी पहले से देखा जाता रहा हो, मगर आधुनिक काल में जिस 'शॉर्ट स्टोरी' का चलन बढ़ा, वह पत्र-पत्रिकाओं के प्रकाशन की आवश्यकता के कारण ही था। पत्र-पत्रिकाओं में कहानियों के नियमित प्रकाशन से न केवल कहानी के पाठक बढ़े। बल्कि पत्र-पत्रिकाओं द्वारा छापे जाने के कारण कहानियाँ बड़े परिमाण में लिखी भी जाने लगीं।

इसी प्रकार, संस्मरण, रेखाचित्र, यात्रा-वृत्तान्त, व्यंग्यलेख जैसी अनेक रचनात्मक विधाओं का उद्भव और विकास पत्रकारिता की आवश्यकता के कारण ही हुआ। पत्र-पत्रिकाओं में पहले-पहल इन विधाओं का जन्म हुआ। भारतेन्दु हरिश्चन्द्र द्वारा सम्पादित पत्रिकाओं 'हरिश्चन्द्र मैगज़ीन' और 'हरिश्चन्द्र चन्द्रिका' के पन्नों पर कहा जा सकता है कि आधुनिक हिन्दी साहित्य की अनेक विधाओं को लेकर पहले-पहल प्रयोग किये गये। कहानी की विधा तो पत्र-पत्रिकाओं के कारण इतनी लोकप्रिय हुई कि आज भी हिन्दी में कई पत्रिकाएँ केवल कहानियों को ही प्रकाशित करती हैं।

यह तो पत्रकारिता और रचनात्मक लेखन के सम्बन्धों की बात हुई। लेकिन पत्रकारिता भी लेखन का एक माध्यम है, अभिव्यक्ति का माध्यम है, इसलिए उसमें भी रचनात्मकता के सहज दर्शन हो जाते हैं। जो बात पत्रकारिता से साहित्यकारों को सीखनी चाहिए वह है सूक्ष्मता। पत्रकारिता में किसी भी घटना का इतनी सूक्ष्मता से वर्णन किया जाता है कि पाठकों के सामने घटना का हर पहलू स्पष्ट हो जाये और उसका चित्र पढ़नेवालों के सामने स्पष्ट हो जाए। साहित्यिक लेखकों से यह अपेक्षा रहती है कि किसी भी विषय पर लिखते हुए उसका प्रस्तुतिकरण, उसका वर्णन इस प्रकार करें कि पाठकों को वह विश्वसनीय लगने लगे। पत्रकारिता में लिखनेवाला सच

लिख रहा होता है। लेकिन उसमें भी अगर वह रूपकों की भाषा का उपयोग करने लगे तो उसका प्रभाव पाठकों पर अद्‌भुत रूप में पड़ता है। इसका एक उदाहरण है—बालमुकुन्द गुप्त द्वारा एक पत्रिका में लिखा गया स्तम्भ 'शिवशम्भू के चिट्ठे'। यह स्तम्भ वे इस शैली में लिखते थे, मानो लेखक भाँग की तरंग में हो, मगर प्रकट तौर पर वे अंग्रेजी सरकार की आलोचना कर रहे होते थे।

पत्रकारिता विधा की रचनात्मकता इस रूप में भी देखी जा सकती है कि उसमें शब्दों का अपव्यय नहीं होता है। आज भी 'जनसत्ता' जैसे भाषा के मानक समझे जाने वाले अखबारों में भाषा इतनी चुस्त, कसी हुई होती है कि उसमें अतिरिक्त कुछ भी नहीं लगता है। हालाँकि उपयुक्त शब्दों के प्रयोग द्वारा कम से कम शब्दों में अपनी बात को कह पाने का यह कौशल पत्रकारों के लिए इसलिए ज़रूरी होता है, क्योंकि समाचार पत्र की पृष्ठ संख्या सीमित होती है। पृष्ठ संख्या ही नहीं यह भी सबको पता होता है कि उसके लिए समाचार पत्र में लगभग कितने शब्दों की जगह बनती है। इससे पत्रकार को शब्दों से गागर में सागर भरने की कला ज़रूर आनी चाहिए। सीमित शब्दों में अपनी बात सामने रख देने का कौशल पत्रकारिता की रचनात्मकता का सबसे बड़ा प्रमाण है और यही साहित्य से भी आशा की जाती है कि भले उसके सामने शब्द-सीमा का कोई बन्धन नहीं होता, तो भी अपनी बात वह शब्दों के माध्यम से अनुशासित तरीके से कह दे।

साहित्य से तो यह केवल अपेक्षा ही रहती है कि वह लोक-व्यवहार की भाषा के निकट रहे। लेकिन पत्रकारिता के लिए तो यह पहली आवश्यक शर्त समझी जाती है कि उसकी अभिव्यक्ति लोक-व्यवहार की भाषा में ही हो। लोक-भाषा के लहज़े, लोकभाषा के मुहावरे आदि का प्रयोग उसके लिए आवश्यक समझा जाता है। पत्रकारिता के लिए यह बेहद आवश्यक होता है कि वह बोलचाल की भाषा में हो। बोलचाल की भाषा का रचनात्मक प्रयोग देखना हो, समझना हो तो 'जनसत्ता' में प्रत्येक रविवार को प्रकाशित होनेवाला प्रभाष जोशी का स्तम्भ 'कागद कारे' पढ़ना चाहिए। जनसत्ता पत्र ने तो अनेक मुहावरे, नये-नये लहजे सम्बन्धी प्रयोगों को न सिर्फ़ लोकप्रिय बनाया, बल्कि दूसरों ने भी उस प्रयोग को अपनाया, जैसे—'सूपड़ा साफ़ हो गया' का मुहावरा।

इसी तरह समाचार पत्रों में समाचारों के शीर्षक जिस तरह से दिये जाते हैं उसमें भी पर्याप्त रचनात्मकता मुखरित होती है। जैसे आदिवासियों से जुड़ी किसी खबर का शीर्षक 'धरती धन न अपना' देना या गणतन्त्र दिवस की 55वीं वर्षगाँठ पर शीर्षक देना 'अब तक पचपन'। इसी नाम की एक फिल्म भी है। इसी तरह किसी घटना, किसी मुहावरे आदि से शीर्षकों को जोड़कर उनमें एक नयी अर्थवत्ता पैदा की जाती है।

विज्ञापन और रचनात्मकता

विज्ञापन को अभिव्यक्ति की सबसे रचनात्मक विधा माना जाता है। इसका कारण यह है कि विज्ञापन का एक निश्चित उद्देश्य होता है। वह उद्देश्य होता है आधे या एक मिनट के दृश्य में या महज कुछ शब्दों के माध्यम से किसी वस्तु की खूबी को इस तरह बताना कि पाठकों या देखनेवालों को न सिर्फ़ उसके बारे में पता चल जाये, वह उसे खरीदने की दिशा में भी प्रवृत्त हो। इसी कारण ज्याँ बौद्रीआ विज्ञापन को वस्तुओं की भाषा कहता है। विज्ञापन के रचनात्मक होने का एक कारण यह भी है कि उसका सम्बन्ध एक ही साथ संस्कृति, पत्रकारिता, संचार, अर्थशास्त्र, समाजशास्त्र आदि सबसे होता है।

विज्ञापन का सीधा सम्बन्ध ग्राहकों से होता है और उसकी सबसे बड़ी उपलब्धि यही समझी जाती है कि वह उत्पाद को ग्राहकों तक महज कुछ शब्दों में ही पहुँचा दे। वह भी इस तरह कि विज्ञापन को पढ़ने या देखने के बाद पाठक या दर्शक उसके उपयोग के बारे में सोचने लगे। मान लिजिए कि किसी मोटर साइकिल के विज्ञापन में मोटर साइकिल की तस्वीर के साथ नीचे यह पंक्ति लिखी गयी होती है 'आप थोड़ा ज्यादा चाहते हैं या थोड़े में ज्यादा चाहते हैं' तो पढ़नेवाले इस विज्ञापन के इस सन्देश को तुरन्त समझ जाते हें कि इस विज्ञापन में यह बात की जा रही है कि इस मोटर साइकिल की कीमत कम है, लेकिन इसमें खूबियाँ ज्यादा हैं। इस विज्ञापन का दूसरा सन्देश यह है कि यह मोटर साइकिल कम पेट्रोल में ज्यादा दूर तक चलती है।

विज्ञापन की सबसे बड़ी सफलता यही होती है कि प्रयोग विज्ञापन लिखने या तैयार करने में चाहे जो भी किए जाएँ उसका सन्देश पारदर्शी होना चाहिए। जब 'जनसत्ता' अखबार ने 'सबको खबर दे सबकी खबर ले' को अपने विज्ञापन के रूप में बताना शुरू कर दिया, तो इसका सन्देश भी बड़ा साफ़ था कि यह निर्भीक पत्रकारिता करती है और समाज के हर तबके के लिए समाचार उसके पन्नों पर होता है।

इसके अलावा, रचनात्मकता का सबसे बड़ा गुण यह माना जाता है कि उसमें नवीनता होनी चाहिए। नवीनता का अर्थ यह नहीं है कि हर बार कोई नया विचार सामने लाया जाए, उसका तात्पर्य अभिव्यक्ति-कौशल की नवीनता से भी होता है। विज्ञापन को इस अर्थ में भी सर्वाधिक सशक्त रचनात्मक माध्यम माना जाता है, क्योंकि इसमें नयी से नयी अभिव्यक्ति पर ज़ोर होता है। बिना इस मूल उद्देश्य से भटके कि उसका काम उपभोक्ताओं तक माल पहुँचाना है, अभिव्यक्ति के नये-नये लहज़े विज्ञापन-जगत इजाद करता रहता है।

इसी रूप में विज्ञापन को कला माना जाता है और संसार भर के विश्वविद्यालयों

में उसका अध्ययन-अध्यापन पत्रकारिता के साथ जोड़कर किया जाता है। विज्ञापन सीधे-धीरे प्रचार नहीं है, हालाँकि वह प्रचार भी है, वह सीधे-सीधे सामान को बेचता भी नहीं है, लेकिन उसका निर्माण इसी पहलू को ध्यान में रखकर किया जाता है। वास्तव में विज्ञापन के निर्माण में सौन्दर्य के मानकों को ध्यान में रखा जाता है। विज्ञापन बनाने से जुड़े लोग उसकी परिकल्पना कलात्मक अभिव्यक्ति के रूप में ही करते हैं।

कलाभिव्यक्ति के अन्य माध्यमों की तरह विज्ञापन भी रचनात्मक विधा है और विज्ञापन से जुड़े लोगों के लिए भी यथार्थ से जुड़ाव और उसके रचनात्मक इस्तेमाल का कौशल बहुत आवश्यक समझा जाता है। क्योंकि होता यही है कि अगर आप अपना विज्ञापन लोगों के जीवन से जुड़े किसी पहलू से जोड़कर दिखाते हैं तो विज्ञापन का असर उन पर तुरन्त पड़ता है। याद कीजिए कोक का वह विज्ञापन जिसमें लड़कियों को गाँव में प्यास लग जाती है और खेत में वे कोक की माँग करती हैं और आमिर खान कुएँ से कोक का क्रेट निकाल देता है। अब आपको यह पता होना चाहिए कि गाँवों में बिजली के अभाव में फ्रिज जैसे उपकरण काम नहीं करते और ऐसे में कुएँ में रख देने से शीतल पेय ठण्डा हो जाता है। फणीश्वरनाथ 'रेणु' ने भी अपनी पुस्तक 'ऋणजल-धनजल' में इस बात का उल्लेख किया है कि गाँव में रहने पर वे शीतल पेय की बोतल को रस्सी बाँधकर कुएँ में लटका दिया करते थे, जिससे वह ठण्डी हो जाती थी।

इसी तरह, विज्ञापन में अनेक पहलुओं से रचनात्मकता का ध्यान रखना पड़ता है। बाज़ार में किसी वस्तु को बेचने के लिए इस विधा में प्रत्येक क्षण स्वयं को नवीन बनाए रखना पड़ता है, अपना पुनराविष्कार करना पड़ता है। किसी विज्ञापन का प्रभाव पढ़ने या देखने वालों पर किस तरह का पड़ेगा-यह इस बात पर निर्भर करता है कि उसमें रचनात्मकता कितनी है।

लोकप्रिय संस्कृति (पॉपुलर कल्चर) और रचनात्मकता

लोकप्रिय संस्कृति अंग्रेजी के 'पॉपुलर कल्चर' का हिन्दी अनुवाद है। लोकप्रिय संस्कृति का अर्थ उस अर्थ में लोकप्रियता से नहीं है, जिस अर्थ में कोई कलाकार या खिलाड़ी लोकप्रिय होता है। लोकप्रिय संस्कृति से तात्पर्य ऐसी संस्कृति से होता है जो उच्चभ्रू संस्कृति के विपरीत होती है। इस अर्थ में शास्त्रीय संगीत, चित्रकला, शास्त्रीय नृत्य आदि उच्च-कला के रूप हैं, इसके विपरीत फिल्म-संगीत, रॉक संगीत, सिनेमा आदि लोकप्रिय-कला या संस्कृति के मानक कहे जा सकते हैं।

जिसे उच्च-कला कहते हैं, उसमें यह माना जाता है कि उसका एक शास्त्र होता है, व्याकरण होता है और उसे समझे बिना उसका आनन्द नहीं लिया जा सकता। अगर आपको भारतीय रागों की समझ नहीं है तो आप शास्त्रीय संगीत का आनन्द नहीं उठा

सकते। कौन से राग किस समय गाये जाते हैं ? शास्त्रीय संगीत में घरानों का क्या महत्त्व होता है ? आलाप क्या होता है और अन्तरा क्या होता है ? अगर आपको इन सबकी जानकारी नहीं है तो आप शास्त्रीय संगीत के रसिक नहीं हो सकते। शास्त्रीय-संगीत रसिकों के लिए होता है। उसमें एक तरह की सामन्ती भाव होता है। सब कुछ बड़ा करीने से होता है। शास्त्रीय संगीत तहजीब की चीज समझी जाती है। उसका आनन्द उठाने के लिए यह आवश्यक समझा जाता है कि आपको उसकी संस्कृति का भी पूरा ज्ञान हो।

इसके विपरीत जहाँ तक लोकप्रिय कला के पहलुओं की बात है तो उसकी सबसे बड़ी विशेषता ही यही समझी जाती है कि उसे अलग से नहीं बताना पड़ता है कि यह कला है। उसे आमतौर पर आदमी अपनी सम्वेदना के स्तर पर जीने लगता है। फिल्मी गीतों के प्रभाव को इसी रूप में लिया जाता है। राजनेता भी जब भाषणों में फिल्मी गीतों के हवाले से अपनी कोई बात कहते हैं तो जनता उसे तुरन्त समझ जाती है। मनोहर श्याम जोशी ने अपने उपन्यास 'कसप' में नायक-नायिका द्वारा प्रेम के प्रसंग में एक फिल्मी गीत के उपयोग पर व्यंग्यपूर्वक टिप्पणी करते हुए लिखा है—

"...सिनेमाई गीतों का इतना अधिक सहारा लेने के लिए नायक-नायिका की ओर से, अपनी ओर से, विज्ञ-पाठकों से क्षमा-याचना करना भी आवश्यक प्रतीत होता है। मुझे विश्वास है कि वे लाचारी समझेंगे और उनकी सहानुभूति मुझे और इस कथा के युवा पात्रों को समान रूप से प्राप्त हो सकेगी। प्रेमोपयोगी काव्य का हिन्दी साहित्य में शोचनीय दारिद्रय है। संस्कृत काव्य, रीतिकालीन-भक्तिकालीन काव्य और उर्दू शेरो-शायरी का सहारा वे ले सकते थे, किन्तु एक तो वे इनसे सुपरिचित नहीं हैं, दूसरे इनसे नितान्त सामन्ती-सा रंग मिलता है प्यार को जो लोकतन्त्र में अभीष्ट नहीं। अस्तु, सिनेमा गीतों का ही सम्बल है। हिन्दी कवि क्यों प्रेमोपयोगी काव्य नहीं लिख सके, कतिपय रसाभिषिक्त कवियों के एतत्सम्बन्धी सत्प्रयासों के बावजूद क्यों नहीं हिन्दी भाषी प्रेमियों के मध्य 'इस पार प्रिये तुम हो, मधु है' अथवा 'इन फिरोजी होठों पर बरबाद मेरी ज़िन्दगी' अथवा 'पीले फूल कनेर के' गा-गाकर प्रेम करने का चलन हो सका—यह स्वतन्त्र चिन्तन का विषय है, जिस पर फिर कभी विचार हो सकता है।"

वास्तव में इस उद्धृत अंश में लेखक ने लोकप्रिय संस्कृति की इस शक्ति की ओर इशारा किया है कि वह मनुष्य की अभिव्यक्ति का हिस्सा बन जाता है। उसके माध्यम से आदमी अपनी भावनाओं को अभिव्यक्त करता है। सिनेमा के गाने को सिनेमा के सन्दर्भ से निकालकर कोई व्यक्ति जब उसे नितान्त अपने निजी प्रसंग से जोड़ देता है, तो उसमें उसका अपना अर्थ भी जुड़ जाता है। उसके मायने बदल जाते हैं। इसीलिए लोकप्रिय संस्कृति से व्यक्ति का निजी रिश्ता बनता है।

इसी प्रकार, लोकप्रिय संस्कृति के एक और आवश्यक पहलू की ओर आलोचक

सुधीश पचौरी ने अपनी पुस्तक 'पॉपुलर कल्चर' में इशारा किया है—वह इसकी जनतान्त्रिकता का पहलू है। ऊपर के उद्धरण में मनोहर श्याम जोशी ने अप्रकट रूप से बताया है कि इस प्रकार की अभिव्यक्ति जनतान्त्रिक होती है, इसका कोई बना-बनाया शास्त्र नहीं होता है। इसका असर बड़े जन-समुदाय पर पड़ता है। किसी रॉक स्टार का एक-एक अल्बम लाखों-करोड़ों की संख्या में बिकता है, फिल्म के गानों के सीडी या कैसेट लाखों बिकते हैं। उत्तर आधुनिकता इसके इसी पहलू की ओर ध्यान दिलाती है।

लोकप्रिय संस्कृति की जनतान्त्रिकता पैरोडी या पैशरीय जैसे उत्तर आधुनिक कथा-रूपों के माध्यम से विकसित होती है। पैरोडी का बड़ा ही अच्छा इस्तेमाल करते हुए प्रसिद्ध उपन्यासकार उबर्तो इको ने 'द नेम ऑफ द रोज़' जैसा उपन्यास लिखा, जो अपने आप में आर्थर कॉनन डॉयल के एक उपन्यास 'द हाउण्ड्स ऑफ वस्करविले' की पैरोडी के रूप में लिखी गयी है। इस तरह की पैरोडी का हिन्दी में बेहतरीन इस्तेमाल मनोहर श्याम जोशी ने 'नेताजी कहिन' में किया है इसमें बिहारी हिन्दी की शैली का उपयोग करते हुए भारतीय राजनीति में पनपती दलाल संस्कृति का अच्छा चित्रण किया गया है।

हिन्दी में लोकप्रिय संस्कृति को एक और उदाहरण से समझा जा सकता है। हिन्दी में गम्भीर कविता वह मानी जाती है जिसका प्रकाशन गम्भीर पत्र-पत्रिकाओं में होता है और गम्भीर लोग जिस पर गम्भीरता से टिप्पणी किया करते हैं। इसके विपरीत, हिन्दी में मंचीय कविता की परम्परा भी काफ़ी पुरानी रही है। खड़ी बोली हिन्दी को कविता की भाषा के रूप में स्थापित करने में मंचीय परम्परा का बहुत बड़ा योगदान माना जाता है। हिन्दी मंचों पर समस्या-पूर्तियों के रूप में काव्य रचना कर कवि वर्ग ने अपना समाज बनाया। आज मंचीय कविता की इस परम्परा का विस्तार टेलिविजन पर दिखाये जानेवाले हास्य कवि सम्मेलनों के रूप में भी हुआ है।

कवि सम्मेलनों को रचनात्मकता के परीक्षण का बहुत बड़ा मंच माना जा सकता है। कवि लोग कविता सुनाते हैं और वह कविता अच्छी है या बुरी इसका सबसे बड़ा पैमाना यही माना जाता है कि दर्शकों ने तालियाँ बजायीं या हूट किया। मंच पर सुनाई जानेवाली कविताओं के माध्यम से एक बहुत बड़े वर्ग में कवि का सन्देश प्रसारित भी हो जाता है। एक दौर,हिन्दी में ऐसा भी था कि मंच पर महाकवि निराला, बलवीर सिंह 'रंग', दिनकर, गोपालदास 'नीरज' एक साथ कविता सुना सकते थे और दर्शकों का प्यार और सम्मान समानभाव से प्राप्त कर सकते थे। वागीश शुक्ल ने इस सम्बन्ध में लिखा है, 'जहाँ तक गम्भीर साहित्य की बात है, मेरा ख्याल हमेशा से यह रहा है कि यह नामकरण ही ऐसी कमज़ोरी को बताता है जिसके तहत रसिकों के सामने जाने से साहित्य कतराता है। हिन्दी साहित्य के सन्दर्भ में हम इसे कवि-सम्मेलन और

पारिवारिक पत्रिका जैसी संस्थाओं के ह्रास के रूप में देख सकते हैं। पहले राही मासूम रज़ा की गज़लें जासूसी दुनिया जैसी पत्रिका में छप सकती थीं और निराला जी की कविता के नीचे ही असली तान्त्रिक अँगूठी का विज्ञापन छप सकता था। अब हम देखते हैं कि प्रथमत: तो पत्रिका को पारिवारिक बनाने के नाम पर उसमें से साहित्य निकल जाता है, अर्थात अच्छी कविताएँ, अच्छी कहानियाँ नहीं छापी जातीं, और बाद में पत्रिका बन्द कर दी जाती है।'

आमतौर पर लोकप्रिय संस्कृति को अपसंस्कृति कहा जाता है लेकिन लोकप्रिय संस्कृति में जन-भावनाओं की सच्ची अभिव्यक्ति होती है। बिहार प्रदेश के कुशासन के दौर में 'जा झार के', 'बबुआ कम्पटीशन देता' जैसे भोजपुरी गीतों की लोकप्रियता के पीछे यह बहुत बड़ा कारण माना जाता है कि इन गीतों में, कहा जाता है, जनता की वास्तविक भावनाओं को अभिव्यक्ति मिली। अगर एक ओर लोकप्रिय संस्कृति में जनता की भावनाओं की सच्ची अभिव्यक्ति होती है, तो दूसरी ओर लोकप्रिय संस्कृति या पॉप कल्चर (सुधीश पचौरी) के बारे में यह भी कहा जाता है कि जनता ही इस संस्कृति की व्याख्याकार होती है। पॉप संस्कृति सिर्फ एक तरफा नियन्त्रण नहीं करती क्योंकि वह कर भी नहीं सकती। लोकप्रिय कहने का मतलब ही है कि उसकी प्रक्रिया का हिस्सा जनता भी होती है। उसका कोई एक अर्थ नहीं होता, उसके अर्थ जनता तय कर देती है।

लोकप्रिय संस्कृति के विमर्शकार इसे एक निरन्तर रचनाशील विधा मानते हैं। यह एक ऐसी प्रक्रिया है जिसमें रचनाशीलता लगातार चलती रहती है। आजकल लोकप्रिय संस्कृति के नये मानकों के रूप में एम. एम. एस. को देखा जा सकता है। एम.एम. एस. के माध्यम से तरह-तरह के मैसेज देखते ही देखते हजारों-लाखों लोगों के बीच फैल जाते हैं। कोई भी व्यक्ति चाहे तो कोई अच्छा-सा संवाद या अच्छा चुटकुला इस पर बना सकता है। अगर वह दमदार हुआ तो भले उसके नाम का प्रसार हो न हो, उसके मैसेज या चुटकुले का प्रसार होता ही चला जाता है। यह भी लोकप्रिय संस्कृति की रचनात्मकता का एक अच्छा उदाहरण कहा जा सकता है।

मैथिलीशरण गुप्त की काव्य-पंक्तियाँ है—'राम तुम्हारा चरित स्वयं ही काव्य है, कोई कवि बन जाये सहज सम्भाव्य है'—इन पंक्तियों के आलोक में लोकप्रिय संस्कृति की रचनात्मकता को समझा जा सकता है। इसमें कलाकार की कोई अलग से पहचान नहीं होती है, कला हर व्यक्ति के अपने भीतर ही होती है। लोकप्रिय संस्कृति यह कहती है और यह अवसर देती है कि आप अपने अन्दर की उस कला को पहचानिए। आपकी कला में ताकत होगी तो आप भी 'लोकप्रिय' हो सकते हैं। अमेरिकी कलाकार एण्डी वारहोल के शब्दों में कहें, तो यह हर व्यक्ति को कम से कम 15 सेकेण्ड की प्रसिद्धि अवश्य दिलाता है।

खण्ड : दो

लेखन-कला

भाव तथा विचार और उसका विकास

साहित्य-रचना का उत्स क्या होता है—इससे साहित्य में भाव और विचार का प्रश्न जुड़ा होता है। यही कारण है कि लेखक एक पात्र की बेरोजगारी से द्रवित होकर एक कहानी लिखता है—'दोपहर का भोजन' और वह कहानी उत्तर भारत में पढ़े-लिखे वर्ग में फैली विकराल गरीबी से जुड़ जाती है। कोई लेखक अपने गाँव, अपने इलाके में आनेवाली बाढ़ या सूखे से प्रेरित होकर कहानी लिखता है या उपन्यास लिखता है और उसकी वह रचना विकास के ढाँचे के सामने प्रश्नचिह्न की तरह खड़ी हो जाती है। साहित्य की रचना शब्दों में की तो जरूर जाती है, लेकिन लेखक का दृष्टिकोण लेखक का विचार ही उस रचना में अर्थ भरता है।

मुक्तिबोध इस सन्दर्भ में यह प्रश्न उठाते हैं कि आखिर क्या कारण है कि एक कलाकार दूसरे कलाकार से ऊँचा समझा जाता है? 'क्यों वाल्ट व्हिटमैन या ब्राउनिंग को लोग टेनिसन से ऊँचा समझते हैं? कबीर क्यों बिहारी से ऊँचा है?' इस प्रश्न का उत्तर देते हुए आगे मुक्तिबोध लिखते हैं, 'इस प्रश्न का उत्तर देते समय हमें साहित्य में सतह का भी परिचय हो जाता है। कौन किस सतह से बोलता है, यह सवाल है। रवीन्द्रनाथ जिस सतह से बोलते हैं, जिस व्यापक जीवन के सर्वोच्च बिन्दु पर खड़े होकर देश-देशान्तर के जन-समुदाय के सामने वे अपने को प्रकट करते हैं, उस स्थान से अन्य अनुगामी कलाकार नहीं बोल पाते। उतना ही उनमें बौनापन है, जितनी रवीन्द्र में ऊँचाई। साहित्य का मूल्यांकन निश्चित करते समय इस सतह का ध्यान रखना ही पड़ता है। कवि का शब्द-चयन छन्दो-रचना, प्रकृति वर्णन, स्वभाव-चित्रण अत्यन्त सुन्दर होते हुए भी—जैसे कि टेनिसन में है, यदि ऊँची सतह नहीं है, तो वह उच्च कलाकार नहीं कहला सकता।'

मुक्तिबोध के इस कथन से यह स्पष्ट है कि रचना वास्तव में भाव और विचार के समन्वय से उपजती है। लेकिन रचना ऊँची अपनी सतह यानी विचार के कारण

ही कहलाती है। वह केवल शब्द-सौन्दर्य जगाने का साधन नहीं होती। इसका एक बढ़िया उदाहरण मध्यकाल के दो कवियों और उनकी रचनाओं से लगाया जा सकता है। तुलसीदास और केशवदास के काल में ज्यादा अन्तर नहीं है। दोनों ही कवियों ने राम-कथा को आधार बनाकर साहित्य-रचना की। लेकिन तुलसीदास की कृति 'रामचरितमानस' तो हिन्दी-साहित्य का गौरव-ग्रन्थ बन गयी और केशवदास की 'राम चन्द्रिका' को कठिन-काव्य का प्रेत कहकर याद किया जाता है। इससे भाव-विचार के द्वन्द्व को समझा जा सकता है।

मुक्तिबोध ने 'नये साहित्य का सौन्दर्यशास्त्र' में संकलित निबन्ध 'साहित्य के दृष्टिकोण' में इस प्रश्न पर विस्तार से विचार किया है। वे लिखते है। 'कला तभी तक जीती-जागती रहती है जब तक कि लेखक का वर्ण्य-वस्तु के प्रति भावात्मक सम्बन्ध हो। जिस प्रकार सोचना या विचार करना ज्ञान प्राप्त करने के लिए एक साधन है, उसी प्रकार भावना भी जीवन का ज्ञान प्राप्त करने का एक कलात्मक साधन है। भावनानुभूत ज्ञान ही कला का विषय है।'

रचना-प्रक्रिया

मुक्तिबोध भावनानुभूत ज्ञान की बात करते हैं अर्थात् ऐसा विचार जो भावों में ढलकर प्रकट हो। इसी सन्दर्भ में रचना-प्रक्रिया की बात की जाती है। मुक्तिबोध रचना-प्रक्रिया के बारे में लिखते हैं, 'रचना-प्रक्रिया वस्तुतः एक खोज और एक ग्रहण का नाम है। अभिव्यक्ति के कार्य के दौरान कवि नयी खोज भी कर लेता है।' रचना-प्रक्रिया के सम्बन्ध में पाश्चात्य-काव्यशास्त्र में चिन्तन की पूरी परम्परा है। आइये रचना-प्रक्रिया सम्बन्धी पाश्चात्य काव्यशास्त्र की परम्परा से परिचय प्राप्त करते हैं।

(1) दैवी प्रेरणा का सिद्धान्त—जिस तरह से भारतीय परम्परा में वाल्मीकि के द्रवित होकर काव्य-सृजन की प्रक्रिया में प्रवृत्त होने का सिद्धान्त काव्य-प्रक्रिया का सबसे पुराना सिद्धान्त है, उसी तरह पाश्चात्य काव्यशास्त्र की परम्परा का सबसे पुराना सिद्धान्त इसको माना जा सकता है। इस सिद्धान्त के अनुसार रचना-प्रक्रिया एक रहस्यमय प्रक्रिया है जिसकी व्याख्या असम्भव है। लेखक क्यों लिखता है यह बताना नामुमकिन है। वह किसी आन्तरिक शक्ति के वश में आकर रचना करता है।

(2) अनुकरण का सिद्धान्त—प्लेटो के इस सिद्धान्त के अनुसार प्रकृति सत्य का अनुकरण है और कला उस प्रकृति का अनुकरण है। अरस्तू भी यही मानते थे कि कलानुभव मनुष्य के अनुकरण करने की प्रवृत्ति का नतीजा होता है। आधुनिक युग में भी यह सिद्धान्त किसी दूसरे रूप में मौजूद रहा है मुक्तिबोध साहित्य को जीवन की पुनर्रचना कहते हैं। टी. एस. इलियट यह कहते थे कि रचनेवाले कलाकार और भोगनेवाले भोक्ता के बीच में जितना ही अन्तर होता है रचना उतनी ही श्रेष्ठ समझी जाती है।

(3) स्वच्छन्दतावादी सिद्धान्त—वर्ड्सवर्थ का कविता के बारे में महत्त्वपूर्ण कथन है कि उसमें उच्छल आवेगों की अभिव्यक्ति होती है। वर्ड्सवर्थ के इस कथन के अनुसार भावप्रवणता ही काव्य-रचना का उत्स है। रोमाण्टिक कवि यह मानते थे कि सृजन के क्षणों में रचनाकार बाहरी प्रभावों से मुक्त होता है और वह सहज स्वाभाविक प्रक्रिया होती है। यह सिद्धान्त कविता में आलंकारिकता को उचित नहीं मानता। इसके सन्दर्भ में यह बात भी महत्त्वपूर्ण है कि इस सिद्धान्त में रचना के सन्दर्भ में अनुभूति को प्रधान तत्त्व माना जाता है। इसके अलावा, इस सिद्धान्त में कल्पना को साहित्य-रचना के सन्दर्भ में महत्त्वपूर्ण माना जाता है। यह अकेला ऐसा सिद्धान्त है जो रचना-प्रक्रिया के सन्दर्भ में कल्पना के महत्त्व को स्वीकार करता है, लेकिन यथार्थ का अस्वीकार इसकी सीमा कही जा सकती है।

(4) मनोवैज्ञानिक सिद्धान्त—कला-सृजन के सन्दर्भ में इस सिद्धान्त को युगान्तकारी माना जाता है। सिगमण्ड फ्रायड साहित्य को अवचेतन की अभिव्यक्ति मानते हैं। उनके अनुसार समस्त कला-सृजन के मूल में रचनाकार की दमित एवं कुण्ठित कामवृत्तियाँ होती हैं। अनेक प्रकार की वर्जनाओं के कारण ये भावनाएँ कलाकार के अचेतन मन में दबी रहती हैं और अवसर आने पर कला या साहित्य के माध्यम से उनको अभिव्यक्ति मिलती है। कलाकार अपनी प्रतिभा के द्वारा अपनी अतृप्त वासनाओं को इस प्रकार का छद्म रूप देता है जो समाज की दृष्टि में ग्राह्य हो जाती हैं। रचनाकार की रचना इसी कारण सौन्दर्य और आनन्द प्रदान करती है, क्योंकि उस कला के अन्तर्गत हम अपनी दमित भावनाओं की सौन्दर्यपूर्ण अभिव्यक्ति देखते हैं।

फ्रायड के विपरीत प्रसिद्ध मनोवेत्ता एडगर कला का मूल काम-प्रवृत्तियों में न देखकर हीनता-भाव में देखते हैं। कलाकार सामाजिक दृष्टि से एक दुर्बल और अनुपयोगी प्राणी होता है। कला-सृजन के द्वारा वह एक तरह से अपनी उपयोगिता प्रमाणित करने का प्रयास करता है।

(6) यथार्थवादी सिद्धान्त—यथार्थवादी सिद्धान्त के अनुसार साहित्य सजग मानस-व्यापार की उपज है। रचना क्षणों में नहीं की जाती है, बल्कि कोई भी रचना दीर्घ कालीन मनन के पश्चात फूटती है। रचनाकार के मन में रचना-प्रक्रिया चलती रहती है और जब रचनाकार उस रचना को लेकर किसी उद्देश्य पर पहुँचता है तब रचना पैदा होती है।

इस सिद्धान्त के अनुसार यह माना जाता रहा है कि साहित्य सामाजिक सत्य का वाहक होता है। रचना के द्वारा रचनाकार हमारे किसी ऐसे सामाजिक सत्य का उद्घाटन करता है जो मनुष्य के लिए हितकर होता है। इसलिए रचनाकार की रचना प्रक्रिया में यह चलता रहता है कि साहित्य का कौन-सा सत्य बहुजन हिताय होगा।

हिन्दी के प्रसिद्ध कवि मुक्तिबोध ने अपने लेखन में रचना-प्रक्रिया पर गम्भीरता से विचार किया है। उनके अनुसार रचना-प्रक्रिया तीन क्षणों की यात्रा होती है। 'कला का पहला क्षण है जीवन का उत्कट तीव्र अनुभव क्षण।' दूसरा क्षण है इस अनुभव का अपने कसकते दुखते हुए मूलों से पृथक हो जाना, और एक ऐसी फैंटेसी का रूप धारण कर लेना, मानो वह आँखों के सामने खड़ी हो। तीसरा और अन्तिम क्षण है इस फैटेसी के शब्द बद्ध होने की प्रक्रिया का आरम्भ और उस प्रक्रिया की परिपूर्णावस्था तक की गतिमानता। शब्दबद्ध होने की प्रक्रिया के भीतर जो प्रवाह बहता रहता है, वह समस्त व्यक्तित्व और जीवन का प्रवाह होता है। प्रवाह में वह फैण्टेसी अनवरत रूप से विकसित, परिवर्तित होते हुए आगे बढ़ती है। इस प्रकार वह फैण्टेसी अपने मूल रूप को बहुत कुछ त्यागती हुई नवीन रूप धारण करती है। जिस फैण्टेसी को शब्दबद्ध करने का प्रयत्न किया जा रहा है, वह फैण्टेसी अपने मूल से इतनी अधिक दूर चली जाती है कि यह कहना कठिन है कि फैण्टेसी को शब्दबद्ध करने की प्रक्रिया के दौरान जो-जो सृजन होता है—जिसके कारण कृति क्रमशः विकसित होती जाती है, वही कला का तीसरा और अन्तिम क्षण है।''

रचना-प्रक्रिया को लेकर अज्ञेय कुछ भिन्न दृष्टि रखते थे। उनके अनुसार, 'रचना-प्रक्रिया के सम्बन्ध में केवल रचयिता का पक्ष प्रस्तुत करके छोड़ देना काफी नहीं है। गृहीता, पाठक या सामाजिक के पक्ष का विचार भी साथ होना चाहिए। क्योंकि रचना-प्रकिया सम्प्रेषणीयता की भी सृष्टि करती है। यह ध्यान देने की बात है कि अनुभूति के समय हर अनुभोक्ता के अलग-अलग संस्कार अनुभूति को एक विशिष्ट रंगत दे देते हैं। बीते अनुभवों की स्मृतियाँ, नयी-पुरानी ऐसी अनेक बातें हैं जो गृहीता की अनुभूति का निरूपण, निर्देशन और नियमन करती हैं। क्योंकि किसी एक व्यक्ति के जीवन का संचित अनुभव किसी दूसरे के संचय से सौ प्रतिशत एक रूप नहीं हो सकता, इसलिए एक ही अनुभूति दूसरे की अनुभूति पूरी तरह नहीं हो सकती। सर्वेश्वर दयाल सक्सेना ने हृदय के जिस इन्द्रधनुष की बात की है, वह एकान्त उन्हीं का है फिर वह लड़की का कैसे हुआ? वह लड़की तक सम्प्रेषित हो, फिर लड़की की अनुभूति का भी विचार हो, तब बात कुछ पूरी हो। कवि केवल कवि के भीतर के घटित की, रचना-प्रक्रिया की बात तक सीमित न रहकर अपने सामने यह प्रश्न रखें कि मेरी अनुभूति गृहीता या सामाजिक की अनुभूति कैसे हो, तो कवि-कला आगे बढ़ती है। क्योंकि सम्प्रेषण की चुनौती स्वीकार किये बिना जो आगे बढ़ना है, वह कला का क्षेत्र नहीं है : आत्मशोध की दिशा में वह हो सकता है और वह आत्म-शोध उच्चतर कला की भूमिका भी हो सकता है पर अपने आप में वह कला का प्रमाण नहीं है।''

अज्ञेय यह मानते थे कि जीवनानुभूति ही काव्य अथवा कला का क्षेत्र है।

अनुभूति-सत्य का ज्ञान काव्य द्वारा ही सम्भव है और वही कवि का सम्प्रेष्य भी होता है। इसलिए लेखक की रचना-प्रक्रिया को उसके आत्मसंघर्ष से भी जोड़कर देखा जाता है। यह रचनाकार की रचना-प्रक्रिया का ही हिस्सा होता है कि वह अपनी अभिव्यक्ति को इस प्रकार सामने रखे कि लेखक का अभिप्राय समझ में आ जाए।

कुछ दृष्टान्त :हिन्दी के प्रसिद्ध कथाकार निर्मल वर्मा ने अपनी प्रसिद्ध कहानी 'परिन्दे' की रचना-प्रक्रिया का कुछ उल्लेख करते हुए अपनी एक बातचीत में कहा है कि 'कुछ विजुअल्स मुझे दिखाई देते हैं, उनमें एक विचार-शृंखला या बिम्बों की एक शृंखला बनने लगती है। यह कैसे शुरू होती है और क्या इससे कहानी बन पाएगी या नहीं, उस समय उसके बारे में मैं निर्णय नहीं ले पाता। शायद कोई विश्वास नहीं करेगा, लेकिन क्योंकि आपने पूछा है इसलिए मैं पहली बार यह बता रहा हूँ कि 'परिन्दे' कहानी जो हॉस्टल में रहनेवाली लड़कियों के बारे में है और जो अपने में थोड़ा प्रेम, मृत्यु, अकेलापन, पहाड़ इन सब सूत्रों को समेटती हुई चलती है, उसकी शुरूआत कैसे हुई। एक शाम मैं रानीखेत में सैर करते हुए एक सड़क से गुजर रहा था। बहुत ही निर्जन सड़क थी। मैंने देखा कि नीचे वहाँ एक लम्बा-सा मकान है, जहाँ रेडियो बज रहा है और कुछ लड़कियाँ हँस रही हैं। सुनकर एक क्षण के लिए मैं ठिठक गया और कुछ देर तक वहीं खड़ा रहा। उस क्षण मुझे मालूम नहीं था कि इस अँधेरे में, पहाड़ी निर्जन स्थान में रेडियो और लड़कियों का हँसना और फिर मेरा कुछ देर के बाद आगे बढ़ जाना कोई मायने रखेगा। मैं हर शाम उसी सड़क से निकलता था और उन लड़कियों की हँसी और इस बीच मैं जो कुछ सोचता रहता था, उसके बीच एक कड़ी बनती गयी और कुछ दिनों बाद क्योंकि मैं डाकबंगले में अकेला ठहरा हुआ था, 'परिन्दे' की शुरुआत इस एक दृश्य से हुई।'

रचना-प्रक्रिया हर लेखक की अलग अलग होती है। यह इस बात पर भी निर्भर करता है कि रचनाकार जो लिखना चाहता है उसके लिए किस विधा का चुनाव करता है। मान लीजिए कि कोई लेखक उपन्यास लिख रहा है, तो हो सकता है कि उसका विषय उसे अपनी सोच की प्रक्रिया में सूझा हो, मगर अनेक स्त्रोतों से सामग्री जुटाता हुआ अपने समय के किसी बड़े सवाल से जोड़ता हुआ उसे अपने समय-समाज की विराट कथा में बदल देता है। रचनाकार की रचना-प्रक्रिया को इसी सन्दर्भ में समझे जाने की आवश्यकता होती है।

रचनात्मकता से तात्पर्य

ऊपर की चर्चा से यह बात स्पष्ट है कि रचनात्मकता का सम्बन्ध मनुष्य की अभिव्यक्ति की तड़प से है। कोई दुख में गाता है, कोई खुशी के मारे रो पड़ता है। कोई प्रेम की गोपन क्षणों के अनुभव को अभिव्यक्त करना चाहता है। यह अभिव्यक्ति

भाषा में होती है, इसलिए भाषा समस्त प्रकार की अभिव्यक्ति का आधार होती है। हमारे समस्त अनुभव भाषा में ही आकार ग्रहण करते हैं। अभिव्यक्ति को लेकर पारम्परिक मत अनिर्वचनीयता का भी रहा है। कबीर का पद है—'सैना बैना कहि समझाऊँ, गूँगे का गुड़ भाई।' लेकिन उत्तर-आधुनिक विचारक यह मानते हैं कि भाषा के बिना किसी प्रकार अनुभूति सम्भव नहीं हो सकती है। उनका मत है कि अगर हम कुछ अभिव्यक्त कर पाने में स्वयं को सक्षम नहीं पा रहे हैं, तो यह हमारे अपनी भाषा की सीमा हो सकती है। इसलिए रचनात्मक अभिव्यक्त में भाषा का बड़ा ही महत्त्वपूर्ण स्थान होता है।

साहित्य की भाषा से एक तरफ यह उम्मीद की जाती है कि वह लोक-व्यवहार की भाषा के अनुरूप हो, दूसरी तरफ उससे यह अपेक्षा भी है कि वह लोक-व्यवहार की भाषा से भिन्न दिखे। लोक-व्यवहार की भाषा से तात्पर्य उस भाषा से है जो दैनन्दिन के व्यवहार की भाषा होती है। लोक-व्यवहार की भाषा में सम्वेदना के अनुरूप व्यक्ति अपने को अभिव्यक्त करता है। दैनिक जीवन में आपको चोट लगती है, आप दर्द से कराह उठते हैं, कोई आपके साथ दुर्व्यवहार करता है, तो आप गुस्से का इजहार करने लगते हैं। कहने का तात्पर्य यह है कि रोज-रोज के जीवन में जिस तरह की सम्वेदनात्मक अनुभूति हमें होती है हम उसके अनुरूप अक्सर तत्काल अपनी प्रतिक्रिया व्यक्त करते हैं। लेकिन साहित्य में, लेखन साहित्य में उसकी अभिव्यक्ति का रूप भिन्न होता है। वे अक्सर *शब्दमूलक* और *अर्थमूलक* अभिव्यक्ति का रूप ग्रहण कर लेती हैं।

साहित्य लेखन को अक्सर अभिव्यक्ति का सर्वोच्च रूप माना जाता है। इसलिए उसमें लेखक अक्सर अभिव्यक्ति के लिए शब्दों और उसकी अर्थवत्ता के गहरे स्तरों की ओर जाता है। उदाहरण के लिए सूरज का बिम्ब साहित्य में परम्परागत रूप से सुन्दरता, तेज, प्रकाश आदि के सन्दर्भ में प्रयोग में लाया जाता रहा है। लेकिन उर्दू के शायर राकेश जलाली ने अपनी शायरी में इस तरह सूरज का प्रयोग किया कि उसका सम्पूर्ण अर्थ ही बदल गया—

मुरझा के काली झील में गिरता हुआ भी देख
सूरज हूँ मेरा रंग जरा दिन ढले भी देख।

इसी तरह की अपेक्षा लेखक-कवियों से की जाती है कि वह शब्दों का इस तरह का प्रयोग करें कि उससे एक नया अर्थ पैदा हो जाए। लेखन-साहित्य से यह आशा की जाती है कि उसमें अभिव्यक्ति इस प्रकार की हो कि जीवन-जगत के नये-नये सन्दर्भ खुलने लगें।

लोक-व्यवहार की भाषा में एकरूपता नहीं पायी जाती है। उदाहरण पीछे दिया

गया है कि कहीं 'मैं' बोला जाता है, कहीं 'हम', कहीं 'अपने', लेकिन लेखन-साहित्य में यह अपेक्षा की जाती है कि भाषा के मानक रूप का ही उसमें उपयोग किया जाए। लेकिन दूसरी ओर यह भी अपेक्षा लेखन-साहित्य से की जाती है कि नाटक-उपन्यासों में उसकी भाषा पात्रानुकूल हो। वह सहज लगे। भाषा की शुद्धता से ज्यादा आवश्यक होता है लेखक के लिए उसका सहज प्रयोग।

यहीं हिन्दी के सन्दर्भ में भाषा और बोली की बात आती है। भाषा को बोलियों ने बहुत समृद्ध किया है। बोलियों में मुहावरे और लोकोक्तियाँ होती हैं जिनसे अभिव्यक्ति अर्थपूर्ण बनती है। इस तरह के लेखन का बहुत ही अच्छा उदाहरण फणीश्वरनाथ 'रेणु' के उपन्यासों और कहानियों में दिखाई देता है, उनकी रचनाओं में जीता-जागता समाज नज़र आता है। ऐसा इसलिए सम्भव हो सका है, क्योंकि लेखक ने लोक-व्यवहार की भाषा, लोकजीवन की छवियों का रचनात्मक उपयोग किया है। वास्तव में साहित्यिक-लेखन शुद्ध साहित्यिक नहीं होते, बल्कि विशिष्ट सामाजिक, राजनीतिक, सांस्कृतिक सन्दर्भ में ही लेखन सम्भव हो पाता है।

लेखक अपनी आधार-सामग्री लोक-व्यवहार से ही ग्रहण करता है और अपने लेखन के माध्यम से उसे एकदम नया रूप दे देता है। इधर के लेखन में मुहावरेदारी कम हुई है, हिन्दी में शब्द-संकोच है, तो इसका सीधा कारण यह भी माना जा सकता है कि लोक-व्यवहार की भाषा से उसका सम्बन्ध कम हुआ है। अमृतलाल नागर के लेखन के बारे में मनोहर श्याम जोशी कहा करते थे कि लोक-व्यवहार की भाषा पर नागरजी की ऐसी पकड़ थी कि अगर उनके पात्र एक ही शहर के दो अलग-अलग मुहल्लों में रहते थे और उन दोनों मुहल्लों की भाषा और उसके लहजे में कोई अन्तर होता था तो वह भी उनकी बातचीत में उभर कर आ जाता था। 'नेता जी कहिन' में मनोहर श्याम जोशी ने बिहारी हिन्दी की शैली के उपयोग द्वारा राजनीतिक व्यंग्य की एक नयी शैली विकसित की थी। लोक-व्यवहार की भाषा के रचनात्मक इस्तेमाल से रचनात्मक साहित्य समृद्ध होता है।

प्रतीक : अवधारणा, विविधरूप, कोड और सन्देश

भाषा का प्रतीक से सबसे पुराना रिश्ता है। उच्चरित शब्द को उपयोग में लाने की पहली प्रक्रिया उसे अर्थ विशेष में रूढ़ करने की थी। शब्द का अर्थ के रूप में रूढ़ीकरण प्रतीकीकरण की ही प्रक्रिया है। इसी प्रक्रिया के परिणाम स्वरूप प्रत्येक शब्द किसी अर्थ विशेष का प्रतीक है पर यह प्रतीक लगभग वैसा ही है, जैसे गणितीय प्रतीक या विज्ञान में तत्त्व-यौगिकों के प्रतीक। रचना के स्तर पर प्रतीक का एक भिन्न और गहन अर्थ है। पूर्वार्थ के सन्दर्भ में तो क्रिस्टोफर कोडवैल ने कविता को अप्रतीकात्मक रचना माना है जबकि विश्व की सभी भाषाओं के साहित्य-सिद्धान्तों में अभिव्यक्ति-उपकरणों के रूप में प्रतीक का अत्यन्त महत्त्वपूर्ण स्थान माना गया है। वस्तुतः गणितीय एवं वैज्ञानिक प्रतीक निष्प्राण स्थानापन्न भर होते हैं जबकि साहित्यिक प्रतीकों का गहन रचनात्मक उद्देश्य होता है। रचनात्मक लेखन में प्रतीक की भूमिका अर्थ-सौष्ठव प्रदान करने की, अर्थगांभीर्य प्रदान करने की और संवेदना के जटिलतम सन्दर्भों को सम्प्रेष्य बनाने की होती है। साहित्य में रचना के भाषिक मूर्तन में सादृश्य की बहुत उल्लेखनीय भूमिका होती है। रूपकात्मकता के सहारे ही कथ्य को साकार किया जाता है। शब्द का रूपकात्मक प्रयोग आलंकारिक होकर भिन्नार्थ-व्यंजक हो जाता है। यह अर्थ-भिन्नता जहाँ केवल सादृश्यमूलक है, वहाँ रूपक या एक अग्रिम अवस्था में बिम्ब होता है परन्तु जब-जब यह सादृश्यमूलक अर्थ कुछ संकेतों के लिए रूढ़ होने लगता है, तब-तब प्रतीक की सत्ता जन्म लेती है। वह भाषिक रचना जो एक बिन्दु पर जाकर अपने मूलार्थ का लोप कर देती है और उससे एक अन्य अर्थ ग्रहण करने की आवश्यकता का जन्म होता है, प्रतीक को जन्म देती है। जब यह कहा जाता है कि ''प्रतीक जो होता है, उससे अलग अर्थ देता है।'' तो यहाँ भाषा के सांकेतिक अर्थ की सत्ता की स्वीकृति है। अन्यत्र शब्द की अभिधा, लक्षणा और व्यंजना शक्तियों का विवेचन किया गया है। संकेतार्थ का सन्दर्भ लक्षणा और व्यंजना शक्तियों से भी

जोड़ा गया है पर प्रतीक का अर्थगत स्थैर्य इसे उपर्युक्त दोनों शक्तियों से थोड़ी अलग सत्ता प्रदान करता है। यह क्रमशः अर्थ-रूढ़ि की ओर बढ़ता है। यों यह व्यंजना-शक्ति से पूर्णतः अलग नहीं है बल्कि बहुत दूर तक उसका प्रसार है। शब्द जब गुण-साम्य के आधार पर अव्यक्त अर्थ को प्रेषित करता है तो प्रतीक बनता है। साम्य के आधार पर अर्थ-संकेतन के कारण इसका मूल अप्रस्तुत में है परन्तु अप्रस्तुत जहाँ प्रस्तुत को मूर्तित करने वाला उपकरण है, वहाँ प्रतीक एकाधिक अर्थस्तरों का वहन करता है। डॉ. केदार नाथ सिंह ने अपनी पुस्तक 'आधुनिक हिन्दी कविता में बिम्ब विधान का विकास' में प्रतीक पर विचार करते हुए कुछ महत्त्वपूर्ण टिप्पणियाँ की हैं। यहाँ उन्हें देख लेना बहुत उपयोगी होगा :

1. "बिम्ब का सबसे निकटवर्ती शब्द प्रतीक है...वस्तुतः दोनों में उतना बड़ा अन्तर नहीं है, जितना समझा जाता है। प्रत्येक प्रतीक अपने मूल में बिम्ब होता है और उस मौलिक रूप से क्रमशः विकसित होकर प्रतीक बन जाता है। उसी प्रकार प्रत्येक बिम्ब अपने प्रभाव में चाहे जितना ऐन्द्रिय और संवेगात्मक हो, पर अन्ततः उसकी परिणति किसी प्रतीकात्मक अर्थ की व्यंजना में ही होती है।"
2. "प्रतीक तीन प्रकार के होते हैं। प्रथम कोटि परम्परागत प्रतीकों की है, जिनका प्रयोग प्रत्येक युग का कवि अपनी आवश्यकता के अनुसार करता है। द्वितीय कोटि वैयक्तिक प्रतीकों की है जिनकी रचना कवि के विशिष्ट मानसिक गठन, संस्कार और अनुभूति की ऐकांतिकता पर निर्भर करती है। तृतीय कोटि प्राकृतिक प्रतीकों की है जिनका प्रयोग प्रत्येक युग का कवि एक नये दृष्टिकोण से करता है। सभी प्रकार के प्रतीक विशेषोन्मुख होते हैं।"
3. "प्रतीक अपेक्षाकृत चेतन मन की सृष्टि होता है।"
4. "शास्त्रीय शब्दावली में कहें तो प्रतीक व्यंग्यात्मक होता है और बिम्ब लाक्षणिक।"
5. "प्रतीक का एक पक्ष बराबर परम्पराजीवी और समाज स्वीकृति-सापेक्ष होता है। कोई भी नया प्रतीक अपने अभीप्सित अर्थ की प्राप्ति के लिए एक ऐतिहासिक प्रवाह की अपेक्षा रखता है। वह निरन्तर प्रयुक्त होते-होते ही नियत अर्थ और निश्चित आकार ग्रहण करता है।"
6. "प्रतीकों की योजना में जाने-अनजाने एक तार्किक संगति अवश्य रहती है।...उसके निर्माण में, अज्ञात रूप से ही सही, एक प्रकार की अन्तर्दृष्टि या सूक्ष्म बौद्धिक प्रेरणा अवश्य रहती है।"

केदार जी के उपर्युक्त मन्तव्यों में कविता में प्रतीक की भूमिका का तो स्पष्ट

प्रतिपादन है ही, उसके स्वरूप की भी व्याख्या इनमें निहित है। उपर्युक्त समग्र विश्लेषण यद्यपि साहित्य से जुड़ा है परन्तु प्रतीक की सत्ता धर्म, दर्शन एवं कलाओं में सदैव विद्यमान रही है। सर्जना के साहित्येतर रूपों में अर्थात् ललित कलाओं में भी प्रतीकों का व्यापक प्रयोग होता है परन्तु वर्त्तमान सन्दर्भ में हमारी सीमाएँ सर्जनात्मक लेखन तक ही हैं और इस सन्दर्भ में हम पाते हैं कि प्रत्येक युग में "परम्पराजीविता और सामाजिक स्वीकृति" के आधार पर प्रतीकों का प्रयोग होता रहा है। साहित्य में एक परम्परा 'दृष्टकूट' की है, उधर नाथों और सिद्धों की 'सन्धा बाणी' भी चर्चित रही है। हिन्दी में कबीर और सूर तो अपने कूट-काव्य के लिए विशेष रूप से जाने जाते हैं, विद्यापति नख-शिख वर्णन प्रतीकों के सहारे ही करते हैं। रहस्यवादी काव्य में तो प्रतीक अपरिहार्य है। इसलिए सन्तों के अतिरिक्त सूफियों ने प्रतीक का व्यापक प्रयोग किया है। कभी-कभी तो प्रतीक रूपकातिशयोक्ति के बहुत नज़दीक जा पड़े हैं। 'जबहूँ सरोज धरयो सिरिफल पै तबहूँ जसुमति गयी आयी।' जैसी स्थितियों की तुलना में रीतिकाल इसीलिए अनावृत्त नजर आता है क्योंकि वहाँ खुला-खुला अधिक है, प्रतीकों की ज़रूरत कवियों ने कम समझी है। आधुनिक युग में छायावादी कवियों के प्रतीक उनके जीवन-दर्शन के वाहक है। नयी कविता और प्रयोगवाद के साथ प्रतीक का एक आन्दोलन-सा खड़ा हो जाता है और आधुनिकता के साथ आरम्भ होनेवाली संरचनाओं में प्रतीक की अनिवार्य उपस्थिति मान ली गयी है। प्रतीक की महत्ता की इस स्वीकृति के पीछे उन्नीसवी शताब्दी का प्रतीकवादी आन्दोलन भी था, जिसके प्रमुख प्रणेता मलार्मे, वर्लेन और रिम्बो तीन फ्रांसीसी कवि थे।

प्रतीक में अर्थ के अवधारण को समझने के लिए हमें फिर भाषा की प्रकृति को समझना होगा। भाषा के आदिम प्रयोग ऐन्द्रिक एवं रूपकात्मक हैं। वे संवेदनमूलक हैं, प्रत्ययमूलक नहीं पर क्रमशः व्यवहार में आकर शब्दों का ऐन्द्रिक रूप गौण हो जाता है, वे अवधारणा को व्यंजित करने लगते हैं। इस प्रकार शब्द मूर्तता से अमूर्तता की ओर बढ़ते हैं। 'प्रकाश डालना' 'निराधार होना', 'दृष्टिपात करना' जैसे प्रयोगों के आज के अर्थ मूलार्थ से भिन्न हैं। शब्द में अर्थ की प्रकृति को एक और रूप में समझा जा सकता है। शब्द का एक ध्वनि-आधृत रूप है, दूसरा उसका अर्थ-प्रतिस्थापक रूप है, तीसरा निरूपित अर्थ का व्यापकतर आशय है। यह व्यापकतर आशय किसी भी अभिधार्थ के द्वारा व्यंजित सभी-गुण धर्मों का समुच्च्य होता है। रचनाकार जब शब्द के इन गुणधर्मों से प्राप्त संकेतों से अभिधार्थ से भिन्न एक समानान्तर अर्थ की प्राप्ति करता है तो उसे ही प्रतीकार्थ कहते हैं। यहाँ लक्षणा अथवा व्यंजना के सोपानों तक जाने के लिए पूर्व अर्थों के तिरस्कार अथवा निषेध पर बल नहीं होता। बल्कि शब्द की दो स्थितियाँ होती हैं। एक उसका वाच्यार्थ और दूसरा उस वाच्यार्थ से निर्मित होनेवाली अनेक-अनेक छवियों के आधार पर सन्दर्भ-विशेष में उभरने वाला ऐसा अर्थ, जिसे रचनाकार पाठक को देना तो चाहता है पर वाच्यार्थ के रास्ते से चल कर

अथवा उसी के आधार पर। बच्चन की एक पक्ति है :

''है चिता की राख़ कर में माँगती सिन्दूर दुनिया''

इस पंक्ति में श्यामा की मृत्यु के बाद का अवसाद कवि के हाथ पर रखी चिता की राख जैसा है और समाज या परिवार की अपेक्षा है कि वह पुनः जीवन के उल्लास में शिरकत करे। यह उल्लास पुनर्विवाह के साथ भी जुड़ा है। बच्चन इस अपेक्षा को 'माँगती सिन्दूर दुनिया' के माध्यम से प्रतीकात्मक अभिव्यक्ति देते हैं। प्रतीकों की एक विशेष उपस्थिति महादेवी वर्मा के काव्य में नज़र आती है। साहित्य-रचना और साहित्य का आस्वादन करना — दोनों प्रक्रियाओं में प्रतीक-पद्धति का अध्ययन जरूरी है। मनोविश्लेषणवाद तो स्वप्न-प्रतीकों के समानान्तर रचना की भाषा की व्याख्या प्रतीकों के माध्यम से ही करता है।

कोड और सन्देश

हम पहले कह चुके हैं कि भाषा मूलतः एक प्रतीक-व्यवस्था है। रचनात्मक कल्पना और अर्थ के सर्जनात्मक मूर्तन के धरातल पर तो साहित्य भाषा की प्राथमिक प्रतीक-व्यवस्था से अन्तर रखता है, पर सम्प्रेषण-पद्धति के धरातल पर दोनों प्रतीक-अवस्थाओं में एक साम्य है। मनुष्य ने 'पेड़', 'पानी', 'बादल', 'पुस्तक', 'कलम' जैसे ध्वनि-समूहों को एक यादृच्छिक अर्थ दिया है, जिसके पीछे उपयोगिता प्रमुख रूप से क्रियारत है पर इन पूर्व निर्मित-ध्वनि प्रतीकों को मूलार्थ से भिन्नार्थ में रूपान्तरित करना, साहित्यिक प्रतीक-विधान है, जिसे हम कोड (कूट) और सन्देश के सम्बन्ध से समझ सकते हैं।

साहित्य और भाषा दोनों में अर्थ-प्रेषण की पद्धति का निम्न रूप देखा जा सकता है :

कूटीकरण {
वक्ता/लेखक
↓
विचार/भाव आदि
↓
कूट {वाग्व्यापार, संकेत, उच्चारण, लेखन}
}
↓
विकूटीकरण {
कूट में निहित सन्देश का सन्धान
↓
विचार, भावादि
↓
श्रोता/पाठक
}

हर संवाद या रचना के केन्द्र में एक कथ्य होता है, एक सम्प्रेषणीय वस्तु होती है। उसे ही 'सन्देश' कहते हैं। यह सन्देश भाषा में जो आकार, जो रूप या जो शरीर प्राप्त करता है, वह स्वयं में सन्देश नहीं होता, सन्देश को व्यंजित करने वाला 'कूट' होता है—Code होता है। यह कूट ही मूलत: प्रतीक है। कूटीकृत शब्द का सामान्य अर्थ जहाँ भाषा की सामूहिक स्वीकृति के द्वारा निर्धारित होता है, वहाँ उसका व्यापकतर अर्थ पूर्व व्याख्यायित पद्धति पर साम्यमूलकता के आधार पर प्राप्त होता है। अर्थ के निर्माण की जो यात्रा वक्ता या लेखक से आरम्भ होती है, वह अर्थ की ग्रहण-प्रक्रिया के रूप में पाठक या लेखक तक पहुँचती है। हम दो उदाहरणों से इस स्थिति को स्पष्ट करेंगे। मान लें, राम नामक व्यक्ति श्याम से कहता है कि 'यह मेरी पुस्तक है।' तो भाषिक व्यवस्था के आधार पर इसमें राम वक्ता है। सन्दर्भ-विशेष में सम्भवत: वह श्याम के प्रश्न का उत्तर दे रहा है। अत: कथ्य (जो सूचना या भाव अथवा विचार भी हो सकता है) यह बतलाना है कि पुस्तक किसकी है। इसके लिए वह हिन्दी भाषा की शब्द-व्यवस्था के कूटों का प्रयोग करते हुए चार ध्वनि प्रतीकों 'यह', 'मेरी', 'पुस्तक', 'है' को चुनता है। एक विशेष वाक्य-रचना-प्रणाली में ये शब्द पद-रूप प्राप्त कर चुके हैं। इस रूप में ये एक भाषा का कूट रूप हैं। श्याम श्रोता के रूप में जब इस वाक्य में आए शब्दों का विकूटीकरण करता है तो सन्देश उस तक पहुँचता है और भाषा अपने लक्ष्य की प्राप्ति करती है। साहित्य में अथवा सर्जनात्मक लेखन में प्रतीक-निर्माण और प्रतीक अर्थ के ग्रहण की प्रारम्भिक अवस्था तो यही है पर अन्तर वहाँ उपस्थिति होता है, जहाँ ध्वनि प्रतीक अपने एक अर्थ को प्रदान कर एक सांकेतिक अर्थ तक जाने के लिए भी पाठक/श्रोता को प्रेरित, आमन्त्रित, लालायित या विवश करते हैं। डॉ. शम्भुनाथ सिंह के एक गीत के अंश को देखिए :

आदमकद दर्पण तो हैं
आदमकद आदमी नहीं

कन्धों पर बैल का जुआ
आँखों के नाम पर कुआँ
पानी में हिलते चहेरे
शक्लें सब धुआँ-धुआँ

ठूँठों की बाँह तनी है
गमलों में नागफनी है
कैंची से पेड़ कटे है
बौनों की नस्ल बनी है

लानों में घास हरी है
हरियाली मौसमी नहीं

इन पंक्तियों में आये शब्द भाषा-कूट का ही रूप है और प्रथम स्तर पर वे एक सामान्य सन्देश को व्यक्त कर देते हैं। पर वह सामान्य 'सन्देश' फिर स्वयं में एक 'कूट' बन जाता है तथा हमें एक दूसरे संदेश तक ले जाने की क्षमता रखता है। कुछ शब्दों को लें : 'आदमकद', 'बैल का जुआ', 'कुआँ', 'धुआँ-धुआँ', 'ठूँठ' 'नागफनी' और 'बौनों की नस्ल।' हम कविता का अन्वयार्थ करें तो कह सकते हैं कि 'दर्पण तो आदमी के कद जितने हैं पर आदमी आदमी के कद के नहीं हैं।' कन्धों पर बैल का जुआ रखा है। आँखों के स्थान पर कुआँ है। चेहरे पानी में हिलते हैं। शक्लें धुएँ का आकार ले चुकी हैं। आगे की पंक्तियाँ तो और भी स्पष्ट हैं पर मुख्य बात यह है कि भाषा के इस स्तर पर पहुँचने के बाद भी अर्थप्रेषण की क्रिया समाप्त होती नज़र नहीं आती अपितु अनेक शब्द ऐसी कोशिश करते या ऐसी माँग करते नज़र आते हैं, मानों कह रहे हों, 'हमें फिर से देखिए' हमारा एक चेहरा और नज़र आएगा और वह चेहरा बहुत कुछ कहेगा। यह पहला चेहरा 'कूट' है और इसके पीछे छिपा चेहरा 'सन्देश' है। हम कई बड़े रचनाकारों में भाषा का वह कौशल देखते हैं जो साधारण शब्दों में उस कूट का संचरण कर देते हैं जिससे वह शब्द एक अन्य विशेष अर्थ में निर्मित हो जाता है। यह 'अन्य विशेषार्थ' ही प्रतीकार्थ है। उपर्युक्त कविता में 'आदमकद आदमी' पदबन्ध में आया आदमकद शब्द 'मनुष्यता की विशेषताओं' का अर्थ देता है। 'बैल का जुआ' जिन्दगी के बोझ का अर्थ देता है। 'कुआँ' आँखों के गहरे गढों का अर्थ देता है। 'धुआँ-धुआँ' मटमैले धुँधलेपन का अर्थ देता है। 'ठूँठ' गुणहीन का पर्याय है। 'नागफनी' समाज की विकृतियाँ हैं। 'बौनों की नस्ल' अयोग्य व्यक्तियों के समूह का वाचक शब्द है। इस प्रकार हम देखते हैं कि लेखक/वक्ता से चलने वाला भाव/विचार रूपी सन्देश एक भाषिक कूट में ढलता है और वह भाषिक कूट जब पाठक/श्रोता तक पहुँचता है तो वह उसे उधेड़ना शुरू करता है और उन भाषिक कूटों का विकूटीकरण कर सन्देश का ग्रहण करता है। सर्जनात्मक लेखन की सम्पूर्णता इसी रूप में घटित होती है। अँधकार- प्रकाश, कमल-चाँद, जंगल-घर, बीहड़-सुनसान न जाने कितने ही कूट साहित्यिक रचनाओं में प्रतीक-निहित सन्देश का वहन करते हैं और रचना को अधिकाधिक प्रभावशाली बनाने में महत्त्वपूर्ण भूमिका का निर्वाह करते हैं।

विशेष साहित्य में प्रतीक का प्रयोग बहुत व्यापक एवं विराट् स्तर होता है। प्रतीक का प्रयोग केवल कविता में नहीं होता। पूरी रचना में एक प्रतीक सन्दर्भ हो सकता है। संस्कृत महाकाव्यों के शीर्षकों में ही नहीं हिन्दी के कई ग्रन्थों में प्रतीकत्व निहित है। जायसी का 'पद्मावत' प्रतीक का विराट् उदाहरण है। 'गोदान' स्वयं में प्रतीकात्मक शीर्षक है। 'मुझे चाँद चाहिए' और 'कठगुलाब' की भी यही स्थिति है। प्रसाद का 'कंकाल' उपन्यास एक गूढ़ प्रतीकार्थ लिए है जो इस रचना के समूचे यथार्थपरक स्वर को व्यंजित करता है। 'कामायनी' की अनेक स्तरीय अर्थछवियाँ

प्रतीकों से ही व्याख्यायित होती हैं। सन्त साहित्य का समूचा रचना-व्यापार प्रतीक-आधृत है। प्रतीक एक शब्द से लेकर वाक्य, प्रोक्ति एवं पूरी संरचना में हो सकता है। वीरेन्द्र मिश्र की कृति 'अविराम चल मधुवन्ती' अनेक संगीत-सापेक्ष प्रतीकों को समाहित किए है।

भाषा के रचना-सन्दर्भ में एक महत्त्वपूर्ण तथ्य को यहाँ रेखांकित करना होगा। बीसवीं शताब्दी जिन दो विचारकों से सर्वाधिक प्रभावित रही है, वे हैं—मार्क्स एवं फ्रायड। फ्रायड ने मनोविश्लेषण के आधार पर जीवन की एक नयी व्याख्या दी और साहित्य का सन्दर्भ भी अवचेतन मन से जोड़ा। फ्रायड ने काम-प्रतीकों के सन्दर्भ में भाषा का नया सन्दर्भ सामने रखा और मनोवैज्ञानिकों ने उस सिद्धान्त को विकास दिया। हमें मानना होगा कि साहित्य की भाषा काम-शक्ति (Libido) से निरन्तर प्रभावित होती है। जैनेन्द्र, अज्ञेय, यशपाल और इलाचन्द्र जोशी के कथा साहित्य में ही नहीं बाद में शैलेश मटियानी, मोहन राकेश, मन्नू भण्डारी, राजेन्द्र यादव, कमलेश्वर तथा निर्मल वर्मा की भाषा में प्रतीकों का बहुत प्रयोग हुआ। उर्दू के कथाकार मण्टो की 'ठण्डा गोश्त' जैसी कई कहानियों में इसका प्रयोग देखा जा सकता। यशपाल की 'रेल की रात' कहानी भी इसका उदाहरण है। यहाँ ध्यान देने की बात यही है कि रचनात्मक लेखन में प्रत्येक शब्द, प्रत्येक वाक्य अनकहे को भी कहता चलता है। यह अनकहे को कहना प्रतीक की ही शक्ति से संभव होता है। फ्रॉयड ने सपनों के साँप आदि की जो व्याख्या की है, साहित्य में भी उसे पहचाना जा सकता है। रचनाकार के लिए प्रतीक एक सुविधा भी पैदा करते हैं। अनेक बार प्रतीकों के माध्यम से आप सुरुचि को बनाये रख कर जो अपेक्षित है, उसे कह पाते हैं।

पिछले चालीस वर्षों में पूरी दुनिया में, जीवन, इतिहास, कला और साहित्य को देखने समझने का एक बिल्कुल नया नज़रिया शुरू हुआ है। एक रूप में इन सारे सन्दर्भों के साथ उत्तर आधुनिकता को जोड़ा जाता है। विशेष यह है कि यह सारा चिन्तन भाषा की प्रकृति पर केन्द्रित है। 'साइन' और 'सिग्नीफायर' की विविधतामयी सत्ता इसका आधार है। नये चिन्तन के अनुसार शब्द, समाज या सत्ता का एक केन्द्र नहीं रह गया है, बल्कि शब्द के निर्धारित एकार्थ की तानाशाही खत्म हो चुकी है। शब्द की सत्ता तरलित हुई है। यह तरल शब्द अनेक अर्थों में अप्सरित होता है। अर्थ का यह अप्सरण ही भाषा की प्रतीक-शक्ति का आधार है। सर्जना—क्रियेटीविटी—के चार घटक हैं। 1. विषय 2. विषयी 3. रचना और 4. पाठक। चौथे घटक को पहले उतना महत्त्व प्राप्त नहीं होता था। यों भी पहले तीन घटक एक वृत्त पूरा कर लेते हैं पर रचना की सार्थकता तो उसके ग्राहक तक—पाठक तक— पहुँचने से ही होती है। जब पाठक किसी कृति को पढ़ता है तो वस्तुत: उसे अपनी तरह से रचता है। शब्द की तरलता का सूत्र यहीं समझ में आएगा। भाषा की प्रतीक व्यवस्थाओं की विविधता

भी इसी से समझी जा सकती है। ''पाठक ही किसी रचना का लेखक है''—Reader is the writer—की अवधारणा का यही अर्थ है। सर्जनात्मक लेखन में इस तथ्य का महत्त्व इस रूप में है कि पाठक-निरपेक्ष लेखन स्वीकार्य नहीं होगा और उसका व्यापक प्रसार नहीं होगा। पर यह पाठक-सापेक्ष लेखन भाषा की प्रतीक पद्धति, कूट निर्माण और विकूटीकरण को आत्मसात करके ही सम्भव हो सकता है।

अलंकार

साहित्य का अपना व्याकरण होता है। इसे अलंकार-शास्त्र कहते हैं। संस्कृत साहित्य का व्याकरण अलंकार-शास्त्र के बिना नहीं खुल सकता हिन्दी की मध्यकालीन भक्ति कविता, रीतिकालीन कविता और आधुनिक छन्दोबद्ध कविताओं को समझने के खयाल से तो अलंकार शास्त्र का ज्ञान अति आवश्यक हो जाता है। लेकिन आज जबकि गद्य अभिव्यक्ति की प्रमुख विधा है, कविता का रूप भी काफी कुछ गद्यात्मक हो चुका है, ऐसे में अलंकारशास्त्र का ज्ञान कहाँ तक आवश्यक है? इसका उत्तर यह है कि साहित्य के विद्यार्थी को इन बातों की जानकारी जरूर होनी चाहिए और उसे यह भी पता होना चाहिए कि साहित्य के रसास्वादन में इस ज्ञान का क्या महत्त्व है।

अलंकारों के विषय में आचार्य हजारी प्रसाद द्विवेदी ने अपने एक निबन्ध 'साहित्य का व्याकरण' में लिखा है, 'व्यावहारिक भीड़-भक्कड़ के कारण साधारणतः मनुष्य की सम्वेदनाएँ भोंथी हो गयी होती हैं। प्रत्येक वस्तु का ठीक-ठीक बिम्ब ग्रहण करना उनके लिए सम्भव नहीं होता। दुनिया की अधिकांश बातें साधारणतः सामान्य सत्य द्वारा ही प्रकट की जाती हैं। कवि जब किसी वस्तु को रसास्वाद का साधन बनाता है तो उस सामान्य सत्य से उसका काम नहीं चलता। वह उसको निविड़ भाव से अनुभव करना चाहता है। भाषा के साधारण प्रयोग से उसका प्रयोग सिद्ध नहीं होता। उस हालत में वह अलंकारों का आश्रय लेता है। वह शब्दों में झंकार पैदा करता है। ध्वनि साम्य से श्रोता का मन गलाता है और अपने वक्तव्य की ओर उसे उत्सुक बना देता है। इसी को *शब्दालंकार* कहते हैं। परन्तु केवल शब्दालंकार से भी कवि का उद्देश्य सिद्ध नहीं होता। शब्दालंकार पाठक को उत्सुक बनाते हैं और साधारण सी बात को असाधारण-सी बनाकर उपस्थित कर देते हैं।' ''भौंरे जगह-जगह आम के बौरों की ओर लपक रहे हैं—यह एक मामूली-सी खबर है, लेकिन 'ठौर-ठौर झपंत भौंर मोर मधु अन्ध' में शब्दों में जो झंकार है उसने उसे मामूली से बड़ा बनाकर श्रोता के सामने रखा है।''

परन्तु कवि जब काव्यवस्तु के किसी गुण—क्रिया या रूप को गाढ़ भाव से

अनुभव कराना चाहता है तो वह अप्रस्तुत का विधान करता है। अप्रस्तुत अर्थात अप्रासंगिक। जो बात प्रासंगिक नहीं होती उसे कौशलपूर्वक ले आकार कवि अपना उद्देश्य सिद्ध करता है 'मुख सुन्दर है' इतना कहने से मुख की कोई विशेषता नहीं मालूम हुई। सुन्दर एक सामान्य बात है। सैकड़ों वस्तुओं को हम सुन्दर कहते हैं। अब मुख कैसा सुन्दर है ? हमारी यह जिज्ञासा बनी ही रहती है। इसी विशेषता को अनुभव कराने के लिए कवि कहता है, 'मुख प्रफुल्ल कमल के समान सुन्दर है।' प्रफुल्ल कमल का कोई प्रसंग नहीं था, प्रसंग तो मुख का चल रहा था। इसलिए प्रस्तुत विषय तो मुख ही है, कमल अप्रस्तुत वस्तु है। वह मुख के विशेषत्व को गाढ़ भाव से अनुभव कराने के लिए आया है।

साहित्यशास्त्री इसी बात को अनेकानेक भेद करके समझाते हैं। अप्रस्तुत का विधान अर्थालंकारों में होता है। उसमें भी अधिकतर सादृश्य बताने वाले अर्थालंकारों में। जैसे शब्दों के अलंकार श्रोता को वक्तव्य बताने वाले अर्थालंकारों में। जैसे शब्दों के अलंकार श्रोता को वक्तव्य की ओर उत्सुक बनाते हैं। वैसे ही अर्थों के अलंकार उस वक्तव्य को गाढ़ भाव से अनुभव कराने में सहायक होते हैं। ये अर्थालंकार नाना प्रकार के हैं। कुछ सादृश्यमूलक हैं, कुछ विरोधमूलक हैं, कुछ शृंखलामूलक हैं, कुछ न्यायमूलक हैं और कुछ गूढ़ार्थ प्रतीतिमूलक हैं। किसी भी अलंकारग्रन्थ में उनको खोज लिया जा सकता है।

सबसे मुख्य हैं सादृश्यमूलक अलंकार। इनमें कुछ अभिधामूलक हैं; कुछ लक्षणामूलक हैं और कुछ व्यंजनामूलक हैं। अभिधामूलक अलंकारों में भेद और अभेद दोनों की प्रधानता होती है। कहा जाता है कि मुख कमल के समान सुन्दर है तो स्पष्ट ही मुख और कमल को भिन्न-भिन्न माना जाता है, यद्यपि सुन्दरता दोनों में एक ही है। अर्थात जहाँ तक सुन्दरता का सम्बन्ध है दोनों में कोई भेद नहीं है। इस प्रकार अभिधामूलक अलंकारों में भेद और अभेद दोनों की ही प्रधानता होती है। लक्षणामूलक अलंकार अभेद प्रधान होते हैं। जब कवि कहता है कि मुख कमल से निश्वास सुरभि निकल रही है तो वह मुख और कमल को अभिन्न मान लेता है। मुख और कमल दो चीजें हैं। उनमें अभेद लक्षणा द्वारा आता है। व्यंजना मूलक अलंकारों में सादृश्य व्यंग्य रहता है। जब कहा जाता है कि जो ऋषि इस बालिका से तप कराना चाहता है वह कमल की पंखड़ी की धार से बबूल का पेड़ काटना चाहता है, तो कमल की पंखड़ी और बालिका में तथा बबूल के पेड़ और तप में जो सादृश्य है वह व्यंग्य होता है।

इस प्रकार अप्रस्तुत का विधान तीन प्रकार का हुआ : (1) अभिधामूलक या भेदाभेद प्रधान, (2) लक्षणामूलक या अभेदप्रधान और (3) व्यंजनामूलक। इन तीनों ही प्रकार के अप्रस्तुत विधानों से कवि वक्तव्य के रूप, गुण या क्रिया को गाढ़ भाव

से अनुभव कराता है। यदि वह अप्रस्तुत विधान करे भी किन्तु वक्तव्य वस्तु के, रूप, गुण या क्रिया को गाढ़ भाव से अनुभव न कर सके तो वह अप्रस्तुत विधान गलत और बेकार होगा।''

आचार्य हजारी प्रसाद द्विवेदी के इस लम्बे उद्धरण से यह स्पष्ट है कि अलंकारों का क्या महत्त्व होता है। शब्दालंकारों और अर्थालंकारों की उपयोगिता क्या होती है। किस प्रकार अलंकारों के प्रयोग से भाषा में एक विशेष भंगिमा पैदा हो जाती है। संस्कृत काव्य-परम्परा में अलंकारों का बड़ा सूक्ष्म विश्लेषण किया गया है। अलंकार शास्त्र का महत्त्व कविता के क्षेत्र में विशेष रूप से होता है। वैसे कई बार वाणी को अधिक अलंकृत कर देने से भी उसका सौन्दर्य जाता रहता है। अभिनव गुप्त ने कहा है कि यदि शव को गहने पहना दिए जाएँ, या साधु सोने की घड़ी धारण कर ले तो वह सुन्दर नहीं हो सकता। अर्थात अलंकार सौन्दर्य की वृद्धि करता है, वह सुन्दर की सृष्टि नहीं कर सकता।

ऊपर आचार्य हजारी प्रसाद द्विवेदी के विवेचन से यह स्पष्ट है कि अलंकार के दो भेद होते हैं।

शब्दालंकार—शब्दालंकारों का अभिप्राय ऊपर स्पष्ट किया जा चुका है। उसी प्रकार, अर्थालंकारों के बारे में भी ऊपर पर्याप्त बताया जा चुका है। इसलिए अब हम कुछ प्रमुख अलंकारों की चर्चा करते हैं—

अनुप्रास—अनुप्रास शब्दालंकार का प्रमुख भेद है। इस अलंकार में रस के अनुकूल एक ही व्यंजन की आवृत्ति एक या दो से अधिक बार होती है। इस अलंकार के उपयोग से काव्य में संगीतात्मक ध्वनि का प्रभाव पैदा होता है। इसके कुछ उदाहरण—

काली लहर कल्पना काली,
मेरी काल कोठरी काली

माखनलाल चतुर्वेदी की प्रसिद्ध कविता की इन पंक्तियों में 'क' वर्ण की पाँच बार आवृत्ति की गयी है और इससे उक्ति में चमत्कार पैदा हो गया है, ध्वन्यात्मक प्रभाव पैदा हो गया।

यमक—यह भी शब्दालंकार का एक प्रमुख भेद है। जब कविता में एक ही शब्द का प्रयोग दो या दो से अधिक बार किया जाता है और हर बार उसका अर्थ भिन्न होता है तो यमक अलंकार का सौन्दर्य पैदा होता है। इसका एक अच्छा उदाहरण यह दोहा है—

कनक-कनक ते सौ गुनी मादकता अधिकाय
वा खाये बौराय जग या पाये बौराय॥

इस दोहे में कनक शब्द का दो बार प्रयोग हुआ है, मगर दोनों बार उसका अर्थ भिन्न है। इसमें एक 'कनक' का अर्थ धतूरा है, तो दूसरे का सोना। इस तरह के प्रयोग जहाँ भी दिखाई दे वहाँ यमक अलंकार होता है। यमक अलंकार का प्रयोग व्यंग्य में खूब किया जाता है।

(3) श्लेष—श्लेष भी शब्दालंकार का एक रूप है। जब किसी कविता में एक शब्द का एक ही बार प्रयोग हो लेकिन उसके दो या दो से अधिक अर्थ हों तब वहाँ पर श्लेष अलंकार होता है।

उदाहरण—

विमाता बन गयी आँधी भयावह।
हुआ चंचल न फिर भी श्यामघन वह।

मैथिलीशरण गुप्त की इन काव्य-पंक्तियों में 'श्यामघन' के दो अर्थ हैं—राम और काले बादल। विमाता कैकेयी के प्रबल आँधी बन जाने पर भी श्यामघन बिखरे नहीं या राम चंचल नहीं हुए।

श्लेष अलंकार का एक प्रसिद्ध उदाहरण है—

को घटि ये वृषभानुजा वे हलधर के बीर।

इस पंक्ति में वृषभानुजा और हलधर में श्लेष है। वृषभानुजा का अर्थ है राधा और यदि वृषभानुजा शब्द का संधि विच्छेद किया जाए (वृषभ+अनुजा), तो अर्थ बैल की बहन होगा। हलधर का अर्थ बैल और बलराम दोनों होते हैं। इस प्रकार राधा एक ओर वृषभानु की पुत्री है तो दूसरी ओर बैल की बहन और श्रीकृष्ण एक ओर बलराम के भाई हैं तो दूसरी ओर बैल के भी भाई हैं। श्लेष अलंकार का चमत्कार इस प्रकार पैदा होता है।

(4) वक्रोक्ति—वक्रोक्ति शब्द का सन्धि विच्छेद करने पर इसका अर्थ होता वक्र+उक्ति यानी उलटी बानी। इस अलंकार के प्रभाव में वक्ता जिस अभिप्राय से जो बात कहता है, श्रोता वक्ता के उस अभीष्ट अर्थ से भिन्न अर्थ ग्रहण करता है। उदाहरण—

विवुध पुण्यजन आप हैं, इस भूतल पर धन्य।
मैं न देव हूँ यक्ष नहिं, मैं तो मनुज अनन्य॥

इस कथन में कहनेवाला यह कहना चाह रहा है कि आप विवुध यानी पण्डित और पुण्यात्मा हैं, मगर श्रोता ने विवुध का अर्थ देवता तथा पुण्यजन का अर्थ यक्ष ग्रहण

किया। इस प्रकार इसमें श्लेष के आधार पर यानी प्रयुक्त शब्दों के अन्य अर्थ के आधार पर वक्रोक्ति है।

अर्थालंकारों की चर्चा भी ऊपर काफी विस्तार से हो चुकी है। आइए कुछ प्रमुख अर्थालंकारों का परिचय प्राप्त करते हैं।

(1) उपमा—दो वस्तुओं में जहाँ समानता का भाव दर्शाया जाता है वहाँ उपमा अलंकार होता है। उपमा अलंकार के सन्दर्भ में अक्सर इस प्रसिद्ध वाक्य का उदाहरण दिया जाता है—

सीता का मुख चन्द्रमा के समान सुन्दर है।

यहाँ वर्णन सीता के मुख का किया जा रहा है। सीता के मुख की सुन्दरता को बढ़ाकर बताने के लिए चन्द्रमा से उसकी तुलना की गयी है। दोनों में यह सम्बन्ध सुन्दरता के कारण बनता है। इस सम्बन्ध का पता समान शब्द से चलता है। इस प्रकार स्पष्ट है कि उपमा के चार अंग होते हैं—वर्ण्य वस्तु या उपमेय, जिसे प्रस्तुत कहते हैं। अप्रस्तुत या उपमान, धर्म और वाचक।

सीता का मुख—उपमेय (प्रस्तुत)
चन्द्रमा—उपमान (अप्रस्तुत)
सुन्दर—धर्म
के समान—वाचक

उपमेय—वर्णन में जो प्रस्तुत विषय होता है (सीता का मुख) उसे उपमेय कहते हैं।

उपमान—वर्ण्य वस्तु की शोभा बढ़ाने के लिए जिस अप्रस्तुत (जैसे चन्द्रमा) की कल्पना की जाती है उसे उपमान कहते हैं।

धर्म—जिस गुण के कारण उपमान और उपमेय में समानता स्थापित की जाती है, (जैसे सुन्दर) उसे धर्म कहते हैं। सीता के मुख और चन्द्रमा दोनों का अर्थ सुन्दरता है। इसी धर्म-साम्य के कारण दोनों में समानता के सम्बन्ध के बारे में अनुमान किया जाता है।

वाचक—जो उपमान और उपमेय के बीच समानता के धर्म को (जैसे के समान) सूचित करता है।

जब कविता में इन चारों अंगों का प्रयोग किया जाता है। तब पूर्ण रूप में उपमा अलंकार होता है। इसे पूर्णोपमा भी कहते हैं।

उदाहरण—छत्र-सा सिर पर उठा था प्राणपति का हाथ।

मैथिलीशरण गुप्त की इन पंक्तियों में उपमा अलंकार के समस्त अंग एक साथ उपस्थित हैं, इसलिए यहाँ पूर्णोपमा का सौन्दर्य है।

जब उपमा के इन चारों अंगों में से कोई लुप्त होता है तो उसे लुप्तोपमा कहते हैं। कभी-कभी वर्ण्य-विषय के लिए उपमाओं की झड़ी लगा दी जाती है। उदाहरण के लिए—

गूढ़ कल्पना-सी कवियों की, अज्ञाता के विस्मय-सी
ऋषियों के गम्भीर हृदय सी, बच्चों के तुतले भय-सी।

पन्त की छाया शीर्षक कविता में वर्ण्य-विषय छाया के लिए कई उपमान एक साथ प्रस्तुत किये गये हैं। इस प्रकार के प्रयोग को *मालोपमा* कहते हैं।

(2) रूपक—रूपक कविता के सौन्दर्य को बढ़ाने में अत्यन्त महत्त्वपूर्ण कारक माना जाता है। उसमें उपमेय पर उपमान को आरोपित कर दिया जाता है। उपमान और उपमेय की एकता दिखाने के लिए इस अलंकार का प्रयोग किया जाता है। इसके कुछ उदाहरण है—अम्बर-पनघट में डुबो रही तारा-घट उषा-नागरी।

यहाँ अम्बर पर पनघट, तारा पर घट और उषा पर नागरी को आरोपित किया गया है।

हरि मुख-पंकज, भ्रू-धनुष लोचन-खजन मित्त।
अधर-बिम्ब, कुण्डलमकर बसे रहत मो चित्त॥

(3) उत्प्रेक्षा अलंकार—उत्प्रेक्षा अलंकार का काव्य में काफी महत्त्वपूर्ण स्थान माना जाता है। उत्प्रेक्षा अलंकार में उपमेय में उपमान की सम्भावना की जाती है। जानो, मानो, द्वारा उत्प्रेक्षा को कविता में व्यक्त किया जाता है। उत्प्रेक्षा अलंकार में यदि उपमेय और उपमान की समानता दिखायी जाती है, रूपक में उनकी एकरूपता दिखाई जाती है, तो उत्प्रेक्षा में उन दोनों की समानता की सम्भावना को दिखाया जाता है।

उदाहरण—

आई मद पूरिता सोहागवती रजनी
चाँदनी का आँचल सम्हालती सकुचती,
गोद में खेलाती चन्द्र, चन्द्रमुख चूमती
झिल्ली रव गूँजा, चली मानो वन देवियाँ
लेने को बलैया निशारानी के सलोने की

× × ×

सोहत ओढ़े पीत पर स्याम सलोने गात।
मनो नीलमनि सैल पर आतप पर्‌यो प्रभात॥

(4) अतिशयोक्ति अलंकार—प्रस्तुत वर्ण्य-विषय को बढ़ा-चढ़ाकर अतिरंजित रूप में अभिव्यक्त करना अतिशयोक्ति अलंकार कहलाता है।

उदाहरण—

हनुमान की पूँछ में लगन न पायी आग।
लंका सिगरी जल गयी, गये निशाचर भाग॥

अभी हनुमान की पूँछ में आग भी नहीं लगी थी कि तब तक सारी लंका जल गयी। यहाँ लंका के जलने की बात अतिरंजित रूप में कही गयी है, इस कारण से यहाँ अतिशयोक्ति अलंकार है।

वह शर इधर गाण्डीव गुण से भिन्न जैसे ही हुआ।
धड़ से जयद्रथ का उधर सिर छिन्न वैसे ही हुआ॥

यहाँ पर कहा गया है कि अर्जुन की गाण्डीव डोरी से बाण छूटा नहीं कि जयद्रथ का सिर कटकर जमीन पर गिर पड़ा।

(5) विभावना—कविता में जब बिना कारण ही कार्य सम्पन्न होना दिखाया जाता है तब वहाँ विभावना अलंकार होता है। इसके अतिरिक्त , कभी-कभी विपरीत कारण के होने पर कार्य सम्पन्न हो जाता है, वहाँ भी विभावना अलंकार माना जाता है।

उदाहरण-

बिनु पद चलै सुने बिनु काना, बिनु करम करै विधि नाना।
आनन रहित सकल रस भोगी, बिनु बाजी बकता बड़योगी॥

इसमें साफ है कि पैर के बिन चलना, कान के बिन सुनना आदि दिखाया गया है। जिससे विभावना अलंकार सिद्ध होता है।

दुःख इस मानव आत्मा का रे नित का मधुमय भोजन।
दुःख के तम को खा-खाकर भरती प्रकाश से वह मन।

इन पंक्तियों में 'तम' यानी अँधेरा खाकर प्रकाश से भरने की बात कही गयी है। विरुद्ध कारण से कार्य सम्पादित हो रहा है। इस कारण यहाँ विभावना अलंकार है।

(6) विरोधाभास—जहाँ, दो परस्पर वस्तुओं या भावों की संघटना या संयोग का वर्णन किया जाता है, वहाँ विरोधाभास अलंकार होता है।

उदाहरण—

जो जन करते नमन हैं,
उन्नत होते वे सदा।

यहाँ दो विरोधी क्रियाओं—नमन एवं उन्नयन का एक साथ घटित होने का वर्णन है।

यहाँ इसीलिए विरोधाभास अलंकार है। यह विरोध कई प्रकार का होता है। जैसे-जाति का जाति से, जाति का गुण से, जाति का क्रिया से, गुण का गुण से, क्रिया का क्रिया से तथा कहीं द्रव्य का द्रव्य से विरोध देखा जा सकता है।

(7) असंगति अलंकार—जब कारण और कार्य अलग-अलग स्थानों पर घटित होते दिखाई दें—वहाँ असंगति अलंकार माना जाता है। असंगति का अर्थ है संगति का अभाव। प्रायः कारण और कार्य की संगति पायी जाती है। लेकिन इस अलंकार में वह नहीं मिलता।

उदाहरण—

आये थे हरिभजन को
ओटन लगे कपास।

(8) अपह्नुति अलंकार—उपमेय के स्थान पर उपमान की स्थापना अपह्नुति अलंकार कहलाता है। अपहुति शब्द का अर्थ है—छिपाना, निषेध करना। इस अलंकार में शब्द अथवा अर्थ के द्वारा सत्य को छिपाकर अथवा उसका निषेध करके उसके स्थान पर उपमान की स्थापना की जाती है। उदाहरण के लिए नायिका के सुन्दर नेत्रों को देखकर कहा जाए कि ये नेत्र पंकज हैं।

उदाहरण—

कृष्ण नहीं पीताम्बर पहने
बिजली चमक रही घन में।

भाषा और शैली

भाषा रचनाकार के पास एकमात्र ऐसा विकल्प है, जिससे वह अपनी रचना को और उसके माध्यम से स्वयं को, अपने संवेदन को, अपने चिन्तन को पाठक को दे पाता है। पाठक के पास भी किसी रचना तक, रचनाकार तक पहुँचने का एक मात्र रास्ता भाषा ही है। इसीलिए साहित्य को भाषा-व्यवस्था अथवा भाषिक संरचना कहा गया है। सर्जना और आस्वादन दोनों का माध्यम भाषा है, यह तो उल्लेखनीय है ही, ध्यातव्य यह है कि दोनों ही प्रक्रियाओं में भाषा का एक ऐसा असामान्य व्यवहार होता है जो रचनात्मक लेखन और इतर लेखन को अलग कर देता है। यह असामान्यता सर्जक और पाठक के बीच ही घटित नहीं होती, अपितु समाज, इतिहास और संस्कृति भी इसी समूची प्रक्रिया में सम्मिलित होते हैं—'इन्वाल्व' होते हैं। व्याकरण और लोक-व्यवहार से निर्धारित भाषा का रूप रचना में बना नहीं रहता बल्कि पहले वह विशृंखलित होता है और फिर सर्जक के हाथों उसकी पुन:रचना होती है।

रचना का मूल आधार है—संवेदना। बाह्य जगत की विविध स्थितियाँ, घटनाएँ और क्रियाएँ रचनाकारों में अनेक संवेदनाओं को जन्म देती हैं। साथ ही प्राप्त संवेदनाओं के महत्त्व के आधार पर रचनाकार के सामने सर्जना का एक उद्देश्य आता है और लक्ष्य की सार्थकता ही अभिव्यक्ति की जरूरत को सामने लाती है। यह अभिव्यक्ति मूलत: संवेदना से जुड़ी रह कर भी चिन्तन और विवेक के बिना रूपाकार नहीं पा सकती। वस्तुत: एक संश्लिष्ट प्रक्रिया से ही संवेदना को भाषिक रूप प्राप्त होता है। ऊपर जिस पुनर्रचना की बात कही गयी है, वह हर सर्जक की अपनी होती है, विशिष्टीकृत होती है। यह विशिष्टीकरण ही रचना अथवा रचनाकार की एक निश्चित शैली का निर्माण करता है। अतएव प्रकारान्तर से शैली रचना का शील है, उसका चरित्र है, उसका वैशिष्ट्य है।

यह सही है कि भाषा शैली का निर्माण करती है। परन्तु यह जानना भी ज़रूरी है कि भाषा की अपनी संरचना क्या है? व्याकरणिक कोटि में एक अवरोहात्मक क्रम में भाषा-संरचना क्रमश: प्रोक्ति, वाक्य, पद, शब्द और ध्वनि की निर्मिति है। सभी

उपन्यास, कहानी, नाटक, महाकाव्य, गीत या अन्य काव्य-रूप एक समग्र अर्थ-सम्प्रेषक ईकाई का निर्माण करते हैं अतएव उन्हें स्वतन्त्र प्रोक्तियाँ कहा जा सकता है। बड़े साहित्य-रूपों में एकाधिक प्रोक्तियाँ समाहित रहती हैं। प्रोक्ति वाक्य की ईकाइयों का संघटन है। व्याकरणिक वैशिष्ट्य से युक्त 'शब्द' पद के रूप में वाक्य में समायोजित होते हैं और 'शब्द' वह निम्नतम सीढ़ी है जो अर्थ का संवहन करती है। भाषा की उपर्युक्त सभी संरचनाएँ सर्जनात्मक वैशिष्ट्य के आधार पर शैली विशेष का निर्माण करती हैं पर इसका अर्थ यह नहीं है कि शब्द की निर्मात्री ध्वनियों का शैली से कोई रिश्ता नहीं है। वास्तविकता तो यह है कि नाद, लय, छन्द, संगीत जैसी कलात्मक विशेषताओं का ही निर्धारण ध्वनि-संयोजन से नहीं होता बल्कि प्रसाद, माधुर्य, ओज जैसे विषयसापेक्ष गुणों की संभाव्यता भी ध्वनियों के वैशिष्ट्य से ही निर्धारित होती है। ये भाषिक संरचनाएँ किसी कृति को जो मौलिक चरित्र प्रदान करती हैं, उसे ही शैली कहा जाता है।

भाषा और शैली के सम्बन्ध को और गहरायी से समझने के लिए भाषा-संरचनाओं की आधारभूत अर्थपरक ईकाई 'शब्द' पर विस्तार से विचार करने की जरूरत है। वस्तुतः भाषा तब तक एक अमूर्त-सी अवधारणा है, जब तक हम शब्द की परिकल्पना नहीं करते। भाषा का प्राथमिक लक्ष्य अर्थ-सम्प्रेषण है और अर्थ शब्द में ही निहित होता है। 'पदार्थ' शब्द वस्तुओं आदि के लिए तो प्रयुक्त होता ही है पर इसका अर्थ मूलतः प्रयोगगत शब्द (पद) है। वाक्य में प्रयुक्त शब्द 'पद' कहलाता है। यों तो दैनिक व्यवहार, सूचना, विज्ञान आदि के अध्ययन में शब्द-सम्पन्न भाषा का प्रयोग होता है परन्तु शब्द जब एक साहित्यिक रचना में प्रयुक्त होता है तो अन्य क्षेत्रों में प्रयुक्त शब्द से मूल अन्तर रहता है। रचना में प्रयुक्त शब्द एक विद्युत आवेश को सन्निहित किये रहते हैं और अपने इर्द-गिर्द एक चुम्बकीय क्षेत्र का निर्माण करते हैं। यहीं वे सामान्य भाषा-प्रक्रिया से भिन्न हो जाते हैं।

हम जब शब्द के चरित्र का अध्ययन करते हैं तो कई रोचक तथ्य हमारे सामने आते हैं। ''प्रत्येक शब्द का एक निश्चित अर्थ होता है और किसी भी शब्द का एक ही निश्चित अर्थ नहीं होता और न ही एक शब्द दूसरे से पूर्णतः समानार्थी होता है।'' यह वाक्य आत्म-विरोधी और विचित्र-सा लग सकता है। पर ध्यान से देखा जाए तो विरोध का समाहार सरलता से हो जाता है। व्याकरण के आधार पर हम जानते हैं कि प्रायः शब्दों की व्युत्पत्ति मूल धातुओं से होती है, धातु में प्रत्यय और उपसर्ग लगाये जाते हैं, जिससे उसमें नये अर्थों का सम्भरण होता है। इस प्रक्रिया से शब्द का जो एक रूप निर्मित होता है, वह निश्चित एवं विशिष्ट होता है और टकसाल में गढ़े सिक्के की तरह शब्द भाषा में चल पड़ता है। पर भाषा एक विकासशील प्रक्रिया है। इसमें शब्दों का अर्थ प्रतीक-शैली से विकसित हुआ है। ध्वनि को सम्प्रेषण के उपकरण के

रूप में आविष्कृत कर लेने के बाद मनुष्य ने ध्वनि-समूहों को एक यादृच्छिक प्रतीकात्मकता प्रदान की है। इतिहास निरन्तर इन प्रतीकार्थों को बदलता रहा है, जिससे एक कालखण्ड में शब्द का जो अर्थ निर्मित होता है, वह स्थिर न होकर अनन्तिम होता है। आज 'राक्षस' शब्द अमानुषता का जो अर्थ उच्चारण के साथ ही हमें सौंपता है, निश्चित रूप से सदैव यह इसी अर्थ का व्यंजक नहीं रहा होगा। यदि ऐसा होता तो कोई बुद्धि-सम्पन्न व्याकरणवेत्ता मन्त्री अपना नाम 'राक्षस' न रहने देता। शब्द की रचना कहती है कि जो अपने शरीर-बल से रक्षा करने में समर्थ है, वह राक्षस है। पर इतिहास ने उसकी सारी धनात्मक छवि छीन ली है और वर्तमान में देखने पर वह सिर्फ़ निषेधमूलक रह गया है। यह भी होता है कि एक ही कालखण्ड में एक शब्द- सन्दर्भ बदल जाने पर भिन्नार्थ का द्योतक हो जाता है। 'घोड़ा' कब सवारी का साधन बनेगा और कब उसे दबाने पर गोली छूटेगी, 'हल' कहाँ समाधान-वाचक है और कहाँ कृषि का उपकरण, इसका निर्धारण भी सन्दर्भ ही करेगा। साहित्य-सर्जना शब्द की विविध छवियों को पहचान कर ही सम्भव होती है। एक सर्जक कभी शब्द के अर्थ को इतिहास के अतल से निकाल कर लाता है और क़भी पूरे सन्दर्भ-संयोजन के माध्यम से उसे नयी अर्थवत्ता देता है। कभी-कभी दोनों स्थितियाँ एक साथ मिलती हैं। कालिदास द्वारा प्रयुक्त एक शब्दबन्ध है—'गोरूप धरा।' एक वर्तमान कवि का भी प्रयोग है—''फिर ग्रीष्म-वधिक की ओर देख गोरूप धरा सहमी सिहरी'' (देवेन्द्र शर्मा 'इन्द्र')। नये और पुराने-दोनों प्रयोग यों तो रूपकात्मक अभिव्यक्ति है और धरा तथा गो के बीच प्रस्तुत-अप्रस्तुत सम्बन्ध है पर दोनों कवि दोनों की शाब्दिक समानार्थकता को भी व्यंजित करना चाहते हैं। हम जानते हैं कि $\sqrt{}$गम् का अर्थ है जाना। गो शब्द इसी से व्युत्पन्न है। जिस पर हम जाते हैं, वह 'गो' अर्थात् पृथ्वी है, जो जाती है, वह 'गो' अर्थात गाय है और जो जाकर हमारे लिए संवेदनाएँ ग्रहण करती हैं वे 'गो' अर्थात इन्द्रियाँ हैं। स्पष्ट है कि गो का अर्थ गाय भी है, पृथ्वी भी और इन्द्रियाँ भी। एक सर्जक कलाकार शब्द के प्रचलित अर्थ का हल्का स्पर्श करता हुआ, उसके मूलार्थ को भी ध्वनित करता है। कोश में यों तो शब्दों का अनन्त भण्डार होता है। पर एक समर्थ रचनाकार उन्हें प्राणवान इकाइयों के रूप में सामने लाता है। सन्दर्भ को ऐसे ही प्रयोग से जीवन्त किया जाता है। कविता की सर्जना के पीछे वैयक्तिक और सामूहिक अवचेतन भी होता है। यह अवचेतन शब्द के ऐतिहासिक अर्थों का या कहें पुरा-अनुभवों में संचित आर्काइक अर्थों का संवहन करता है। अवचेतन में समाहित ये अनेकार्थ जब कविता में खुलते हैं तो प्रभावशाली मिथकीय सृष्टि होती है। 'कामायनी' (प्रसाद), और 'राम की शक्ति पूजा' (निराला) की भाषा में जो एक रोमांचक सौन्दर्य है, जो नवीनता का—Strikingness —का तत्त्व है, जो बहुअर्थ-व्यंजकता है, उसका आधार शब्द का यही अवचेतन-निहित अर्थ है। एक दूसरे

यथार्थपरक धरातल पर 'अन्धेरे में' में शब्द का ऐसा ही प्रयोग है। अज्ञेय के उपन्यास 'नदी के द्वीप' की भाषिक संरचना शब्द के विशिष्ट प्रयोग का उत्तम उदाहरण है।

शब्द-प्रकार

सर्जनात्मक लेखन में सफलता का आधार है, उपयुक्त शब्द का प्रयोग। कॉलरिज ने कविता की परिभाषा करते हुए लिखा था : "Poetry is the best words in their best order" अर्थात् कविता सर्वोत्तम शब्दों का सर्वोत्तम क्रम है। यह तथ्य केवल कविता पर लागू नहीं होता अपितु समूचे सर्जनात्मक लेखन पर लागू होता है। सर्वोत्तम शब्द की पहचान उसके उद्‌गम, संरचना, अर्थ-सम्प्रेषण एवं सौन्दर्य-सर्जन की क्षमता के अध्ययन से हो सकती है। इस क्रम में सबसे पहले शब्द किस-किस तरह के होते हैं, यह जानना आवश्यक है।

शब्द भाषा-परिवार के विविधतामय सदस्य होते हैं। उनके वर्गीकरण के कई आधार हो सकते हैं। एक प्रमुखतम आधार व्याकरणिक है। प्राचीन काल में जब 'शब्द' के विविध अर्थों के 'निवर्चन' के लिए—उनके अर्थ के रचनागत कारणों की व्याख्या के लिए—जब निरुक्त या निघण्टुओं की रचना हुई तो शब्दों को नाम, ख्यात, उपसर्ग और निपात् के रूप में वर्गीकृत किया गया। बाद में उसके और रूप व्याकरणिक कोटियों के रूप में बने। क्रिया, संज्ञा, विशेषण आदि ऐसी ही कोटियाँ हैं। अंग्रेजी व्याकरण में वागंग (वाक् + अंग) के रूप में Parts of speech का ढाँचा बना और समूचे वाङ्मय को—सभी शब्दों को आठ वर्गों में रखा गया। हिन्दी में संज्ञा, सर्वनाम आदि का विवेचन आज इन्हीं रूपों में अधिकतर होता है। सर्जनात्मक लेखन के सन्दर्भ में यह उल्लेखनीय है कि हम शब्द की व्याकरणिक कोटियों से, उसके विशिष्ट प्रयोग से परिचित हों। कई बार लेखकों से ऐसी भूलें हो जाती हैं, जिनका कारण शब्द की व्याकरणिक कोटि को न जानना है। उदाहरण के लिए 'सौन्दर्यता' का प्रयोग कुछ स्थान पर इसलिए किया गया कि लेखक जान नहीं पाया कि सुन्दर एक विशेषण है। इसमें प्रत्यय लगाकर सौन्दर्य शब्द बना है, जो भाववाचक संज्ञा है। हिन्दी में 'सुन्दर' शब्द में 'ता' प्रत्यय लगाकर 'सुन्दरता' भी भाववाचक संज्ञा बनती है। पर 'सौन्दर्यता' व्याकरणिक दृष्टि से सही निर्मिति नहीं है। कुछ नये कवि 'जज्बातों' का प्रयोग करते देखे गये हैं जबकि एक वचन जज्बा का बहुवचन 'जज्बात' होगा 'जज्बातों' नहीं। अंग्रेजी में तो लगभग सभी संज्ञाएँ क्रिया रूप में भी प्रयुक्त होती हैं पर हिन्दी में ऐसी स्थिति नहीं है।

भाषा में विविध प्रकार के शब्दों का वर्गीकरण व्युत्पत्ति के आधार पर भी होता है। जो शब्द मूल भाषा की तरह ही विकसित भाषा में प्रयुक्त होते हैं, उन्हें 'उन्हीं के समान' अर्थात तत्सम कहते हैं और जो शब्द मूल भाषा के शब्दों से विकसित होकर

नया रूप धारण कर लेते हैं, उन्हें 'उनसे बने' अर्थात् तद्भव कहा जाता है। उदाहरण के लिए हिन्दी में वत्स, दुग्ध, सूर्य, पुष्प आदि तत्सम शब्द है जबकि बच्चा, दूध, सूरज एवं फूल आदि तद्भव शब्द हैं। सर्जनात्मक लेखन में स्थिति, सन्दर्भ, विषय एवं काव्यरूप के अनुसार तत्सम एवं तद्भव शब्दों का चुनाव करना चाहिए। अच्छी रचना का गुण सहजता है। इसलिए तद्भव एवं तत्सम रूपों का सहज प्रयोग ही रचना में होना चाहिए।

एक भाषा में बहुत से शब्द समाजों एवं संस्कृतियों के संक्रमण से दूसरी भाषाओं में आते हैं। यह एक ऐतिहासिक प्रक्रिया है। जब यह आदान-प्रदान नया-नया रहता है तो एक भाषा में इस तरह आये शब्दों को 'विदेशी' कहते हैं पर क्रमशः यह 'विदेशी' वाला विभाजन किताबी और व्याकरणिक रह जाता है और वे शब्द अपनों से भी अधिक सगे बन जाते हैं। कमीज़, रेल, कैंची, आलू जैसे तथाकथित हजारों 'विदेशी' शब्द हिन्दी के अपने हैं और सर्जनात्मक लेखन में इनकी अलग-अलग स्थितियों में अलग-अलग भूमिकाएँ हैं। यह आश्चर्य की बात है कि हमारे पहनावे में धोती को छोड़कर दर्जी और कैंची समेत शायद ही कोई ऐसा शब्द है जो संस्कृत मूल का हो। इसलिए शब्दों के बीच यों तो तत्सम, तद्भव या विदेशी की छूत नहीं होती पर सन्दर्भ विशेष में ज़रूर इनकी अलग-अलग भूमिका है। इस क्रम में शब्द का चौथा प्रकार तो रचनात्मक लेखन में और भी विशिष्ट होता है। वह प्रकार है—देशज शब्द का। 'देश' शब्द स्थान या Space का वाचक है। किसी विशेष क्षेत्र में प्रयुक्त होने वाला शब्द देशज कहलाता है। इसकी व्युत्पत्ति प्रायः मूल भाषा में खोजनी कठिन होती है। वह कहीं से आया भी नहीं होता बल्कि यहीं किं मिट्टी की उपज होता है। ऐसे शब्द सर्जनात्मक लेखन में इसलिए विशिष्ट होते हैं क्योंकि उन्हीं के सहारे आंचलिक स्थितियों का चित्रण होता है। हिन्दी में पिछले दिनों 'मैला आँचल' जैसे उपन्यास और कई कहानियों के शब्द-संचय को देखें तो इस तथ्य को जान सकते हैं।

इस क्रम में यों तो शिष्ट समाज के शब्द और शिष्ट समाज में अप्रयुक्त समझे जाने वाले शब्द भी आते हैं पर रचनाकार को कई बार सन्दर्भ विशेष में या तो ऐसे शब्दों का प्रयोग भी करना पड़ता है जिनका प्रयोग हम समाज में नहीं करते या उनके कई संकेतक और प्रतीकात्मक शब्द भाषा में आ जाते हैं।

शब्द-प्रकार को विस्तार से जानकर ही रचना में प्रवृत्त होना चाहिए। अर्थ की दृष्टि से शब्दों के मुख्यतः तीन प्रकार होते हैं, मूल, यौगिक और योगरूढ़ि। जो शब्द अपने मूल रूप में एक अर्थ के वाचक हो जाते हैं और उनके टुकड़े करने से वह अर्थ लुप्त हो जाता है या कोई भी अर्थ नहीं रहता उन्हें मूल शब्द कहते हैं, जैसे घर, मेज, पेड़, सरल, थोड़ा, जाना आदि। परन्तु जिन शब्दों में हम अन्य शब्द या शब्दांश का योग कर देते हैं, वे यौगिक शब्द होते हैं। उनके दो अंशों को अलग कर उसके अर्थ

को जाना जा सकता है। उदाहरण के लिए असुन्दर वेगमय, बलशाली शब्दों को देखें। 'अ' निषेधात्मक उपसर्ग को 'सुन्दर' शब्द के साथ मिलाने से 'असुन्दर' शब्द बना है। इसी प्रकार 'शाली' का अर्थ 'वाला' है। 'बलशाली' का अर्थ हुआ बल वाला, इस प्रकार यह एक यौगिक शब्द है। योगरूढ़ि से तात्पर्य है, जब दो शब्द मिल कर मूलार्थों से हटकर अन्य अर्थ में रूढ़ हो जाते हैं। उदाहरण के लिए 'पंक' का अर्थ कीचड़ है और 'ज' का अर्थ जन्म लेना है। इस आधार पर 'पंकज' का अर्थ हुआ 'कीचड़ से जन्मने वाला', पर यह केवल 'कमल' के अर्थ में रूढ़ हो गया है। इसी प्रकार 'चारपायी' शब्द है। परन्तु सर्जनात्मक लेखन में रचनाकार जान-बूझकर कई बार योग-रूढ़ि को अस्वीकार कर रचनार्थ को ही मान्यता दे देता है और रचना में सौन्दर्य तथा चमत्कार लाता है। केशव ने सीता के लिए 'कुपात्रजा' शब्द का प्रयोग किया है। कुपात्र सामान्यतः अयोग्य को कहते हैं परन्तु इसका मूल अर्थ मिट्टी का बर्तन है। 'कु' का अर्थ धरती या मिट्टी होता है। इस प्रकार सीता के जन्म की पुराण-कथा का संकेत इस शब्द से मिलता है।

जो शब्द अपने मूल रूप में ही रहते हैं, उन्हें 'अविकारी' कहते हैं, पर जिनमें व्याकरणिक कोटियों के लिए परिवर्तन घटित होता है, उन्हें विकारी कहते हैं। 'तथा,' 'और' 'तो' आदि अविकारी शब्द हैं। रचना में शब्द-प्रयोग के समय इस प्रकार के शब्द-प्रकारों को ध्यान में रखना चाहिए।

कुछ शब्द विशेष शास्त्र एवं ज्ञान की शाखा से जुड़े होते हैं। उन्हें पारिभाषिक शब्द कहते हैं। सामान्य प्रयोग के शब्द गैर पारिभाषिक होते हैं। सर्जनात्मक लेखन में पारिभाषिक शब्द का सावधानी से और सही सन्दर्भ में प्रयोग करना चाहिए। निराला ने दर्शन की पारिभाषिक शब्दावली का बहुत सार्थक प्रयोग किया है। ऊपर के विवेचन से स्पष्ट है कि सर्जनात्मक लेखन में शब्द-प्रकार का जानना उपयोगी है।

शब्द-शक्तियाँ

भौतिक विज्ञान में Force, Power और energy के बीच जो सूक्ष्म पार्थक्य है, हिन्दी में भी इनके एक से पर्याय नहीं है, बल्कि क्रमशः इन्हें बल, शक्ति और ऊर्जा के रूप में चिह्नित किया गया है और शक्ति की परिभाषा है—'कार्य करने की क्षमता। शब्द का कार्य है—अर्थ-निष्पादन। यह अर्थ-निष्पादन एक रचना में जिन स्तरों पर होता है, उन्हें हम अँग्रेजी के दो शब्दों Connotation और denotation के रूप में भी पहचान सकते हैं। भारतीय साहित्य-चिन्तन परम्परा में अर्थ-निष्पादन के इन स्तरों को बहुत गहराई से विश्लेषित किया गया है और पूरी प्रक्रिया को शब्द की शक्तियों के रूप में व्याख्यायित किया गया है। शब्द शक्तियों को मुख्यतः तीन रूपों में देखा गया है—अभिधा शक्ति, लक्षणा शक्ति और व्यंजना शक्ति। मुख्यतः इसलिए कि भारतीय

चिन्तन में शब्द की शक्ति को इसके प्रकार्य के आधार पर एक और नाम दिया गया है—'वृत्ति।' इस सन्दर्भ में शब्द की एक 'तात्पर्य वृत्ति' का भी उल्लेख है और 'व्यंजना' को अभिधा, लक्षणा और तात्पर्य वृत्तियों के समन्वित प्रभाव के रूप में भी व्याख्यायित किया गया है।

शब्द-शक्तियों को लेकर बहुत वाद-विवाद रहा है। वास्तव में लम्बे समय तक 'व्यंजना' या 'ध्वनि' की सत्ता को शब्दार्थ की प्राप्ति के क्रम में मान्यता नहीं मिली और अर्थ-प्राप्ति की दो ही स्थितियाँ मानी गयीं। एक शब्द के मूल अर्थ पर आधारित अभिधार्थ, दूसरे वाक्य से प्रेषित होने वाला उसका तात्पर्य। इस तात्पर्य 'वृत्ति' के रहते अलग से व्यंजना शक्ति की कल्पना करने का निषेध किया गया। हाँ, शब्द के मुख्य अर्थ के अयोग्य हो जाने पर संकेतित अर्थ के ग्रहण के गुण को आधार मान कर चलने वाली गौणी अथवा लक्षणा को अवश्य शब्दार्थ विवेचन में स्थान मिला परन्तु आनन्दवर्द्धन ने 'ध्वन्यालोक' में ध्वनि के सैद्धान्तिक विवेचन के द्वारा व्यंजना शक्ति की विशेष रूप से स्थापना की। इन शब्द-शक्तियों के शास्त्रीय विवेचन में जाने की यहाँ आवश्यकता नहीं है परन्तु रचनात्मक लेखन के सम्बन्ध में इनके कार्य-व्यापार को समझ लेना बहुत जरूरी है। रचना कितनी ही 'स्वान्तः सुखाय' की जाए, हर रचनाकार का लक्ष्य एक पाठक या श्रोता को पाने का होता है। कोई भी रचनाकार केवल लिख कर सन्तुष्ट नहीं हो जाता है। रचनाकार ने पाठक को क्या देना चाहा है? यह तो जिज्ञासा का विषय होता ही है, जिस भाषा में रचना पाठक तक आयी है वह क्या-क्या कह रही है, यह भी जानने का विषय है। साथ ही रचनाकार सब कुछ सपाट वर्णन नहीं करता, अपितु उसकी कलात्मक एवं सर्जनात्मक क्षमताओं का पता उसकी इस प्रकार की 'कहन' से चलता है, जिनमें शब्द अपनी अनेक भूमिकाओं में आता है। जैसा कि उल्लेख किया गया है, साहित्य-शास्त्र में इन भूमिकाओं को जिन तीन वर्गों में रखा गया है, वे हैं—अभिधा, लक्षणा एवं व्यंजना।

अभिधा शक्ति

शब्द का प्राथमिक अर्थ वस्तुपरक होता है। वह भाषा के इतिहास और समाज की प्रतीक-वृत्ति के द्वारा निर्धारित होता है। यह अर्थ शब्द की संरचना से भी निर्धारित होता है। शब्द का यह प्रायः कल्पना-निरपेक्ष अर्थ है। किसी भी भाषा का कोश तैयार करते समय सर्वप्रथम शब्द के इसी अर्थ को निर्देशित किया जाता है। इसे ही शब्द का अभिधार्थ कहते हैं। 'धा' का अर्थ है—धारण करने वाली और 'अभि' उपसर्ग विशिष्टता-वाचक है। अतएवं अभिधा का अर्थ है—विशिष्ट अर्थ धारण करने की शक्ति। 'धा' में मूलतः समाहिति अर्थ है। अतएव अभिधा शक्ति शब्द के विशिष्ट अर्थ को समाहित किए रहती है। किसी भी शब्द के उच्चारण के साथ ही उसके एक

अर्थ तक हम तत्काल पहुँचते हैं। शब्दों में इस तुरन्त प्राप्त होने वाले अर्थ की ही मुख्य रूप से उपस्थिति होती है, इसलिए इसे 'मुख्यार्थ' भी कहा जाता है परन्तु शब्द का कोई भी अर्थ उसके वाचन के बिना ग्रहण नहीं होता इसलिए मुख्य अर्थ को 'वाच्यार्थ' भी कहा जाता है। रचना में वस्तु-वर्णन में मुख्यार्थ या वाच्यार्थ ही प्रधान होता है अतएव अभिधा शक्ति की क्षमता को रचना के सन्दर्भ में समझना जरूरी है। शब्द का आगे का समूचा अर्थ-व्यापार अभिधा शक्ति पर ही आधारित होता है। जब ऐसे सन्दर्भ आते हैं जहाँ मुख्यार्थ अपर्याप्त लगता है, तो किसी अन्य अर्थ-स्तर तक पहुँचने की सीढ़ी तो अभिधा शक्ति ही है। उदाहरण के लिए प्रकरण विशेष में कहा गया वाक्य 'गधा चर रहा है' में 'गधा' शब्द पशु विशेष का मुख्यार्थ देता है जबकि 'वह तो एकदम गधा है', में व्यक्ति विशेष के मूर्ख होने का जो प्रतीकार्थ, लक्ष्यार्थ का सांकेतिक अर्थ ग्रहण किया गया है, वह पहले अभिधा रूप में गधे को निरख-परख कर ही किया गया। लक्षणा और व्यंजना शब्द-शक्तियों पर विचार कर लेने के बाद तुलनात्मकता के द्वारा अभिधाशक्ति का स्वरूप तथा महत्त्व और स्पष्ट हो सकेगा। 'साहित्यदर्पण' में पण्डित विश्वनाथ ने लिखा है :

वाच्योऽर्थोऽभिधया बोध्यो लक्ष्यो लक्षणया मतः।
व्यंग्यो व्यंजनया ताः स्युस्तिस्रः शब्दस्य शक्तयः॥

इसका अर्थ है : ''अर्थ तीन प्रकार का होता है—वाच्य, लक्ष्य और व्यंग्य। जो अर्थ अभिधा से बोधित हो वह वाच्य, जो लक्षणा से ज्ञात हो वह लक्ष्य और जो व्यंजना से सूचित हो वह व्यंग्य कहाता है। ये तीनों अभिधा, लक्षणा और व्यंजना—शब्द की शक्तियाँ है।'' इस उद्धरण में अभिधा के ग्रहण के सन्दर्भ के बोध का प्रयोग है जिससे यही अर्थ निकलता है कि यह शब्द का प्रथम ग्रहण है—Cognition है। इससे अगली प्रक्रिया recognition की है, ज्ञान की है जो शब्द के गुणात्मक लक्षणों से निर्धारित होती है। recognition के बाद हम पूरे सन्दर्भ से जुड़ते हैं और सन्दर्भ हमें अर्थ के सम्बन्ध में infrom करता है—सूचित करता है। यह सूचित अर्थ अपेक्षाकृत व्यापक होता है, यह व्यंग्यार्थ है। पर जैसा कि हम कह चुके हैं, इस अर्थारोहण प्रक्रिया में मुख्यार्थ, या अभिधार्थ का महत्त्वपूर्ण स्थान है।

लक्षणा—शक्ति।

ऊपर हमने देखा था कि 'वह तो गधा है।' वाक्य में जब गधा शब्द किसी मनुष्य के लिए आया तो उसका वाच्यार्थ एक समस्या बन जाता है और अर्थ की संगति नहीं बैठती। लेकिन वाच्यार्थ में बाधा पहुँचने पर भी भाषा का व्यापार रुकता नहीं है। तब हम प्रयोक्ता के प्रयोजन को समझने की कोशिश करते हैं और यह जानने की ओर प्रवृत्त

होते हैं कि यह शब्द किसी अन्य अर्थ में भी रूढ़ तो नहीं है। अथवा इसके गुणपरक विशेषार्थ तो नहीं है। तब हमें वक्ता का लक्ष्य पता चलता है कि गधे के विशिष्ट गुणों को सामने रख कर अर्थात् उसके लक्षणों को आधार बना कर वक्ता ने मनुष्य को गधा कहा है। यह लक्षण-जनित अर्थ शब्द का मुख्यार्थ नहीं है अतएव अभिधा शक्ति यहाँ काम नहीं आती अपितु लक्षण अर्थ का निर्धारित करते हैं और उसी अर्थ को पाना वक्ता का लक्ष्य है इसलिए इसे शब्द की लक्षणा-शक्ति कहते हैं। रचनात्मक साहित्य में इस लक्षणा-शक्ति का बहुत योग है। विशिष्ट भाषा प्रयोग के कारण छायावाद को—विशेषकर जयशंकर प्रसाद के काव्य को—लाक्षणिक काव्य कहा गया है। लक्षणा की परिभाषा 'साहित्य दर्पण' में इस प्रकार दी गयी है :

मुख्यार्थबाधे तद्युक्तो यथान्योऽर्थः प्रतीयते
रूढ़ेः प्रयोजनाद्वाऽसौ लक्षण शक्तिरर्पिता

"मुख्यार्थ में बाधा होने पर अर्थात् वाक्य में मुख्यार्थ का अन्वय अनुपपन्न होने पर (घटित न होने पर)रूढ़ि या प्रसिद्धि के कारण अथवा किसी विशेष प्रयोजन का सृजन करने के लिए, मुख्यार्थ से सम्बद्ध अन्य अर्थ का ज्ञान, जिस शक्ति द्वारा होता है, उसे लक्षणा कहते हैं। यह शक्ति अर्पित या कलित है, अभिधा की तरह मुख्यार्थ नहीं है। यहाँ लक्षणा के चार कारण स्पष्ट किए गये हैं। वे हैं : 1. मुख्य अर्थ का बाधित होना 2. उसके साथ लक्ष्यार्थ का सम्बन्ध, 3. रूढ़ि और 4. प्रयोजन।"

वस्तुतः अभिधा भाषा की मूल आवश्यकता का परिणाम है जबकि लक्षणा का जन्म भावप्रवणता, कल्पनाशीलता एवं सौन्दर्यप्रियता के आधार पर हुआ है। लक्षणा भाषा की वक्र भंगिमा का परिणाम है। जब जयशंकर प्रसाद यह लिखते हैं :

बाँधा था विधु को किसने
इन काली जंजीरों से
मणि वाले फणियों का मुँह
क्यों भरा हुआ हीरों से

तो शायद इसीलिए कि जिस अप्रतिम सुन्दर मुख का वे चित्रण करना चाहते थे, उसकी तस्वीर अभिधा से उभर नहीं सकती थी। चन्द्रमा का काली जंजीरों में बँधा होना, पाठक/श्रोता को लक्षणपरक कल्पना की ओर उन्मुख करता है। असल में पाठक की कल्पना चांद के माध्यम से जब मुख तक जाती है और काली जंजीरों का सम्बन्ध जब घने काले बालों की लटों से जुड़ता है तो क्रमशः अर्थ-ग्रहण की यह प्रक्रिया सुन्दरता को अधिक संवेद्य ही नहीं बनाती, सहृदय की संवेदनाशीलता का भी विस्तार करती है। लक्षणा में कल्पना के आधार पर अर्थ का एक सौन्दर्यपरक विस्तार रहता है अतएव

रचनात्मक लेखन के सन्दर्भ में लक्षणा के कार्य-व्यापार को समझना बहुत आवश्यक है। शास्त्र में लक्षणा के भेदोपभेदों की लम्बी शृंखला है। यहाँ उस विस्तार की सार्थकता नहीं है। मुख्य भेदों को संक्षेप में जान लेना चाहिए। ऊपर हमने देखा कि लक्षणा का या तो कोई प्रयोजन होता है या उसमें रूढ़ अर्थ को ग्रहण किया जाता है। इस आधार पर लक्षणा के दो प्रमुख भेद प्रयोजनवती लक्षणा और रूढ़ी लक्षणा हैं। ऊपर हमने 'वह गधा है।' वाक्य में देखा था कि लक्षणों को सामने रखकर अर्थात् गुणों को आधार बनाकर वक्ता ने एक विशेष प्रयोग किया है। यहाँ प्रयोजन स्पष्ट है। इसलिए यह प्रयोजनवती लक्षणा है। यह प्रयोजनवती गौणी लक्षणा सारोपा भी हो सकती है, निरारोपा भी। ऊपर के वाक्य में व्यक्ति विशेष पर पशु के गुणों को रोपा गया है, इसलिए वह आरोपा है परन्तु यदि हम कहते हैं—'चेतना ने अँगड़ाई ली' तो इसमें आरोपण नहीं है। इसलिए निरारोपा गौणी प्रयोजनवती लक्षणा है। पर जहाँ साध्य का अवसान हो जाता है अर्थात् हम अप्रस्तुत के उल्लेख से उस साध्य तक पहुँच जाते हैं, उसे साध्यावसाना प्रयोजनवती लक्षणा कहते हैं। केवल अप्रस्तुत कथन से प्रस्तुत तक पहुँचना रूपकातिशयोक्ति अलंकार होता है। प्रसाद ने केवल 'विधु' का और काली जंजीरों का उल्लेख किया था। हमने उनका चन्द्रमा और घुँघराले बाल अर्थ लगाया था। यह साध्यावसाना लक्षणा है। प्रयोजनवती के समानान्तर ही रूढ़ि लक्षणा के भेद हैं। रूढ़ि का एक उदाहरण इस रूप में देख सकते हैं। जब कहते हैं—''पंजाब वीर है'' तो इसका तात्पर्य यही है कि पंजाब के लोग वीर हैं। पंजाब स्वयं तो एक भूक्षेत्र का, एक राजनीति-भौगोलिक इकाई का वाचक है, वह स्वयं वीर नहीं हो सकता परन्तु पंजाब रूढ़ रूप में पंजाब के निवासियों का अर्थ देता है इसलिए यहाँ रूढ़ि लक्षणा है।

मूल अर्थ को पकड़े रखने या छोड़ देने के आधार पर भी लक्षणा के तीन भेद किए गये हैं। वे हैं— 1. अजहत्स्वार्था लक्षणा 2. जहत्स्वार्था लक्षणा 3. विपरीत लक्षणा। जहत् का अर्थ है—छोड़ना या त्याग। जहाँ मूलार्थ बना रहता है उसे अजहत् स्वार्था कहतो हैं। जब हम कहते हैं—''बस, दुसहरी तो दुसहरी ही है।'' तब हमारा तात्पर्य होता है, दुसहरी आम जितना मीठा और स्वादिष्ट है, उतना और कोई आम नहीं है। यहाँ दुसहरी की अद्वितीयता लक्षण के आधार पर स्पष्ट की गयी है पर इसमें मूलार्थ का त्याग नहीं है लेकिन जब हम अपने मित्र को बताते हैं कि ''मेरा घर तो स्टेशन पर ही है, ढूँढ़ने में दिक्कत नहीं होगी।'' तो हमें 'स्टेशन पर' का मूल अर्थ छोड़ना होगा और 'स्टेशन के बहुत निकट अर्थ ग्रहण करना होगा। विपरीत लक्षणा में मूलार्थ का विपरीत अर्थ लक्षित होता है। उदाहरण के लिए ''वह तो लकड़ी का शेर है।'' यहाँ किसी व्यक्ति के वीरत्व के विपरीत लक्ष्यार्थ तक यह वाक्य हमें 'लकड़ी का शेर' के माध्यम से ले जाता है।

वस्तुत: रचनात्मक लेखन में लक्षणा का संसार अनन्त है। भाषा का स्वभाव ही

क्रमशः अर्थ की सूक्ष्मताओं की ओर जाने का है। यह सूक्ष्मता व्यापकता की भी पर्याय बनती है। व्यापकता एक अभिधार्थ से आगे शब्द के एकाधिक अर्थों के सम्भव होने पर ही निर्भर है। यही अनेकार्थता अपने एक निश्चित शास्त्र के रूप में ढल कर शब्द की लक्षणा शक्ति बनती है। यों तो हम दैनिक व्यवहार में भी लक्षणा का कम प्रयोग नहीं करते पर रचनात्मक लेखन में इसका सायास एवं सोद्देश्य प्रयोग होता है और लक्षणा के प्रयोग के दो ही मुख्य उद्देश्य हैं। एक भाषा की सम्प्रेष्ण-क्षमता में निरन्तर कर उसको अधिकाधिक 'शक्ति' देना। दूसरे भाषा-सौष्ठव को असीम क्षितिजों तक ले जाकर मनुष्य की सौन्दर्य-वृत्ति (aesthetic sense) को तुष्ट करना। सर्जनात्मक साहित्य को यदि शक्ति का साहित्य (literature of power)कहा जाता है तो यह शक्ति केवल भावोद्वेग की नहीं होती, भाषिक वैचित्र्य, वैविध एवं वैशिष्टय की भी होती है।

व्यंजना शक्ति

भाषा का मौलिक रूप मौखिक है परन्तु विशेष यह है कि उच्चरित ध्वनि, शब्द एवं वाक्य एक क्रम में जिस तरह से सार्थक होते हैं, वह ऐसा व्यापार नहीं है कि किसी एक बिन्दु पर सम्पन्न होनी वाली प्रक्रिया अन्तिम होकर ठहर जाए। वस्तुतः उच्चरित ध्वनि का देश और काल में अनन्त ध्वनन होता है और अर्थ का मात्रात्मक परिसीमन एक 'क्वाण्टम' के रूप में—एक संहति के रूप में अन्तिमता प्राप्त नहीं करता है अपितु तरंगों की तरह व्यापकतर होता है। आइंस्टाइन और दूसरे वैज्ञानिकों ने जब प्रकाश को परिभाषित एवं व्याख्यायित करने की कोशिश की तो वे उसके इस द्वैत व्यवहार को मानने को बाध्य हुए थे। प्रकाश एक 'फोटोन' के रूप में पदार्थ है तो ऊर्जा के रूप में एक तरंग है। Particle और wave ये दो गुण प्रकाश के हैं। भाषा में शब्द की उपस्थिति भी प्रकाश की ही तरह है। उसका शब्दोच्चारगत अर्थ एक परिसीमित सन्दर्भ रखता है जो particle nature के रूप में देखा जा सकता है परन्तु एक शब्द विशिष्ट देश और काल में अर्थ तरंगे छोड़ना आरम्भ करता है। यह उसका wave nature है। इस तरंगता के कारण वाच्यार्थ किस प्रकार नये अर्थों को लेकर आता है, यह हम लक्षणा शक्ति के सन्दर्भ में देख चुके हैं। व्यंजना के सन्दर्भ में विशेष यह है कि इस प्रक्रिया में अर्थ और भी सूक्ष्म होता जाता है। सम्प्रेष्य अर्थ का वाच्यार्थ से सम्बन्ध भी क्षीणतर होता जाता है और एक स्थिति में तो वह उससे कट-सा जाता है। $\sqrt{\text{अंज्}}$ धातु में 'अनन' प्रत्यय और 'वि' उपसर्ग के मेल से शब्द बनता है—'व्यंजना' जिसका शब्दार्थ हुआ 'ध्वनित करना'। 'साहित्य दर्पण' में आचार्य विश्वनाथ ने इसको यों परिभाषित किया है:

''विरतास्वभिधाद्यासु ययाऽर्थो बोध्यते परः ।।
सा वृत्तिर्व्यंजना नाम शब्दस्यार्थादिकस्य च।''

इसका अर्थ है—''अपना-अपना अर्थ बोधन करके अभिधादिक वृत्तियों के शान्त होने पर जिससे अन्य अर्थ का बोधन होता है, वह शब्द में तथा अर्थादिक में रहनेवाली वृत्ति (शक्ति) 'व्यंजना' कहाती है।'' यही व्यंजना ध्वनन, गमन, प्रत्यायन भी कहलाती है। लक्षणा की तरह काव्य-शास्त्रीय ग्रन्थों में व्यंजना की भी बहुत विस्तार से भेद-प्रभेद सहित व्याख्या की गयी है। साहित्यालोचन के लिए इस विस्तृत अध्ययन की अपेक्षा भी है परन्तु हम संक्षेप में ही इस पर चर्चा करेंगे। अक्सर पाते हैं कि किसी रचना में कोई बहुत बड़ा, बहुत व्यापक अर्थ ध्वनित हो रहा है, हम तक पहुँच रहा है पर वह अर्थ न तो शब्द के वाच्यार्थ में होता है और न ही उसकी प्राप्ति पूर्व व्याख्यापित लक्षणा के द्वारा हो पाती है। अपितु वह अर्थ प्रसंग, परिस्थिति आदि के आधार पर व्यंजक शब्दों से प्रकट होता है, प्रतीयमान होता है। एक रूप में तो वह शब्द-विशेष पर भी निर्भर नहीं करता अपितु पूरे प्रकरण में—प्रोक्ति में वह होता है। इस रूप में व्यंजना को सीधे-सीधे शब्द-शक्ति कहना भी ठीक नहीं लगता। यदि वह शब्द-शक्ति है तो इसी अर्थ में कि व्यंजित अर्थ शब्दों के समुच्चय से ही ध्वनित होता है। और वह अर्थ कवि को इष्ट तो है पर अभिधा से व्यक्त नहीं होता। ''यदन्येन प्रकारेण अभिधियते'' से यही तात्पर्य है। एक बहुत प्रसिद्ध सन्दर्भ रामकथा में आया है—

सीता हरन तात! जनि कहेउ पितासन जाय
जो मैं राम तो कुल सहित कहि दसानन आय।

जटायु मरणासन्न है। सुश्रूषा करने वाले राम जान चुके हैं कि वह नहीं बचेगा। तब वे कहते हैं—''हे तात! (जटायु) स्वर्ग में मेरे पिता दशरथ को सीता-हरण का समाचार न देना। यदि मैं राम हूँ तो कुल सहित आकर रावण ही यह समाचार उन्हें देगा।'' शब्दों के अभिधार्थ से इससे अधिक कुछ प्राप्त नहीं होता और लक्षणा भी बहुत दूर तक नहीं जा पाती पर यह बहुत स्पष्ट है कि ये पंक्तियाँ बहुत गूँज रही हैं। उच्चारण के साथ ही एक हलचल अर्थ-प्रेषण-प्रक्रिया में मचती है, बल्कि बहुत सारे अर्थ होड़ लगाते हुए, दौड़ लगाते हुए बढ़ते हैं। 'राम रावण वध की प्रतिज्ञा करते हैं' 'राम रावण के समूचे कुल के विनाश के लिए संकल्पना कर चुके हैं।' 'राम में एक सात्विक क्रोध का जन्म हो चुका है।' 'राम का रामत्व और रावण का दशाननत्व अब आमने-सामने है...' यह शृंखला लम्बी है पर ये सारे अर्थ समन्वयात्मक हैं, विसंवादी नहीं।'' यह अर्थ-प्रतिध्वनन भाषा का बहुत विशिष्ट व्यापार है। इस व्यापार में भी लक्ष्य वही है जो लक्षणा के सन्दर्भ में हमने उल्लिखित किया है। वह है—भाषा की क्षमता में वृद्धि

एवं उसके सौष्ठव में वृद्धि। हम कह चुके हैं कि इस शक्ति के अनेक भेद-प्रभेद है। हम उनके विस्तार में न जाकर इतना ही कहना चाहेंगे मुख्यत: उसके दो भेद हैं— 1. संलक्ष्यक्रम व्यंग्य ध्वनि एवं 2. असंक्ष्यक्रम व्यंग्य ध्वनि। जहाँ वाच्यार्थ और व्यंग्यार्थ में पूर्वापर क्रम लक्षित होता है, वहाँ शब्द की ऐसी व्यंजना शक्ति रहती है जिसे संलक्ष्यक्रम ध्वनि कहते हैं परन्तु जहाँ यह क्रम लक्षित नहीं होता उसे असंलक्ष्यक्रम व्यंग्य ध्वनि कहा जाता है।

शब्द की शक्तियों के आधार पर काव्य के स्तर-निर्धारण का प्रयास शास्त्र में हुआ है और अनेक आचार्यों ने व्यंजना-शक्ति-सम्पन्न ध्वनि-काव्य को उत्तम , गुणीभूत व्यंग्य-सम्पन्न अथवा लक्षणा-सम्पन्न काव्य को मध्यम और अभिधाजन्य चित्र-काव्य को अधम कहा है। भारतीय काव्य-शास्त्र में प्रतिबिम्ब शब्द उसी अर्थ में आया है जिस अर्थ में आज बिम्ब का प्रयोग होता है और उसका महत्त्व काव्यशास्त्र में नहीं है पर आचार्य रामचन्द्रशुक्ल ने जब यह घोषणा की कविता का काम बिम्ब ग्रहण कराना है, अर्थग्रहण कराना नहीं, तब एक तरह से उन्होंने कई साहित्य-सिद्धान्तों को चुनौती दे डाली। यह उस क्रम की वकालत थी जिसके अनुसार अभिधा उत्तम काव्य है। देव ने लिखा था :

अभिधा उत्तम काव्य है, मध्यम लक्षणालीन
अधम व्यंजना रस विरस, उलटी कहत प्रवीन

रामचन्द्र शुक्ल ने इस मुद्दे पर विचार करते हुए 'काव्य में अभिव्यंजनावाद' निबन्ध में लिखा है—"अब प्रश्न यह है कि काव्य में रमणीयता किसमें होती है? वाच्यार्थ में, लक्षणार्थ में या व्यंग्यार्थ में?" इसका बेधड़क उत्तर यही है कि वाच्यार्थ में। चाहे वह योग्य और उपपन्न हो, अथवा अयोग्य और अनुपपन्न। डॉ. नगेन्द्र ने शुक्ल जी के मत का खण्डन किया ज़रूर पर शुक्ल जी बहुत स्पष्ट कहते हैं—"मेरा यह कथन विरोधाभास का चमत्कार दिखाने के लिए नहीं है, सोलह आने ठीक है। कोई रसात्मक या चमत्कार विधायक उक्ति लीजिए। उस उक्ति में अर्थात् उसके वाच्यार्थ में काव्यत्व या रमणीयता होगी, उसके लक्षणार्थ या व्यंग्यार्थ में नहीं। जैसे लक्षणायुक्त वाक्य लीजिए : जीकर हाय! पतंग मरे क्या?" इसमें भी यही बात है। जो कुछ वैचित्र्य या चमत्कार है, वह इस अयोग्य अनुपपन्न वाक्य या उसके वाच्यार्थ में ही हैं। इसके स्थान पर इसका यह लक्ष्यार्थ कहा जाये कि "जी कर पतंग क्यों कष्ट भोगे?" तो कोई वैचित्र्य या चमत्कार न होगा।" शुक्ल जी के तर्कों में निस्सन्देह बहुत बल है पर सर्जनात्मक लेखन के सन्दर्भ में हमें यह याद रखना होगा कि लक्षणा एवं व्यंजना शक्तियाँ रचना के सन्दर्भ में भाषा के कार्य-व्यापार को उसकी क्षमता को बढ़ाने में सहयोगी हैं। शुक्ल जी लक्षणा एवं व्यंजना का विरोध नहीं करते काव्य गुण की परख

किस स्तर पर होगी, इसकी चर्चा करते हैं। यहाँ उनके द्वारा प्रयुक्त पारिभाषिक शब्द अयोग्य एवं अनुपपन्न का अर्थ जान लेना चाहिए। व्याकरण की दृष्टि से शुद्ध होने पर भी यदि किसी शब्द-समूह से वाक्य का ढाँचा तो खड़ा होता है पर उसके द्वारा तर्क-सिद्ध अर्थ की प्राप्ति नहीं होती तो उसे अयोग्य और अनुपपन्न वाक्य कहेंगे। उदाहरण के लिए—जीकर पतंग मरेगा नहीं, जिएगा। इसलिए 'जीकर हाय! पतंग मरे क्या?' अनुपपन्न और अयोग्य सूचना वाक्य है। इसकी विसंगति का परिहार लक्षणा शक्ति के द्वारा होता है, जिससे यह योग एवं उपपन्न होने का गुण प्राप्त करता है।

रचनात्मक लेखन के सन्दर्भ में हमें यह भी ध्यान रखना होगा कि भाषा कोई जड़-व्यवहार नहीं है। आज हम सूचनायुग में रह रहे हैं। इस प्रक्रिया में तकनीक ने भाषा के व्यवहार को बदला है। शब्द-शक्तियों के सन्दर्भ में शास्त्र हमारा सहारा है जरूर पर नये सन्दर्भों को भी ध्यान में रखना होगा। पश्चिम में बीसवीं शताब्दी में स्यासूर, लाकान्, ग्राम्सी, रोलाबार्थ, बॉदरीला और देरिदा ने जिस तरह के नये शास्त्र गढ़े हैं और संरचनावाद और उत्तर संरचनावाद के जो विमर्श आये हैं, उनके पीछे उनका भाषिक विवेचन ही प्रमुख है और क्रमशः एक निश्चित अर्थ से हट कर पाठ को विखण्डित करने की जो माँग उठी है, उसमें वाच्यार्थ की कठोरता में बहुत लचीलापन आया है। एक तरह से साहित्य का जो पाठक-आधारित लोकतन्त्र आया है, वह लक्षणा और व्यंजना को ही मान्य ठहराता है। युवा लेखकों को इन नये विमर्शों से इस लिए भी परिचित होना चाहिए कि ये विमर्श भाषा के माध्यम से समाज-दर्शन की बात करते हैं। उदाहरण के लिए पूरे भाषिक सन्दर्भ को जब वे विलोमात्मक युग्मों से समझने का आग्रह करते हैं, तभी दलित विमर्श और स्त्री विमर्श जैसी अवधारणाएँ केन्द्र में आती हैं। 'अन्य—द अदर' की धारणा ही पुरुष के सामने स्त्री का बिम्ब बनाती है। सवर्ण के सामने दलित का बिम्ब बनाती है और तब भाषा इतिहास की व्याख्याता हो जाती है। अर्थग्रहण की पूरी प्रक्रिया मास कल्चर, पोपुलर, सभ्यताओं का संघर्ष, नव इतिहासवाद और नवसंस्कृतिवाद तक ले जाती है। विशेष यह है कि इस समूचे अध्ययन में हमारा शब्द-शक्ति सिद्धान्त सहायक की भूमिका निभाएगा, विरोध की नहीं।

शब्द-प्रयोग

भाषा के समुद्र में शब्दों का अथाह जल भरा रहता है। यों तो प्रत्येक व्यक्ति शब्दों का प्रयोग करता है पर प्रत्येक व्यक्ति की भाषा-क्षमता में अन्तर होता है। सर्जनात्मक लेखन की ओर भी बहुत-से लोग प्रवृत्त होते हैं परन्तु सभी उचित शब्द-प्रयोग नहीं कर पाते। रचनाओं के स्तर को गरिमापूर्ण बनाने में सफलता पाने के लिए उचित शब्द-प्रयोग का ज्ञान अत्यन्त महत्त्वपूर्ण है। शब्द-औचित्य के अनेक आधार हैं। प्रथम

आधार तो व्याकरणिक है। सामान्यत: शब्द का व्याकरण संगत-प्रयोग अपेक्षित होता है परन्तु यह भी ध्यान रखना होगा, व्याकरण एक बन्धन है और सर्जना एक स्वच्छन्दता। कई बड़े कवि व्याकरण के बाड़े को तोड़ते भी हैं। कवि सुमित्रानन्दन पन्त ने अपनी प्रसिद्ध पुस्तक 'पल्लव' की भूमिका में कवियों द्वारा शब्द-प्रयोग में ली जाने वाली स्वतन्त्रता का उल्लेख किया है।

शब्द-प्रयोग का सर्जना के सन्दर्भ में सबसे महत्त्वपूर्ण रूप स्थिति विशेष में शब्द का चुनाव है। भारतीय काव्य-शास्त्र में साहित्य का एक वक्रोक्ति सिद्धान्त है। इसमें पर्यायवक्रता का उल्लेख है। पर्यायवक्रता से तात्पर्य है—एक शब्द के विभिन्न पर्यायों में से किसी एक का चयन। सूर्य के अनेक पर्याय हैं। सन्दर्भ विशेष में अच्छा कवि कारणवश विशेष शब्द को चुनता है। प्रसाद के गीतों को देखिए। वहाँ रजनी, राका, रात्रि, विभावरी आदि रात के अनेक पर्याय देखने को मिलेंगे। परन्तु कवि का चयन विशेष कारण से है। कृष्ण तो गिरिधर भी हैं और गोपाल भी, श्याम भी और राधा-वल्लभ भी, योगेश्वर भी हैं और हरि भी। लेकिन सफल कवि सन्दर्भानुसार पर्याय का चयन करता है। वस्तुत: जल और पानी हैं तो पर्यायवाची परन्तु सब जगह दोनों का एक-सा प्रयोग नहीं होता। वास्तविकता यह है कि सर्जनात्मक लेखन में कोई शब्द दूसरे का पर्याय होता ही नहीं। हर शब्द का अपना एक मूल्य-मान होता है। सर्जनात्मक लेखक को प्रत्येक शब्द की एक गहरी पहचान करनी होती है, उसकी आत्मा के भीतर उतरना होता है। तभी उसका सम्यक् प्रयोग होता है। कई बार तो सन्दर्भ विशेष में किसी शब्द से बचना भी होता है। शिष्टता, श्लीलता और सभ्यता के तकाज़े से किस शब्द से पल्ला छुड़ाना है, कैसे उसका विकल्प तैयार करना है, यह जानना जरूरी है।

नए लेखक में कठिन और भारी भरकम शब्दों के प्रयोग का बहुत मोह होता है। इससे अच्छी रचना नहीं बनती। कई बार कहीं एक-आध बार पढ़े या सुने ऐसे शब्द का प्रयोग कर दिया जाता है जिसके निश्चित अर्थ से लेखक का परिचय नहीं होता। ऐसा अर्द्ध ज्ञान कई बार अर्थ का अनर्थ भी कर देता है।

प्रत्येक रचना की अपनी एक शैली होती है। यह शैली कभी तद्‌भव शब्द की माँग करती है और कभी तत्सम शब्द की। कभी उर्दू-फारसी प्रधान शब्द अपेक्षित होते हैं, कभी संस्कृत के तत्सम शब्द। लेखक को पूरी रचना को एक प्रोक्ति के रूप में देखते हुए शब्दों का प्रयोग करना चाहिए। आपने देखा होगा मुग़ल-काल की फिल्मों में उर्दू-फारसी-प्रधान संवादों की भरमार है। इसकी तुलना में 'रामायण' और 'महाभारत' धारावाहिकों के संवाद याद कीजिए। भाषा का फर्क नज़र आएगा। छायावाद के कवियों ने तत्सम शब्दों का प्रयोग किया है। 'प्रिय प्रवास में' 'हरिऔध' ने भी तत्सम शब्दों का प्रयोग किया है पर कविता की दृष्टि से 'हरिऔध' जी उतने सफल नहीं हुए जितने

छायावादी कवि। इसका कारण द्रवित शब्द-प्रयोग हैं। 'नयी कविता' में अँग्रेजी के बोलचाल के बहुत से शब्द आ गये हैं। कथा साहित्य में तो भाषा ही—अर्थात् चुने गये शब्द ही पूरे परिवेश का निर्माण करते है। हिन्दी के कवियों में निराला में पर्याय-चयन की अद्‌भुत क्षमता है।

शब्द-निर्माण

प्रत्येक भाषा में नवीन शब्दों के निर्माण की प्रक्रिया निरन्तर चलती रहती है। शब्द-निर्माण की मुख्यत: तीन प्रणालियाँ। उपसर्गों की सहायता से नये शब्द बनाना, प्रत्ययों की सहायता से शब्द-निर्माण करना एवं समास के द्वारा शब्द-सृष्टि। एक चौथी स्थिति वह होती है जब नये शब्दों को आवश्यकतानुसार गढ़ लिया जाता है। यों दूसरी भाषाओं से आये शब्दों का अपनी भाषा में कई बार अनुकूलन भी कर लिया जाता है। 'हॉस्पीटल' का अस्पताल, 'रिपोर्ट' का रपट एवं 'टेक्नीक' का तकनीक के रूप में प्रयोग इसी अनुकूलन का परिणाम है।

अधिकांश शब्दों के मूल में एक क्रिया होती है। उसे 'धातु रूप' कहते हैं। उसके आगे जब ऐसे शब्दांश जुड़ते हैं जो उसके अर्थ में परिवर्तन लाते हैं, उन्हें 'उपसर्ग' कहते हैं। उप का अर्थ यहाँ समीप है और सर्ग 'सृक्' अर्थात सरकने से जुड़ा है। प्रत्यय किसी धातु के पीछे लगकर उसको नया अर्थ देता है, जिससे नये शब्द, बनते हैं। जरा इन शब्दों को देखें : 'संन्यास', 'उपन्यास', 'शिलान्यास' एवं 'न्यास'। क्या आप जानते हैं—ये शब्द कैसे बने हैं। संस्कृत की एक धातु है— $\sqrt{\text{अस}}$ । इसका अर्थ है—होना। अस् में घञ् प्रत्यय जोड़ने से शब्द बना 'आस' जिसका अर्थ है—होने की स्थिति। यदि इसके आरम्भ में 'नि' उपसर्ग जोड़ दें तो शब्द बनता है—'न्यास' जिसका अर्थ हुआ रखना, टिकाना, स्थापित करना अर्थात् किसी का पक्के रूप में टिका होना। अब यदि हम इसके साथ एक दूसरे शब्द 'शिला' का संयोग करते हैं तो 'शिलान्यास' शब्द बनता है। इस प्रकार का दो शब्दों का संयोग समास कहलाता है। इसका अर्थ बना शिला को न्यासित करना, उसे टिकाना। परन्तु यदि हम 'न्यास' में 'सम्' उपसर्ग जोड़ दें तो शब्द बनता है—संन्यास। सम् का अर्थ है—सम्यक् रूपेण—भली-भाँति, अच्छी तरह से, इसलिए संन्यास का अर्थ है—भली-भाँति टिकाना, रखना, सौंपना, सँभलवाना। संन्यास से तात्पर्य है, अपना सब कुछ समाज को धरोहर के रूप में संभलवाना। इसी प्रकार न्यास में 'उप' उपसर्ग जोड़ने पर शब्द का बना 'उपन्यास'। हम कह चुके हैं कि उप का अर्थ है—समीप। उपन्यास अर्थ है—पास-पास रखना। कथा-साहित्य का वह रूप जिसमें घटनाएँ पात्र आदि पास-पास होते हैं, उपन्यास कहलाता है। इस प्रकार हम देखते हैं कि उपसर्गों से निरन्तर नये शब्द बनाए जा सकते हैं।

प्रत्ययों की सहायता से भी शब्द-निर्माण निरन्तर होता है। हिंदी में लिंग एवं वचन में प्रत्यय लगाकर ही परिवर्तन किया जाता है। क्रिया रूप भी प्रत्ययों के द्वारा ही परिवर्तित किये जाते हैं।

समास का पहले उल्लेख हुआ है। वस्तुत: समास-पद्धति से शब्द-निर्माण रासायनिक क्रिया की तरह है। जिस प्रकार रासायनिक क्रिया में दो पदार्थ संयुक्त होकर एक तीसरा यौगिक बनाते हैं। यह तीसरा यौगिक मूल पदार्थों से एक भिन्न सत्ता रखता है। समास सामान्यत: एक भाषा मूल के बीच में होता है परन्तु कई शब्द भिन्न मूल की भाषाओं से भी समस्त पद बनाते हैं। रेलगाड़ी ऐसा ही साधारण होकर भी विशिष्ट शब्द है।

सर्जनात्मक लेखन में इन निर्मित शब्दों की महत्त्वपूर्ण भूमिका होती है क्योंकि नवीन शब्दों के प्रयोग का आधार ये नवनिर्मित शब्द भी बनते हैं। व्याकरण, भाषा-विज्ञान एवं लोक व्यवहार का ज्ञान इस निर्माण-प्रक्रिया को सही दिशा देता है। इसलिए सर्जनात्मक लेखन के लिए भाषा की प्रकृति, उसके औपचारिक नियम एवं इसके प्रयोक्ताओं के मन को समझना जरूरी है।

नवीन शब्द

सर्जनात्मक लेखन मानव के कार्य-कलाप का निरन्तर नवीन एवं विकासशील प्रतिफलन होता है। रचना का माध्यम शब्दमयी भाषा है। रचनाकार शब्दों का अनुसन्धान करता है, निरन्तर उपयुक्त शब्द की खोज करता है। शब्द की उपयुक्तता की माँग दो कारणों से होती है। एक कारण अभिव्यक्ति की पूर्णता की आकाँक्षा है और दूसरा कारण सुन्दर सृष्टि की आकांक्षा है। इन दोनों ही कारणों के पीछे एक तीसरा तत्त्व काम करता है, वह है मौलिकता। इस क्रम में रचनाकार नवीन शब्दों की खोज करता है। यदि हम ऐतिहासिक क्रम में रचनाकारों की कृतियों का सूक्ष्म अवलोकन करें तो पाएँगे कि हर आने वाले युग में ऐसे अनेक शब्द आते जाते हैं जो पूर्व रचनाओं में विद्यमान नहीं है। ये नये शब्द कई बार पूर्व विद्यमान शब्दों से ही गढ़ लिये जाते हैं, कई बार वे अन्य भाषाओं से ले लिए जाते हैं। कुछ शब्द अपने पूर्व अर्थों को छोड़कर नये अर्थों में रूढ हो जाते हैं पर यह अर्थ तब तक रूढ़ नहीं होता जब तक कोई रचनाकार उन्हें नयी भूमिका नहीं देता। कई बार तो इतिहास में दफन हो चुके शब्द अपने बहुत नए अर्थ में रचनाकार ले आते हैं। हिन्दी के दो बड़े कवियों ने ऐसा कई बार किया है। वे कवि हैं 'प्रसाद' और 'निराला'। नागार्जुन और त्रिलोचन ने हिन्दी के कई आँचलिक शब्द दिये हैं। 'अरघान' का नागार्जुन द्वारा किया प्रयोग हो या 'दोंगड़ा' का अज्ञेय द्वारा, ये प्रयोग आंचलिक नवीनता के साथ हिन्दी में आये हैं। 'निराला' के इस गीत में शब्द के नवीन प्रयोगों को देखा जा सकता है।

खिरनी के पेड़ के तले,
बैठी थी तुम भले-भले।
आँखों से चिड़ियाँ उड़ती थीं,
उससे कुल पिड़ियाँ जुड़ती थीं,
पहने साड़ी सफेद,
भावों से गया भेद;
लोगों ने रूप पी लिया गले-गले।
धूप उठ रही थी, नभ सोना
झरता था सर पर सुख बोना,
धीरे-धीरे चल दीं,
सारी दुनिया छल दी,
पीछे भाई के, हरहों के डगले।

इस गीत में 'खिरनी', 'पिड़िया' 'हरहों' और 'डगले' जैसे नवीन शब्द तो आये ही हैं। चिड़िया उड़ना, गले-गले रूप पीना और अन्य कई प्रयोग भी नितान्त नवीन है।

समर्थ रचनाकार अपने लक्ष्य की प्राप्ति के लिए नवीन शब्दों का निरन्तर अनुसन्धान करता है। भाषाएँ इसी प्रक्रिया में विकास करती है।

औपचारिक और अनौपचारिक शैली

भाषा के कुछ सामान्य सिद्धान्त होते हैं। इन सिद्धान्तों का आधार मानकीकरण होता है। प्रत्येक भाषा में मानकीकरण का सर्वप्रथम आधार है—उसका व्याकरण-सम्मत होना। व्याकरण के आधार पर निर्दोष वाक्य-रचना भी तब तक सार्थक नहीं होती, जब तक वह प्रोक्ति रूप में सन्दर्भ सहित कथ्य को प्रेषित नहीं करती। वाक्य की प्रोक्ति-सापेक्षता उससे व्याकरण के अतिरिक्त कुछ अन्य विशेषताओं की माँग भी तुरन्त करने लगती है। इन अपेक्षाओं में सर्वप्रथम है—औचित्य एवं इस औचित्य के साथ ही दूसरी स्थिति है भाषा के सामाजिक सन्दर्भ की। विज्ञान एवं शास्त्र की भाषा तटस्थ एवं वस्तुपरक होती है जबकि रचनात्मक लेखन में सामाजिक सन्दर्भ सर्वोपरि रहते हैं। प्रोक्ति के स्तर पर ये सन्दर्भ भाषा की दो स्थितियों को सम्भव बनाते हैं। एक है औपचारिक भाषा शैली और दूसरी है—अनौपचारिक भाषा शैली। समाज में हम सम्बन्धों से तो जुड़े ही हैं, प्रशासनिक पदों के माध्यम से, सरकारी तन्त्र के रूप में एवं व्यावसायिक विविधताओं के कारण अनेक स्तरों में बँटे हैं। ये स्तर वर्ग एवं समूह के स्वतन्त्र भाषा-रूपों का निर्माण तो करते ही हैं ये वे भाषिक रूप भी हैं जो व्याकरणिक कोटियों से भिन्न नियमों से परिचालित होते हैं। जब हम पद-गरिमा या न्यायालयी

अपेक्षा अथवा विशिष्ट संस्कृति एवं सभ्यता के अनुरूप भाषा का प्रयोग करते हैं तो उसका एक औचित्यपरक विधान होता है। उसे औपचारिक भाषा कहते हैं। एक वाक्य देखें : ''डॉक्टर तू मेरे साथ रोगी को देखने चल।'' व्याकरण की दृष्टि से इस वाक्य में कोई दोष नहीं है पर सामाजिक औचित्य इस वाक्य को स्वीकार नहीं करता। डॉक्टर समाज का एक प्रतिष्ठित व्यक्ति है और हिन्दी में तू, तुम, आप सर्वनाम अँग्रेजी के You की तरह एकार्थी नहीं हैं अपितु कम अनौपचारिकता से औपचारिकता की ओर जाते हैं। इस औपचारिक अपेक्षा के लिए वाक्य का रूप होना चाहिए—''डॉक्टर साहब, कृपया मेरे साथ रोगी को देखने चलिए।'' लेकिन उन्हीं डॉक्टर महोदय का कोई वरिष्ठ अधिकारी यह भी कह सकता है—''डॉक्टर त्रिपाठी, आप रोगी को देखने साकेत चले जाएँ।'' तीसरी स्थिति वह हो सकती है जब डॉक्टर का कोई समकक्ष उनसे यह आग्रह कर सकता है: 'डॉ. त्रिपाठी, मैं थोड़ा व्यस्त हूँ। क्या आप एक रोगी को देखने साकेत चले जाएँगे?' ये सभी संवाद औपचारिक भाषा के हैं परन्तु आप देखेंगे कि सम्बन्ध बदलने पर ये क्रमशः अनौपचारिकता की ओर जा सकते हैं। उदाहरण डॉ. त्रिपाठी का कोई मित्र कह सकता है, ''भई त्रिपाठी जी, तुम रोगी को देखने साकेत चले जाओ, मैं थोड़ा व्यस्त हूँ।'' यदि कोई बहुत अन्तरंग मित्र हुआ तो यह भी कह सकता हूँ। ''यार तू जाता है, साकेत या मार खायेगा।'' ये सारे संवाद एक ही कथ्य की अभिव्यक्ति कर रहे हैं। परन्तु इनकी भाषा सामाजिक सन्दर्भों की पर्तों को खोल रही है। हम परिवार में, आत्मीय जनों में, अनौपचारिक भाषा-शैली का प्रयोग करते हैं जबकि सभा, समारोह, शिष्ट मण्डल, प्रशासन आदि में औपचारिक भाषा शैली का प्रयोग करते हैं। हमारे वैवाहिक निमन्त्रण या इस तरह के अन्य आग्रह शिष्ट समाज में एक औपचारिक भाषा में लिखे जाते हैं, जबकि हम अन्तरंग स्थितियों में एक दूसरी ही भाषा का प्रयोग करते हैं। ''वह स्वर्ग सिधार गया।'' ''उसका निधन हो गया।'' ''पर वह मर गया।'' इन तीनों वाक्यों का अर्थ तो एक ही है पर पहले दो वाक्य औपचारिक भाषा-शैली का उदाहरण हैं और तीसरा वाक्य अनौपचारिक भाषा शैली का उदाहरण है। कहाँ किसका प्रयोग होना है, यह सन्दर्भ पर निर्भर करता हैं।

यहीं हमें यह पता लगता है कि औपचारिक एवं अनौपचारिक भाषा-शैलियों के अध्ययन की रचनात्मक लेखन के सन्दर्भ में क्या प्रासंगिकता है। लेखन पूर्णतः समाज-सापेक्ष होता है। वह हास्यास्पद न बने, इसके लिए औपचारिक एवं अनौपचारिक रूपों का पता होना चाहिए। नौकर और मालिक, न्यायाधीश और अपराधी, पिता और पुत्र के संवादों में भाषा का क्या रूप होना चाहिए, यह केवल व्याकरण का ज्ञान निर्धारित नहीं करेगा। इसका निर्णय तो औपचारिक एवं अनौपचारिक भाषा प्रयोगों के जीवन्त अन्तर के आधार पर ही लेखक को करना होगा। नाटक,

उपन्यास, निबन्ध या कहानी को साकार बनाने के लिए कुछ किताबें पढ़ लेना पर्याप्त नहीं है, अपितु जीवन को बारीकी से देखना पड़ता है। समाज के बीच जाकर ज्यों ही हम जीवन को देखते हैं तो लगता है कि हम भाषा की एक प्रयोगशाला में प्रविष्ट हो गये हैं। समाज भाषा की कार्यशाला भी है क्योंकि इसी कार्यशाला के माध्यम से हम औचित्यपूर्ण भाषा का प्रयोग सीखते हैं और यही प्रशिक्षण रचनात्मक लेखन में काम आता है। औपचारिक एवं अनौपचारिक भाषा-शैलियों का रूप रूढ़ नहीं है, अपितु यह सामाजिक सन्दर्भों एवं स्थितियों पर निर्भर करता है। 'औपचारिक' शब्द के भाषिक सन्दर्भ को हम केवल Formal का अनुवाद मान कर सही-सही रूप में नहीं पकड़ सकते। इसके व्यापकतर अर्थों को जानने के लिए इस शब्द की रचना को समझना होगा। उप+ $\sqrt{\text{चर्}}$ + घञ् से शब्द बनता है—उपचार। $\sqrt{\text{चर्}}$ गतिवाचक शब्द है। औपचारिक एवं अनौपचारिक उपचार के धनात्मक एवं निषेधात्मक विशेषण हैं। यों साहित्य में 'नर्म उपचार' शब्द का माधुर्यपरक प्रयोग होता रहा है पर विशेष यह है कि उपचार में 'उप' उपसर्ग गौणतावाचक न होकर सान्निध्य वाचक है। समाज में जब हम दूसरों के लिए या दूसरों के समीप जाकर आचरण या क्रियाएँ करते हैं, वही उपचार है। यह 'दूसरा' या समाज हमसे नियम-मर्यादा की जकड़न या एक परिपाटी-बद्ध व्यवहार की अपेक्षा रखता है। सामाजिक परिपाटियों में आबद्ध यह व्यवहार ही मूलतः 'औपचारिक' है। जब हम इन परिपाटियों की जकड़न से मुक्त होते हैं, तब हमारा व्यवहार अनौपचारिक होता है। इन दोनों स्थितियों को समझाने के लिए अक्सर एक उदाहरण वेशभूषा को लेकर दिया जाता है। जैसे घर और दफ्तर में हम एक-सी वेशभूषा नहीं पहनते, जैसे शादी-ब्याह और इससे भिन्न अवसरों की वेशभूषा में अन्तर होता है, इसी प्रकार विशेष-विशेष सन्दर्भ में हमारी भाषा औपचारिक या अनौपचारिक होती है। रचनात्मक लेखन एक सूक्ष्म पर्यवेक्षण प्रक्रिया का परिणाम होता है। वह ध्रुवान्तों को ही परिभाषित नहीं करता अपितु उनके मध्य के अन्तरालों के सूक्ष्म क्रम से भी अवगत होता है। औपचारिक और अनौपचारिक जैसे दो बिन्दुओं के बीच के विविध अन्तरालों से भी उसका परिचय होता है। यही परिचय अभिव्यक्ति की वह क्षमता प्रदान करता है, जिससे रचनात्मक लेखन श्रेष्ठ होता है। वस्तुतः यह परिचय भाषा के 'देश' और 'काल' को पहचानने के क्रम में सम्भव होता है।

विभिन्न भाषिक सन्दर्भ

क्षेत्रीयता : मनुष्यता का विकास देश और काल में होता है। भाषा एक 'देश' के जन-समूह की उपज होती है। यह देश भूगोल वाचक है, क्षेत्र विशेष है और 'काल' इतिहासक्रम से सम्बद्ध है। एक क्षेत्र को दूसरे से पूर्णतः निरपेक्ष एवं सम्बन्धहीन मानना

जिस प्रकार उचित नहीं है, इसी प्रकार किन्हों दो क्षेत्रों को पूर्णत: समान Identical नहीं माना जा सकता। भाषा अपने प्रकार्य में क्रमश: व्यापक प्रसार प्राप्त करती है। इतिहास के सन्दर्भ में कुछ भाषाएँ बहुत अधिक प्रसार प्राप्त कर लेती हैं। हिन्दी ऐसी ही व्यापक प्रसार वाली भाषा है और इसका प्रयोग बहुत विस्तृत भू-भाग में होता है। क्षेत्र-विशेष की भाषा हिन्दी होकर भी दूसरे क्षेत्र की हिन्दी से समरूप नहीं है। कुमाऊँ क्षेत्र के लोग भी स्वयं को हिन्दी भाषी ही कहते हैं और मेवात क्षेत्र के लोग भी। इसी प्रकार हरियाणा के लोगों की भाषा हिन्दी नहीं है, यह कहना इसी प्रकार उचित नहीं है, जिस प्रकार अवध क्षेत्र के लोगों को अहिन्दी भाषी कहना। इन क्षेत्रीय रूपों को हम प्राय: बोली कह देते हैं पर ब्रज, अवधी, भोजपुरी, कुमाऊँनी, राजस्थानी, हरियाणवी आदि भाषा-प्रयोग वस्तुत: हिन्दी के क्षेत्रीय भाषा-प्रयोग हैं और इनमें पर्याप्त सर्जनात्मक लेखन हुआ है। भूमण्डलीकरण ने यद्यपि क्षेत्रीय भाषाओं के अस्तित्व को खतरा पैदा करते हुए अँग्रेजी के वर्चस्व को पूरे विश्व में स्थापित करने का प्रयास किया है तथापि सर्जनात्मक लेखन व्यापक रूप से क्षेत्रीय भाषाओं में भी हो रहा है। हिन्दी भारत की सम्पर्क-भाषा भी है। हिन्दीतर राज्यों में इसके प्रयोग में भिन्नता का आना स्वाभाविक है। कोलकाता, गोवाहाटी, बंगलोर मुम्बई अहमदाबाद और हैदराबाद ऐसे महानगर हैं जो देश के उम राज्यों में स्थित हैं, जिनकी प्रमुख भाषा हिन्दी नहीं है तथापि इन सभी शहरों में हिन्दी बखूबी बोली एवं समझी जाती है। विशेष यह है कि इन महानगरों में बोली जानेवाली हिन्दी पर क्षेत्रीय प्रभाव व्यापक रूप से पड़ा है। हाल ही में प्रदर्शित फिल्म 'लगे रहो मुन्ना भाई' की 'टपोरी' हिन्दी के उदाहरण से इस तथ्य को समझा जा सकता है। सर्जनात्मक लेखन में इस प्रभाव से तो बचा ही नहीं जा सकता, पात्रों एवं परिवेश के विश्वसनीय चित्रण के लिए तो भाषाओं के क्षेत्रीय रूप का प्रयोग अपरिहार्य है। सर्जनात्मक लेखन में दो रूपों में क्षेत्रीय भाषाओं की उपस्थिति देखी जा सकती है। एक, मानक हिन्दी में की गयी रचना के अन्तर्गत क्षेत्रीय भाषा-प्रयोगों का समावेश। दूसरा, किसी क्षेत्रीय भाषा में पूर्णरूप से रचना करना।

वर्ग

समान इकाइयाँ एक वर्ग का निर्माण करती हैं। भाषा-प्रयोग के सन्दर्भ में यह वर्गीकरण समाज के सदस्यों का होता है और इसके अनेक आधार हो सकते हैं। आर्थिक आधार पर उच्चवर्ग एवं निम्न वर्ग का एक विभाजन है ही, इसी तरह शिक्षित और अशिक्षित वर्ग भी हैं। व्यवसाय की दृष्टि से समाज अनेक वर्गों में बँटा है। यह एक वैज्ञानिक तथ्य है कि इन वर्गों की भाषा में एक प्रयोगगत अन्तर रहता है। भाषा आपसी व्यवहार

के साथ जुड़ी है और अधिकतर यह व्यवहार वर्गों में बँटे समाज के बीच होता है। सर्जनात्मक लेखन जीवन-व्यवहार का चित्रण करता है। कथा और नाटक-साहित्य तो बहुत सीधे रूप में इस जीवन व्यवहार से जुड़े होते हैं, कविता भी इससे नित्य प्रभावित होती है। 'हिन्दी' एक भाषा है जरूर पर शिक्षित वर्ग जिस तरह की हिन्दी बोलता है, उसमें और अर्धशिक्षित अथवा अशिक्षित वर्ग की हिन्दी में एक अन्तर रहता है। प्रेमचन्द के पात्रों की अज्ञेय के पात्रों से तुलना कीजिए। होरी और धनिया के संवाद वैसे ही नहीं है, जैसे भुवन और रेखा के संवाद। आप जानते होंगे की होरी और धनिया गोदान के उसी तरह प्रमुख पात्र हैं जिस तरह 'नदी के द्वीप' के प्रमुख पात्र भुवन और रेखा हैं। यहाँ तक कि प्रेमचन्द के ही समकालीन प्रसाद के वर्ग-सापेक्ष पात्रों की भाषा प्रेमचन्द से अलग है। प्रेमचन्द की 'कफन' कहानी के घीसू और माधव प्रसाद की पुरस्कार कहानी की मधूलिका और राजकुमार से भिन्न भाषा बोलते हैं। संस्कृत में तो स्त्री और पुरुष के भाषावर्गों में भी अन्तर माना गया था। संस्कृत नाटकों में अनेक स्त्री पात्र प्राकृत का प्रयोग करते हैं। उस सन्दर्भ में प्राकृत कम पढ़े-लिखों की भाषा मानी जाती थी। आप हिन्दी फिल्मों के संवादों पर गौर कीजिए। अमीर-गरीब, मालिक मजदूर-चपरासी-अफसर, नेता और सेठ अनेक वर्गों के पात्रों को हम इन फिल्मों में पाते हैं और विशेष यह है कि प्रत्येक वर्ग के पात्रों की भाषा में अन्तर है। कई बार तो यह अन्तर एक रूढ़ि बन जाता है। उदाहरण के लिए हिन्दी फिल्मों में नौकरों की भाषा प्राय: भोजपुरी दिखलायी जाती है। दिल्ली के सन्दर्भ में पुलिस और डी. टी. सी. ड्राइवर को प्राय: हरियाणवी बोलते दिखाया जाता है। 'नदी के द्वीप' में रेखा और भुवन को कुदसिया बाग से बाहर निकालने वाला चौकीदार भी हरियाणवी ही बोलता है। भाषा का वर्गगत प्रयोग रचना में यथार्थ के चित्रण के लिए जरूरी है। रचनाकार को प्रथमत: सामाजिक संरचना को समझना चाहिए और उसी सन्दर्भ में उसे वर्गगत भाषाओं का अध्ययन करना चाहिए। एक सार्थक रचना का आधार वर्गगत भाषा का उचित प्रयोग है।

समूह

भाषा-प्रयोग के सन्दर्भ में वर्ग और समूह की स्थिति थोड़ी ही भिन्न है। वर्ग में जहाँ विभाजकता का आधार बहुत स्पष्ट होता है, वहाँ समूह बहुत दूर तक भीड़ जैसा है पर एक समूह दूसरे से तात्त्विक रूप में अलग ही होगा और इसी आधार पर उसकी भाषा भी अलग होगी। मैत्रेयी पुष्पा ने 'अल्मा कबूतरी' उपन्यास में एक समूह की भाषा का—कबूतरा समाज की भाषा का—रचनात्मक प्रयोग किया है। समूहों का सम्यक् प्रतिनिधित्व आंचलिक उपन्यासों में मिलता है। संजीव ने 'सूत्रधार' में ऐसा ही किया है। यों समूह की भाषा को हम व्यक्ति की भाषा के समानान्तर रख कर भी

देख सकते है। समूह जब भाषा का प्रयोग करता है तो उल्लास का अतिरेक होता है या रोष का इसलिए समूह की भाषा अस्पष्ट उत्तेजना को अधिक लिए होती है जबकि व्यक्ति-भाषा संयत होती है। समूह की भाषा एक बड़ी सामाजिक इकाई की प्रतिनिधि होती है, कभी यह नारों में ढल जाती है, तो कभी लड़ाई-झगड़े की शब्दावली में। रचना का सम्बन्ध समाज के विविध रूपों से होता है। इसलिए विविध भाषिक सन्दर्भों को पहचान कर ही सर्जनात्मक लेखन में प्रवृत्त होना चाहिए। आंचलिक सन्दर्भों में समूहगत भाषा का प्रयोग विशेषरूप से अपेक्षित होता है। लोकगीत यों तो समाज की सामूहिक सृष्टि होते हैं परन्तु परिनिष्ठित साहित्यकारों ने भी लोक शैली में गीत-रचना की है। हरिवंशराय बच्चन ने कई दर्जन ऐसे गीत लिखे हैं, जिसमें उत्तर भारत की समूह-भाषा के दर्शन होते हैं। इसी प्रकार सर्वेश्वरदयाल सक्सेना, ठाकुर प्रसाद सिंह, केदारनाथ अग्रवाल, रामदरश मिश्र और शंभुनाथ सिंह के कई गीत इस लोकपरकता को लिए हैं। यह वस्तुतः समूह की भाषिक अभिव्यक्ति के ही रूप हैं। समूह-भाषा की शब्दावली अधिकांशतः अनौपचारिक एवं बोल-चाल की होती है। परिनिष्ठित शब्दावली के प्रति समूह-भाषा का आग्रह उतना नहीं होता, जितना सामान्य भाषा प्रयोगों का। सर्जनात्मक लेखन का कोई भी रूप तब तक प्रभावशाली नहीं हो सकता, जब तक हम प्रसंगानुसार भाषा के क्षेत्रीय, वर्गपरक एवं समूह-सापेक्ष रूप को उसमें न उभारें। रचना की विश्वसनीयता का आधार भी यह विशिष्ट भाषिक प्रयोग बनता है।

भाषा के मौखिक, लिखित एवं मानक प्रयोग

भाषा-व्यवहार यदि सम्प्रेषण का व्यवहार है तो यह भी ज़रूरी है कि उसमें तमाम स्वतन्त्रताओं के बावजूद एक आधारभूत व्यवस्था होनी चाहिए। एक न्यूनतम सहमति-आधार के बिना भाषा के द्वारा जो कहा जाता है, उसे वैसा ही, या लगभग वैसा ही, दूसरे के द्वारा समझा नहीं जा सकेगा। यह आधारभूत व्यवस्था किसी भाषा के व्याकरण का निर्माण करती है। व्याकरण का सूत्र वाक्य है—शुद्ध भाषा। सर्जनात्मक लेखन नियमों का अनुवाद नहीं होता। उसमें जीवन की धड़कन होती है और जीवन व्यवस्था की जकड़न को बहुत दूर तक सहन नहीं करता। इसी लिए सर्जनात्मक लेखन की भाषा का सूत्र है—उपयुक्त भाषा। यह उपयुक्तता अभिव्यक्ति की क्षमता के साथ जुड़ी है। स्थिति विशेष में सर्जना की भाषा अलग-अलग रूपों में रची जाती है। जब रचना का सन्दर्भ संवाद होता है तो उसकी शैली अधिक अनौपचारिक होती है। भाषा का सबसे अधिक अनौपचारिक रूप मौखिक है। यों तो मौखिक भाषा के भी अलग-अलग सन्दर्भ हो सकते हैं। यार-दोस्तों के बीच गप्पबाजी करना, घर में किसी गम्भीर मुद्दे पर विचार-विमर्श करना, गली के झगड़े में फँस जाने पर भाषा का प्रयोग करना,

समाज में भाषण करना, कक्षा में पढ़ाना, रेडियो-टी.वी. पर आँखों देखा हाल सुनाना—भाषा के मौखिक रूप है परन्तु इन सबमें (तथा अन्य बहुत में) भाषा का अलग-अलग रूपों में प्रयोग होता है। साहित्य में भाषा का प्रकार्य यथार्थ परिवेश की सृष्टि करना भी है। सर्जना के मौखिक व्यवहार के बहुत से रूप कहानी, उपन्यास, नाटक आदि में चित्रित होते हैं। साहित्यकार यद्यपि उन्हें लिपिबद्ध प्रस्तुति देता है पर वे अपनी प्रकृति में मौखिक भाषा का ही प्रतिनिधित्व करते हैं। यदि हम फिल्म की बात करें तो बात और साफ़ हो जाएगी। फिल्मों में कहीं भोजपुरी, कहीं बम्बइया हिन्दी और कहीं अन्य क्षेत्रों की हिन्दी तो पात्र बोलते ही हैं, खड़ी बोली का भी मौखिक रूप प्रधानतः प्रयुक्त होता है, जबकि प्रत्येक फिल्म की एक लिखित पटकथा होती है। अतएव सर्जनात्मक लेखन के सन्दर्भ मौखिक भाषा से तात्पर्य ऐसे आलेख से है जो अपने प्राथमिक प्रयोग को मौखिक रूप में दर्शाती है। हिन्दी में प्रेमचन्द के कई उपन्यासों में, रेणु के आंचलिक उपन्यासों और कहानियों में ही नहीं, अमृतलाल नागर के उपन्यासों—'बूँद और समुद्र' तथा 'अमृत और विष' में इसका अच्छा उदाहरण मिलता है। मौखिक भाषा जीवन्त एवं सहज होती है। परिवेश से जुड़ी भी होती है पर सर्जनात्मक लेखन में उसके ऐसे रूप का ही प्रयोग करना चाहिए जो दुर्बोध और अग्राह्य न हो। कई बार मौखिक भाषा का प्रयोग शिष्टता एवं शालीनता की सीमाओं को तोड़ता भी नज़र आता है। यों 'राग-दरबारी' (श्री लाल शुक्ल) जैसी रचनाओं में बोलचाल की भाषा की शक्ति को देखा जा सकता है।

लिखित भाषा का अर्थ तो स्वतः स्पष्ट है ही, लक्षणों के रूप में कहा जा सकता है कि इसमें पुनर्विचार की सुविधा विशेषतः रहती है। यह पुनरावलोकन व्याकरण की त्रुटियों को दूर करने का तो अवसर देता ही है, विचार के संशोधन के लिए भी अवकाश प्रदान करता है। रचनात्मक लेखन के सन्दर्भ में निबन्ध एवं आलोचना लिखित भाषा का विशिष्ट मानक प्रस्तुत करते हैं। साहित्य में प्रत्येक युग अपनी परम्परा-प्राप्त भाषा का परिमार्जन-परिवर्तन करता हुआ आगे बढ़ाता है। यह कार्य लिखित भाषा के द्वारा ही सम्पन्न होता है। लिखित भाषा में विवेचन-विश्लेषण की एक अतिरिक्त क्षमता होती है। सर्जनात्मक लेखन में बहुत बड़ा अंश तो लिखित भाषा का ही होता है। कहानियों और उपन्यासों में जहाँ लेखक द्वारा प्रस्तुत भाषांश लिखित भाषा के उदाहरण हैं, वहाँ कविता में भी शैली की दृष्टि से लिखित भाषा का प्रयोग अधिक होता है। वस्तुतः सर्जनात्मक लेखन के सन्दर्भ में यह ध्यान रखना चाहिए कि लिखित भाषा नियमों के दबाव में निर्जीव न हो जाए।

मानक भाषा में समरूपता, शुद्धता एव व्याकरणपरकता का आग्रह विशेष रहता है। इन मानकों का निर्वाह मौखिक भाषा में कम हो पाता है इसलिए लिखित भाषा-रूप को ही प्रायः मानक भाषा-रूप में देखा जाता है। परन्तु ऐसी बात नहीं है कि

मौखिक रूप मानक होता ही नहीं। संगोष्ठियों एवं न्यायालयों में भाषा का मौखिक रूप भी परिनिष्ठित या मानक ही होता है। दूसरे, महान् रचनाकारों का लेखन स्वयं में भाषा का एक आदर्श बनता है। यह आदर्श मानकीकरण का रूप ही लेता है। कहा गया है 'महाजनो येन गतः सः पंथः।' महापुरुष जिधर जाते हैं, वह पथ बन जाता है। 'आप्त वाक्य' का अर्थ भी महान् व्यक्तियों के कथन के स्वीकार का अर्थ देता है। अतएव सर्जनात्मक लेखन एक ओर लिखित भाषा व्यवहार के व्याकरणिक रूप को मानक-भाषा के रूप में ग्रहण करता है, दूसरी ओर महान् रचनाकारों द्वारा प्रस्तुत कृतियों को मानक रूप में देखता है। साहित्य वस्तुतः सर्वाश्लेषी है। इसमें अनेक विषयों का ही समावेश सम्भव नहीं है, शैलीगत भिन्नता के साथ अनेक भाषा-व्यवहार भी सर्जनात्मक लेखन में समाहित होते हैं।

खण्ड : तीन

रचनात्मक लेखन के तत्त्व

कविता : लय, गति, तुक, छन्द और काव्य रूप

दुनिया के थोड़े ही ऐसे लोग होंगे जो कविता से परिचित न हों, पर यह भी सही है कि सबके मन में इस शब्द से एक-सी छवि नहीं उभरती बल्कि कविता की व्यक्ति-व्यक्ति की अपनी परिभाषा है। एक अवधारणा की अनेक छवियों का बनना असम्भव नहीं है पर यह स्थिति इस अवधारणा के स्पष्ट अर्थ की प्राप्ति में बाधा जरूर बनती है। 'कविता' शब्द से बनने वाली अनेक छवियों के बावजूद प्रत्येक, पाठक, श्रोता या ग्राहक के लिए उसका एक सामान्य अर्थ ज़रूर है। वह सामान्य अर्थ कविता के विशिष्ट संयोजन से, उसकी संरचना से उभरता है। साहित्य की सभी विधाएँ भाषा के उपकरणों को अपने-अपने ढंग से प्रयोग में लाती है। कविता में भी ये भाषा-उपकरण विशिष्टता के साथ ग्रहण किए जाते हैं। कविता की परिभाषा, उसकी आत्मा, उसके आन्तरिक स्वरूप की चर्चा बाद में आती है। प्रथमतः कविता का स्वरूप-संयोजन उसके विशिष्ट रूपपरक नाम का आधार बनता है। पारम्परिक एवं रूढ़ रूप में तो छन्दोबद्धता कविता का वह स्पष्ट दर्शनीय लक्षण बनता है, जो अन्य से उसे अलग करता है। लम्बे समय तक तो हिन्दी में तुक भी उसकी ऊपरी पहचान दिखाई देती है जबकि संस्कृत कविता में छन्द का रिश्ता तो कविता से लगभग स्थायी रहा है पर तुक की उपस्थिति अपवाद रूप में ही दिखलाई देती है। पिछले पचास वर्षों की कविता के संयोजन पर ध्यान दें तो पाते हैं कि न तो परम्परागत छन्द का ढाँचा उसमें प्रमुख नजर आता है और न ही तुक की अनिवार्यता दिखलायी देती है। उसके बावजूद कविता की शब्द-संयोजना अन्य रूपों से भिन्न है, विशिष्ट है। यह विशिष्टता, आंशिक रूप में ही सही—लय, छन्द एवं संगीत में निहित है, भले ही कविता मुक्त छन्द में ढली हो। ज्यों ही हम इस बाहरी ढाँचे के थोड़ा भीतर तक झाँककर देखते हैं तो पाते हैं कि कविता दूसरे साहित्य-रूपों से अपनी भाषा-संरचना में भी भिन्न है। यह भिन्नता एक कल्पना-प्रसूत, भावाभिव्यंजक, सौन्दर्य-सर्जक, उदात्त एवं कुछ-कुछ असामान्य भाषा-व्यवहार में दिखलाई देती है। विशेष यह है कि कई बार तो

यह असामान्यता बहुत सामान्य भाषा के द्वारा पैदा की जाती है। कविता की रचना-प्रक्रिया की यात्रा मूलतः अनुभावन से रूपायन की यात्रा है। आई. ए. रिचर्ड्स ने काव्य-भाषा की निर्माण प्रक्रिया में sense (आशय) feeling (अनुभूति) tone (ध्वनि) और motive (अभिप्राय) का उल्लेख किया है। इस प्रक्रिया में कविता भाषा की प्रतिमानक व्याकरणता को तोड़ती हुई एक नयी व्यवस्था को रचती है। अर्थगत सन्दर्भों में यह रचना सादृश्य-विधान के द्वारा रूपकात्मक भाषा का निर्माण करती है, अर्थ-विस्तार के लिए प्रतीकात्मक भाषा रचती है, कथ्य को इन्द्रिय-संवेद्य बनाने के लिए बिम्बों का निर्माण करती है और ये सभी तत्त्व अन्ततः एक तरल-सघन आवेगमूलक सर्जना को सम्भव बनाते हैं। यह आवेगमूलकता ही रागात्मकता है और रचना का प्राण भी है। विशेष ध्यान देने की बात यह भी कि यह रागात्मकता एक साथ कथ्य भी है, शिल्प भी; शब्द भी है, अर्थ भी; बाहरी भी है और भीतरी भी। 'राग' का संगीतपरक अर्थ यहाँ कहीं भी 'व्यर्थ' नहीं है, इसलिए कविता की भाषा की रागात्मकता की जब बात होती है, तो उसके संवेदना-तन्तुओं के साथ शब्दजन्य झंकृतियाँ भी जुड़ी हुई हैं। ये झंकृतियाँ विशेष शब्दों के चयन से तो जन्म लेती ही हैं, उनका क्रम भी इन झंकृतियों को सम्भव बनाने में महत्त्वपूर्ण भूमिका निबाहता है। यह शब्द-चयन और शब्दानुक्रम जितना सहज और स्वाभाविक दिखे, उतना ही प्रभावपूर्ण होगा। पर 'दिखे' का अर्थ यह नहीं है कि उसके पीछे कवि का श्रम, उसकी साधना, उसका अनुसन्धान नहीं होता। यह श्रम कविता में जो आवेग, झंकृति, प्रवाह, मारकता और वेधकता पैदा करता है, उसके मूर्त्त रूप को हम कविता की लय में, उसकी तुकान्तता में, उसकी गति में, उसकी यति में देखते हैं। ये सारे कवि-श्रमजन्य तत्त्व कविता को आदि से अन्त तक आच्छादित कर लेते हैं। पर यह आच्छादन वायु-सा विरल, जल-सा तरल, और प्रकाश-सा दीप्तिमान होता है, इसे ही छन्द कहते हैं। कविता की मृत्यु का निषेधक यह छन्द-तत्त्व जड़ न होकर विकसनशील एवं सप्राण होता है। कविता में उसकी भूमिका को समझने के लिए यहाँ क्रमश : लय, तुक, गति एवं छन्द का विवेचन किया गया है।

लय

कविता से लय का रिश्ता सबसे पुराना है। इसीलिए प्रसिद्ध प्रगतिवादी विचारक क्रिस्टॉफर कॉडवेल ने कविता की जो सात विशेषताएँ बतलायी हैं, उनमें लय को सर्वप्रथम स्थान दिया है। लय कविता में तुकों की व्यवस्था ही निर्धारित नहीं करती, अतुकांत कविता को भी एक विशेष संश्लेषणात्मक रूप देती है। इसी प्रकार छन्दों की संरचना का आधार विविध लयें ही हैं और मुक्तछन्द की संयोजकता का तो सम्पूर्ण

दायित्व लय पर ही होता है, यहाँ तक कि लय छन्द और मुक्तछन्द से आगे बढ़कर गद्य की भी आन्तरिक व्यवस्था बनती है।

आज हम पत्र-पत्रिकाओं एवं नये संग्रहों में प्राय: ऐसी कविताएँ देखते हैं, जो गद्य ही प्रतीत होती हैं। इनमें से सफल रचनाओं में तो लय की उपस्थिति अवश्य मिलेगी पर निश्चित रूप से वह पारम्परिक लय से भिन्न होगी। इस स्थिति में सबसे आवश्यक प्रश्न है, लय मूलत: क्या है ? और लयात्मक भाषा की रचना किस प्रकार होती है ? यह जानना भी प्रासंगिक होगा कि कविता में लय क्या विशेषता लाती है ?

यह एक मान्य तथ्य है कि भाषा का जन्म आवेग-क्षणों में अथवा श्रम-क्षणों में ही हुआ है। चाहे सुखदु:खात्मक आवेग हों अथवा श्वास-प्रश्वास की गति को तेज करने वाला श्रम हो, ध्वनियाँ एक विशेष आरोहावरोह के क्रम से आने पर एक प्रवाह को जन्म देती हैं। सामान्यत: 'मात्रा' का अर्थ है किसी भी पदार्थ की संहति परन्तु भाषा के सन्दर्भ में 'मात्रा' से तात्पर्य ध्वनियों के उच्चारण-काल से है। जब हम शब्दों को दीर्घ-ह्रस्व ध्वनियों के संयोजन से इस रूप में क्रम देते हैं, कि वह एक आवृत्तिपरक समन्विति को जन्म देता है या कहें एक निरन्तरता और प्रवाह को जन्म देता है तो वह आन्तरिक प्रवाह भाषा में लय को जन्म देता है। इससे यह भी स्पष्ट है कि लय कहीं बाहर नहीं है, वह सन्दर्भित भाषांश में 'लय' हुई मिलती है। अतएव ध्वनियों की समान अन्तराल में आवृत्ति लय का आधार बनती है। इस लय की उपस्थिति को मनुष्य ने सर्वप्रथम प्राकृतिक क्रियाओं में पहचाना। झरनों से जल का गिरना, हवा में वृक्षों का झूमना, झीलों-तालों में लघु तरंगों की आवृत्ति, पक्षियों के कलरव और नाना घटनाओं की लयात्मकता को कविता के साथ जोड़ना या उसमें उसे उतारना एक सुखद अनुभव था। प्रकृति के सारे क्रिया-कलाप यहाँ तक कि ग्रह-तारों की गतियाँ लयबद्ध हैं। इसीलिए होवार्ड और लोनियस का कथन है :

"Rytham existed before melody, it was present in the universe before man came into being, in the movements of the planets and the difference of seasons. It is the basis of the vital function of hart`breathing as well os of continuous activities as walking and speech. Even the cries of animals are rythmic."

कविता एक भाषिक रचना है, इसलिए इसके दो आयाम हैं—शब्द और अर्थ। दोनों एक दूसरे से अलग तो नहीं है परन्तु रचना-प्रक्रिया में दोनों की अलग सत्ता भी विचारणीय है। कविता का अर्थ उसकी अन्तर्वस्तु का निर्माता है और शब्द उसके रूप का। शब्द की एक ध्वन्यात्मक संरचना होती है जो क्रम और मात्रा के आधार पर एक प्रवाहात्मक व्यवस्था को जन्म देती है। यह व्यवस्था कविता में 'गुनगुनाने' का गुण भी पैदा करती है। यह गुनगुनाहट छन्दों की व्यवस्था लेकर क्रमश: परिष्कृत होती

हुई संगीत की शास्त्रीयता तक जा सकती है परन्तु मूल रूप में यह 'लयात्मक' होती है। उपनिषद का प्रसिद्ध कथन है :

सर्वे सुखिना भवन्तुः
सर्वे सन्तुः निरामया
सर्वे भद्राणि पश्यन्तुः
मा कश्चिद् दुखभाग भवेत्,

इस संरचना की पहली पंक्ति का 'सर्वे' शब्द अपने बाद में आनेवाले शब्द के आधार पर एक बलाघात का निर्धारण करता है और पंक्ति के तीनों शब्दों के आधार पर उच्चारण का विशेष रूप निर्मित होता है। मूलतः विशिष्ट प्रवाह ही लय है और आगे आनेवाली पंक्तियों में इसी लय को बनाये रखने के लिए कवि एक विशेष शब्द-क्रम को चुनता है। संसार भर की भाषाओं में रची जाने वाली कविता में 'लय' का प्रमुख स्थान रहा है। संस्कृत काव्यशास्त्र में कविता को 'श्रव्य-काव्य' कहा गया है। परन्तु कविता सुनना ऐसा ही नहीं है, जिस प्रकार आकाशवाणी से समाचार बुलेटिन सुनना या रेलवे स्टेशन पर की जाने वाली घोषणाओं को सुनना है। 'कविता' का सुनना उसके लयात्मक वाचन को सुनना है और लयात्मक वाचन लयात्मक पाठ में निहित रहता है। इसलिए कविता को दूसरे तक पहुँचाने के लिए एक लयात्मक पाठ की रचना करना कवि का उद्देश्य होता है। पारम्परिक छन्द-लय की बहुत स्पष्ट और प्रत्यक्ष उपस्थिति है। दोहा, चौपाई, कवित्त, सवैया आदि का लय-विधान लोक में बहुत प्रचलित है और इन छन्दों में प्रत्येक की अपनी मौलिक एवं रूढ़ लयें हैं जबकि आधुनिक कविता में छन्दों का बहुत विविध प्रयोग है, इसलिए उसमें लय भी अपने टकसाली साँचे की तरह विद्यमान नहीं है। लय की पहचान हम कुछ उदाहरणों के माध्यम से कर सकते हैं। इन पंक्तियों को देखिए :

संकल्प के हैं 'गूँजते ये छन्द अम्बर में
हम आज बोएँगे मलय की गन्ध ऊसर में।'

मान लीजिए इन पंक्तियों को हम इस प्रकार लिखते हैं—

''ये संकल्प के छन्द अम्बर में गूँजते हैं, हम आज ऊसर में मलय की गन्ध बोएँगे।'' हमने इस दूसरे रूप में शब्दों का सिर्फ क्रम बदला है पर इस बदलाव से बड़ी बात यह हो गयी है कि जिस उतार चढ़ाव में पहले रूप में हम इन पंक्तियों को पढ़ सकते हैं, उस रूप में दूसरे रूप में नहीं। वस्तुतः बहुत ध्यान देने की बात यह है कि कथ्य में शब्दक्रम के बदल देने से या तो उसमें विद्यमान लय समाप्त हो जाती है या कोई नयी लय उत्पन्न हो जाती है। यह इसी बात का प्रमाण है कि लय एक

विशिष्ट शब्द-क्रम है। उपर्युक्त पंक्तियों में मूल लय हरिगीतिका छन्द की है। इन पंक्तियों को जरा फिर देखें :

संकल्प के हैं गूँजते ये छन्द अम्बर में
हम आज बोयेंगे मलय की गन्ध ऊसर में

आप देखेंगे कि सभी रेखांकित वर्ण लघु हैं और ये छह-छह मात्राओं के अन्तराल में आये हैं। इन लघुवर्णों से पहले उच्चरित होने वाले वर्ण पर एक आघात के साथ आगे की पंक्ति का उच्चारण फैलता है और क्रमश: एक आवृत्तिपरकता पैदा होती है। यही आवृत्तिपरकता एक लय की व्यवस्था है। अब एक दूसरी पंक्ति देखिए—

निरापद छाँह को छोड़ा दहकती राह पर आए।

इस पंक्ति की मूल लय पहली पंक्ति से मेल खाती है और इसमें भी छह-छह मात्राओं के अन्तराल से लघु वर्ण हैं पर पहले उदाहरण में जहाँ लघु का क्रम चार मात्राओं के बाद शुरू होता है था, इसमें आरम्भ में ही लघु मात्रा आ गयी है। इस प्रकार के परिवर्तन से लय में भी एक परिवर्तन हो गया है। ऐसे आंशिक परिवर्तनों को निम्न पंक्तियों में देखा जा सकता है :

(i) क्या पता कब तक चलें ये तीरगी के सिलसिले।

(ii) साँझ की यह वृद्ध बेला
लौटती पगडण्डियों से
मौन की थामें ऊँगलियाँ

(iii) उड़ गयीं पगण्डियों से खुशबुएँ सब आहटों की।

(iv) शोर को हम गीत में बदलें।

उपर्युक्त उदाहरणों से जो तथ्य उभर कर आता है, वह यही है कि शब्द क्रम में आंशिक परिवर्तन से भी नयी लयों का जन्म होता है। मुक्त छन्द में प्राय: घुमावदार लयों का प्रयोग देखने को मिलता। धर्मवीर भारती कृत 'अन्धायुग' एवं नरेश मेहता के 'महाप्रस्थान' में ऐसी घुमावदार लयों को देखा जा सकता है। हिन्दी को नयी लयें निराला ने बहुत अधिक दी है। छायावाद को आज यद्यपि व्यक्ति केन्द्रित काव्य कह कर उपेक्षित करने का भी चलन दिखलाई देता है लेकिन आज जो भी कविता-लेखन में प्रवृत्त होना चाहता है उसे लयों एवं छन्दों का अभ्यास करने के लिए, नवीनता और विविधता को देखने के लिए छायावादी कवियों को अवश्य ध्यान से पढ़ना चाहिए। कविता में लय की बारीकी और उसके प्रभाव को जताने में निराला के ऐसे उद्धरण बहुत सहायक हैं :

शरत की/शुभ्र गन्ध/ फैली;
खुली/ज्योत्स्ना की/सित शैली।

काले/बादल/धीरे-धीरे,
मिटे/गगन को/चीरे-चीरे,
पीर गयी/उर आये/पी रे,
बदली/द्युति/मैली

शीतावास/खगों ने/पकड़े,
चहचह से/पेड़ों को/जकड़े
यौवन से/वन-उपवन/अकड़े,
ज्वारों की/ लटकी/थैली

इस गीत को जब ऊपर दिये विभाजन-चिह्नों को ध्यान में रखकर पढ़ते हैं तो उसकी आंतरिक लय के साथ यात्रा करने का अवसर मिलता है। पाठक से कविता का प्रथम परिचय लय कराती है और यह प्रथम परिचय बहुत महत्त्वपूर्ण है। आगे-आगे आप कविता से कैसे जुड़ते हैं, यह इस प्रथम परिचय पर ही तो निर्भर करता है। इससे कविता में लय का महत्त्व बहुत स्पष्ट है। लय किसी कवि की अपने विशिष्ट पहचान भी बनाती है और उसकी रुचि की भी प्रतिपादक होती है। उदाहरण के लिए सुमित्रानन्दन पन्त ने अपनी महत्त्वपूर्ण पुस्तक 'पल्लव' की भूमिका में स्थापना दी कि सवैया की लय हिन्दी छन्द-रचना की सबसे अपनी लय है और कवित्त इसका 'औरस पुत्र' नहीं हो सकता, जबकि निराला का मानना था कि 'कवित्त' हिन्दी का एकमात्र जातीय छन्द है। उन्होंने अपनी कविताओं की लय इसी जातीय छन्द के आधार पर निर्मित की जबकि पन्त ने सवैया की लयों को अपनाया। तुलना के लिए यहाँ निराला और पन्त से दो उद्धरण दिये गये हैं। इन्हें इनके विशिष्ट लयात्मक प्रवाह में पढ़ेंगे तो निश्चित रूप से दोनों के मूल स्वर की पहचान हो सकेगी:

(क) *उड़ गया अचानक लो भूधर*
फड़का अपार पारद के पर
रव-शेष रह गये हैं निर्झर
टूट पड़ा भू पर अम्बर
धँस गया धरा में सभय शाल
उठ रहा धुआँ जल गया ताल
यों जलद माल में विचर-विचर
था इन्द्र खेलता इन्द्र जाल।

(ख) *देखते हुए निष्पलक याद आया उपवन,*
विदेह का, प्रथम स्नेह का लतान्तराल मिलन
नयनों का नयनों से गोपन-प्रिय सम्भाषण
पलकों का नव पलकों पर प्रथमोत्थान पतन
काँपते हुए किसलय, झरते पराग समुदय
गाते खग नवजीवन-परिचय, तरु मलय-वलय
ज्योतिः प्रपात स्वर्गीय, ज्ञात छवि प्रथम
जानकी नयन कमनीय प्रथम कम्पन तूरीय

दोनों ही कवियों ने अपने छन्दों की मूल लये पारम्परिक छन्दों से ही ली हैं परन्तु पिंगल शास्त्र के बन्धनों को उन्होंने नये युग की आवश्यकता के अनुसार ढीला कर दिया है। यह प्रयास स्वच्छन्दता या आत्मानुशासन है, स्वैराचार नहीं। वास्तव में लय एक ऐसा बन्धन है, जो निरन्तर मुक्ति का एहसास कराता है। कविता का विकास भी इसी बन्धन और मुक्ति के द्वन्द्व से होता है। छायावाद के बाद लयों के नये प्रयोग की दृष्टि से नवगीत ने हिन्दी कविता को सबसे अधिक समृद्ध किया है। सन् 60 के बाद सामाजिक दायित्व का वहन करने वाला प्रगतिशील गीत नवगीत कहलाता है। अनेक नवगीतकारों ने लय, छन्द, तुक, यति, एवं गति की संरचना के ढाँचे में निरन्तर नये प्रयोग किए हैं। इस परिवर्तन का पहला दौर लोकधुनों का है। आचार्य रामचन्द्र शुक्ल ने एक बहुत पते की बात कही है। उनके अनुसार जब परिनिष्ठित साहित्य का विकास अवरुद्ध हो जाता है और एक जड़ता की स्थिति आती है, तब कवि लोक साहित्य के पास प्रेरणा पाने के लिए जाते हैं। लय के सन्दर्भ में भी यही बात लागू होती है। नवगीतकारों ने छठे दशक में यही किया। शम्भुनाथ सिंह, ठाकुर प्रसाद सिंह, सर्वेश्वर दयाल सक्सेना, रामदरश मिश्र और केदारनाथ सिंह आदि अनेक कवियों ने लोक-लयों को अपना कर नवगीत को जो ताज़गी दी थी, वह इस बात का एक उदाहरण है कि कैसे रूढ़ होते शिल्प को बदला जा सकता है। हम यहाँ रचनात्मक लेखन में पारंगत होने के रास्ते पर कदम बढ़ाने वालों को लय के नये रूपों का उदाहरण प्रस्तुत कर रहे हैं :

(क) *सूनी तलैया की ओट में*
डुबा दिया चोट ने
तीर लगे घायल कुरंग-सा
मन लगा लोटने
जामुन-सी काली इन भौंहों की छाँव में
डूबे हम जा रहे
कब से हम गा रहे ।

(ख) *सूख रहे धान पोखर जल*
चलो पिया गुहरायें बादल

(ग) *रुनझुन बिछिया झींगुर वाली*
किंकिन ज्यों बक पात है
स्ववंरा बन चली बावरी
क्या दिन है क्या रात है

पहरू में कुछ पीली कलगी वाले पेड़ बबूल के
बरज रहे री पाँव न धरना भोटी कहीं कुठांव में
अपना ही आँगन क्या कम है जो चली पराये गाँव में

(क) *सुन्नर बांभिन बंजर जोते*
इन्नर राजा हो;
आँगन-आँगन छोना लौटे
इन्नर राज हो
कितनी बार भगत गुहराये
देवी का चौरा?
भरी जवानी जरई सूखे
इन्नर राजा हो।

इन उद्धरणों का सावधान पाठ लोक लयों की पहचान करा सकता है। लय का कविता में क्या महत्त्व है, वह शब्दों को चित्र की तरह देखने से पता नहीं चलता। उसकी पहचान पाठ से होती है। इसी पद्धति पर हम वीरेन्द्र मिश्र की संगीतपरक लयों को पहचान सकते हैं और इसी के द्वारा रमेश रंजक के जनवादी तेवर के गीतों की लयपरक बिशिष्टता को समझ सकते हैं और और लयों को पहचानना अन्ततः रचनात्मक लेखन में प्रशिक्षण का कार्य करता है। वीरेन्द्र मिश्र के इस गीत की लय को देखिए :

बादल हर द्वार घिरा है
सहमा है आँगना
नागिन हर एक निशा है
देहली ना लाँघना

सपनों की छत के शहतीर
हिलते हैं कौंध में
सील-भरी धरती की पीर
बढ़ी चकाचौंध में
पास कहीं गिर गया मकान
जिसमें थे पालना

हर नया लेखक जब रचना में प्रवृत्त होता है तो अपने समकालीन रचना-परिदृश्य को देखता है। इस तथ्य के आलोक में देखें तो समकालीन कविता में लय के स्वरूप को समझना युवा रचनाकारों के लिए उपयोगी होगा। आज ऐसी बहुत कविताएँ लिखी जाती है, जिनमें छन्द-व्यवस्था नहीं, न ही वे गेय हैं, तथापि उनमें एक मूलभूत लय है जो उन्हें गद्य से अलग करती है। यह लय उन रचनाओं के पाठ से ही पहचानी जाती है। इन छन्द-मुक्त कविताओं में लय की वैसी उपस्थिति नहीं है, जैसी मुक्त-छन्द कविताओं में है। उदाहरण के लिए प्रसाद की 'प्रलय की छाया' और निराला की 'जूही की कली' मुक्त-छन्द की रचनाएँ हैं पर उनकी छांदसिक लय बहुत स्पष्ट है। यहाँ तक कि 'कुकुरमुत्ता' में भी लय का वेगात्मक प्रवाह देखा जा सकता है। यदि 'प्रलय की छाया' की निम्न पंक्तियों को पूर्वोद्धृत गीत-पंक्तियों से तुलना करते हुए पढ़ा जाए तो मुक्त-छन्द की लय को पहचाना जा सकता है :

पागल हुई मैं अपनी ही मृदुगन्ध से—
कस्तूरी मृग जैसी।
पश्चिम जलधि में,
मेरी लहरीली नीली अलकावली समान
लहरें उठतीं थी मानों चूमने को मुझको,
और साँस लेता था संसार मुझे छूकर।
कमनीयता थी जो समस्त गुजरात की
हुई एकत्र इस मेरी अंगलतिका में
पलकें मदिर भार से थीं झुक पड़ती

पारम्परिक छन्द की व्यवस्था न होते हुए भी इस पंक्तियों में लय का आरोह-अवरोह प्रभावकारी है पर पिछले कुछ वर्षों से तो हिन्दी में ऐसी बहुत-सी कविताएँ लिखी जा रही हैं, जो मुक्त-छन्द में भी नहीं है। उनकी लयात्मक संरचना गद्य के बहुत नजदीक है। बल्कि कई बार बहुत सावधान पाठ ही उनमें लय की उपस्थिति को दिखला पाता है। राजेश जोशी की इस कविता को देखें :

एक औरत हथेलियों की ओट में
दीये की काँपती लौ को
बुझने से बचा रही है

एक बूढ़ी औरत कमज़ोर आवाज़ में गुनगुनाते हुए
अपनी छोटी बहू को अपनी माँ से सुना गीत सुना रही है।

एक बच्चा पानी में गिर पड़े चींटे को
एक हरी पत्ती पर उठाने की कोशिश कर रहा है
एक आदमी एलबम अपने परिजनों का फोटो लगाते हुए
अपने बेटे को उसकी दादी और नाना-नानी के किस्से सुना रहा है

बची है यह दुनिया कि कोई न कोई कहीं न कहीं
बचा रहा है हर पल कुछ न कुछ जो ज़रूरी है

अभी-अभी कुछ लोगों ने उन किताबों को ढूँढ निकाला है
जिनमें इस शहर की पुरानी इमारतों के प्लास्टर को
तैयार करने की विधियाँ दर्ज थीं
अब खिरने वाले मैदान की ढहती जा रही पुरानी इमारतों की
मरम्मत की जा रही है पुराने तरीके से।

यहाँ प्रथम द्रष्टया गद्य की ही संरचना उभरती है परन्तु 'एक औरत' के बाद पाठ में एक विराम आता है, वैसी स्थिति 'हथेलियों की ओट में' में भी है। तदनन्तर 'दिये की' 'काँपती लौ को' भी इसी प्रकार बलाघात के साथ पढ़ा जाता है और एक विरल-सी लय इस कविता को बाँधे हैं। यद्यपि यह बहुत मुखर लय नहीं है।

लय अभ्यास के द्वारा सिद्ध होती है, साथ ही उसका सम्बन्ध अन्तर्वस्तु से भी है। घनीभूत संवेदना की अभिव्यक्ति का लयात्मक होमा ही स्वाभाविक है। इसमें सन्देह नहीं कि कविता को इतर लेखन से अलग करने वाला एक बहुत महत्त्वपूर्ण तत्त्व लय है। हम कह चुके हैं कि लय ही अंततः छन्द का निर्माण करती है, इसलिए आगे प्रकारान्तर से लय पर और चर्चा होगी। यहाँ इस तथ्य को रेखांकित करना ज़रूरी है कि वस्तुतः लय एक संश्लेषणात्मक शक्ति है। इसे कुछ विचारकों ने संभरण शक्ति (Power of Alteration) भी कहा है। यह संश्लेषण शक्ति कविता के समूचे कथ्य को एक ऐसा प्रवाहमय रूप प्रदान करती है जो प्रभावपूर्ण सम्प्रेषण को सम्भव बनाता है।

गति

कविता में गति का अस्तित्व लय को सम्भव बनाने में ही है। वस्तुत: 'गति' को हम इसके विलोमात्मक युग्म 'यति' के साथ रखकर देखें तो स्थिति और स्पष्ट हो सकती है। यति का अर्थ ठहराव या रुकना है। छन्द में शब्दक्रम एक विशेष पाठ की अपेक्षा रखता है। इस विशेष पाठ में हम पाते हैं कि कविता की पंक्तियों में कुछ स्थल ऐसे आते हैं, जहाँ एक निश्चित विराम रहता है जबकि शेषांश में विराम न होकर प्रवाह रहता है। वास्तविकता यह है कि गति और यति संयुक्त रूप में लय की सृष्टि करते हैं बल्कि जहाँ ये तीनों तत्त्व उपस्थित होते हैं, वहाँ एक मूर्त्त छन्द रूप ग्रहण करता है। गति के लिए छन्दों की व्यवस्था का निर्वाह जरूरी है। उदाहरण के लिए चौपाई और दोहा छन्द में सम-मात्रा-समूहों के साथ सम मात्रा समूह ही आते हैं और विषम-मात्रा-समूहों के साथ विषम मात्रा समूह ही आते हैं। इसके बिना वह प्रवाह ही नहीं बन सकता जो दोहा या चौपायी छन्द की रचना करे। इस तथ्य को समझने के लिए निम्न पंक्तियों को पढ़ें :

(क) धरम धीरज मित्र अरु नारी
परखिए आपत काल चारी

अब इन पंक्तियों को इस रूप में पढ़िए :

(ख) धीरज धरम मित्र अरु नारी
आपत काल परखिए चारी।

(क) रूप का प्रवाहात्मक पाठ नहीं हो सकता। उसमें गति का अभाव है जबकि (ख) रूप को हम प्रवाहपूर्ण ढंग से पढ़ते हैं। कारण यह है 'धरम' तीन मात्राओं का समुच्चय है। उसके साथ प्रवाह में आने के लिए तीन मात्राओं का ही अगला शब्द आना चाहिए। यदि (क) को हम इसी रूप में पढ़ना चाहेंगे तो पहली पंक्ति को फिर भी चौपायी के रूप में इस प्रकार पढ़ सकते हैं : 'धरम धीर जमित्र अरु नारी' परन्तु दूसरी पंक्ति में तो इसकी भी सम्भावना नहीं है। क्योंकि *'परखिए'* और *'आपत'* शब्द में एक साथ पढ़ने पर तीन मात्राओं के बाद दोनों गुरु वर्ण आये हैं और इनके कारण सम-सम या विषम-विषम का संयोजन सम्भव ही नहीं रहता। इसलिए इस पंक्ति का प्रवाहपूर्ण उच्चारण नहीं हो सकता। हम कह सकते हैं कि इस रूप में पंक्ति में गति नहीं है।

अब इस स्थिति को निम्न दोहे के माध्यम से भी समझिए :

होरी के घर आज भी
नहीं पँसेरी धान

खेत-खेत में लिख रही
भूख करुण गोदान

यदि हम पहली पंक्ति को 'आज भी होरी के घर' कर देते हैं या तीसरी पंक्ति का यह रूप रखते हैं : 'लिख रही खेत-खेत में' तो इन पंक्तियों की 'गति' बिगड़ जाती है और दोहे की लय समाप्त हो जाती है। कारण वही है। हम जब पढ़ते हुए 'आज भी' से 'होरी' तक जाते हैं तो सम-सम और विषम-विषम की अपेक्षा अपूर्ण रह जाती है और छन्द में दोहे की गति नहीं आ पाती। यही समस्या 'लिख रही' के बाद 'खेत' का उच्चारण करने में पैदा होती है। सफल कवि छन्द की आन्तरिक व्यवस्था को पहचान लेता है। इससे पंक्ति में—चरण में—गति आती है। इधर के अनेक कवियों ने छन्द का अभ्यास ही छोड़ दिया। इसका परिणाम यह हुआ है कि जब-जब इन नये कवियों ने छन्द में लिखने की कोशिश की तब-तब रचना में ऊपर से तो छन्द दिखाई देता है पर यति-गति के दोषपूर्ण होने के कारण उसका प्रवाह बाधित रहता है और कविता पढ़ते समय वही अनुभव होता है जो खाना खाते समय दाँत के नीचे कंकड़ आ जाने से होता है। ऐसे कई कवि अपनी अक्षमता को छन्द का विरोध करके छिपाते हैं।

गति आरम्भ या अन्त में ह्रस्व या दीर्घ वर्णों के विशेष नियम के अनुपालन से सम्भव होती है। उदाहरण के लिए दोहे की चारों पंक्तियों में ग्यारहवीं मात्रा का लघु होना भी अनिवार्य है। ऊपर के दोहे की दूसरी पंक्ति को यदि हम इस रूप में बदल दें—पँसेरी धान नहीं। तो इसके व्याकरणिक रूप में कोई दोष नहीं आता पर दोहे की लय यहाँ समाप्त हो जाती है। परिणामतः गति-भंग होता है। चौपायी छन्द के अन्त में दीर्घ वर्ण ही उस छन्द को गति देता है। 'कामायनी' में 'श्रद्धा' सर्ग में जिस छन्द का प्रयोग हुआ है, वह पंतजी को भी बहुत प्रिय है। इस छन्द का अन्त गुरु लघु (ऽ।) से ही हो सकता है। साथ ही इसके चरण के आरम्भ में तीन मात्राओं का स्वतन्त्र होना भी जरूरी है। प्रसाद की बहुत प्रसिद्ध पंक्तियाँ हैं :

नील परिधान बीच सुकुमार
खुल रहा मृदुल अधखुला अंग
खिला हो ज्यों बिजली का फूल
मेघ वन बीच गुलाबी रंग

यदि हम इस उद्धरण की पहली पंक्ति को 'परिधान बीच नील सुकुमार' लिखते हैं तो आरम्भ में तीन मात्राओं के स्वतन्त्र न होने से मूल छन्द नहीं रहता, इसी प्रकार 'मृदुल अधखुला अंग खुल रहा' में गुरु-लघु (ऽ।) की व्यवस्था भंग होती है और गति-

भंग भी होता है। परन्तु तीसरी पंक्ति को जब हम इस प्रकार लिखते हैं—'ज्यों बिजली का फूल खिला हो' तो गति भंग तो नहीं पर गति-परिवर्तन जरूर है और मूल छन्द से उसका तादात्म्य नहीं रहता और एक भिन्न छन्द की व्यवस्था जन्म लेती है। लय एवं गति की सूक्ष्म पहचान से ही छन्दों का सही निर्वाह होता है अन्यथा एक छन्द से मिलती-जुलती अनेक लयें एक कविता में नजर आएँगी लेकिन जहाँ एक आन्तरिक प्रवाह स्थापित होता है तब पूरी रचना में एक प्रवाहपूर्ण लय होती है जो गति का परिचायक है। नागार्जुन की इस कविता में गति की यह स्थिति देखी जा सकती है। इसका एक पाठ यह है :

कई दिनों तक चूल्हा रोया चक्की रही उदास
कई दिनों तक कानी कुतिया सोयी उनके पास
कई दिनों तक लगी भीत पर छिपकलियों की गश्त
कई दिनों तक चूहों की भी हालत रही शिकस्त
दाने आये घर के अन्दर कई दिनों के बाद
धुआँ उठा आँगन से ऊपर कई दिनों के बाद
चमक उठीं घर भर की आँखें कई दिनों के बाद
कौए ने खुजलायी पाँखें कई दिनों के बाद

इस कविता में प्रत्येक पंक्ति नाचती-कूदती आगे बढ़ती दिखाई देती है। कहीं ठिठकन नहीं है। यह न ठिठकने वाली स्थिति ही कविता में गति कहलाती है। यों चाल की अपनी ठसक भी होती है, यदि कहीं रुकना भी है तो वह भी एक प्रवाह का हिस्सा बनता है। उदाहरण के लिए उपर्युक्त कविता को हम इस प्रकार पढ़ सकते हैं :

कई दिनों तक
चूल्हा रोया
चक्की रही उदास   *8+8+8+3*
कई दिनों तक
कानी कुतिया
सोयी उनके पास   *8+8+8+3*
कई दिनों तक
लगी भीत पर
छिपकलियों की
गश्त   *8+8+8+3*
कई दिनों तक

चूहों की भी
हालत रही शिकस्त 8+8+8+3
दाने आये
घर के अन्दर
कई दिनों के बाद 8+8+8+3

इसी प्रकार 'राम की शक्ति पूजा' का आरम्भ जब निराला इस प्रकार करते हैं :

रवि हुआ अस्त ज्योति के पत्र में लिखा अमर
रह गया राम रावण का अपराजेय समर
आज का...

को तो इस छन्द में एक विशेष गति को साकार करते हैं। इसकी समूची व्यवस्था इसकी यति-व्यवस्था का भी प्रकारान्तर से उद्घाटन करती है। तब हम इन पंक्तियों का पाठ इस प्रकार कर पाते हैं:

रवि हुआ अस्त
ज्योति के पत्र में
लिखा अमर
रह गया
राम रावण का
अपराजेय समर
आज का...

गति और यति के सन्दर्भ में एक और पारिभाषिक शब्द को जान लेना चाहिए। वह है—'ताल'। ताल का संगीत में थोड़ा भिन्न अर्थ है। 'तीन-ताल' जैसे प्रयोग वहाँ बहुत पारिभाषिक हैं। संगीत में 'मात्रा' का प्रयोग भी कविता के छन्द से थोड़ा अन्तर रखता है। परन्तु व्यावहारिक रूप में मात्रा और ताल की कविता में वही भूमिका है जो छन्द की है और यह भूमिका अन्तरालों की व्यवस्था की सूचक है। ताल के साथ ताली को जोड़ कर देखिए। हम गाते हुए जब ताल देते हैं तो वास्तव में एक निर्धारित अन्तराल पर ताली बजाते हैं। नागार्जुन की कविता का जो दूसरा पाठ हमने ऊपर दिया है, उसकी नयी व्यवस्था की हर पंक्ति पर ताली बजाने की स्थिति है या कहें कि वहाँ ताल की अपेक्षा है। यह ताल ही यति है और हर ताल-बिन्दु पर बहती हुई पंक्ति का क्रम उसकी गाति हैं।

छन्द में गति चरण को अपने लक्ष्य की ओर बढ़ाए लिए चलती है और यति उसमें तनाव, वक्रता एवं बलाघात उत्पन्न करती है। छन्द का समग्र प्रभाव गति एवं यति के सह-अस्तित्व से सम्भव होता है। और यही क्रम उसे रागात्मक लय प्रदान करता है।

तुक

कविता को लोकप्रिय बनाने और उसके प्रभाव को बढ़ाने में तुक का भी विशेष योग होता है। तुक को अन्त्यानुप्रास भी कहते हैं। अलंकारों के सन्दर्भ में बतलाया जा चुका है कि वर्णों की आवृत्ति को अनुप्रास कहा जाता है। जब यह वर्णसाम्य कविता की पंक्ति अर्थात चरण में घटित होता है तो वह तुक कहलाता है। उदाहरण के लिए प्रसाद का यह गीत देखा जा सकता है जिसके मोटे टाइप के शब्द एक विशेष तुक-व्यवस्था को स्पष्ट करते हैं :

*वे कुछ दिन कितने **सुन्दर थे***
जब सावन-घन सघन बरसते
*इन आँखों की छाया **भर थे***

*प्राण पपीहा के स्वर **वाली***
*बरस रही थी जब **हरियाली***

रस जलकन मालती मुकुल से
*जो मदमाते गन्ध **विधुर थे***

*चित्र खींचती थी जब **चपला***
*नील मेघ-पट पर वह **विरला***
मेरे जीवन स्मृति के जिसमें
*खिल उठते वे रूप **मधुर थे***

प्रत्येक तुकान्त कविता की काव्यरूप एवं छन्द के अनुसार विशेष व्यवस्था होती है। गीत की पहली पंक्ति टेक होती है। कई बार टेक एक से अधिक पंक्तियों में भी होती है। उपर्युक्त गीत की टेक में तीन पंक्तियाँ हैं। कवि कई बार तीनों में भी अन्त्यानुप्रास का प्रयोग करते हैं। यहाँ पहली और तीसरी पंक्ति में तुक (अन्त्यानुप्रास) का प्रयोग किया गया। फिर सातवीं और ग्यारहवीं पंक्तियों पर क्रमशः पहला और दूसरा अन्तरा समाप्त होते हैं। इनकी तुक भी पहली और तीसरी पंक्ति से मिलती है। दोनों अन्तरों की पहली दो पंक्तियों में भी तुक मिलती है। वस्तुतः तुक का मिलान छन्द-विधान

एवं काव्य-रूप पर तो निर्भर करता ही है, कवि भी उसकी व्यवस्था में विविधता (Variation) को लाता है। आपने देखा होगा कि दोहा छन्द दो पंक्तियों में लिखा जाता है पर वास्तव में यह 13-11 के क्रम से चार पंक्तियों का छन्द है और इसमें दूसरी और चौथी पंक्ति में तुक मिलती है। सोरठा छन्द में इसके मात्राओं का क्रम 11-13, 11-13 होता है। इसीलिए इसमें तुक पहली और तीसरी पंक्ति में मिलती है। यों तो दुनिया भर की भाषाओं के काव्य में तुकान्त कविता मिलती है परन्तु संस्कृत काव्य प्राय: अतुकान्त है। हिन्दी के छन्द अपभ्रंश से विकसित हुए हैं, और दोहा इसका सबसे पुराना छन्द है। अपभ्रंश काव्य तुकान्त है। इसलिए पिछले 50 वर्षों की हिन्दी कविता को छोड़कर समूची हिन्दी कविता अधिकांशत: तुकान्त ही है। गत चार-पाँच दशकों में मुक्त छन्द के प्रचलन के कारण अतुकान्त कविता भी पर्याप्त लिखी जा रही है पर आज भी नवगीत ग़ज़ल, दोहा, मुक्तक और पद पर्याप्त संख्या में लिखे जा रहे हैं। पद में कई बार सभी पंक्तियों में अन्त्यानुप्रास रहता है और कभी दो-दो पंक्तियों में होता है।

जैसा कि पहले कहा गया है अलग-अलग छन्दों में तुकों की अलग-अलग व्यवस्थाएँ मिलती हैं। निराला ने 'तुलसीदास' में एक विशेष छन्द का प्रयोग किया है। इसकी पहली और दूसरी पंक्तियों में तुक-साम्य रहता है। तीसरी पंक्ति के मध्य में यह तुक आती है। फिर चौथी, पाँचवी और छठी पंक्ति में यही क्रम चलता है। विशेष यह है कि तीसरी और छठी पंक्ति में फिर अंत्यानुप्रास होता है। यह एक जटिल संरचना है और निराला के बाद कम ही कवि सफलता से इसका प्रयोग कर पाए हैं। आचार्य जानकीवल्लभ शास्त्री ने इस छन्द में एक कविता लिखी थी। फिर 1978 में देवेन्द्रशर्मा 'इन्द्र' ने 'तुलसीदास' की ही तरह सौ छंदों में 'कालजयी निराला' खण्डकाव्य में इस व्यवस्था का बहुत सुन्दर निर्वाह किया है। वस्तुत: तुक-व्यवस्था छन्द का अन्तरंग रूप बन जाती है और प्रत्येक छन्द की अपनी भाषिक प्रकृति भी होती है। 'तुलसीदास' या 'कालजयी' में प्रयुक्त छन्द भी अपनी एक विशेष भाषिक प्रकृति में ही ढलता है। इसमें तत्सम-प्रधानता रहती है। 'कालजयी निराला' के निम्न उद्धरण से हम इस छन्द की तुक-व्यवस्था को समझ सकते हैं :

वह धन्य बैसवाड़े ***की भू***
जिसमें अषाढ़ की ***तपती लू***
बनती मंजरियों की खुशबू ***सावन में***
शोषित पग-पग पर ***आम्रकुंज***
*कोकिल-कपोत-शुक-शिखी-****पुंज***
*छेड़ते जहाँ उन्माद-****गुंज उपवन में***

उपर्युक्त छन्द में 'भू' तथा 'लू' में आनुप्रासिकता है। तदनन्तर तीसरी पंक्ति के मध्य में खुशबू के 'बू' से इनका मेल है। तीसरी पंक्ति 'सावन में' के रूप में समाप्त होती है तो छठी पंक्ति में उससे तुक का मिलान 'उपवन' में के रूप में किया गया है। चौथी, पाँचवी और छठी पंक्ति के बीच में फिर वैसी ही तुक-व्यवस्था है जैसी पहली, दूसरी और तीसरी पंक्ति में है। 'कुंज', 'पुंज' और 'गुंज' का तुक-साम्य पूरे छन्द को एक ध्वन्यात्मक सौन्दर्य प्रदान करता है। इस छन्द का निर्वाह बहुत कुशल कवि के द्वारा ही सम्भव है। छन्दों में तुकों के मिलान का एक ढर्रा न होकर विविधता देखने को मिलती है। सबसे अधिक वैविध्य आधुनिक गीतों में दिखलाई देता है। कभी अन्तरे की चारों पंक्तियों में तुक रहती है, कभी केवल सम पंक्तियों में तो कभी सम की सम से और विषम की विषम से। 'निराला' की निम्न पंक्तियों को देखें :

आज अमीरों की ***हवेली***
किसानों की होगी ***पाठशाला***
धोबी, पासी, चमार, ***तेली***
खोलेंगे अँधेरे का ***ताला।***

यहाँ पहली और तीसरी पंक्ति में 'हवेली' और 'तेली' में तुक साम्य है जबकि दूसरी ओर चौथी पंक्ति में 'शाला' और 'ताला' में यह व्यवस्था है। कई बार तो कवि जिस क्रम से एक पद में समापन शब्द का प्रयोग करते हैं, अगले पद में उसी क्रम से उन शब्दों से तुक मिलायी जाती है। वस्तुतः तुकों के प्रयोग के सैकड़ों नमूने अलग-अलग 'पैटर्न' में दिखलाई देते हैं। हिन्दी गीतकारों में वीरेन्द्र मिश्र ने बहुत ही आकर्षक तुकों का प्रयोग किया है।

हिन्दी का एक पुराना छन्द है—'डोमिलय' छन्द। आज भी इसका प्रयोग आप करें तो वह प्रभावपूर्ण हो सकता है। इस की तुक व्यवस्था इस प्रकार है :

सब बंद ***मदर से***
जारी ***जलसे***
गलियाँ युद्धों का ***मैदान***
साँड ***विफरता***
आता ***चरता***
*फसलें भाई-****चारे की***
कट शाखा ***गिरेंगी***
देह ***चिरेंगी***
धार निकलती ***आरे की***
कल कत्ल ***नदी का***

*ध्येय **सदी का***
*फैलाना बस **रेगिस्तान***

आपने देखा कि पहले पंक्ति के मध्य में तुकें मिलती हैं और अगली पंक्ति से पहली पंक्ति का अन्त्यानुप्रास रहता है। मध्यवर्ती तुकें कविता में बहुत आकर्षण पैदा करती हैं। मुक्तिबोध, रघुवीर सहाय और धूमिल ने तो मुक्त छन्दों में इन तुकों का विशेष रूप से प्रयोग किया है। लोक-भाषाओं में तुक का सौन्दर्य पैदा करने में कई कवियों को महारत हासिल है। हरियाणवी कवि लखमी चन्द ने इस दिशा में कम से कम दो दर्जन प्रकार की तुक-व्यवस्थाओं का प्रयोग अपनी कविता में किया है। बहुत कम कवि ही ऐसा कर पाये हैं। एक उदाहरण यहाँ प्रस्तुत है—

*कौण सुणैगा मेरे **जिकर** नै।*
*लाकड़ियाँ के **फिकर** नै*
*करी **ढेरी मेरी गेरी***
*विपत **हर नै***
*भूखाप्यासा **मर लिया***
*बाँध-जूड़ सिर **धर लिया।***
भरोटा, टोटा खोटा
*झुका दे **सिर नै।***

लखमीचन्द ने एक ही रचना में तुकों की एकाधिक व्यवस्थाएँ पैदा की हैं और उन व्यवस्थाओं का चारों ही पदों में पूर्णता के साथ निर्वाह भी किया है।

हिन्दी में अंग्रेजी का सॉनेट छन्द भी अपनाया गया है। सॉनेट की कई शैलियाँ वहाँ प्रचलित है और इन शैलियों में भेद तुकों के क्रम का भी है। हिन्दी में यों तो जयशंकर प्रसाद और प्रभाकर माचवे ने सॉनेट लिखे हैं परन्तु इस काव्य-रूप का सबसे ज्यादा प्रयोग त्रिलोचन शास्त्री ने किया है। तुक के प्रयोग का विशेष सौन्दर्य कैसे कविता में पैदा किया जाए, यह त्रिलोचन के सॉनेट-काव्य से सीखा जा सकता है।

उर्दू के कई छन्दों का प्रयोग भी हिन्दी में होता है। रुबाई की अपनी तुक-व्यवस्था है। उसको थोड़ा स्वतन्त्रता से प्रयोग करते हुए बच्चन ने खय्याम की रुबाइयों का अनुवाद तो किया ही 'मधुशाला' के रूप में रुबाइयों की रचना की। अरबी-फारसी से आया उर्दू का लोकप्रिय रूप है ग़ज़ल। हिन्दी में ही नहीं अन्य भारतीय भाषाओं में भी ग़ज़लों में अपनाये जाने वाले छन्दों में तुक की व्यवस्था समान रहती है। ग़ज़ल में दो-दो पंक्तियों के शेरों का प्रयोग होता है और प्राय: पहली दो पंक्तियों में तुक-साम्य होता है। इन पंक्तियों को मतला कहते हैं। यह साम्य एक विशेष व्यवस्था से

होता है। अन्तिम वर्ण प्रायः समान होते हैं। उस समानता को 'रदीफ' कहते हैं। इससे पहले एक अनुप्रासात्मक साम्य है। उसे 'काफिया' कहते हैं। ग़ज़ल की तुक-व्यवस्था को निम्न उदाहरण से समझा जा सकता है :

दिल-ए-नादां! तुझे ***हुआ क्या है***
आखिर इस दर्द की ***दवा क्या है।***
हमको उनसे व.फ़ा की है उम्मीद
जो नहीं जानते ***वफा क्या है।***

ग़ज़ल के पहले शेर (मतले) की दोनों पंक्तियों के अन्त में 'क्या है', 'क्या है' आया है। यह रदीफ कहलाता है। परन्तु मतले के बाद आने वाले शेरों के दोनों मिसरों में रदीफ़ और काफिए का मिलान नहीं है। 'हुआ', 'हुआ' और 'वफा' का साम्य काफिया कहलाता है। 'मिसरा' ग़ज़ल के एक चरण या पंक्ति को कहते हैं। तुक का रदीफ़ और काफिये की व्यवस्था के माध्यम से साम्य अब हर शेर के दूसरे मिसरे में ही मिलता है। जब एक से अधिक शेरों में दोनों मिसरों में यह व्यवस्था रहती है। तो उन सभी शेरों को मतला कहा जाता है। दुष्यन्त के बाद हिन्दी में ग़ज़लों का बहुत प्रचलन हुआ है और युवा रचनाकार अनेक पत्र-पत्रिकाओं के लिए ग़ज़लें कह रहे हैं। परन्तु एक अच्छी ग़ज़ल कहने के लिए इसकी तुक-व्यवस्था को समझना बहुत जरूरी है। हिन्दी की तुक-व्यवस्था से कई बार उच्चारण की भिन्नता के कारण उर्दू की ग़ज़लों में एक अलग स्थिति मिलती है पर हिन्दी के युवा कवि उस शास्त्रीय व्यवस्था में कुछ छूट भी ले रहे हैं।

हिन्दी कविता के तुक-विधान में रदीफ और काफिये की ज्यों की त्यों व्यवस्था तो नहीं है पर यह जरूर है कि तुक कितने अक्षरों तक मिल रही है, इससे कविता के भीतरी स्वरूप पर, उसके उच्चारण और गायन पर, उसकी प्रस्तुति पर प्रभाव जरूर पड़ता है। इस स्थिति को समझने के लिए निम्न उद्धरणों को ध्यान से देखिए :

1. *बाँधों न नाव इस* ***ठाँव बन्धु।***
   पूछेगा सारा ***गाँव बन्धु।***

   यह घाट वही जिस पर ***हँसकर***
   वह कभी नहाती थी ***धँसकर***
   आँखें रह जाती थी ***फँसकर***
   कँपते थे दोनों ***पाँव बन्धु***

2. *बालम आवो, हमारे* ***गेह रे***
   तुम बिन दुखिया ***देह रे।***

अन्न न भावै नींद न आवै, गृह-बन धरे न ***धीर रे***
कामिनी को है बालम प्यारा, ज्यों प्यासे को ***नीर रे।***

3. *जली ठूँठ पर बैठ कर गयी कोकिला* ***कूक***
बाल न बाँका कर सकी शासन की ***बन्दूक***

4. *लोक हित पिता को घर से* ***निकाल दिया,***
जन-मन-करुणा सी माँ को ***हकाल दिया,***
स्वार्थों के टेरियार कुत्तों को ***पाल लिया,***
भावना के कर्तव्य त्याग दिये,
हृदय के मन्तव्य मार डाले।
बुद्धि का भाल फोड़ दिया,
तर्कों के हाथ उखाड़ दिये
जम गये, जाम हुए ***फँस गये,***
अपने ही कीचड़ में ***धँस गये***
विवेक बघार डाला स्वार्थ के तेल में
आदर्श खा गये
अब तक क्या किया,
जीवन का क्या जिया,
ज्यादा लिया और दिया बहुत-बहुत ***कम***
मर गया देश, अरे, जीवित रह ***गये तुम...।''***

प्रथम उदाहरण 'निराला' के एक गीत का है। इसकी टेक पंक्ति में और फिर अन्तरा के बाद के स्थायी में 'बन्धु' की आवृत्ति क्रमशः 'ठाँव', 'गाँव' और 'पाँव' के बाद हुई है। यहाँ 'बन्धु' का तुक मिलना केवल ग़ज़ल के रदीफ जैसा नहीं है अपितु वह अपनी आवृत्ति में सम्बोधनपरक होने के कारण सम्बोध्य बन्धु और पाठक दोनों से बहुत सफलता के साथ एक आत्मीय रिश्ता जोड़ता है। गीत के अन्तरा में 'हँसकर', 'धँसकर' और 'फँस कर' में भी भावों की उमड़न-घुमड़न एवं सघनता क्रमशः बढ़ती जाती है। 'कर' में निहित एक क्रिया भाव जब उपर्युक्त तीनों शब्दों से जुड़ता है तो तुक की एक अलग शक्ति सामने आती है। स्मृति में चीजें जितनी तेजी से उलट-पुलट हो रही हैं, गीत की तुकें भी उसी गति से एक ध्वन्यात्मक प्रभाव पैदा कर रही हैं। आचार्य हजारी प्रसाद द्विवेदी ने अपने निबन्ध 'रस आखेटक' में तुक को आन्तरिक साम्य के आधार पर अधिक प्रभावशाली माना था। यह आन्तरिक साम्य अर्थगत संगति का ही परिचायक है। आप जब कविता लिखते हैं तो यह ध्यान रखना होगा कि शिल्प का कोई भी उपकरण तब तक सार्थक नहीं, जब तक वह अर्थ के प्रभाव को न बढ़ाए।

'निराला' के इस गीत की तुक-व्यवस्था सहज एवं प्रभावी है और गीत के कथ्य को सफलतापूर्वक व्यक्त करने में सहायक है। इसीलिए यह प्रशंसनीय है।

दूसरा उदाहरण 'कबीर' का है। यह उनके एक पद का अंश है। पद में कई बार एक ही टेक पंक्ति होती है और आगे की पंक्तियाँ उससे दुगुनी होती हैं और उनमें टेक से तुक-साम्य रहता है। इस पद में टेक दो पंक्तियों में है और 'गेह रे', 'देह रे' के रूप में अंत्यानुप्रास की एक ऐसी व्यवस्था है जो निराला की तरह सम्बोधन के माध्यम से आप से जुड़ना चाहती है पर यहाँ बहुत ठहराव और मध्यकालीन फुर्सत है इसलिए दीर्घ 'रे' देर तक आपसे बात करता है। पद की आगे की पंक्तियों को कबीर तुकान्त रूप में प्रस्तुत करते हैं। उद्धृत पंक्तियों में टेक की तुलना में एक बेचैनी, एक अधैर्य भरा है। 'धीर रे', 'नीर रे' की तुकों में आघातात्मकता है यह आघातपरकता कवि के हृदय की बेचैनी और यातना को बहुत बारीकी से चित्रित कर देती है।

तीसरा उदाहरण नागार्जुन की एक कविता का है। इस कविता में पाँच दोहे हैं। हम जानते हैं कि दोहे के अन्त में लघु होता है और इससे पूर्व सामान्यतः गुरु होता है। गुरु लघु के साथ दोहे में आने वाला तुकसाम्य एक क्षिप्रता पैदा करता है। यहाँ तो यह क्षिप्रता बहुत स्पष्ट है 'कूक' के साथ बंदूक की तुक मिलाई गयी है। कोयल की अदमनीय बोली ही 'कूक' में मूर्तित नहीं होती बल्कि 'बंदूक' के उच्चारण में भी गोली छूटने का भाव है। निश्चित रूप से गन में वह नहीं है। अतएव 'कूक' एव 'बंदूक' की तुक यांत्रिक भर नहीं है। अर्थ से उसका गहरा रिश्ता है।

चौथा उदाहरण 'मुक्तिबोध' की कविता 'अँधेरे में' से लिया गया है। उपर्युक्त तीनों उदाहरणों में छंद की पारिभाषिक व्यवस्था का निर्वाह है। यहाँ सभी पंक्तियों में समतौल भी है। मुक्तछंद की स्थिति भिन्न है। यद्यपि 'मुक्त छंद' में पारंपरिक छंद बंधनों को छोड़ दिया गया परन्तु सफल कवि मुक्त छन्द में तुकों का प्रभावपूर्ण प्रयोग करते हैं। मुक्तिबोध, रघवीर सहाय और घूमिल इसके उदाहरण हैं। उपर्युक्त काव्यांश भी मुक्तछंद में ही है, इसलिए बहुत व्यवस्थित रूपों में तुकों का प्रयोग नहीं किया गया है पर कवि ने जहाँ भी उनका प्रयोग किया है। वे अर्थ को व्यापक बनाती हैं। 'निकाल दिया', 'हकाल दिया', 'पाल दिया' जैसी तुकें गलत होते परिवेश का धक्के मार चित्रण करती हैं। 'फँस गये' और 'धँस गए' में तुकें ही नहीं मिल रहीं जाम और कीचड़ के बिम्ब भी इनसे उभर रहे हैं और एक साथ आने से इनका प्रभाव गहराया है। 'अब तक क्या किया', 'जीवन क्या जिया' की तुक-व्यवस्था आवृत्तिपरक है और प्रश्न जब बार-बार कचोटते हैं तभी हम समस्याओं के रूबरू होते हैं। यह आवृत्तिपरक तुक हमें प्रश्न से मुक्त ही नहीं होने देती। अन्तिम पंक्तियों में 'कम' और 'तुम' की बहुत हल्की सी तुक है पर पंक्ति के अंत में इन शब्दों का आना ही 'धम-धम' जैसी ध्वनि करता प्रतीत होता है और यह आंशिक-सी तुक कवि के आश्चर्य और

दु:खव्यंजन भाव को गहन कर देती है।

निराला की कुछ रचनाएँ ऐसी हैं जो मुक्त-छंद में हैं पर गीतात्मकता के बहुत नज़दीक भी। उनमें छंद प्रवाह तो गीतपरक है ही तुकों की भी एक नियमित अन्तराल में आवृत्ति होती है। 'बह्मन का लड़का' और 'तेल की पकौड़ी' जैसी कविताओं में तो यह स्थिति है ही, उनकी प्रसिद्ध कविता 'तोड़ती पत्थर' में 'तुक' की रचनात्मक शक्ति को पहचाना जा सकता है। मोटे टाइप के शब्दों को ध्यान में रखते हुए इस दृष्टि से पूरी कविता को पढ़िए :

वह तोड़ती ***पत्थर***
देखा उसे मैंने इलाहाबाद के ***पथ पर***
वह तोड़ती पत्थर

नहीं ***छायादार***
पेड़ वह जिसके तले ***स्वीकार***
श्याम ***तन,*** *भर बँधा* ***यौवन***
नत ***नयन,*** *प्रिय-कर्म-****रत मन***

गुरु हथोड़ा हाथ
करती ***बार-बार प्रहार***
सामने ***तरुमालिका, अट्टालिका प्राकार***
चढ़ रही थी ***धूप***
गर्मियों के दिन
दिवा का तमतमाया ***रूप***
उठी झुलसाती हुई ***लू***
रुई ज्यों जलती हुई ***भू***
गर्द चिनगी छा गयी
प्राय: हुई ***दुपहर***
वह तोड़ती ***पत्थर।***
देखते देखा मुझे तो एक ***बार***
उस भवन की ओर देखा, ***छिन्नतार,***
देखकर ***कोई नहीं,***
देखा मुझे उस दृष्टि से
जो मार खा ***रोई नहीं,***
सजा सहज ***सितार***
सुनी मैंने वह नहीं जो थी सुनी ***झंकार।***

एक क्षण के बाद काँपी ***सुघर***
ढलक माथे से गिरे ***सीकर***
लीन होते कर्म में फिर ज्यों कहा।
''मैं तोड़ती ***पत्थर।***''

इस कविता की अनेक कथ्यपरक विशेषताएँ हैं पर हम यहाँ 'तुक' से उत्पन्न वैशिष्ट्य और उसके द्वारा इसके छन्द पर पड़ने वाले प्रभाव पर ही विचार करेंगे।

प्रथम तीन पंक्तियों में हल्की गद्य-गन्ध भले ही हो पर मूलत: वे गीत की टेक पंक्ति की भूमिका में अधिक नजर आती हैं। स्थिर-सी पंक्ति 'वह तोड़ती' पत्थर की घोषणा करते ही दूसरी पंक्ति दौड़ने लगती है, यह कहती हुई कि 'देखा उसे मैंने' पर पत्थर के साथ 'पथ पर' की तुक मिला कर निराला ठहर जाते हैं या पाठक को रोक लेते हैं—तीसरी पंक्ति में फिर यह ध्यान दिलाने के लिए है कि 'वह तोड़ती पत्थर।' चौथी पंक्ति नज्म की तरह कथ्य के वर्णन के लिए उद्यत होती है, इस रूप में ''न ही छायादार'' पर यह पंक्ति 'पेड़' से पहले ही रुक जाती है। क्योंकि पूरी कविता में यह ठहराव एक सार्थक भूमिका निभाने वाला है। आगे 'स्वीकार', 'प्रहार' और 'प्राकार' से 'छायादार' की तुक अनवरत नहीं मिलती बल्कि घटनाक्रम को कविता में आगे बढ़ाते हुए अन्तरालों के बाद मिलती है। 'छायादार' पर कवि इसलिए ठहरा था कि धूप से जलते पूरे परिवेश का एक कण्ट्रॉस्ट उससे उभरता है पर 'स्वीकार' और 'प्राकार' के बीच में 'प्रहार' को दनादन दिखाने के लिए निराला, जानकी वल्लभशास्त्री और हरियाणवी कवि लखमीचन्द का प्रिय मध्यवर्ती अनुप्रास आया है—'बार-बार'। पढ़ते समय आप देख सकते हैं कि 'बार-बार' से इस 'प्रहार' का प्रहार कितना प्रभावपूर्ण बन पड़ा है। ठीक उसके बाद 'तरु मालिका' और 'अट्टालिका' में फिर वही मध्यानुप्रास और दोनों फैले हुए लम्बे से शब्द। इसी से 'प्राकार' की लम्बाई-चौड़ाई बढ़ गयी है। लौटकर फिर पूरे पद को पढ़िए :

नहीं छायादार
पेड़ वह जिसके तले बैठी हुई स्वीकार।

कवि ने जिसे देखा है, उसका एक बिम्ब वह पाठक को देना चाहता है। पहला साक्षात्कार शरीर से है। देखिए, तुक इस बिम्ब की सृष्टि में कैसे क्रियाशील होती है। 'श्यामतन', 'भर बँधा यौवन'। तन की तुक यौवन से मिले तो कमाल ही होगा और तब यह कमाल उदात्त भी हो जाएगा जब तुकें अपना कमाल दिखाएँगी। 'नतनयन' 'प्रिय-कर्म-रत मन', 5-9, 5-9 मात्राओं के क्रम से छन्द जिस रूप में बह रहा है, उसे लय का उचित प्रवाह यति और गति तन, यौवन, नयन और मन की तुकों से ही मिलती है। उस शरीर-सापेक्ष बिम्ब को गति के साथ जोड़ना था। बीच में एक ठोस

अतुकान्त पंक्ति दी है—'गुरु हथौड़ा हाथ।'

जब कबि 'उस' को दिखला देता है तो अब 'इस' अर्थात परिवेश की ओर आता है और यूनानी 'कोरस गान का-सा प्रभाव पैदा करता है। जरा इन पंक्तियों को देखिए :

चढ़ रही थी धूप,
गर्मियों के दिन
दिवा का तमतमाता रूप

यहाँ 'धूप' और 'रूप' के तुक की पंक्तियाँ लगता है एक पात्र का संवाद है और बीच का 'गर्मियों के दिन' दूसरे पात्र का। यही शैली आगे की दो तुकान्त और एक अतुकान्त पंक्तियों में हैं :

उठी झुलसाती हुई लू
रुई ज्यों जलती हुई भू,
गर्द चिनगी छा गयी,

जलती हुई दोपहरी में समय जब ठहरा-सा लगता है, कवि टेक की ओर तुक को लौटा लाता है—

प्रायः हुई दुपहर
वह तोड़ती पत्थर।

अगले अंश में फिर वही अन्तरालो के बाद के अत्यानुप्रासों और बीच की पंक्तियों में फिर तुकान्तों की शैली अपनायी गई है पर समापन की ओर बढ़ते-बढ़ते कविता पूरे तनाव तक पहुँचती है और अब 'तोड़ती पत्थर' की सम-तुकान्त एक पंक्ति अपर्याप्त लगती है। यहाँ पहले की तुलना में इससे मेल खाती दो पंक्तियाँ हैं :

एक क्षण के बाद काँपी सुघर
ढुलक माथे से गिरे सीकर

फिर सारे तनाव को शिथिल करती पर प्रभाव को घनीभूत करती अतुकान्त पंक्ति आई है—''लीन होते कर्म में फिर ज्यों कहा।'' और फिर वही पंक्ति 'तोड़ती पत्थर' पहले की पंक्तियों की सानुप्रासिकता में ध्वनित होती हुई। इस विश्लेषण से स्पष्ट है कि पूरी कविता की तुक-योजना कविता के कथ्य को, उसके तात्पर्य को, वाच्यार्थ को, लक्षणार्थ को और व्यंग्यार्थ को दूर तक —देर तक गुँजाती रहती है, कविता के प्रभाव को असीम करती है। तुक की ऐसी सर्जनात्मकता एक सफल कवि द्वारा की सम्भव होती है।

कविता में असफल तुकों की ओर भी पाठक का ध्यान बहुत शीघ्र जाता है, आप ने कुछ लोगों को प्राय यह कहते सुना होगा कि यह कविता थोड़े है, यह तो केवल तुकबन्दी है। जब अर्थ की दृष्टि से कविता महत्त्वपूर्ण नहीं होती, केवल अन्त्यानुप्रास उसमें रहता है, तभी ऐसा कहा जाता है पर कविता लिखने का अभ्यास करने के लिए कई बार यह तुकबन्दी भी सहायक होती है। प्रायः बच्चों की कविताएँ कई बार निरर्थक-सी लगने वाली तुकबन्दियों से ही शुरू होती है। लेकिन धीरे-धीरे वे अर्थ प्राप्त करती हैं। तुक मिलाने के लिए भाषा पर अधिकार प्राप्त करना जरूरी है। पर्यायवाची शब्दों का जितना ज्ञान होगा, तुक-मिलान में उतनी ही सुविधा होगी। यों तो काका हाथरसी ने हिन्दी की तुकों का एक कोश भी तैयार किया है परन्तु तुकान्त कविता लिखने से सफलता कल्पनाशीलता से ही प्राप्त होती है। कल्पना स्मृति को साथ लेकर चलती है और स्मृति में कितनी ही वे शब्द संचित रहते हैं, जिनका प्रयोग कविता-लेखन में आवश्यकता पड़ने पर किया जा सकता है। कविता को स्मरणीय बनाने में, उससे वांछित प्रभाव पैदा करने में और विशाल जन-समूह तक उसे प्रेषित करने में तुक की विशेष भूमिका होती है। यों कवि हर बन्धन को अस्वीकार करके चलता है, चाहे वह तुक के ही बन्धन क्यों न हो। बीसवीं शताब्दी के आरम्भ में ही महावीर द्विवेदी ने तुक के बन्धन से मुक्ति की कामना इस प्रकार की थी—"पादान्त में अनुप्रासहीन छन्द भी हिन्दी में लिखे जाने चाहिए। इस प्रकार के छन्द जब संस्कृत अँग्रेजी और बँगला में विद्यमान हैं तो कोई कारण नहीं कि हमारी भाषा में न लिखे जाएँ, संस्कृत ही हिन्दी की माता है। संस्कृत का सारा साहित्य इस तुकबन्दी के बखेड़े से बहिर्गत-सा है। अतएव इस विषय में यदि हम संस्कृत का अनुकरण करें, तो सफलता की पूरी-पूरी आशा है।"

छन्द

अब तब हम तुक, लय एवं गति पर विस्तार से विचार कर चुके हैं। इन अवधारणाओं के सन्दर्भ में छन्द का प्रसंग बार-बार आया था। इस प्रकार हम परोक्षतः छन्द-प्रसंग पर भी काफी विचार कर चुके हैं। अब हम छन्द की अवधारणा को और कविता में उसके योगदान को और स्पष्ट करेंगे।

काव्य-शास्त्र में छन्द को कविता का अनिवार्य तत्त्व घोषित नहीं किया गया है पर प्राचीन काव्य में छन्दरहित कविता की कोई लम्बी परम्परा देखने को नहीं मिलती। जब वाल्मीकि के मुख से ये दो पंक्तियाँ

माँ निषाद प्रतिष्ठिाम् त्वमृगमः शाश्वत समा
यत्क्रौंच मिथुनादेकमवधी काम मोहितम् ॥

तो ऋषि को सुखद आश्चर्य यही हुआ था कि उसके शब्द अनुष्टुप छन्द में लयमान होकर निकले थे। उसके बाद शताब्दियों तक 'छन्द के बन्ध' तो टूटते रहे पर ये हर बार नये छन्दों का निर्माण करने के लिए ही टूटे और कविता से छन्द का नाता स्थायी बना रहा।

हम पहले देख चुके हैं कि लय, यति एवं गति छन्द के स्वरूप के निर्धारण में महत्त्वपूर्ण भूमिका निभाते हैं और यह स्पष्ट हो चुका है कि लय-क्रम वस्तुत: विशिष्ट वर्ण-क्रम है। इसलिए छन्द भी वर्णों के क्रम एवं उनके स्वरूप पर निर्भर है। हिन्दी साहित्य कोश में दी गयी छन्द की परिभाषा से भी यही स्पष्ट होता है। उसमें लिखा गया है : "अक्षर, अक्षरों की संख्या एवं क्रम, मात्रा, मात्रा-गणना तथा यति-गति आदि से सम्बन्धित विशिष्ट नियमों से नियोजित पद्य रचना छन्द कहलाती है।" छन्द के संस्कृत में मूलत: दो अर्थ हैं। एक, जो आह्लादित अर्थात प्रसन्न करता है, वह छन्द है। दूसरे, जो आच्छादित करता है, वह छन्द है। कविता में इन दोनों ही अर्थों की प्रासंगिकता है। अपने लयात्मक प्रवाह के कारण छन्दोबद्ध रचना का पाठ आह्लादपरक होता है। दूसरे छन्द, कविता में कहीं बाहर से आरोपित नहीं होता और न ही वह किसी एक हिस्से से सम्बन्धित होता है। अपितु वह पूरी रचना को आच्छादित किये रहता है, ढँके रहता है या कहें उसमें समाया भी रहता है। इसलिए वह छन्द है। इसका अँग्रेजी पर्याय: 'मीटर' केवल कविता में माप की व्यवस्था की सूचना देता है। यों भी Metre की व्युत्पत्ति लैटिन धातु Mete से हुई है। छन्द की अन्य विशेषताओं के साथ-साथ उसकी मापपरकता भी उल्लेखनीय है। कविता में एक शब्द-समुच्चय जहाँ समाप्त होता है, उस पंक्ति को चरण कहते हैं। लय एवं अक्षरों का क्रम और उसकी संख्या एक पंक्ति-विशेष के माप को निर्धारित करते हैं। उसी तोल का निर्वाह जब आगे की पंक्तियों में भी होता है तो उनके आधार पर 'पद' का निर्माण होता है। पद में प्राय: हर चरण होते हैं। पर इससे कम ज्यादा भी हो सकते हैं। प्रश्न यह है कि चरणों के समतौल या एक चरण के कुछ सम्भार का निर्धारण कैसे होता है। वास्तव में जब ध्वनियों का उच्चारण करते हैं तो दूरी, भार, आयतन आदि की भौतिक इकाईयों की तरह ध्वनि के उच्चारण-काल की भी ईकाई निर्धारित की गयी है। यह ईकाई व्याकरण, भाषा-विज्ञान और छन्द-शास्त्र (जिसे पिंगल-शास्त्र भी कह दिया जाता है) में तो एक-सी है, पर संगीत में वह थोड़ी भिन्न है और वहाँ की मात्रा थोड़ी बड़ी है। छन्द शास्त्र में 'अ' के उच्चारण काल को एक मात्रा माना गया है। इसी आधार पर सभी लघु स्वरों की एक-एक मात्रा एवं दीर्घ स्वरों की दो-दो मात्राएँ परिगणित होती हैं। व्यंजन की मात्रा स्वर के साथ गिनी जाती है। संस्कृत काव्य में अधिकतर वर्णों की गणना के आधार पर छन्दों का निर्माण हुआ है और उन्हें वर्णिक छन्द कहा गया है जबकि हिन्दी में प्रधानता मात्रिक छन्दों की हैं, यों वर्णिक छन्दों का प्रयोग भी

उसमें हुआ है। चरणों में मात्राओं की समानता (भले ही वर्णों की समानता हो न हो) के आधार पर मात्रिक छन्दों की रचना की गयी है।

संस्कृत में तीन-तीन वर्णों के आठ समुच्चय की अभिकल्पित हैं। इन समुच्चयों को गण कहा गया है। गणों के नामों का संकेतक यह सूत्र बहुत प्रसिद्ध रहा है—यमाताराजभानसलगा।

इस सूत्र के प्रथम आठ अक्षर गण-समुच्चय के परिचायक हैं और अन्त में आए दो वर्ण 'ल' और 'गा' क्रमशः लघु और गुरु का अर्थ देते हैं। इस आधार पर गणों का निम्न रूप बनता है।

यगण	ऽऽ	मगण	ऽऽऽ	तगण	ऽऽ।
रगण	ऽ।ऽ	जगण	।ऽ।	भगण	ऽ॥
नगण	।।	सगण	।ऽ।	(यहाँ । एक मात्रा का	

चिह्न है और ऽ दो मात्रा का)

संस्कृत के इन गण-आधृत छन्दों को वृत्त भी कहते हैं। हिन्दी में सवैया छन्द में भी यह गणाश्रय रहता है। आधुनिक युग में छन्दों में बहुत विविधता आयी है और इस विविधता का एक बड़ा कारण यह है कि उन्नीसवीं शताब्दी के उत्तरार्द्ध से लावणी, कजली आदि लोक छन्दों का प्रभाव हिन्दी पर पड़ने लगा था। संस्कृत संयोगात्मक भाषा है। जिस भाषा में विभक्तियाँ शब्द के साथ जुड़ी रहती हैं, उसे संयोगात्मक भाषा कहते हैं। हिन्दी इस दृष्टि से वियोगात्मक भाषा है। संस्कृत की भाषिक प्रकृति के कारण वर्णिक छन्दों का एवं गण-युक्त छन्दों का प्रयोग अधिक संभावित था जबकि हिन्दी में व्याकरणिक दृष्टि से शब्द के स्थान के बहुत दूर तक निर्धारित हो जाने के कारण वर्ण वृत्तों का निर्वाह बहुत कठिन पड़ता था। यों 'प्रिय प्रवास' में अयोध्यासिंह उपाध्याय हरिऔध ने और मैथिलीशरण गुप्त ने 'साकेत' एवं 'यशोधरा' में वर्णिक छन्दों का प्रयोग भी किया है। पर हरिऔध जी की प्रियप्रवास की भाषा को इसीलिए लद्धड़ कहा गया क्योंकि उसमें सहज प्रवाह नहीं है। वस्तुतः छन्द यदि बेड़ियों के रूप में आता है तो वह ग्राह्य नहीं है। उसका सहज प्रवाहमय रूप ही सराहनीय कहा जा सकता है। छायावाद के कवियों ने एक ओर छन्दों में विविध प्रयोग किये दूसरी ओर प्रसाद, निराला, पन्त के कुछ विशिष्ट प्रिय छन्द बने, जिनसे उनकी अलग पहचान बनी।

'आँसू' और 'तुलसीदास' में तो क्रमशः प्रसाद और निराला ने जिन छन्दों का प्रयोग किया उनका नामकरण ही इन्हीं रचनाओं के नामों के आधार पर हो गया। निराला ने तो कवित्त छन्द की मूल लय के आधार पर 'जूही की कली', 'वनबेला', 'सरोज स्मृति', 'तुलसीदास' और 'राम की शक्तिपूजा' के एक ही मूलभूत छन्द को

वैविध्य के साथ प्रयुक्त किया है। यह तथ्य रचनात्मक लेखन के सन्दर्भ में इसलिए उल्लेखनीय है कि छन्द वस्तुत: अभ्यास के द्वारा सिद्ध होता है। मूल लय को पहचान कर उसके साथ एक प्रयोग किया जाता है। यह सही है कि लय विषय-वस्तु के साथ मन से ही फूटती है पर उस लय का साधना और निरन्तर गति देना यह अभ्यास के द्वारा सम्भव होता है। निराला ने 'तुलसीदास' के छन्दों को जिस रूप में गढ़ा है, उससे उनका श्रम स्पष्ट झलकता है। इस रचना के एक उद्धरण से इस छन्द की प्रकृति को समझना उपयोगी होगा—

करना होगा यह तिमिर पार
देखना सत्य का मिहिर द्वार
बहना जीवन के प्रखर ज्वार में निश्चय
लड़ना विरोध से द्वन्द्व -समर
रह सत्य मार्ग पर स्थिर निर्भर
जाना, भिन्न भी देह, निज पर नि:संशय।

इस छन्द की पहली, दूसरी, चौथी और पाँचवी पंक्तियों में 16-16 मात्राएँ हैं। हिन्दी में पादाकुलक, चौपायी आदि 16 मात्राओं के छन्द तो अनेक हैं पर उनकी लयें भिन्न हैं। यह भी एक विशिष्ट छन्द हैं, जिसका मूलाधार आठ-आठ मात्राओं की यति है। ये आठ मात्राएँ पुन: चार-चार अथवा पाँच-तीन के शब्द-युग्मों से बनती हैं। ऊपर की पंक्तियों को देखें। 'करना+होगा', 'यह तिमिर+पार', 'देखना+सत्य', 'का मिहिर+द्वार', 'लड़ना+विरोध', 'से द्वन्द्व+समर', 'रह सत्य+मार्ग', पर स्थिर+निर्भर के संयोजन से आठ-आठ मात्राओं के यतिपरक संयोजन इन पंक्तियों में हैं। तीसरी और छठी पंक्तियों में 22 मात्राएँ हैं परन्तु आरम्भ की सोलह मात्राएँ और अन्तिम छह मात्राएँ स्वतन्त्र है। अर्थात सोलहवीं एवं सतरहवीं मात्रा संयुक्त नहीं है। आरम्भिक सोलह मात्राओं में सामान्यत: सम-विषम युग्मक बने हैं। इस छन्द के इस विशिष्ट स्वरूप ने इसकी तुक व्यवस्था भी निर्धारित की है। तुक-प्रकरण में भी हम देवेन्द्र शर्मा 'इन्द्र' रचित एक उदाहरण से यह स्पष्ट कर चुके हैं कि इस छन्द में पहली व दूसरी पंक्तियों में अन्त्यानुप्रास रहता है फिर वही तुक तीसरी पंक्ति की सोलहवीं मात्रा पर होती है। यही व्यवस्था चौथी, पाँचवी एवं छठी पंक्तियों में रहती है, परन्तु तीसरी और छठी पंक्ति के अन्तिम अंश में भी परस्पर अनुप्रास होता है। निराला ने आठ मात्राओं के विशिष्ट संयोजन को अपने मुक्त छन्दों में भी निभाया है।

छन्द-रचना का कौशल प्राप्त करना आज भी उपयोगी है। आज भी अनेक पत्र-पत्रिकाओं में गीत, ग़ज़ल, मुक्तक, दोहे व पद प्रकाशित होते हैं। मुख्य बात यह है कि रचना का उद्देश्य गीत या ग़ज़ल लिख लेना नहीं होता। ये सारे काव्यरूप और छन्द तो माध्यम हैं। मुख्य तो अन्तर्वस्तु है लेकिन साहित्य क्योंकि शब्दार्थ का संयोजन है,

इसलिए कला का उत्कर्ष भी रचना में महत्त्वपूर्ण भूमिका निभाता है। पिछले पाँच दशकों को हिन्दी कविता में छन्द के शास्त्रीय ढाँचे की अनेक कवियों ने नितान्त उपेक्षा की है। इस दौर में दो शब्दों का प्रयोग प्रायः एक ही अर्थ में कर दिया जाता है जबकि उनमें बहुत अन्तर है। वे शब्द हैं मुक्तछन्द और छन्द-मुक्त। मुक्त-छन्द से तात्पर्य ऐसी छन्द- व्यवस्था से है, जिसमें शास्त्रीय विधान का अनुपालन तो नहीं है पर यह आन्तरिक लय का निर्वाह उसमें निराला, सर्वेश्वर, मुक्तिबोध, अज्ञेय, भारती, नरेश मेहता, रघुवीर सहाय और धूमिल जैसे कई समर्थ कवियों ने मुक्तछन्द का प्रभावपूर्ण प्रयोग किया है। छन्द-मुक्त कविता, वह है, जिसमें किसी छन्द की उपस्थिति ही नहीं है। एक अदृश्य सी लय कहीं-कहीं झलकती है परन्तु वह गद्य के ही समीप है। पिछले तीस वर्षों में हिन्दी में ऐसी ही कविता ज्यादा लिखी गयी है।

सन् 1855 में अमेरिकी कवि वाल्ट विटमैन का संकलन 'ग्रास ऑफ दी लीव्स' छपा था। उसमें उन्होंने संग्रह के शीर्षक के रूपकत्व को व्याख्यायित करते हुए लिखा था कि जिस प्रकार घास की पत्तियाँ छोटी-बड़ी होती हैं, उसी प्रकार मेरी कविता की पंक्तिाँ भी छोटी-बड़ी हैं। इस प्रकार मुक्त-छन्द का जन्म हुआ। हिन्दी में इसके प्रणेता निराला माने जाते हैं। पर यह ध्यान रखना होगा कि निराला की छन्दमुक्त पंक्ति तो एक भी नहीं है। उनके द्वारा किये गये मुक्तछन्द के प्रयोग का एक उदाहरण नीचे देखा जा सकता था :

चली गोली आगे जैसे डिक्टेटर
बाहर उसके पीछे जैसे भुक्खड़ फालोवर
उसके पीछे दुम हिलाता टेरियर
आधुनिक पोयेट (Poet)
पीछे बाँदी बचत की सोचती
कपीटेलिस्ट क्वेट।
झोंपड़ी में जल्द चलकर गोली आयी
जोर से 'माँ' चिल्लायी।
माँ ने दरवाजा खोला,
आँखों से सबको तोला।
भीतर आ डलिए में रखे
गोली ने वे कुकुरमुत्ते।
देखकर माँ खिल गयी।
निधि जैसे मिल गयी
कहा गोली ने, "अम्मा
कलिया कबाव जल्द बना..."

मुक्त छन्द के प्रचलन में कविता में छन्द के प्रयोग की स्थिति को बदल डाला और क्रमशः बल वर्णों अथवा मात्राओं की संख्या पर न रह कर पद-न्यास पर, उससे उत्पन्न होने वाली लय पर दिया जाने लगा। संरचना की दृष्टि से भाषा की व्यापक अर्थपरक ईकाई प्रोक्ति को माना गया। हमने अन्यत्र स्पष्ट किया है कि आरोहात्मक क्रम में अन्ततः वाक्य, उपवाक्य, पद एवं शब्द जैसी अर्थपरक इकाइयों का निर्माण 'निरर्थक' ध्वनियों से हुआ है। परन्तु ध्यान रखना होगा कि स्वतन्त्र रूप में अर्थ की वाहक न होकर भी ध्वनियाँ संवेदनात्मक सन्दर्भों से जुड़ी रहती हैं और काव्य-गुण का निर्माण करती है। ध्वनियों का विशिष्ट संयोजन ही लय एवं छन्द के स्वरूप को निर्धारित करता है। आधुनिक युग में जब चरण-सापेक्ष पारम्परिक छन्द-योजना का रिश्ता कविता से टूटने लगा तो समग्र कविता की लय को पहचानने और उसी से उसके छन्द के निर्धारण को सम्भव माना गया। इस प्रकार छन्द का सम्बन्ध अन्तर्वस्तु से जोड़ा जाने लगा। अज्ञेय के इस कथन से यही प्रमाणित होता है : ''हमारे सामने यह प्रश्न आता है कि इन नयी लयों की पहचान हमें कैसे हो, कैसे हमारी अपनी रचना में उतरे। लेकिन अनुभव के इस साक्ष्य के अलावा एक और बात भी ध्यान में रखने की है...कविता के क्षेत्र में भी हमने पहचाना कि भावों का, काव्यगत अनुभवों का भी तनाव घटता-बढ़ता है, कभी संकुल और कभी विरल होता है। जिन अनुभवों से हम गुजरते, हैं जो भाव हमारे भीतर उमड़ते हैं वे भी कभी बड़ी तेजी से होते हैं और कभी बड़ी धीमी गति से अतएव अगर हम अपनी लय को, अपने भावों को, अपने अनुभव के साथ जोड़ना चाहते हैं तो उस लय के भीतर भी ऐसी सम्भावना होनी चाहिए कि कभी उसमें सघनता आये और कभी विरलता।'' निश्चित रूप से अज्ञेय लय की यह उपस्थिति कविता के अन्तर्गत मान रहे हैं और गद्य की अलग संरचना के प्रति वे सचेत हैं क्योंकि लय को तो गद्य में भी उपस्थिति मानते हैं पर उसकी छान्दसिक सत्ता को अस्वीकार करते हैं। उनका कथन है, ''गद्य की एक लय होती है, यह मान लेने में तो मुझे कठिनाई नहीं है लेकिन गद्य का एक छन्द होता है यह मैं बिना परिभाषित व्याख्या के स्वीकार नहीं करूँगा...छन्द की चर्चा में प्रायः उन चीजों का उल्लेख होता है जिन्हें हमने अर्थात समकालीन कवियों ने छोड़ दिया। वे चीजें पहले छन्द का अंग मानी जाती थीं। एक-एक करके हम पहचान गये कि इनके बिना भी हमारा काम चल सकता है लेकिन लय पर आकर हम अटक गये। हमने माना कि लय के बिना काम नहीं चलता अर्थात अगर कविता है तो लय है, अगर लय नहीं है तो काव्य और गद्य में भेद का आधार नहीं रहता।'' छन्द की पारम्परिक सत्ता को नये कवियों ने नकार दिया। गनीमत है कि उन्होंने लय को स्वीकार किया पर दिक्कत यह है कि लय की भी मनमानी व्याख्या होने लगी है। यह स्थिति नये रचनाकार के सामने परेशानी पैदा करती है। परन्तु इस असमंजस की स्थिति में छन्द का महत्त्व इसलिए कम नहीं होता क्योंकि

छन्द का बाह्यारोपण सम्भव नहीं है और यह कविता के साथ संबर्द्धित होता है, इसलिए व्यक्तित्व की मौलिक अभिव्यक्ति का आधार है। वस्तुत: छन्द कविता को केन्द्र में लाता है, स्वयं को नहीं। इसलिए वह कविता का पर्याय नहीं है अपितु उनके प्रभाव का वाहक है। केवल प्रवाह का ही नहीं, छन्द कविता की आयु की दीर्घता का भी आधार है। आचार्य रामचन्द्र शुक्ल ने जब यह लिखा था—"नाद सौन्दर्य से कविता की आयु बढ़ती है, तालपत्र, भोजपत्र, कागज आदि का आश्रय छूट जाने पर भी वह बहुत दिनों तक लोगों की जिह्वा पर नाचती रहती है।" तब उनके अवचेतन में छान्दोग्य उपनिषद का यह कथन रहा हो तो आश्चर्य की बात नहीं।

"देवा वै मृत्योर्विभ्यतस्त्रयी विद्यां प्राविशस्ते"
छन्दोभिरच्छादयन्दोभिश्च्छादयंस्तच्छंदसां छंदत्वम्'

मृत्यु के भय से तीनों विद्याओं ने छन्द के प्रवेश कर लिया। सायण ने भी रचना की अपमृत्यु से रक्षा के लिए छन्द को ही आधार बताया है—"अपमृत्यु वारियतुमाच्छदमतित छन्द:।"

यहाँ शुक्ल जी के कथन पर एक और कारण से भी ध्यान देना होगा। हम कम्प्यूटर के साथ फिर एक 'अनपढ़' युग में प्रवेश कर रहे हैं। कविता नये संचार माध्यमों में फिर से श्रव्य ही अधिक होने लगी है, इसलिए छन्द की प्रासंगिकता नये रचना-सन्दर्भों में फिर उभर कर आ रही है। लय के आधार पर मुक्त-छन्द-संपन्न रचनाओं के साथ-साथ गीतात्मक व्यवस्था के ऐसे छन्द की प्रासंगिकता फिर नये सिरे से पैदा हुई है, जिसमें लय के साथ तुक, यति और गति की सम्पूर्ण व्यवस्था भी अपेक्षित होती है। इस प्रकार का चतुष्-आयामी छन्द रचना को स्थायी बना सकेगा इसमें सन्देह नहीं।

काव्य-रूप

सामान्यत: साहित्य के लिए अँग्रेजी में 'लिट्रेचर' शब्द का व्यवहार होता है। रचना की दृष्टि से इसका अर्थ हुआ—"ऑल विच इज़ कम्पोज्ड ऑफ लैटर्स।" इस दृष्टि से लिट्रेचर का वास्तविक अर्थ हुआ—वाङ्मय क्योंकि 'वाक्-मय' में वह सब कुछ आ जाता है जो हम बोलते हैं परन्तु सर्जनात्मक लेखन के अन्तर्गत हम वाणी के एक सीमित रूप को ही लेते हैं। भारतीय काव्य-शास्त्र की परम्परा में यह 'सीमित' भी बहुत विस्तृत रहा है और 'काव्य' के रूप में जाना जाता रहा है। इसीलिए इसके अग्रिम विभाजन के रूप श्रव्य-काव्य और दृश्य काव्य बने। श्रव्य में पहले गद्य भी समाहित था पर आज काव्य वस्तुत: कविता शब्द का ही पर्यायवाची रह गया है। ध्यान देने की बात यह है कि जब कविता शब्द का उच्चारण करते हैं तो उसका भी कोई सीमित

एवं एकांगी बिम्ब नहीं बनता बल्कि इससे भी अनेक प्रकार की कविताओं की ओर ध्यान जाता है। कविता-लेखन में सिद्धहस्तता प्राप्त करने के लिए कविता के इन विविध रूपों से परिचित हो लेना बहुत जरूरी है।

आवश्यकता उपयोग और प्रयोग—सभी प्रकार की विविधताओं, के लिए उत्तरदायी होती है। साहित्य की आवश्यकता यदि आत्माभिव्यक्ति से लेकर सामाजिक प्रश्नों से जूझने तक है तो उसका उपयोग भी मनोरंजन से लेकर उत्प्रेरण तक जाता है। प्रयोगों की तो देश और काल तथा व्यक्ति के वैविध्य के कारण लम्बी शृंखलाएँ हैं। काव्य-रूपों की विविधता उसकी अन्तर्वस्तु में भी व्यक्त हुई दिखलाई देती है और उसकी शिल्प-संरचना में भी। विशेष यह कि विषय-वस्तु, प्रतिपाद्य, संवेदना, अनुभूति या अन्तर्वस्तु जैसी अवधारणाओं के समानान्तर ही कविता के अभिव्यक्ति रूप भी निर्धारित होते रहे हैं। आत्मपरक कविता, विषयपरक कविता या प्रकृतिपरक कविता जैसे प्रयोग जहाँ कविता की अन्तर्वस्तु का संकेत देते हैं, वहीं प्रबन्ध, मुक्तक, गीत, लम्बी कविता जैसे प्रयोग उसके शिल्प से, उसके स्थापत्य से जुड़े हैं पर ध्यान देने की बात यह है कि यह स्थापत्य पूर्व संकेतित विषय-वस्तु से ही निर्धारित होता है।

जब हम कविता-लेखन की ओर प्रवृत्त होते हैं तो यह निर्धारण कर लेना जरूरी होता है कि हम किस संवेदना को व्यक्त करना चाहते हैं। यदि हम राष्ट्र, समाज और देश की ऐसी समस्याओं को, चित्रित करना चाहते हैं, जिनकी व्याप्ति विस्तृत है तो हमें प्रबन्ध-रचना की ओर प्रवृत्त होना होगा, किसी बर्हिस्थ वस्तु, स्थिति आदि के प्रति एक सीमित प्रतिक्रिया मुक्तक के माध्यम से दी जा सकती है। अन्तर्बाह्य मन्थन और सामाजिक प्रश्नों के समाधान के लिए लम्बी कविता की ओर जाना पड़ेगा और आत्मपरक अनुभव की अभिव्यक्ति गीत के माध्यम से होगी। लम्बी कविता, मुक्तक, गीत आदि रचने की क्षमता के लिए इन काव्य-रूपों के मूल ढाँचे से परिचित होना जरूरी है। भीतरी प्रेरणा, गहन अनुभव और निरन्तर अभ्यास कविता-लेखन के मूल आधार हैं। कविता के विविध रूपों के लेखन में सफलता का आधार भी ये ही तत्त्व हैं। परन्तु अभ्यास की सही दिशा के लिए काव्य-रूपों का तकनीकी रूप जानना उपयोगी होगा।

काव्य के दो भेद बहुत पुराने हैं वे हैं—प्रबन्ध काव्य और मुक्तक काव्य। आधुनिक युग में यों तो अनेक प्रबन्धकाव्यों की भी रचना हुई है परन्तु इसके साथ-साथ 'लम्बी कविता' का अस्तित्व आधुनिक युग में विशेष रूप से दिखलाई देता है। पुराने समय में मुक्तक के दो ही भेद थे। गेय मुक्त और पाठक मुक्तक परन्तु आज गीत, प्रगीत, ग़ज़ल आदि भेद तो सामने हैं ही, विविध छन्दों की भी गणना अलग, मुक्तक-काव्य के अन्तर्गत होने लगी है। बल्कि कवि सम्मेलनों में तो मुक्तक रुबाई

से मिलता-जुलता चार पंक्तियों का काव्यरूप मान्यता प्राप्त कर चुका है। हम इन विविध काव्य-रूपों पर क्रमशः विचार करेंगे।

प्रबन्ध-काव्य :

काव्य-शास्त्र में काव्य-रूपों के विभाजन के सन्दर्भ में दो शब्द-बन्ध प्रयुक्त हुए हैं एक है—'पूर्वापर सम्बन्ध सापेक्ष रचना' और दूसरा है 'पूर्वापर सम्बन्ध-निरपेक्ष रचना'। पूर्वापर का अर्थ है—पहले और बाद का। जब एक क्रमबद्ध कथा अथवा विविध घटनाएँ कविता का रूप लेती हैं तो ऐसी रचना सामने आती है, जिसमें व्यापकता और विस्तार होता है और उसके विभिन्न अंश 'पूर्व' और 'अपर' के सम्बन्ध की अपेक्षा रखते हैं अर्थात वे एक सूत्र में बँधे रहते हैं। इसीलिए इसमें घटनाओं के साथ पात्रों की भी उपस्थिति रहती है। इसे ही 'प्रबन्ध-काव्य' कहते हैं। जहाँ रचना अपने पूर्व-अपर सम्बन्ध से निरपेक्ष होती है, जिसमें पहले और बाद के कथासूत्रों को जानने की अपेक्षा नहीं रहती। उसे हम 'मुक्तक काव्य' कहते हैं। वामन ने इन रूपों को क्रमशः निबद्ध और अनिबद्ध काव्य भी कहा है। हम मुक्तक काव्य पर आगे विस्तार से विचार करेंगे। यहाँ पहले प्रबन्ध काव्य के बारे में जानना उपयोगी होगा।

पुराने समय में प्रबन्ध काव्यों की रचना का पर्याप्त चलन था। हिन्दी कविता के आरम्भ में ही चन्दबरदायी का 'पृथ्वीराज रासो' तो प्रसिद्ध रहा ही और भी अनेक प्रबन्ध-काव्य रचे गये। यह परम्परा संस्कृत, प्राकृत और अपभ्रंश काव्य से चली आ रही थी। मध्यकाल में रचे गये दो प्रबन्ध-काव्य बहुत प्रसिद्ध हैं। एक , तुलसीकृत 'रामचरित मानस' और दूसरा जायसी कृत 'पद्मावत'। रीतिकाल में मुक्तकों की प्रधानता रही। आधुनिक युग राष्ट्रीय जागृति का युग था। इस लक्ष्य की सिद्धि के लिए अनेक प्रबन्ध-काव्यों की रचना हुई परन्तु गत 30-40 वर्षों में प्रबन्ध काव्य उतने लोक प्रिय नहीं रहे, जितनी 'लम्बी कविता'। इस युग में प्रबन्ध काव्यों का स्थान उपन्यासों ने ले लिया। प्रबन्ध-काव्य लम्बे अभ्यास एवं साधना की माँग करता है, इसलिए रचनात्मक लेखन में आरम्भिक कदम रखने वालों को प्रबन्ध काव्य रचने का जोखिम कम ही उठाना चाहिए।

प्रबन्ध-काव्य राष्ट्र, समाज और जीवन के बहुत व्यापक फलक को चित्रित करता है, उसकी रचना एक लम्बे जीवनानुभव की भी माँग करती है। आकार और वैविध्य की दृष्टि से प्रबन्ध के लिए साहित्य के सभी तत्त्वों अलंकरण, प्रतीकात्मकता, रूपक, बिम्ब, छन्द, लय, संगीत, औदात्य, से व्यापक परिचय अपेक्षित है, इसलिए लेखन के आरम्भिक चरण में प्रबन्ध रचना की ओर प्रवृत्त होना प्रायः सम्भव नहीं होता और इसीलिए हम यहाँ बहुत विस्तार से इस पर चर्चा नहीं करेंगे।

प्रबन्ध-काव्य के मुख्यतः दो भेद हैं—एक, महाकाव्य, दूसरा खण्ड काव्य।

दोनों में जीवन की समग्रता और आंशिकता का एक चित्रण-सापेक्ष अन्तर होता है। रामायण और महाभारत संस्कृत के प्रसिद्ध महाकाव्य हैं। हिन्दी में पृथ्वीराज रासो, पद्मावत और रामचरित मानस जैसे महाकाव्यों की रचना मध्यकाल में हुई। आधुनिक युग में प्रिय प्रवास, साकेत, कामायनी और उर्वशी जैसी कृतियाँ लिखी गयीं, जिन्हें पर्याप्त ख्याति मिली। आधुनिक युग वस्तुतः कई श्रेष्ठ खण्ड-काव्यों के लिए भी जाना जाएगा। इनमें प्रमुख हैं : तुलसीदास, कुरुक्षेत्र, रश्मीरथी, अन्धायुग, आत्मजयी एवं संशय की एक रात। लेकिन पिछले तीस वर्षों में ऐसे प्रबन्ध काव्यों की रचना नहीं हुई है, जो अपनी साहित्यिक उपलब्धि के लिए चर्चा के केन्द्र में हो। एक तरह से यह भी कहा जा सकता है कि हिन्दी कविता का समकालीन परिदृश्य प्रबन्ध-काव्यों के बहुत अनुकूल नहीं है।

समकालीन कविता में सार्थक विवेच्य काव्य-रूप है—1. गीत, 2. मुक्तक एवं लम्बी कविता। यहाँ क्रमशः इनका परिचय दिया जाएगा।

गीत

बीसवीं शताब्दी में मुक्तक के दो भेदों को प्रमुखता मिली है—1. गीत 2. गीतेतर कविता। इससे पूर्व कविता का इस तरह का विभाजन नहीं हुआ था परन्तु छायावाद के साथ गीत को जो समृद्धि प्राप्त हुई, वह उसकी अलग सत्ता स्थापित करने में अधिक सहायक हुई। एक रचनात्मक लेखन के विद्यार्थी का मुख्य सरोकार अपने समय के काव्य-रूपों से जुड़ने का अधिक रहता है परन्तु ऐतिहासिक परिप्रेक्ष्य को समझना भी जरूरी होता है। आज गीत का सर्वाधिक प्रासंगिक रूप नवगीत है पर गत एक शताब्दी में उसने अन्य कई उल्लेखनीय उपलब्धिपरक मापदण्ड भी स्थापित किये हैं।

गीत का शाब्दिक अर्थ है—गाया हुआ। इस दृष्टि से बहुत से प्रबन्ध काव्य एवं आख्यानक काव्य भी गीत हो सकते हैं क्योंकि छन्द में लिखी प्रत्येक रचना गायी जा सकती है। इसलिए आज गीत की परिभाषा का निर्धारण केवल उसके शब्दार्थ के आधार पर सम्भव नहीं। गाये जाने का गुण आज भी गीत की एक बड़ी विशेषता है पर आधुनिक काव्य के सन्दर्भ में उसमें कुछ अन्य विशेषताओं का होना अनिवार्य है, जिनके आधार पर उसे गीत कहा जाता है।

अनुभव की आवेगात्मक अभिव्यक्ति गीत का बहुत बड़ा लक्षण माना गया और इस आवेगात्मकता ने स्वानुभूति से भी जोड़ दिया गया। वस्तुतः गीति में स्वानुभूति की अनिवार्यता की घोषणा एक विशेष ऐतिहासिक कालखण्ड में हुई। गीत को छायावाद में जो समृद्धि मिली उसके कारण गीत और छायावाद की परिभाषा ही एकमएक हो गयी। छायावादी काव्य आत्मपरक काव्य है। इसी आत्मपरकता को गीत के साथ बीसवीं सदी में अनिवार्यतः जोड़ दिया गया जबकि पूरी भारतीय परम्परा को

देखें तो विद्यापति, कबीर, सूर, एवं तुलसी के पदपरक गीतों में वस्तुपरकता आत्मपरकता के साथ-साथ विद्यमान है। संस्कृत काव्य में मेघदूत भी इनके अद्वैत का प्रमाण देता है। निराला ने इस तथ्य को पहचाना था और पाँचवे-छठे दशक में गीत को आत्मपरकता की रूढ़ि से मुक्त कर दिया था। इसी के परिणामस्वरूप नवगीत में वस्तुपरकता को समाहित किया गया है पर इस विकास-प्रक्रिया को जानने के लिए गीत के विविध रूपों से परिचित हो लेना उपयोगी होगा।

ऊपर हमने आवेगमयता की जो चर्चा की है, उसके साथ ही गीत का एक और तत्त्व जुड़ा है। महादेवी वर्मा ने गीत की परिभाषा इस प्रकार दी है—"सुख-दुख की भावावेशमयी अवस्था विशेष का गिने-चुने शब्दों में स्वर साधना के उपयुक्त चित्रण कर देना ही गीत है।" यहाँ 'गिने चुने शब्दों' पर ध्यान दें। स्वर साधना का भावावेशयम रूप बहुत विस्तृत नहीं हो सकता। संक्षिप्तता उसकी अनिवार्यता है इसलिए गीत की यह अपरिहार्य विशेषता है। ऊपर हमने गाये जाने के साथ आवेगमयता का जो उल्लेख किया है, उसमें एक वस्तुपरक घोल को भी मिला दें तो नये गीत का द्रव्य तैयार हो जाता है।

गीत को कविता का शुद्धतम रूप इसीलिए कहा जाता है क्योंकि इसमें आवेग की सघनता है। निराला ने गीत-सृष्टि को शाश्वत कहा है। यह कथन सही भी है। जीवन का लौकिक सन्दर्भ हो या आध्यात्मिक सन्दर्भ, जन्म का हो या मृत्यु का, गीत की उपस्थिति शाश्वत है। लोकाचारों में तो लोकगीत के रूप में यह ब्रह्म की तरह व्यापक है। हिन्दी कविता में मध्ययुग तक गीत की एक ही शैली प्रमुख थी। वह थी पद शैली। कबीर, सूर और तुलसी के हजारों पद आज तक लोक के कण्ठ में जीवित हैं। आधुनिक युग के साथ मुद्रण का युग आरम्भ हुआ और इसके साथ ही शुरू हुआ गीत में नये प्रयोगों का युग। कुछ आलोचकों ने माना कि यह अँग्रेजी लिरिक का प्रभाव है पर स्थायी और अन्तरा की जो शैली बीसवीं शती के आरम्भ में हिन्दी गीत में दिखलाई देती है, उस पर लावणी, कजली और दूसरे लोककाव्य आधृत गीतरूपों का विशेष प्रभाव है। सन 1861 में हरियाणवी में रची गयी हीरादास उदासी की एक लोक-नाट्यात्मक काव्य कृति है—'साँग राजा रत्न सेन का'। इसमें गीत की इस नयी शैली को स्पष्ट देखा जा सकता है। ऐसा ही प्रभाव अलीबक्श की 'निहालदे' का भी पड़ा है। यों खड़ी बोली में गीत के नये कलेवर गढ़ने का श्रेय निराला ने प्रसाद को दिया है। इस सन्दर्भ में उन्होंने ऐसे गीतरूप को आधार माना है :

चढ़कर मेरे जीवन रथ पर
प्रलय चल रहा अपने पथ पर
मैंने निज दुर्बल पद बल पर
उससे हारी होड़ लगायी।

गीत पर विचार करते समय कुछ विद्वानों ने उसके लोकजीवन के पक्ष पर बल दिया तो कुछ ने उसकी शिल्पपरक विशेषताओं पर, परन्तु गीत की शक्ति को सभी ने स्वीकार किया है। गीत एकान्त मन के आलोड़न-विलोड़न का विषय भी है और समूह में जनजागरण और जनान्दोलन का माध्यम भी। युद्ध के प्रयाण-गीत यदि ओज से सम्पन्न हैं तो अन्याय के संघर्ष में भी इनका विरोध स्वर बहुत मुखरित है। ये आराधना के भाष्य भी हैं। एक समय में 'विनय पत्रिका' में तुलसीदास ने यदि आत्म-निवेदन गीत के माध्यम से किया था तो उनसे पूर्व रूप-मुग्धता का चित्रण विद्यापति ने इस रूप में किया था—"जन्म अवधि हम रूप निहारल नयन न तिरपित भेल।" मीरा के गीतों की व्यथा तो जन-जन की व्यथा बन गयी है। उनके ऐसे गीत लोक में अमर हैं—"मैं तो गिरधर के रंग राँची।" "म्हाणे चाकार राख्यो जी।" सूर जब गाते हैं, "ये अँखिया हरि दर्शन की प्यासी।" तो गीत का अगजग विस्तार कर देते हैं। गीत की सर्वाधिक व्याप्ति लोकजीवन में श्रम के क्षणों में संस्कार के क्षणों में, मिलन और विदाई के क्षणों में गीत सम्पूर्ण शक्ति के साथ लोक के साथ खड़ा दिखाई देता है। गीत की इस व्याप्ति के परिणाम स्वरूप उसमें असीम विविधता है।

इसके प्रमुख रूप निम्न हैं :

वैयक्तिक गीत

यों तो कविता मात्र में वैयक्तिक भावों की अभिव्यक्ति महत्त्वपूर्ण है पर गीत में इसका विशेष स्थान है। जैसा कि पहले भी स्पष्ट किया गया है, छायावाद काल के गीतों के आत्मपरकता सर्वाधिक है। प्रसाद के 'झरना' और 'लहर' के गीत, निराला के 'परिमल', 'अनामिका' और 'गीतिका' के गीत, पन्त के 'पल्लव' और 'गुंजन' के गीत तथा महादेवी वर्मा के 'नीरजा', 'नीहार' एवं 'दीपशिखा' के गीत आत्मपरक गीतों के मार्मिक उदाहरण हैं। निराला के सीधी राह मुझे चलने दो, तुम से लग गयी जो मन की, दुखता रहता है अब जीवन, स्नेह निर्झर बह गया है, मैं अकेला जैसे कितन ही आत्मपरक गीत अपनी अनुभूति में आज भी ताजा हैं। दिनकर, अंचल, आचार्य जानकी वल्लभ शास्त्री, बच्चन, भारती आदि कई कवियों के मार्मिक गीत विशेष वैयक्तिक भाव लिए हैं। 'दिन जल्दी-जल्दी ढलता है' 'यह पतझर की शाम सखे' 'मधुप नहीं अब मधुवन तेरा' जैसे गीतों में बच्चन ने आत्मपरक गीतों का मानक प्रस्तुत किया है।

राष्ट्रीय गीत

स्वतन्त्रता-संग्राम के समानान्तर ही आधुनिक गीति काव्य का विकास हुआ है, इसलिए हिन्दी गीत इस आन्दोलन से अछूता नहीं रहा है। भारतेन्दु, मैथिलीशरण गुप्त,

जयशंकर प्रसाद, माखनलाल चतुर्वेदी, निराला, रामनरेश त्रिपाठी, श्याम नारायण पाण्डेय, बिस्मिल आदि अनेक कवियों ने चिरस्मरणीय राष्ट्रगीत लिखे हैं। निराला का 'भारती जय विजय करे' और प्रसाद का 'हिमाद्रि तुंग श्रृंग से प्रबुद्ध शुद्ध भारती' लोकप्रिय राष्ट्रीय गीत रहे हैं।

प्रगतिशील गीत

स्वतन्त्रता-आन्दोलन का एक पक्ष आम आदमी, शोषित और पीड़ित के पक्ष में आवाज उठाने का भी रहा है। हिन्दी में 1936 से प्रगतिवादी आन्दोलन का उभार विशेष रूप से माना जाता है, यों निराला और पन्त के कई गीत इससे पूर्व प्रगतिशील चेतना का उद्घोष कर उठे थे। बाद में नरेन्द्र शर्मा, भगवती चरण वर्मा, शिव मंगल सिंह सुमन, केदारनाथ अग्रवाल एवं शैलेन्द्र शंकर ने उल्लेखनीय प्रगतिवादी गीतों की रचना की है। इन कवियों ने अमानवीय शोषण को अनावृत किया था। भगवतीचरण वर्मा की इन गीत पंक्तियों में इन प्रवृत्ति को देखा जा सकता है:

मानापमान हो इष्ट तुम्हें मैं तो जीवन को देख रहा
मैं देख रहा दानवता के दुस्साहस के विकराल कृत्य
मैं देख रहा बर्बरता का भू की छाती पर नग्न नृत्य

लोक-शैली के गीत

लोक-काव्य ने आधुनिक गीत को छन्दों और लयों के क्षेत्र में मौलिक योगदान किया है। स्वतन्त्रता के बाद आंचलिकता का आग्रह हिन्दी उपन्यासों और ललित निबन्धों में तो उभरा ही गीत में भी उसकी विशेष पहचान बनी है। अज्ञेय ने 'काँगड़े की छोरिया' गीत लिखा तो भवानी भाई ने 'पीके फूटे आज प्यार के पानी बरसा री' की रचना की। केदारनाथ अग्रवाल, सर्वेश्वर दयाल सक्सेना, रामदरश मिश्र, ठाकुर प्रसाद सिंह एवं केदारनाथ सिंह ने भी कई लोकगन्धी गीतों की रचना की। ठाकुर प्रसाद सिंह ने 'वंशी और मादल' संग्रह में तथा बच्चन ने 'त्रिभंगिमा' तथा 'चार खेमे : चौंसठ खूँटे' में कई लोक-शैली के गीत रचे। इस शैली का उदाहरण शम्भुनाथ सिंह की इन गीत पंक्तियों में देखा जा सकता है :

पिया न आये आमों में
आ गया टिकोरा री
बँसवारी में मैना बोली
पीपल पर कोयलिया
आँगन की चन्दन गछिया पर

बोला कागा छलिया
दूर किसी झुरमुट में बोला
बन का मोरा री।

नवगीत

सन् 50 के आसपास गीत बहुत व्यक्ति-केन्द्रित हो गया था। तब निराला ने हिन्दी कविता को अपने गीतों से एक नयी राह दिखलाई। उन्होंने गीत में वस्तुपरकता, समष्टि-उन्मुखता और जन पक्षधरता को स्थान दिया। 'आओ जल्दी-जल्दी पैर बढ़ाओ।' जैसे गीत यही नयी राह दिखला रहे थे। जीवन-संघर्ष के साथ जुड़ा गीत ही नवगीत बना। शम्भुनाथ सिंह, वीरेन्द्र मिश्र, देवेन्द्र शर्मा 'इन्द्र', नईम, उमाकान्त मालवीय, माहेश्वर तिवारी, शलभ श्री रामसिंह, रमेश रंजक, नचिकेता, गुलाबसिंह, भारतेन्दु मिश्र जैसे कई उल्लेखनीय नवगीतकारों ने जीवन के यथार्थ संघर्ष के साथ तो गीत को जोड़ा ही, लय, छन्द एवं बिम्बों के क्षेत्र में भी एक नये क्षितिज का उद्घाटन किया। रूढ़ और बासी होती गीत धारा को नवगीत ने नये प्राण और नयी ऊर्जा दी है। नवगीत ने स्त्रीविमर्श और दलित विमर्श सहित सभी समकालीन स्थितियों का चित्रण किया है। नवगीत के वैशिष्ट्य को हम इस तरह के गीतों में पहचान सकते हैं :

रामदीन
अँधियारे की
कुछ पर्तें फाड़ रहे,
खुरपी लेकर
मरी भैंस की खाल उतार रहे।
पुश्तैनी पूँजी सपनों की
हाड़-चाम के धन्धे,
हाथों से मुँह तक की दूरी
मोड़ अटपटे अंधे।
काई लगे फर्श पर
कब से
पाँव उभार रहे।
रामदीन से
रमदीनवाँ तक
हर औकात समोते,
कन्धे हुए निढ़ाल
दूसरों की बन्दूकें ढोते।
कब से इनके , कितने

कितने
ईश्वर तार रहे

—गुलाब सिंह

ग़ज़ल–गीत

आत्माभिव्यक्ति के करीब होने के कारण एवं भाव सघनता के कारण ग़ज़ल को भी गीत का ही फार्म मानने की प्रथा हिन्दी में है। पिछले तीन–चार दशकों में तो गीत एक दूसरे के और भी नजदीक आये हैं। दुष्यन्त की पुस्तक, 'साये में धूप' के प्रकाशन के बाद ग़ज़ल बहुत लोकप्रिय हुई है और आज हिन्दी में बेशुमार ग़ज़ल कही जा रही है। पर ग़ज़ल लिखने के लिए इसके शिल्प को बहुत बारीकी से समझना होता है। ऐसी समझ के बिना सफल ग़ज़ल नहीं कही जा सकती। यह उल्लेखनीय है कि जिस प्रकार नवगीत ने पारम्परिक गीत के कथ्य और शिल्प को बदला है, उसी तरह नयी ग़ज़ल जन–जीवन के संघर्ष को ज्यादा मुखर करती है। एक छोटी–सी ग़ज़ल के माध्यम से इस तथ्य को समझा जा सकता है :

आग हवा पानी का डर था
हाँ, बेचारा कच्चा घर था
उसका अम्बर ही अम्बर था
एक दिशा भी और सफर था
आज यहाँ है एक हवेली
और यहीं होरी का घर था
पागल आँधी की नजरों में
एक वही बूढ़ा छप्पर था
दोनों की ही मजबूरी थी
मैं प्यासा था वो सागर था।

—विज्ञानव्रत

गीत की रचना प्रक्रिया

रचनात्मक लेखन सिद्धान्त से अधिक व्यवहार है। हम ने गीत का विकासात्मक अध्ययन इसी दृष्टि से प्रस्तुत किया है कि गीत लेखन के लिए उन भूमियों से परिचित हो लिया जाए, जिन–जिन से गुजरना अपेक्षित है। प्रत्येक गीत की एक विषय–वस्तु होती है। आत्मपरक गीत के भीतर का उद्वेलन एक तरंग बन कर,एक तन्मय भाव–स्थिति बनकर अकुलाहट–सी पैदा करता है तो नवगीत भी उसी तरह से सम्वेदना से

जुड़ा होता है अन्तर इतना है कि इसके उद्वेलन के कारण-तत्त्व भीतर और बाहर दोनों ओर होते हैं। इसमें अपना भी सुख-दुख होता है और जग का भी-वस्तुतः कविता परकाया प्रवेश है। ग़ालिब ने लिखा है:

कहते हैं जब रही न मुझमें ताकत-ए-सुखन
जानूँ किसी के दिल की मैं क्योंकर कहे बगैर

अर्थात जब हममें कविता रचने की शक्ति मौजूद रहती है, हम बिना कहे भी औरों के दिल का हाल जान लेते हैं। कवि जब अपने ही दिल का हाल कहता है तो भी वह बिशिष्ट कहता है, पर जब वह दूसरे के दिल की कहता है तो और विशिष्ट हो जाता है।

गीत में अनुभूति का प्रस्फुटन किस तरह से होता है उसका, बारीक अध्ययन हम गीत के बदलते स्वरूप के उदाहरण ले कर करेंगे।

1. कवि के मन में एक पंक्ति घुमड़ती है—

''कौन थकान हरे जीवन की''

अनुभव की सघनता से ही ऐसी पंक्ति जन्म लेती है। फिर यह भाव-प्रेरित पंक्ति भीतर तक अनुगुंजित होती है। कवि कल्पना का एक विस्तार इस मूल प्रेरणा को देता है। विशेष यह है कि कवि कहानी कहने नहीं बैठता, घटना का वर्णन नहीं करता। वह हल्के स्पर्शों से एक चित्र उभरता है परन्तु चित्र तब तक नहीं उभार सकता जब तक उसकी भाव-तन्मयता एक लय का अनुसन्धान नहीं कर लेती। यह लय ही गीतकार को शब्दों के चुनाव की ओर ले जाती है। लय का अनुसंधान करने वाले शब्द क्रमश; एक छन्द को मूर्त करते हैं। यह मूर्तिमान छन्द अपने शेष अंगों को उसी तरह संवर्द्धित कर लेता है, जैसे एक पौधा उगता और बढ़ता है। शब्द बिम्बों और प्रतीकों में ढलते हैं। टेक बन जाती है, अन्तरा झूमने लगता है और तन्मयता एक आवेगपूर्ण संक्षिप्तता में रचना को पूर्णता देती है। गिरिजाकुमार माथुर के मन में घुमड़ती उपर्युक्त पंक्ति जिस तरह गीत में साकार हुई है, उसको इस विश्लेषण के आधार पर पकड़ने की कोशिश कीजिए :

वंशी में अब नींद भरी है
स्वर पर पीत साँझ उतरी है
बुझती जाती गूँज आखिरी
इस उदास वन पथ के ऊपर
पतझर की छाया गहरी है।
अब सपनों में शेष रह गयी

सुधियाँ उस चन्दन के वन की
कौन थकान हरे जीवन की

इस एक अन्तरा के बाद यह तो लगता है कि घुमड़ती घटा पूरी नहीं बरसी है पर एक या दो अन्तरा और आने के बाद इस आवेग का बना रहना स्वाभाविक नहीं और इसके बाद गीत समाप्त हो जाता है।

2. गीत-रचना की प्रक्रिया को समझने के लिए हम एक और गीत लेते हैं। इस गीत का आरम्भ एक घटना से होता है पर घटना घटना नहीं है, उसकी स्मृति है। प्रधान है—दृश्य। उस दृश्य में भी मुख्य हैं दो हाथ। ये हाथ मेहंदी रचे हैं। यह एक संकेत है, बहुत कुछ कहता हुआ। हाथ किसके हैं। नारी के! नवविवाहिता के! वे जल में दीप सिराते हाथ हैं। यह दीप सिराना कितने पुरा बिम्बों, संस्कारों और लोक-कथाओं की कहानी कह जाता है और यों पहली दो पंक्तियाँ बल्कि छन्द के पूरे प्रवाह के साथ एक पंक्ति एक बिम्ब की सृष्टि करती है। यह दृश्य बिम्ब कवि के मन में उगा। शब्दों ने लयात्मक क्रम प्राप्त किया और अब प्रभाव की प्रतिक्रिया शुरू हुई। जल में दीप धरने वाले दो हाथों का बिम्ब तो एक क्षण का था पर सघन प्रेम ने उसे जन्म-जन्मों को प्रभावित करते देखा है। मन का 'ताल-सा' हिलना पहले लगता है कि एक उपमा भर है पर 'जन्म जन्मों ताल-सा हिलाता रहा मन', एक के बाद एक क्रमिक दृश्यों को जन्म देकर अनन्त बिम्बों की सृष्टि करता है। कल्पना से विस्तार पाकर गीत आगे बढ़ा। पूरी लोक-कथा एक ही पंक्ति में कह दी—'ले गया चुनकर कमल कोई हठी युवराज' और फिर वही 'देर तक शैवाल सा हिलता रहा मन।' आवृत्तिपरक अन्तरों में नदी भी आयी, नाव भी और उसके साथ झीने पाल-सा हिलता मन भी। गुजरती रेल के धुएँ के साथ मन हाथ के रूमाल-सा हिलता रह कर जिस चरमोत्कर्ष पर पहुँचता है, गीत अपनी सघनता की गाथा अंकित कर देता है। सफल गीत रचना के लिए इस प्रकार लय, छन्द, बिम्ब, आवेश, अनुभव, ये सब तो चाहिए पर टुकड़ों-टुकड़ों में नहीं एक सघन सावयव जुड़ाव के साथ।

धर गये मेंहदी रचे—
दो हाथ जल में दीप
जन्म-जन्मों ताल-सा हिलता रहा मन।

बाँचते हम रह गये—
अन्त: कथा
स्वर्णकेशा
गीतवधुओं की व्यथा

ले गया चुनकर कमल
कोई हठी युवराज
देर तक शैवाल-सा हिलता रहा मन।

जंगलों का दुख
तटों की त्रासदी
भूल, सुख से सो गयी
कोई नदी
थक गयी लड़ती हवाओं से
अभागी नाव,
और झीने पाल-सा हिलता रहा मन
तुम गये क्या—
जग हुआ अन्धा कुआँ
रेल छूटी, रह गया
केवल धुआँ
गुनगुनाते हम भरी आँखों
फिर सब रात
हाथ के रूमाल-सा हिलता रहा मन

—किशन सरोज

3. अब हम नवगीत-शैली के एक गीत के विश्लेषण के आधार पर गीत की रचना-प्रक्रिया को समझने का प्रयास करेंगे। गीत इस प्रकार है :

आसपास
जंगली हवाएँ हैं,
मैं हूँ।

पोर-पोर
जलती समिधाएँ हैं
मैं हूँ।

आड़े-तिरछे
लगाव
बनते आते
स्वभाव

सिर धुनती
होंठ की ऋचाएँ हैं
मैं हूँ।

अगले घुटने
मोड़े
झाग उगलते
घोड़े

जबड़ों में
कसती वल्गाएँ हैं
मैं हूँ।

—माहेश्वर तिवारी

पुराने गीतों की तुलना में सबसे पहला तथ्य तो इस गीत से यह उभरता है कि इसमें बच्चन युग के गीतों का विस्तार नहीं है। दूसरी बात ऊपर से जो दिखाई देती है, वह यह कि शायद इसमें कोई निश्चित छन्द व्यवस्था नहीं है, पर यह आभासित सत्य है। लय एवं कथ्य के आधार पर छन्द की इस पंक्ति को 'आसपास जंगली हवाएँ हैं, मैं हूँ' को तीन पंक्तियों में तोड़ा गया है। फिर यह भी लगता है कि टेक और अन्तरा में मात्राओं की व्यवस्था एक सी नहीं है, इसलिए किसी मूल छन्द की व्यवस्था नहीं है। पर यह लगता भर है, वास्तविक नहीं है। कई आलोचकों ने इस ऊपरी व्यवस्था की गहरायी में जाये बिना घोषणा कर दी कि नवगीत ने छन्द को छोड़ दिया है जबकि वास्तविकता यह है कि नवगीत में छन्द की शाश्वत जकड़न को अस्वीकार कर उसको कथ्य के अनुरूप लचीला बनाया गया है और मूल लय को कहीं खण्डित नहीं होने दिया है। मूल लय-संरचना को बनाए रखना छन्द के अधकचरे ज्ञान से सम्भव नहीं। यहाँ हम इस गीत के कथ्य पर आते हैं। कवि पहले शब्द से आपको परिवेश से जोड़ता है। हवाओं की उपस्थिति बतलाता पर वह हवा के साथ एक विशेषण जोड़ देता है, जंगली। अब हवा मानवीकृत हो गयी है पर यह छायावादी मानवीकरण नहीं है, जिसमें प्रकृति के माध्यम से कवि का स्व व्यक्त होता है। यह वह परिवेश है जहाँ प्रकृति भी पात्रता प्राप्त करती, व्यक्तित्व प्राप्त करती है। 'जंगली' शब्द के उच्चारण के साथ पंजे उभरते हैं, नाखून उभरते हैं, हिंसक लाल आँखें और दाढ़े उभरती हैं और ये सब हवा के साथ जुड़ जाती हैं। हवा और कहीं नहीं हैं, बहुत आसपास है। इस हिंसकता के बहुत पास 'मैं हूँ'। यह मैं कवि है, आम आदमी है, जनता है। एक वचन नहीं बल्कि 'हम' है। हम जो इस हिंसक परिवेश में घिरे हैं। गीत में बहुत किफायती होकर शब्दों का प्रयोग करना होता है और कवि ने इन छः शब्दों में दो वाक्य दिये हैं।

'है' और 'हूँ' दो क्रियाएँ हैं और दो वाक्यों से पूरे परिवेश को, उसकी भयावहता के साथ चित्रित कर दिया है। इसी टेक पंक्ति की पूरकपंक्ति है 'पोर-पोर जलती समिधाएँ हैं, मैं हूँ।' जंगली हवाओं के साथ यदि समिधाएँ जल रही हैं तो केवल पोर-पोर तक उनकी जलन नहीं पहुँची है, पर इतिहास के, पूरी संस्कृति के जलने का बिम्ब इसमें है और 'संस्कृति' कोई वर्चस्ववादी संस्कृति नहीं है, बल्कि मनुष्य के जलने की विडम्बना इसमें है। पूरा गीत दो ही अन्तरों में सम्पन्न हो जाता है पर जंगली हवाएँ, जलती समिधाएँ और होठ की ऋचाएँ क्रमशः मानवीकृत होती हैं और यन्त्रणा, यातना, और भयावहता की सघनता दूसरे अन्तरे में देखी जा सकती है। कवि ने एक बिम्ब दिया है—"अगले घुटने मोड़े घोड़े झाग उगल रहे हैं और उनके जबड़ों में वल्गाएँ कसती जाती हैं।" बेबसी को आज जिस तरह आम आदमी ढोता है, उसका इससे अधिक संगत बिम्ब नहीं हो सकता। बार-बार पड़ते साँटों से आगे बढ़ने का प्रयास पर भूख-प्यास से बेदम होकर इस प्रयास की विफलता में अगले घुटनों का मुड़ना पूरे सन्दर्भ को व्याख्यायित कर देता है पर इस समूचे सन्दर्भ को कवि और मार्मिक इस रूप में बना देता है कि हर टेक पंक्ति के साथ चुपके से आ बैठता है—"मैं हूँ।" यह 'मैं हूँ' अनेक-अर्थ-वाची है। मैं भयावह परिवेश के पास हूँ, मैं इस भयावह परिवेश का शिकार हूँ, मैं हम भयावह परिवेश का दर्शक हूँ, मैं जल्दी ही इस भयावह परिवेश का शिकार होने वाला हूँ। मैं इस भयावह परिवेश में हूँ तो पर इसका प्रतिकार नहीं कर पा रहा। असामाजिक तत्त्व, सत्ता की साँठ-गाँठ और क्रूर व्यवस्था कितनी खूँख्वार हो गयी है, उसका समग्र बिम्ब इस गीत में उभरता है। फिर इस गीत की लय पर, छन्द विधान पर गौर कीजिए। पूरे गीत की लय एक करुणा को बहाती प्रतीत होती है। एक सार्थक सफल गीत इसी प्रकार की समग्रता से जन्म लेता है।

ऊपर हमने जिन तीन गीतों का जो विश्लेषण किया है, उसे कुछ तथ्य उभर कर आते हैं। गीत में टेक पंक्ति की विशिष्ट भूमिका होती है। टेक और अन्तरा की अपनी तुक व्यवस्थाँए होती हैं। पूरे गीत में छन्द की एक अन्विति होती है। गीतेतर कविताएँ मुक्त छन्द में भी हो सकती हैं पर मुक्त छन्द की सिद्धि बिना छन्द को जाने सम्भव नहीं। गीत में भले ही लचीली छन्द-व्यवस्था हो पर छन्द की अनुपस्थिति गीत में नहीं होती और अन्ततः यह ध्यान रखना होगा कि गीत पूर्व उल्लिखित तत्त्वों की एक समन्वित इकाई है।

मुक्तक

मुक्तक आज एक व्यापक शब्द है। काव्यशास्त्र में पाठ्य मुक्तक और गेय मुक्त के भेद मिलते हैं। हमने गीत को केवल गेयता के आधार पर परिभाषित नहीं किया था, उसमें संवेग और आत्मपरकता का अतिरिक्त सन्निवेश माना था। कविता न तो केवल

आत्माभिव्यक्ति होती है और न वह आत्माभिव्यक्ति से पूर्णतः निरपेक्ष हो सकती है पर अलग-अलग स्थितियों में आत्मपरकता और वस्तुपरकता के एक अनुपातपरक अन्तर के आधार पर ही गीत और गीतेतर मुक्तक में भेद कर सकते हैं। कह सकते हैं, मुक्तक में अतिरिक्त रूप में बौद्धिकता होती है, बहिर्मुखता होती है, वस्तुपरकता होती है पर इन विशेषताओं के बाद यह बहुत मुक्त रूप में हमारे सामने आती है क्योंकि इसमें आकार का कोई बँधा-बँधाया मानक नहीं होता। दो पंक्तियों से सौ पंक्तियों तक भी मुक्तक की व्याप्ति हो सकती है। एक बात और। मुक्तक एक और अर्थ में भी रूढ़ हो गया है। कवि सम्मेलनों में कवि मुख्य रचना सुनाने से पूर्व अक्सर कहते हैं, एक मुक्तक सुनिये। यह मुक्तक वास्तव में रुबाई से मिलती-जुलती चार पंक्तियों का समुच्चय होता है। इसके लिए छन्द का भी विशेष निर्धारण नहीं है। हाँ तुकों की एक रूढ़ि-सी बन गयी है कि प्रथम द्वितीय और चतुर्थ पंक्तियों में समान तुक रहती है जबकि तीसरी पंक्ति अतुकान्त होती है। पर यहाँ जिस अर्थ में मुक्तक का प्रयोग कर रहे हैं, उसमें यह कवि सम्मेलनी मुक्तक भी समाहित है और इससे व्यापक अर्थ भी इसमें है। इसके अतिरिक्त दोहा, कवित्त, छप्पय, सवैया और कुण्डली छन्द मुक्तक के रूप में अधिक लोकप्रिय रहे हैं।

मुक्तक की सबसे बड़ी विशेषता है सीधे प्रहार करना। उसमें विस्तार का अवकाश नहीं होता। संक्षिप्तता उसका प्राण है। यह आकारगत संक्षिप्तता अर्थ की सघनता लिए होती है। इसलिए व्यापक-जीवन अनुभव के बिना और भाषा पर पूर्ण अधिकार के बिना अच्छा मुक्तक नहीं लिखा जा सकता। भारतीय साहित्य में मुक्तक की लम्बी परम्परा रही है। यदि हम संस्कृत, प्राकृत, अपभ्रंश और हिन्दी की कविता में मुक्तकों का विश्लेषण करें तो पाते हैं कि यद्यपि उनका प्रयत्क्ष रूप दो॰या चार पंक्तियों का होता है पर उनके साथ पूरा व्यापक सन्दर्भ होता है। बिहारी के प्रत्येक दोहे की एक पूर्व पीठिका है और यह शैली उन्होंने अमरुकशतक, और गाथा सप्तशती की परम्परा से ही प्राप्त की है। वैदिक साहित्य की ऋचाएँ मुक्तकों का श्रेष्ठ उदाहरण हैं। तदनन्तर प्राकृत में वज्जालगा और थेरी गाथाओं में मुक्तक का उत्तम रूप मिलता है। बाद में अमरूकशतक, शृंगारशतक, नीतिशतक वैराग्यशतक, आर्यासप्तशती और गाथा सप्तशती के रूप में मुक्त की समृद्ध परम्परा मिलती है। भक्तिकाल और रीतिकाल में श्रेष्ठ मुक्तक काव्य की रचना हुई है बल्कि हिन्दी कविता की तो मूल प्रकृति मुक्तक की ही है।

आधुनिक युग में मुक्तक में बहुत वैविध्य प्राप्त होता है। यह वैविध्य कथ्य और शिल्प दोनों स्तरों पर है। बीसवीं शताब्दी का अधिकांश काव्य सामाजिक सरोकारों का काव्य है। इस सदी में एक धारा आत्मपरक मुक्तकों की रही है, जिसकी शैली गीतपरक है। दूसरी ऐसी धारा है जिसमें सामाजिक संघर्ष और जीवन का यथार्थ अधिक व्यक्त हुआ है। इस दूसरी धारा में तीन प्रकार की रचनाएँ हैं—1. छन्दोबद्ध

2. मुक्त छन्द और 3. छन्द मुक्त। प्रयोगवाद के साथ ही छन्द का रिश्ता कविता से कमजोर पड़ने लगा था और मुक्तक के शिल्प में बिम्ब प्रधान होने लगा था। बिम्ब छन्द की अनुपस्थिति में भी कविता में अन्विति लाने में समर्थ हुआ था बल्कि कभी-कभी तो इनसे गीत का-सा आवेग भी पैदा हुआ है। केदारनाथ सिंह का एक मुक्तक देखिए :

उसका हाथ
अपने हाथ में लेते हुए मैंने सोचा
दुनिया को
हाथ की तरह गर्म और सुन्दर होना चाहिए

मुक्तक के सन्दर्भ में ही यह भी याद रखना होगा कि शब्दों के अर्थ प्राय: बदलते रहे हैं। 'कविता' गीत के विलोम युग्म के रूप में ऐसा शब्द बन गया है जो छन्द-मुक्त कविता का अर्थ देने लगा है। कम से कम पिछले तीस वर्षों में इस शब्द में गीत का अर्थ तो अवश्य 'माइनस' हो गया है। अतएव गत तीस-चालीस वर्षों की वह कविता जो प्रबन्ध काव्य या गीत नहीं है, केवल 'कविता' कहलाने लगी अर्थात हम जिस मुक्तक की बात कर रहे हैं यदि उसमें से छान्दसिक मुक्तक को निकाल दें तो शेष को कविता कहेंगे। पर कुछ रचनाएँ तो गीत, मुक्तक और कथा-शैली का एक सम्मिश्रण नजर आती है। वे मुक्तक होकर भी एक रूढ़ चौखटे में नहीं बँधी है। रघुवीर सहाय की प्रसिद्ध कविता 'रामदास' ऐसी ही रचता है :

चौड़ी सड़क गली पतली थी
दिन का समय घनी बदली थी
रामदास उस दिन उदास था
अन्त समय आ गया पास था
उसे बता यह दिया गया था उसकी हत्या होगी

धीरे-धीरे चला अकेले
सोचा साथ किसी को ले ले
फिर वह गया, सड़क पर सब थे
सभी मौन थे सभी निहत्थे
सभी जानते थे यह उस दिन उसकी हत्या होगी

खड़ा हुआ वह बीच सड़क पर
दोनों हाथ पेट पर रखकर
सधे कदम रख करके आये
लोग सिमट कर आँख गड़ाये
लगे देखने उसको जिसकी तय था हत्या होगी

निकल गली से तब हत्यारा
आया उसने नाम पुकारा
हाथ तौल कर चाकू मारा
छूटा लोहू का फव्वारा
कहा नहीं था उसने आखिर उसकी हत्या होगी

भीड़ ठेलकर लौट गया वह
मरा पड़ा है रामदास यह
देखो-देखो बार-बार कह
लोग निडर उस जगह खड़े रह
लगे बुलाने उन्हें जिन्हें संशय था हत्या होगी।

यह घटनापरक कविता है। पर समूची घटना लगता है, एक निर्वैयक्तिक विवरण है, जबकि यह निर्वैयक्तिकता एक गहन संवेदना के साथ जुड़ी है। संवेदनहीन होते जाते समाज के प्रति व्यक्त संवेदना है यह। अपने समग्र अभिव्यक्त रूप में यह कविता एक पूर्ण मुक्तक का रूप धारण कर दृष्टान्त बन जाती है। इसकी पैनी व्यंग्यात्मकता आम आदमी की निरीहता को जिस रूप में व्यक्त करती है, यह मुक्तक की शक्ति बन कर उभरती है।

समकालीन कविता में मुक्तक काव्य क्रमशः अधिक बौद्धिक, अधिक जटिल हुआ है परन्तु यह भी सत्य है कि इस दौर में कई ऐसी व्यंग्यात्मक पैनी रचनाएँ आयी हैं जो नये विमर्शों को सशक्त रूप में व्यक्त कर पायी हैं। इस उत्तर आधुनिक दौर में हाशिए पर चले गये उपेक्षितों को केन्द्र में लाया जा रहा है और नया मुक्तक काव्य उसमें अहम भूमिका निबाह रहा है। इसका उराहरण हमें आगे की कविता में दिखलायी देता है :

इन्द्र, आप यहाँ से जायें
तो पानी बरसे

मरुत, आप यहाँ से कूच करें
तो हवा चले

वृहस्पति, आप यहाँ से हटें
तो बुद्धि कुछ काम करना शुरू करे

अदिति, आप यहाँ से चलें
तो कुछ ढंग की सन्ततियाँ जन्म लें

रुद्र आप यहाँ से दफा हों
तो कुछ क्रोध आना शुरू हो

देवियो–देवताओ, ओ, हम आप से
जो कुछ कह रहे हैं
प्रार्थना के शिल्प में नहीं

—देवी प्रसाद मिश्र

कविता में कई बार कई प्रवृत्तियों एवं रूपों का पुनरागमन होता है। इस 'रिवाइवल' की पीछे परम्परा से जुड़ने का भाव भी हो सकता है और प्रयोगोन्मुखता थी। पुराने साँचे नये कथन को भरने का आग्रह इसमें मूल रूप से होता है। गत तीस वर्षों में हिन्दी कविता में कुछ मुक्तक रूपों का पुनरुदय देखा जा सकता है। इनमें प्रमुख हैं : दोहा, कवित्त और पद। हिन्दी साहित्य परम्परा में इनके कई समृद्धि काल रहे हैं पर आज इनका महत्त्व इनके युगानुरूप वैशिष्ट्य के कारण है।

एक छन्द के रूप में 'दोहा' अपभ्रंश और हिन्दी दोनों भाषाओं के साहित्य में प्रतिष्ठित रहा है। कबीर, तुलसी रहीम और बिहारी ने इसे असीम उत्कर्ष दिया है। केवल 48 मात्राओं के इस छन्द की शक्ति का सभी लोहा भी मानते रहे हैं। सामाजिक गठन का जो उत्कर्ष दोहे को बिहारी ने दिया था वह अद्वितीय है लेकिन विशेष बात यह है कि कबीर के जीवन साक्ष्य-सम्पन्न काव्य की, तुलसी के वैष्णव आराधन की, रहीम के नीतिपरक अनुभव की और बिहारी के भक्ति–नीति–शृंगार के त्रिविध कथ्य की दोहे में समुचित एवं सशक्त अभिव्यक्ति हो सकी है। दोहे की इसी विषय-रिपेक्षता एवं अभिव्यक्ति–क्षमता को पहचान कर समकालीन कवियों ने भी इसमें हाथ माँजा है। यह भी ध्यान देने की बात है कि दोहा केवल एक मात्रागत ढाँचा नहीं है, हर युग ने उसको एक नया आन्तरिक वैशिष्ट्य दिया है। सम्भवत: कालिदास के 'विक्रमोर्वशीयम्' नाटक में आया यह दोहा इस छन्द की प्रथम लिखित उपस्थिति दर्ज कराता है :

महं जाणिअ निअलोअणि णिसिअस कोइ हरेइ
जाव णु णव तडिसामलि धाराहरु वरिसेइ

(मुझ वियोगी विक्षिप्त को वर्षाकाल में जब श्यामल मेघों के मध्य चमकती हुई बिजली दिखायी दी तो ऐसा प्रतीत हुआ कि कोई कृष्ण रंग का निशाचर मेरी गौरवर्णा उर्वशी का अपहरण किये ले जा रहा है।)

इस दो सहस्र वर्ष के दीर्घ इतिहास में दोहा नित्य मंजता रहा है। विशेष यह है कि गत दो दशकों में अनेक कवियों ने नयी भावभंगिमा के हजारों दोहे लिखे हैं जो निरन्तर पत्र-पत्रिकाओं में तो आ ही रहे हैं दर्जनों स्वतन्त्र संकलनों के रूप में भी दोहे का प्रकाशन हुआ है। इस सन्दर्भ में लेखन की ओर प्रवृत्त होने वाले युवाओं को

यह तथ्य समझ लेना चाहिए कि दोहे का एक इतिहास और परम्परा तो है परन्तु कथ्य की रूढ़ि नहीं, इसलिए इस दिशा में सफलता के लिए युगबोध की सजगता अपेक्षित होगी। यहाँ हम गत पन्द्रह वर्षों के लिखे गये कुछ ऐसे दोहे उद्धृत कर रहे हैं, जिनमें युगबोध की सजगता विशेष रूप में उभरी है।

छोटे-से उस नीड़ पर, गिरा टूट आकाश।
रहे देखते लोग सब, गौरय्या की लाश॥

—देवेन्द्र शर्मा इन्द्र

इस पावस ने कर दिया, एक करिश्मा खूब।
उस पाहन पर दीखती, कहीं-कहीं कुछ दूब॥

—पाल भसीन

ले बन्दूकें हाथ में, जगती हवा मचान।
घर आँगन छप्पर जले, मौसम लहू-लुहान॥

—दिनेश शुक्ल

धुआँ उगलती चिमनियों से व्याकुल आकाश।
पूछ हवाओं से रहा, कहाँ गये मधुमास॥

—कुमार रवीन्द्र

महानगर की धूप में, जब भी झुलसे पाँव।
याद बहुत आयी मुझे, पीपल तेरी छाँव॥

—राजगोपाल सिंह

चिड़िया के दो बोल हैं, वेणी के दो फूल।
कहाँ छुपा रख दूँ इन्हें, हो न सकें ये धूल॥

—राजेन्द्र गौतम

जेब कटी, झगड़ा हुआ, बस में खायी मार
हम बेहद खुशहाल हैं, हम बेहद लाचार॥

—भारतेन्दु मिश्र।

फँसी गले में रह गयी, कोयलिया की कूक॥
दाएँ भी बन्दूक थी बाएँ भी बन्दूक।

—यश मालवीय

हलो जिन्दगी, क्या कभी अब आते हैं याद।
गीतों-ग़ज़लों में ढले, वे शीरीं फरहाद॥

—राधेश्याम शुक्ल

इधर कवि सम्मेलनों में कविता के रूप में भी अक्सर मुक्तक प्रस्तुत किये जाते हैं। 'पद-कुपद' के नाम से पिछले दिनों अष्टभुजा शुक्ल का एक पद-संग्रह आया था जिसमें वर्तमान जीवन सन्दर्भों को चित्रित किया गया है। उर्दू शैली में रुबाई और शेर

तो मुक्तक के प्रमुख रूप हैं ही। विदेशों से हमारे यहाँ सॉनेट ही नहीं आया जापानी हाइकू भी आया। हाइकू तीन पंक्तियों का एक जापानी छन्द है। हम इसका एक उदाहरण यहाँ दे रहे हैं :

नहीं, मेरे घर नहीं।
वह टपटपाता छाता
पड़ोसी के यहाँ चला गया।

हिन्दी में दसियों कवियों ने हाइकू संकलन छपवा डाले हैं।

समग्रत: कहा जा सकता है कि मुक्तक का क्षेत्र असीम है। इसकी शिल्प-संरचना भी विविध है। किसी भी साधारण से साधारण विषय को कविता का कथन बनाया जा सकता है—इसकी घोषणा मुक्तक के स्वरूप में निहित है। मुक्तक एक ओर नये कवियों के लिए काव्याभ्यास का अवसर प्रदान करता है, दूसरी और शिल्प के मंजाव के साथ उपलब्धि का रास्ता भी खोलता है।

लम्बी कविता

हम जानते हैं कि 'छोटा' और 'लम्बा' अनिश्चित एवं सापेक्ष विशेषण हैं। इसलिए किसी कविता को छोटी या लम्बी कहना स्पष्टीकरण का आधार नहीं बन सकता पर एक विशेषता के आधार पर हो जाने वाले नामकरण की व्याख्या उसके समग्र स्वरूप के आधार पर की जाती है। आरम्भ में हमने प्रबन्ध और मुक्तक काव्य का विभाजन किया था। आधुनिक युग में पारम्परिक प्रबन्ध रचना की शैली प्राय: अप्रासंगिक हो गयी है। लेकिन मुक्तक की एक सीमा है और जीवन की समग्रता को उसके माध्यम से व्यक्त नहीं किया जा सकता। इसे नये सन्दर्भ में नये काव्यरूपों का अविष्कार हुआ। पन्त ने 'परिवर्तन' कविता में एक अकथात्मक, दीर्घ भाव-विश्लेषण किया और उसके बाद 1931 में प्रसाद की कविता 'प्रलय की छाया' का प्रकाशन हुआ। यह कविता एक नयी दिशा की उद्घाटक सिद्ध हुई। यह कविता पारम्परिक प्रबन्ध-काव्य के अन्तर्गत नहीं आती थी। इसमें एक पात्र की उपस्थिति है, घटना-सूत्र भी है परन्तु समूची कविता एक नाटकीय तनाव के साथ आगे बढ़ती है। इस कविता में मुक्त छन्द को अपनाया गया है, यह स्थिति भी ट्रेंडसेटर सिद्ध होती है। प्रसाद के साथ ही अपने समय के अग्रदूत निराला ने 'सरोज-स्मृति' और 'वनवेला' में लम्बी कविता का ही आदर्श प्रस्तुत किया और 36 में आयी मील का पत्थर बन जाने वाली उनकी कविता 'राम की शक्ति पूजा'। 'कुकुरमुत्ता' और 'खजोहरा' को भी इसी क्रम में देखा जा सकता है। इन कविताओं में क्रमश: एक नये काव्य-रूप को सम्भव बनाया। आत्मपरकता से क्रमश: दूर होती हुई, गीतात्मक विन्यास को छोड़ती हुई सीमित अनुभव से मुक्त होती हुई जिस तरह की यह नयी कविता-शैली विकसित हो रही थीं, वह अपेक्षाकृत वस्तुपरक थी, घटनात्मकता के कारण औपन्यासिक थी और संघर्ष

एवं तनाव के कारण नाटकीय थी। ये सारी विशेषताएँ अपेक्षाकृत दीर्घाकार से जुड़ी थीं। इस प्रकार 'लम्बी कविता' का नया रूप कविता में ही प्रतिष्ठित हुआ। 'मुक्तिबोध' ने इसे अपने और अपने समय के बहुत अनुकूल पाया। समय-संघर्ष को वे जिस रूप के व्यक्त करना चाहते थे, उनके अनुसार वह लम्बी कविता में ही सम्भव था। इसलिए उन्होंने लिखा "छोटी कविता मैं लिख ही नहीं पाता और जो छोटी होती हैं, वे वस्तुत: छोटी न होकर बल्कि अधूरी होती हैं।" जिस प्रकार 'राम की शक्ति पूजा' ने एक इतिहास बनाया था, उसी प्रकार 'अँधेरे में' ने एक दूसरे इतिहास की सृष्टि की। बाद में धूमिल ने इस दिशा में सर्वाधिक उल्लेखनीय कविताएँ दीं। उनकी लम्बी कविता 'पटकथा' बहुत चर्चित रही है। आलोक धन्वा की 'भागी हुई लड़कियाँ' और वीरेन डंगवाल की 'रामसिंह' ऐसी लम्बी कविताएँ हैं जो सामाजिक यथार्थ का बारीकी से और पैनेपन के साथ 'चित्रण' करती हैं।

लम्बी कविता की रचना-प्रक्रिया

गीत तथा मुक्तक कविता में एक सहज आवेग-प्रधान होता है। इसीलिए इसकी रचना-प्रक्रिया भी एक अलग मानसिकता की अपेक्षा रखती है जबकि लम्बी कविता में एक अन्तर्बाह्य संघर्ष होता है। यह संघर्ष स्थिति इसके लिए एक लम्बी तैयारी की अपेक्षा रखती है। लम्बी कविता में चिन्तन एवं अनुभूति का सतत प्रवाह तो होता ही है, उसमें एक कथा-तत्त्व भी अनिवार्यत: रहता है। यह कथा-तत्त्व पात्र की अनिवार्यता को उपस्थित करता है। लम्बी कविता में एक या दो प्रमुख पात्र होते हैं। यह स्थिति महाकव्यों के नायकत्व से मेल खाती है पर यह नायक पारम्परिक महाकाव्यों की तरह महान् कुलोद्भूत, राजा या देवता हो यह आवश्यक नहीं। इधर की कई लम्बी कविताओं में स्वयं कवि ही नायक रूप में विद्यमान रहता है। ये 'मैं' परक कविताएँ आन्तरिक धरातल पर अधिक विश्लेषणात्मक हैं। 'अँधेरे में' कविता इस शैली का सर्वश्रेष्ठ उदाहरण है। नायक की परिकल्पना लम्बी कविता के उद्देश्य के समानान्तर ही की जाती है। प्रसाद ने 'प्रलय की छाया' में कमला के माध्यम से एक ओर तत्कालीन गुजरात का राजनैतिक द्वन्द्व चित्रित किया है, दूसरी और समकालीन भारतीय इतिहास का राजनैतिक द्वन्द्व भी चित्रित किया है।

नायक के साथ ही लम्बी कविता में परिवेश का उल्लेखनीय महत्त्व होता है। परिवेश यों भी देश और काल का ही संयोग होता है। यह परिवेश लम्बी कविता की ऐतिहासिकता को एक प्रामाणिकता देता है। 'पटकथा' में धूमिल ने आजादी के बाद के भारत की, स्वतन्त्रता की अपेक्षाओं और बाद में मोह भंग का जो चित्रण किया है, वह अपनी ऐतिहासिकता में ही उल्लेखनीय है। लम्बी कविता अपने युग के यथार्थ से उपजती है। उसमें एक नाटकीय तनाव की अहम भूमिका होती है। इसी प्रकार उसका कथा-तत्त्व एक औपन्यासिक समन्वय की माँग करता है। लम्बी कविता को

शक्ति प्रदान करने में मिथक और जातीय स्मृति का अध्ययन भी सहायक होता है। नायक, नाटकीयता, औपन्यासिकता, ऐतिहासिकता, मिथकीय चेतना व जातीय चेतना के तत्त्वों को एक रचनात्मक वैशिष्ट्य कवि की कल्पना के द्वारा दिया जा सकता है और कल्पना भाव-प्रेरित हो यह भी जरूरी है। इस प्रकार हम देखते हैं कि लम्बी कविता की रचना-प्रक्रिया थोड़ी जटिल है पर यही जटिलता उसे अधिकाधिक सार्थक बनाती है। हम यहाँ मुक्तिबोध की लम्बी कविता का एक अंश उदाहरण के रूप में दे रहे हैं। इसका ध्यानपूर्वक अध्ययन लम्बी कविता की रचना में सहायक हो सकता है :

सूनापन सिहरा,
अँधेरे में ध्वनियों के बुलबले उभरे,
शून्य के मुख पर सलवटें स्वर की,
मेरे ही उर पर, धँसाती हुई सिर
छटपटा रही है शब्दों की लहरें
मीठी है दुःसह!!
अरे, हाँ, साँकल ही रह-रह
बजती है द्वार पर।
कोई मेरी बात मुझे बताने के लिए ही
बुलाता है-बुलाता है
(हृदय को सहला मानो किसी जटिल
प्रसंग में सहसा होंठों पर
होंठ रख, कोई सच-सच बात
सीधे-सीधे कहने को तड़प जाय, और फिर
वही बात सुनकर धँस जाय मेरा जी—
इस तरह, साँकल ही रह-रह बजती है द्वार पर)
आधी रात, इतने अँधेरे में, कौन आया मिलने?
विमन प्रतीक्षातुर, कुहरे में घिरा हुआ
द्युतिमय मुख—वह प्रेमभरा चेहरा—
भोला-भाला भाव—
दूर उस शिखर कगार पर स्वयं ही पहुँचो!"
अरे भाई, मुझे नहीं चाहिए शिखरों की यात्रा,
मुझे डर लगता है ऊँचाइयों से
बजने दो साँकल!!
उठने दो अँधेरे में ध्वनियों के बुलबुले,
वह जन...वैसे ही

आप चला जाएगा आया था जैसा।
खड्डे के अँधेरे में मैं पड़ा रहूँगा।
पीड़ाएँ समेटे!!
क्या करूँ, क्या नहीं करूँ मुझे बताओ;
इस तम-शून्य में तैरती है जगत-समीक्षा
की हुई उसकी
(सह नहीं सकता)
विवेक-विक्षोभ महान उसका
तम-अन्तराल में (सह नहीं सकता)
अँधियारे मुझ में द्युति-आकृति-सा
भविष्य का नक्शा दिया हुआ उसका
सह नहीं सकता!!
नहीं, नहीं उसको मैं छोड़ नहीं सकूँगा,
सहना पड़े मुझे चाहे जो भले ही।

कमजोर घुटनों को बार-बार मसल,
लड़खड़ाता हुआ मैं
उठता हूँ दरवाजा खोलने,
चेहरे के रक्त-हीन विचित्र शून्य के गहरे
पोछता हूँ हाथ से,
अँधेरे की ओर-छोर टटोल-टटोलकर
बढ़ता हूँ आगे,
पैरों से महसूस करता हूँ धरती का फैलाव,
हाथों में महसूस करता हूँ दिशाएँ
साँसों से अनुभव करता
हूँ दुनिया
"वह चला गया है,
वह नहीं आएगा, आएगा ही नहीं
अब तेरे द्वार पर।
वह निकल गया है गाँव में शहर में!
उसको तू खोज अब
उसका तू शोध कर!
वह तेरी पूर्णतम परम अभिव्यक्ति,
उसका तू शिष्य है (यद्यपि पलातक...)

वह तेरी गुरु है,
गुरु है...''
पहचानता हूँ बाहर जो खड़ा है!!
यह वही व्यक्ति है, जी हाँ!
जो मुझे तिलिस्मी खोह में दिखा था
अवसर-अनवसर
प्रकट जो होता ही रहता
मेरी सुविधाओं का न तनिक ख्याल कर!
चाहे जहाँ, चाहे जिस समय उपस्थित,
चाहे जिस रूप में
चाहे जिन प्रतीकों में प्रस्तुत,
इशारे से बताता है, समझाता रहता,
हृदय को देता है बिजली के झटके!!
अरे, उसके चेहरे पर खिलती हैं सुबहें,
गालों पर चट्टानी चमक पठार की
आँखों में किरणीली शान्ति की लहरें,
उसे देख, प्यार उमड़ता है अनायास!
लगता है—दरवाजा खोलकर
बाँहों में कस लूँ
हृदय में रख लूँ
घुल जाऊँ, मिल जाऊँ लिपटकर उससे
परन्तु, भयानक खड्ढे के अँधेरे में आहत
और क्षत-विक्षत, मैं पड़ा हुआ हूँ,
शक्ति ही नहीं है कि उठ सकूँ जरा भी
(यह भी तो सही है कि
कमजोरियों से ही लगाव है मुझको)
इसीलिए टालता हूँ उस मेरे प्रिय को
कतराता रहता,
डरता हूँ उससे।
वह बिठा देता है तुंग शिखर के
खतरनाक, खुरदरे कगार-तट पर
शोचनीय स्थिति में ही छोड़ देता मुझको।
कहता है—''पार करो, पर्वत-सन्धि के गह्वर,
रस्सी के पुल पर चलकर

मस्तक अनुभव करता है आकाश,
दिल में तड़पता है अँधेरे का अन्दाज,
आँखें ये तथ्य को सूँघती-सी लगती,
केवल शक्ति है स्पर्श की गहरी।
आत्मा में भीषण
सत्-चित्-वेदना जल उठी, दहकी।
विचार हो गये विचरण-सहचर।"
बढ़ता हूँ आगे,
चलता हूँ सँभल-सँभलकर,
द्वार टटोलता,
जंग-खायी, जमी हुई, जबरन
सिटकनी हिलाकर
जोर लगा, दरवाजा खोलता
झाँकता हूँ बाहर...

सूनी है राह, अजीब है फैलाव,
सर्द अँधेरा।
ढीली आँखों से देखते हैं विश्व
उदास तारे।
हर बार सोच ओर हर बार अफसोस
हर बार फिक्र
के कारण बढ़े हुए दर्द का मानो कि दूर वहाँ दूर वहाँ
अँधियारा पीपल देता है पहरा।
हवाओं की निःसंग लहरों में काँपती
कुत्तों की दूर-दूर अलग-अलग आवाज,
टकराती रहती सियारों की ध्वनि से।
काँपती हैं दूरियाँ, गूँजते हैं फासले
(बाहर कोई नहीं, कोई नहीं बाहर)

इतने में अँधियारे सूने में कोई चीख गया है
रात का पक्षी
कहता है...

•

नाटक

नाटक सृजनात्मक लेखन की महत्त्वपूर्ण कड़ी है। अन्य विधाएँ श्रव्य मात्र हैं। नाटक या नाट्य चाक्षुष यज्ञ या *दृश्यकाव्य* के रूप में जाना जाता है। यह दृश्य भी है और काव्य भी। इसका 'साहित्य' तत्त्व उतना ही अनिवार्य है जितना 'दृश्य' तत्त्व। 'दृश्य श्रव्यं च यद्भवेत।' (नाट्यशास्त्र 1/11) नाटक की रचना ही 'नाट्य' या 'प्रस्तुति' के लिए होती है। 'रंग' तत्त्व उसका अपरिहार्य पक्ष है। पाठ्य रूप (आलेख) में भी बिम्बधर्मिता उसका आधार है। नाटक बिम्बधर्मी विधा है—इसलिए वह समस्त काव्य में रमणीय है। नाटक लिखना सरल नहीं जटिल कार्य है। अच्छा नाटक लिखना और भी कठिन कार्य है।

प्रायः बहस होती है कि रेडियो नाटक श्रेष्ठ है या रंगनाटक? रेडियो नाटक केवल श्रव्य है और अमूर्तता से सम्पन्न। इसकी श्रव्यता मानस-दृश्यों की सम्भावना का विस्तार करती है। रंगनाटक अपेक्षाकृत स्थूल है। आँखों और कानों से ग्रहण किये जाने वाले बिम्बों का स्वरूप सीमित कर देता है। फिर भी रंगनाटक दृश्य और श्रव्य दोनों ही माध्यमों की शक्ति से सम्पन्न त्रिआयामी कला है।

रंगनाटक का दर्शकों के साथ जो प्रत्यक्ष और सजीव सम्बन्ध बनता है, वह फिल्म का नहीं बन पाता। दर्शकों से सजीव सम्बन्ध ही फिल्म से तात्विक रूप से नाटक के अन्तर को स्थापित करता है। इसीलिए यह फिल्म या टेलीनाटक से अधिक रमणीय है। रंगनाटक का माध्यम अभिनेता है, पर वह दर्शक पर केन्द्रित होता है। काव्य या आलेख रूप में भी वह 'दृश्यकाव्य' है—जिसे दर्शक के लिए ही रचा जाता है। रंग प्रक्रिया की सम्पूर्णता में वह स्वयं भागीदार बनता है। नाटक दर्शकों के सम्मुख प्रदर्शन के लिए ही लिखा जाता है—रचा जाता है। वह दर्शकधर्मी है। फिल्म पूर्व निर्मित होती है। दर्शक उसे कैमरे की आँख से देखता है।

रंगधर्मी होना नाटक (आलेख) की नियति है। दर्शक के बिना उसकी कल्पना भी सम्भव नहीं। उसके लिए शब्द के केन्द्र में अभिनेता रहता है जो प्रस्तुति का माध्यम भी है। शब्द उसके माध्यम से साकार होते हैं; स्थूल रूप ग्रहण करते हैं। पर नाटक

का अपना स्थापत्य या संरचना-तत्त्व भी विलक्षण और अद्‌भुत है।

संक्षेप में रंगमंच के प्राइमर को अंग्रेजी के तीन-'ए' (A) के रूप में परिभाषित किया ज़ा सकता है। Actor (अभिनेता)Audience (प्रेक्षक) और Architcture (स्थापत्य या संरचना)। अभिनेता (Actor) रंगमंच का केन्द्रीय घटक है। अपने व्यापक अर्थ में रंग प्रस्तुति से जुड़े सभी कलाकारों की कला के समुच्चय को संकेतित करता है। अभिनेता सहित अन्य कलाकार अपनी कला के योग से नाटककार के शब्दों को जीवन प्रदान करते हैं। *प्रेक्षक* सिर्फ मूक दर्शक मात्र नहीं—वह रंगमंच पर निर्मित सूक्ष्म-स्थूल बिम्बों और नाट्यार्थ को ग्रहण करता है। आलेख में भी यह रंग परिकल्पना निहित है। जो अनकहा-अधकहा अथवा मौन द्वार ध्वनित सम्वेदना को भी अपनी क्षमता अनुसार ग्रहण करता है। अभिनेता और नाटककार की कला उसे ही सम्बोधित है। पश्चिम में विरेचन उसे ही लक्ष्य करके ध्वनित है। भारतीय नाट्यशास्त्र के अनुसार नाट्य का रसास्वादन भी वही करता है। नाटक के *स्थापत्य* (Architecture) से तात्पर्य है—उसकी संरचना करने वाले अनिवार्य तत्त्व। जो भवन-निर्माण में ईंट-गारे के समान उसके निर्माण में सहायक होते हैं। कथानक, चरित्र, संवाद (भाषा-शैली सहित) और रंगकर्म या रंग पक्ष इसी रूप में लिए जा सकते हैं।

नाटक *दृश्य-बिम्बों में* घटित होता है। दृश्य का नाटक में बहुत महत्त्व है। एक समय में एक ही स्थान पर जितना कुछ घटित होता है—उसे दृश्य कहते हैं। इसीलिए:

(क) नाटक या एकांकी में *स्थान और काल के संकेत* परिवेश-निर्माण की दृष्टि से महत्त्वपूर्ण हैं।

(i) नाटक सदा वर्तमान काल में घटित होता है। इसीलिए वर्तमानकाल में लिखा जाता है।

(ii) *नाट्य-स्थितियाँ या घटना* क्रम इस रूप में लिखे जाएँ कि पढ़ते ही पूरा दृश्य बन जाए।

(iii) काल और स्थान का पूरा दृश्य हमारे सामने उपस्थित हो जाए। घटना *कहाँ* घटित हुई (दिन या रात, शाम या प्रातः आदि में), कैसे घटित हुई, इसका परिचय दृश्य में दिया जाता है। वह क्रिया-व्यापार के अतिरिक्त वेशभूषा और रंगोपकरणों के माध्यम से भी उपस्थित होता है।

(ख) घटना या स्थिति को संवाद या बातचीत के रूप में लिखा जाना चाहिए।

(i) संवाद *प्रथम पुरुष के* रूप में लिखे जाते हैं—मैं जा रही हूँ, मैं घर चला आया। मैं गया।

(ii) *कैसे बोला जाए*—यह भी निर्देशित होता है। क्रोध से, आश्चर्य से, पार्श्व से (जो मंच पर उपस्थित न हो, तब भी आवाज़ सुनाई दे, जाता है, झाँकता है—) सम्बन्धी क्रिया-व्यापार भी निर्देशित होते हैं। नाटक में कैसे **बोला**

जाए का निर्देश अनिवार्य न भी हो, अभिनय में सहायक होता है। नाटककार की रंगपरिकल्पना को समझने में सुविधा होती है। पर न भी हों तब भी नाटक की प्रकृति पर आघात नहीं होता। हाँ नाट्य-भाषा अभिनय-भंगिमाओं को स्पष्ट झलकाती हो। संस्कृत नाटकों में अभिनय निर्देश प्राय अत्यल्प ही रहे। कुशल अभिनेता संवादों के खोल के भीतर छिपे कार्य-व्यापार और अभिनय-भंगिमाओं का सन्धान स्वयं कर लेते हैं।

(ग) नाटक के तीन अंग मुख्य हैं—आदि, मध्य और अन्त।

आरम्भिक भाग में पात्र परिचय दिया जाता है। नाटक में वर्णन नहीं—घटित होता या दिखाया जाता है। अथवा सूच्य या संकेतित होता है। पात्र संख्या कम होनी चाहिए। वे क्या चाहते हैं, उनकी समस्या क्या है ? *आरम्भ में* ही इसका परिचय मिल जाए तो उत्सुकता बनी रहती है। *मध्यभाग* में घटनाओं और स्थितियों का जाल बन जाता है। पात्रों के विचार या क्रिया-व्यापार उलझन उत्पन्न करते हैं। *अन्त में* उन समस्याओं को सुलझाया जाता है। नाटक तेज़ी से अपने लक्ष्य या उद्देश्य की ओर बढ़ता है।

(घ) आदि, मध्य और अन्त की अन्विति में कथाबिन्दु और क्रियाबिन्दुओं का विशेष महत्त्व है। उनका निरन्तर ध्यान रखना जरूरी है। कथानक (Plot) विश्वसनीयता और त्वरा से क्रमशः आगे बढ़े। क्या हो रहा है, कैसे हो रहा है और क्यों हो रहा है—बिल्कुल स्पष्ट हों। कथानक के मोड़ भी इसी तर्क-क्रम से सामने स्पष्ट हों। क्रियाबिन्दुओं (Action points) का नाटक में अपना महत्त्व है। ये नाटक के अनिवार्य घटक हैं—जो कार्यव्यापार और अभिनेता दोनों से सम्बन्धित हैं। क्रिया-व्यापारों से ही पात्रों का चरित्र उभरता और निखरता है। अपने 'कर्मों' से पात्र निरूपित होते हैं। नाटक के क्रिया-व्यापार ऐसे हों कि जो पात्रों के चरित्रों का उद्घाटन करते जाएँ। नाटक न भी लिखें तो चल सकता है, पर 'क्रिया-व्यापार-बिन्दुओं के बिना नाटक' नहीं चलेगा। एकांकी या नाटक निरन्तर जिज्ञासापूर्ण बना रहे। समाप्ति पर 'आगे क्या हुआ' जानने की इच्छा बनी रहे तभी नाटक प्रभावशाली बनता है। जिज्ञासापूर्ण बनकर Interval point पर एकांकी या नाटक का अन्त सघन प्रभाव बनाता है।

नाटक के *चरित्रों का निर्माण* जीवन की मिट्टी से—जीवन के खट्टे-मीठे अनुभवों से किया जाए। पात्र के अनुभव और लेखक के अनुभव दोनों मिल कर सहज और निर्मल रूप से चरित्र का निर्माण करें। पात्र कौन लोग हैं ? उनके आपस में क्या सम्बन्ध हैं ? अपने जीवन में कौन-सा पात्र, किस पात्र को, क्या महत्त्व देता है ? प्रमुख पात्र कौन है ? इनका सावधानी से परिचय देना चाहिए। पात्र का स्वभाव और वर्ग-दोनों (नाटक के) संवादों के माध्यम से और क्रिया-व्यापार से झलकें।

संवादों की *भाषा* मानकीकृत हो, उसमें सरसता और आर्द्रता होनी चाहिए। हर

भाषा की अपनी प्रकृति, अपना स्वभाव और चरित्र होता है। उसे बदलना नहीं चाहिए। भाषा की प्रकृति को बदलने से उसका सौन्दर्य नष्ट हो जाता है। शब्दों और अर्थों की छवियाँ परस्पर सम्बद्ध होनी आवश्यक है। *संवादों* की गठन और भाषिक भंगिमाओं में—पात्र का स्वभाव और वर्ग, उसकी मानसिकता की झलक होनी चाहिए। इसके लिए पात्र की रूपरेखा पहले से बना ली जाए। फिर रचनाकार अपने-पराए अनुभवों को काट छाँट कर अपनी बुद्धि से पात्रों को विश्वसनीयता दे। कल्पित पात्र भी अनुभव की मिट्टी से बनाए जाए और बुद्धि की कैंची से आवश्यकतानुसार अनुभवों की काट-छाँट की जाए।

नाट्यरचना का *लक्ष्य क्या है ?* नाटक क्यों लिखा जा रहा है ? इस बात को ध्यान में रखकर ही कथा-बिन्दु, क्रिया-व्यापार और पात्रों का संयोजन किया जाए। समस्या के कारण और विस्तारक बिन्दु आदि और मध्य में विशेष रूप से संकेतित हों। अन्त में उन्हें धीरे-धीरे समेट कर 'लक्ष्य' पूर्ति की ओर सहजता और विश्वसनीयता से बढ़ाया जाना चाहिए।

कथानक, चरित्र और संवाद नाट्य-संरचना (स्थापत्य) के अनिवार्य घटक हैं। किसी एक के स्खलन से नाटक का अस्तित्व ही न रहेगा। नाटक का कथ्य या उद्देश्य भी महत्त्वपूर्ण घटक है—जो रचनाकार को इस माध्यम विशेष से अपनी बात कहने के लिए विवश करता है। यदि चेतना का यह उद्देश्य न हो तो नाटककार नाटक ही न लिखेगा। कथ्य या उद्देश्य का सम्बन्ध नाटककार के जीवन-दर्शन से भी जुड़ता है।

कथानक, चरित्र, संवाद (भाषा) और कथ्य को यदि नाटक के अनिवार्य घटक माना जा सकता है, तो देशकाल और शैली नाटक की गुणवत्ता, विश्वसनीयता और प्रभविष्णुता की दृष्टि से महत्त्वपूर्ण हैं।

अभिनेताओं की क्षमता और अभिनय संभावनाओं, प्रेक्षकों की समझ और ग्राह्यता का निरंतर ध्यान रखकर ही नाटक को प्रभावशाली बनाया जा सकता है।

दृष्टांत के रूप में डॉ. लक्ष्मी नारायण लाल की रचना 'अखबार' प्रस्तुत की जा सकती है :

अखबार

पात्र : चपरासी, व्यक्ति, पाँच लोग

[मंच पर पाँच लोग एक दफ्तर में अपनी-अपनी कुर्सियों पर बैठे हैं। सब अपने-अपने चेहरों के सामने पूरा अखबार खोल बैठे हैं। एक ओर मोढ़े पर चपरासी बैठा बीड़ी पी रहा है। एक व्यक्ति आता है और देखता रह जाता है।]

चपरासी : क्या है ? नमस्ते जी।

व्यक्ति : बड़ा सन्नाटा है।
चपरासी : इस बार बहुत दिनों बाद दर्शन दिये।
व्यक्ति : मुझे पहचानते हो?
चपरासी : इसमें भी देर लगती है।

[लोग अखबार के पीछे से आँखें चुराकर आगन्तुक को देख लेते हैं।]

व्यक्ति : भाई, ग्यारह बज गये, अभी दफ्तर खुला नहीं क्या? मैं किसी गलत जगह तो नहीं आ गया?
चपरासी : दफ्तर भी यही है और आप बिल्कुल सही जगह आये हैं।
व्यक्ति : पर दफ्तर के लोग कहाँ हैं?
चपरासी : किससे मिलना है? काम क्या है, यह तो बताइए—
व्यक्ति : भाई, मिस्टर शर्मा से मिलना था।
चपरासी : शर्मा-वर्मा से काम नहीं चलेगा। पूरा नाम बताइए। जी हाँ।
व्यक्ति : अच्छा, अब देखा। लोग आये हैं, एक बात बताओ भाई, ये लोग कब तक इस तरह अखबार पढ़ते हैं? मेरा मतलब...
चपरासी : हम आपका मतलब समझ गये।
व्यक्ति : समझ गये? क्या?
चपरासी : कोई फाइल अटक गयी है न?
व्यक्ति : बिल्कुल! कैसे समझ गये भाई?
चपरासी : क्योंकि आप मिस्टर शर्मा को पूछते आये हैं।
व्यक्ति : अगर मैं मिस्टर वर्मा को पूछता हुआ आता तो?
चपरासी : देखिए जी, बेमतलब की बातें करके हमारा वक्त मत बरबाद कीजिए। फाइल का काम है?
व्यक्ति : जी।
चपरासी : आपकी फाइल?
व्यक्ति : जी।
चपरासी : फाइल में कोई कागज निकालना है? या डालना है? या उलट-फेर करना है?
व्यक्ति : ये तीनों अलग-अलग काम हैं क्या?
चपरासी : आप खुद इतने समझदार हैं।
व्यक्ति : पर मिस्टर शर्मा कहाँ हैं?
चपरासी : फिर वही बात! समझिए मिस्टर शर्मा यहीं हैं।
व्यक्ति : कहाँ?

चपरासी : साहब लोगों से बात कीजिए।
व्यक्ति : भई, ये लोग अखबार पढ़ रहे हैं।
चपरासी : किसी से बात तो कीजिए, जवाब मिलेगा।

[व्यक्ति उन लोगों के बीच में घूमता हुआ उनके मुँह देखना चाहता है। परेशान होकर पहले के पास खड़ा हो जाता है।]

व्यक्ति : भई, ये लोग अखबार पढ़ रहे हैं।
पहला : *(अखबार पढ़ता हुआ)* 'चीनी पाँच रुपये किलो। सरकारी सूत्रों के अनुसार उन्नीस सौ सत्तर में खुली चीनी का भाव डेढ़ रुपये किलो था।'
व्यक्ति : मेरे फाइल का नम्बर है सी. वाई. एक सौ चौदह—सत्तर-इकहत्तर।
पहला : दिमाग और शरीर के पूरे विकास के लिए नया जबरदस्त आहार—प्रोटीन से भरपूर!' आपके बच्चे का केस क्या है?
व्यक्ति : केस यह है कि मेरा मकान सरकारी दफ्तर के लिए किराये पर लिया गया। किराया वगैरह सब तय हो गया। दफ्तर खुले आज दो साल हो गये, पर अब तक एक पैसा भी किराया नहीं मिला।
पहला : 'शादी करें या न करें। हमारे शहरों के बहुत-से कुँवारे जब शादी करने को सोचते हैं तो उनके सामने सबसे पहले यह समस्या खड़ी होती है कि ठिकाने का मकान मिलेगा कहाँ?'
व्यक्ति : मेरी बात सुनिए! हुआ यह कि—
पहला : 'महँगाई बड़ी तेजी से बढ़ती जा रही है।'
व्यक्ति : हुआ यह कि पहले रेंट-कण्ट्रोलर के यहाँ मेरी फाइल गयी।
पहला : 'बैंक डकैती के और रुपये बरामद होने की आशा।'
व्यक्ति : जी, मेरी बात तो सुनिए।
पहला : 'मौसम सम्बन्धी भविष्यवाणी की शुरुआत।'

[व्यक्ति चुप हो गया है। पास का दूसरा आदमी उसी तर्ज पर अखबार पढ़ता हुआ अचानक बोल पड़ता है।]

दूसरा : ऐसी भी क्या बात! हमसे सलाह-मशवरा कीजिए। योजना क्या है? हमसे सहायता लीजिए।
व्यक्ति : ऐसा है साहब कि....
व्यक्ति : 'बैंक जनता के लिए है। और हम जनता के सेवक हैं।'
व्यक्ति : रेंट-कण्ट्रोलर के दफ्तर के पास होकर मेरी फाइल नगर निगम कार्यालय गयी।

दूसरा : 'इस बार अच्छी फसल होने की सम्भावना है।'
व्यक्ति : वहाँ से पूरे तीन महीने बाद पी. डब्ल्यू. डी. के दफ्तर गयी।
दूसरा : 'औद्योगिक शान्ति आवश्यक।'
व्यक्ति : और तब से मेरी वह फाइल यहाँ पड़ी हुई है। मैं पूछता हूँ, मिस्टर शर्मा कहाँ हैं ?
चपरासी : फिर वही बात! आपको अपने काम से मतलब है कि...
व्यक्ति : कैसी बात करते हो भाई! यहाँ तो कोई मेरी बात तक नहीं सुनने वाला है। अखबार घर पर भी पढ़ा जा सकता था।

[उसी क्षण तीसरा बोल उठता है।]

तीसरा : 'घर में अशान्ति के कारण पति घर से लापता।'
व्यक्ति : मिस्टर शर्मा ने मुझे यहाँ बुलाया था। वह मिल जाते तो कुछ बात बन जाती।
चपरासी : शर्माजी का पूरा नाम क्या है ?
व्यक्ति : शर्माजी। उन्हें कौन नहीं जानता!
चपरासी : ओ हो, यहाँ तो हजारों शर्मा हैं।
व्यक्ति : भाई, वह मशहूर शर्माजी—बुलन्दशहर वाले, पैण्ट-कोट पहनते हैं।
चपरासी : कभी-कभी पान खाते हैं!
व्यक्ति : हाँ-हाँ।
चपरासी : खूब भारी बदन के हैं ?
व्यक्ति : हाँ-हाँ।
चपरासी : थोड़ा ऊँचा सुनते हैं ?
व्यक्ति : हाँ, हो सकता है, ऊँचा सुनते हों। कभी सुना नहीं। *(रुककर)* भाई, क्यों मेरा वक्त बरबाद करते हो! ये लो अपने चाय-पानी के लिए। बस, मुझे फटाफट शर्मा जी से मिला दो।

[उसी समय चौथा बोल पड़ता है।]

चौथा : 'अचानक मौसम साफ हो गया। आशा है, दिन साफ रहेगा। तापमान समान रहेगा।'
व्यक्ति : भला ये लोग क्या कर रहे हैं! इस दफ्तर में इन लोगों से ऊपर कोई है या नहीं ?
चौथा : हम यह जानना चाहते हैं कि पंचवर्षीय योजना में हमारी हड़तालों और माँगों की मद में कितना धन रखा गया है।
व्यक्ति : ये लोग अपना चेहरा क्यों ढके हुए हैं ?

चपरासी : नहीं, अखबार पढ़ रहे हैं।
व्यक्ति : अच्छा, मेरी फाइल तो ढूँढ़कर ले आओ।

[पाँचवाँ बोल पड़ता है।]

पाँचवाँ : पूछताछ का समय, छह से बाईस बजे तक।
व्यक्ति : क्या?
पाँचवाँ : ओवर टाइम का रोग। सरकारी कार्यालयों में यह रोग इतना व्यापक है कि इसकी माया समझ में नहीं आती।
व्यक्ति : भाई, मेरी समझ में तो कुछ नहीं आ रहा है। मिस्टर शर्मा कहाँ हैं? उनके बारे में कुछ बताते क्यों नहीं? उनसे मुझे मिलाते क्यों नहीं?
चपरासी : साहब से बात कर लीजिए।

[व्यक्ति पहले के पास जाता है]

पहला : पैसे का मूल्य घट गया है।
दूसरा : 'रुपये का अवमूल्यन।'
तीसरा : 'कीमतें बढ़ रही हैं।'
चौथा : पाँच ठीक रहेगा।
पाँचवाँ : पाँच तो बहुत कम हैं।
पहला : खैर! जो मुँह से निकला गया। पाँच!
व्यक्ति : क्या?
चपरासी : पाँच।
व्यक्ति : पाँच क्या?
चपरसी : पाँच हरे-हरे! हरे कृष्ण, हरे रामा!
व्यक्ति : नहीं-नहीं! पाँच सौ बहुत ज्यादा हैं।
चपरासी : फिर जाइए। हवा खाइए।
व्यक्ति : शर्मा जी कहाँ हैं?
चपरासी : शर्माजी का यहाँ से ट्रांसफर हो गया।
व्यक्ति : झूठ! मुझे अभी कल मिले थे। *(विराम)*
व्यक्ति : भाई, पाँच सौ बहुत ज्यादा हैं। तीन साल हो गये।
पहला : तीस हजार!
व्यक्ति : हाँ-हाँ, अब तक मेरा कुल किराया तीस हजार बनता है।
दूसरा : फाइल गायब है।
तीसरा : फाइल ढूँढ़नी पड़ेगी।

चौथा : सवाल तीस हजार का है।
पाँचवाँ : ओवर टाइम का भी सवाल है।

[इस बीच व्यक्ति एक के पास दौड़कर गया है।]

पहला : चपरासी!
चपरासी : जी साहब!
दूसरा : यह कौन बक-बक कर रहा है?
तीसरा : इसे बाहर निकाल दो!
चौथा : बेईमान, हमें घूस देना चाहता है!
पाँचवाँ : पुलिस को टेलीफोन करो!
पहला : पुलिस नहीं, ऐण्टी-करप्शन!*(विराम)*
व्यक्ति : अच्छा भाई, पाँच नहीं एक!
पहला : 'दो और साधुओं की हत्या। चण्डीगढ़, बाईस सितम्बर। लगभग पाँच माह बाद साधुओं का हत्यारा फिर हरकत में आ गया है।'
व्यक्ति : पाँच बहुत ज्यादा हैं। अच्छा, दो।
दूसर : 'श्वास। दमा। खाँसी के रोगियों! नोट कर लो।'
तीसरा : 'ताकत। बिजली इलाज द्वारा प्राप्त करें।'
व्यक्ति : अच्छा, तीन।
चौथा : 'गाल गुलाबी, नैन शराबी। बदला। बदनाम। खलीफा, सिविल लाइन्स लुधियाना।'
व्यक्ति : एक बात सुन लीजिए। चार से ज्यादा मैं हर्गिज नहीं दे सकता। वह भी इस शर्त पर कि आप लोग अपने चेहरे दिखाइए।
पाँचवाँ : 'सफेद बाल क्यों? इन्हें कुदरती काले रंग का कीजिए।'
पहला : 'हजारों व्यक्ति गलत नहीं हो सकते।'
पाँचवाँ : 'सन्तुष्ट होने पर पैसा दीजिए।'
चौथा : 'सामान में गिरावट। मण्डियों में शान्ति।'
तीसरा : दाम कम नहीं हो सकते।
दूसरा : पुलिस कण्ट्रोल रूप का टेलीफोन नम्बर...
पहला : ऐंटी-करप्शन छापा मारेगा।
व्यक्ति : अच्छा, पाँच ही मंजूर। पर मेहरबानी करके अपने चेहरे तो दिखा दीजिए। मतलब, जब सम्बन्ध हो गया तो आपस में मेल-जोल। देखिए जी, अब तो आपस की बात हो गयी। एक-दूसरे का चेहरा देखे बिना मेल-मुहब्बत...

[अखबार हटाकर सहसा पहला उठता है। दर्शकों के सामने आकर काम शुरू करता है।]

पहला : यकीन मानिए। फिलहाल और कुछ करने को नहीं है। पर कुदरत का उसूल है। इन्सान कभी बेकार नहीं बैठता, उसे रोशनी दो, वह कुछ लाजबाव करेगा। रोशनी बुझा दो—
बस, कुट-कुट, कुट-कुट करेगा—
खूब कपड़े ओढ़कर दूसरों को नंगा करेगा।
सोचिए न जब और कुछ करने को नहीं है
चुपचाप हम दफ्तरों में, कार्यालयों में अगर अखबार पढ़ते हैं—
चाय पीते हैं, चलिए सोते भी हैं—
तो ऐसा कौन-सा अन्याय करते हैं!
कुदरत का उसूल है, इन्सान कभी बेकार नहीं बैठता।
फिलहाल और कुछ करने को नहीं है।

व्यक्ति : चुप क्यों हो गये? नहीं-नहीं! मैं नहीं देखना चाहता तुम्हारा चेहरा।

दूसरा : *(सहसा दूसरा उठता है)* हर सुबह जैसे उठता हूँ।
बाहर आँख खोलने से जी घबराता है।
राम-राम कहकर मुँह पर हाथ मलकर
जब हथेलियाँ बाँधकर उसमें अपनी शक्ल देखता हूँ
तो अपने से दहशत होने लगती है।
सच, प्रोफेसर मेवाराम की याद आती है जिनके
पैर छूकर मैंने अपने नम्बर बढ़वाये थे और
अब्दुल मजीद के नम्बर कटवाये थे।
शिवशंकर सिन्हा का चेहरा कौंध जाता है जिनकी
भतीजी की लड़की बिमला से शादी की इसी नौकरी के लालच में।
सच, घर में उसी शिवशंकर की याद आती है।
और दफ्तर में अपनी उसी धर्मपत्नी विमला की।
घर में मेरी रक्षा मेरी खामोशी करती है।
और दफ्तर में यही अखबार।

व्यक्ति : झूठ। झूठ है। यह सारा इन्हीं का प्रपंच है! मैं नहीं देखना चाहता तुम्हारा चेहरा! जो कुछ भी हुआ है, उसके जिम्मेदार खुद तुम्हीं हो।

तीसरा : *(उठता है)* जब तक स्कूल-कॉलेज में था।
घर-बाहर से अपना विरोध सिर्फ तोड़-फोड़ और बसें जलाकर करता था।
और जब शादी की तो शादी के खिलाफ अपना विरोध

बम्बईया सिनेमा देखकर करने लगा। और जब नौकरी की...
तो इस व्यवस्था का अनासक्त, निष्काम विरोध अखबार पढ़कर करता हूँ।
गाँधी दर्शन जो पढ़ा था। निष्काम योग।
पर यह अखबार! बाई गाड! यकीन मानिए इसका एक लफ्ज भी नहीं पढ़ा जाता।
घर पहुँचने के लिए अब बसें नहीं मिलतीं,
बीवी अब इन्तजार नहीं करती,
दफ्तर में कोई कुछ नहीं कहता,
फिलहाल मैं सारी व्यवस्था का विरोध महज अखबार पढ़कर करता हूँ।

व्यक्ति : *(मानो चीखता है)* नहीं-नहीं, यह सब बकवास है। झूठ है। सिर्फ लफ्फाजी है। अपने-आपको बचाने के लिए। निर्दोष साबित करने के लिए। जमाने से दया की भीख माँगने के लिए।

चौथा : *(उठता है)* बी. ए. में था, कालेज यूनियन का प्रेसीडेण्ट था। इन्कलाब से नीचे बात नहीं करता। जिस-जिस को चाहा पिटवा दिया, घेराव, प्रदर्शन, बेइज्जती, हड़ताल।
जी हाँ, यूनियन का सालाना बजट तेईस हजार था।
बी. ए. में सिर्फ तीन साल फेल हुआ। तभी आया जनरल इलेक्शन।
पूरब के एक वयोवृद्ध नेता ने पूछा : 'रउआ कै जात का हवै?'
मैंने कहा : 'मेरी जाति विद्रोही है, पढ़ते नहीं अखबारों में मेरे नाम?'
नेताजी हँसे *(हँसना) :* 'रउआ ठीके कहत बानीं।'
बात ई है कि मैं भूमिहार हूँ और ठाकुरों को हराना चाहता हूँ।
मेरी कांस्टिचुएंसी में एक फर्स्ट-क्लास दंगा, फर्स्ट क्लास कतल और एक फर्स्ट क्लास हें-हें-हें-हें।'
जी हाँ, पाँच हजार मेरे हाथों पर रख दिये।
वह जीत गये। मगर मुझे जेल जाना पड़ा।
जेल से छूटकर जब उनसे मिला साउथ एवेन्यू में, तो वे बोले,
'देखो भाई, बड़ी गरीबी है।'
बड़ी-बड़ी समस्याएँ हैं। देखो, चरित्र का ख्याल रखो, धैर्यवान बनो।
जो जितना चरित्रवान है वह उतना ही महान है।
तुम्हारी नौकरी मैंने पक्की कर दी है।'
जी हाँ, यकीन कीजिए, तब से घर में गीता पाठ करता हूँ।
और दफ्तर में अखबार।
फिलहाल और कुछ करने को नहीं है...।

व्यक्ति : सरासर झूठ है। बकवास है। ये सब अपने-आपको शहीद साबित करना चाहते हैं, अपनी चरित्रहीनता की कहानियों में नमक-मसाला लगाकर। खबरदार, ये व्यापारी हैं अपने नंगेपन के। ये हमें बेपरदा कर अपनी बेशर्मी को ढँकना चाहते हैं।

पाँचवाँ : कहीं से भी कोई रास्ता जब मुझे नहीं मिला,
तब मुँह पर सफेदी पोतकर मैं यहाँ चला आया।
कभी इस पर अखबार चिपका लेता हूँ और उसी के अन्दर छिपकर शिकार करता हूँ। कभी इस पर एक पोस्टर चिपका देता हूँ।

[जिस पर लिखा रहता है—'शान्त रहो! देश संकट से गुजर रहा है।']

व्यक्ति : मत सुनो इनकी बेशर्म बातें! मत देखो इनके खौफनाक चेहरे। हर चीज इनके लिए महज शिकार है। समय जंगल है। ये अग्निखोर गिद्ध हैं जो यहाँ से वहाँ, वहाँ से यहाँ उड़ते रहे हैं। लो! मुँह छिपा लो इन अखबारों के पीछे! यह क्या किया मैंने? क्यों देखे ये मनहूस चेहरे?

पाँचों : कौन हो तुम?

चपरासी : साहेब, पुलिस को टेलीफोन कर दूँ। यह आदमी खतरनाक लगता है।

व्यक्ति : *(आवेश में आकर चपरासी का गला पकड़ लेता है)* हाँ-हाँ, मैं खतरनाक हूँ, बोल कित्ते पैसे चाहिए तुझे? किसने दी यह आदत ? किसने किया यह सारा। सत्यानाश? तुमने। मैंने। हमने। तुमने।

[चपरासी को जैसे स्टूल पर जड़कर बैठा देता है।]

व्यक्ति : पहले तुम लोग अपने चेहरे छिपा लो। एक-एक हाथ रख लो अपनी आँखों पर। नहीं-नहीं, अब अखबार कतई नहीं। इसी के पीछे गीदड़ बनकर शिकार करते हो। इसी में मुँह छिपाकर सिर्फ वे सारी खबरें पढ़ते हो, जो यह साबित करना चाहती हैं, चारों ओर भ्रष्टाचार है। मनुष्य परिस्थितियों का दास है। वह लाचार है। वह सिर्फ छपी हुई खबरें पढ़ सकता है। वह उनसे लड़ नहीं सकता। उन्हें बदल नहीं सकता। वह खुद अपने समाचार नहीं दे सकता।

पहला : कौन हो तुम?

दूसरा : क्या बकते हो?

तीसरा : तुम्हारा मतलब क्या है?

चौथा : यह मत भूलो। हम पाँच हैं, तुम अकेले हो।

पाँचवाँ : पाँच नहीं, छह हैं हम।

व्यक्ति : हम सात हैं यहाँ। क्या आँखें फूट गयी हैं ? क्या तुम लोग मनुष्य की संख्या भी नहीं गिन सकते ? फाइलों ने तुम्हारा दिमाग इतना चाट लिया है ? तुम्हारी बहानेबाजियाँ...लफ्फाजियाँ!

पहला : इस तरह बकवास करने वाले कौन हो तुम ?

व्यक्ति : कहा ना, आँखों पर हाथ रख लो। जैसे तुम लोगों ने मुँह छिपा रखा था इन झूठे अखबारों में। शायद कुछ शर्म और हया बाकी थी तुम में। पर जिस तरह बेशर्म, बेहया होकर तुम सबने मुँह खोला, मुझे घिन छूट रही है। अब मैं सिर्फ तुम्हारे चेहरे देख सकता हूँ, आँखें नहीं, बन्द करो। मैंने तुम्हें घूस दिया है। नहीं, नहीं, मैंने तुम्हें पाँच में खरीद रखा है।

दूसरा : तुम हमारा मुँह देखना चाहते थे ?

तीसरा : यही तुम्हारी शर्त थी।

चौथा : हमने वैसा किया।

पाँचवाँ : अब हम तुम्हें देखना चाहते हैं।

व्यक्ति : अब तुम अपनी इच्छाओं के स्वामी कहाँ रहे ? इच्छाओं के सौदागर। व्यवहारों के तिकड़मी, आत्मघाती, विश्वासहीन...नहीं-नहीं। मेरे पास तुम्हें व्यक्त करने को शब्द नहीं हैं। मैं कहता हूँ—बन्द करो अपनी आँखें।

[सब दायें हाथ से अपनी आँखें ढक लेते हैं।]

व्यक्ति : सुनो! मैं तुम्हारा क्लासफेलो हूँ। नहीं-नहीं। आँखें मत खोलो। मैं अपना नाम नहीं बताने जा रहा। न ही मैंने तुम्हारे नाम पूछे। मुझे पता है, मेरे हमदम, अब तुम व्यक्तिवाचक नहीं, जातिवाचक हो। पर तुम्हारे नाम मुझे कभी नहीं भूले। कॉलेज के दिनों में तुम्हीं लोग मेरे आदर्श थे। तुम सबके वे चमकते हुए चेहरे, मेरे दोस्तों, अब तक मेरी आँखों में गड़े हैं। हर जगह, हर दफ्तर, हर समय, तब से मैं तुम्हीं लोगों को ढूँढ़ रहा था। मुझे यकीन था, तुम लोग कुछ भी करो, कितना-कितना मुँह छिपाओ, कितने चेहरे बदल डालो, मैं तुम्हें ढूँढ़कर ही साँस लूँगा। कहीं जरूर भेंट होगी।

पहला : *(आँख खोलकर)* बकवास! हम हमदम नहीं।

दूसरा : *(हाथ हटाकर)* हम तुम्हें नहीं पहचानते। क्लासफेलो, हँअ।

तीसरा : *(देखते हुए)* तुमसे हमारी कोई मुलाकात नहीं। चार सौ बीसी करने आये हो!

चौथा : *(हाथ की मुट्ठी भींचकर)* तुम हमारे दोस्त नहीं।

पाँचवाँ : *(बढ़कर)* चपरासी, यह लो इनकी फाइल! दस्तखत लेकर यह कागज दे दो।

[व्यक्ति बढ़कर फाइल छीन लेता है।]

व्यक्ति : *(सहसा जैसे शून्य में शर्माजी को देख लिया हो)* शर्माजी, धन्यवाद। ओ हो, अब तक आप कहाँ थे? अच्छा हुआ, आप नहीं मिले। नहीं-नहीं, शुक्रिया, काम हो गया। नहीं-नहीं। मुझे अब कहीं नहीं जाना है।

पहला : इस आदमी का दिमाग तो खराब नहीं हो गया?

दूसरा : बड़ा अजीब है।

तीसरा : इसके बारे में कुछ भी नहीं कहा जा सकता।

[पाँचों आपस में गुप्त बातें करने लगते हैं। व्यक्ति फाइल के कागजात देखता है।]

चपरासी : ओ हो, कितना बुरा जमाना आ गया है!

पहला : बिल्कुल!

दूसरा : जिनके पास धन है, ताकत है, वही लोग हमें उपदेश भी देने आते हैं।

तीसरा : कितना अँधेरा चारों ओर!

चौथा : ले आओ अपने रुपये।

पाँचवाँ : हमें घूसखोर समझ रखा है?

चपरसी : सचमुच कितना बुरा जमाना है!

[ठण्डा सन्नाटा]

व्यक्ति : सचमुच तुम लोग मुझे नहीं पहचानते? देखते क्यों नहीं, मैं वही हूँ, जो सबको बेईमान, घूसखोर और खरीद ली जाने वाली चीज समझता है। तुम्हें मुझ पर गुस्सा नहीं आता? तुम यह जानना क्यों नहीं चाहते कि एक मैं हूँ, जो तुम्हें खरीद लेता हूँ और एक तुम हो, जो बिकते चले जाते हो। जमाना बुरा है। किसने बनाया इसे? शर्माजी कौन हैं? क्या हैं? कहाँ हैं?

पहला : ऐसा होता चला आया है।

दूसरा : इधर ऐसा ही हुआ है।

तीसरा : तुम्हें भी तो कोई खरीदने वाला होगा!

व्यक्ति : नहीं-हाँ! हाँ- नहीं! हाँ-हाँ! नहीं-नहीं!

चौथा : फिलहाल जब और कुछ करने को नहीं है।

चपरसी : कुदरत का उसूल है, इनसान कभी बेकार नहीं बैठता।

पहला : चुप रहो!

दूसरा : ऐसा क्यों हुआ?

तीसरा : हम लोग और कर भी क्या सकते थे?

चौथा : हमें जिन्दा तो रहना ही था।

पाँचवाँ : आखिर हम कब तक... ?

पहला : तुम यहाँ से जाते हो कि नहीं?

व्यक्ति : नहीं।

दूसरा : हम पाँच हैं।

तीसरा : गला घोंटकर यहीं रख देंगे।

व्यक्ति : *(हँसता है)* कुछ भी नहीं कर सकते। तुम्हारी आँखों पर चेहरे लटक रहे हैं। तुमने उन महापुरुषों को भूला दिया, जिन्होंने हमारे लिए इतनी-इतनी यातनाएँ सहीं। वे कर्म, वे त्याग, वे आशीष, जिन्हें कुचलकर हम यहाँ बढ़ आये हैं, वे हमें कभी चैन से नहीं रहने देंगे—चाहे हम कितनी लफ्फाजी करें। अखबारों में मुँह छिपाएँ—कोई पागल हमें घूर रहा है! हम वह नहीं, जो करते हैं। हम वह नहीं, जो दीखते हैं। हम वह नहीं, जो कहते हैं। ऐसा क्यों हुआ? ऐसा किसने किया? अब कहाँ, कैसे छिपाओगे अपने चेहरे? ये चेहरे बढ़ते-फूलते चले जा रहे हैं। इन्हें अब तुम किसी भी तरह नहीं छिपा सकते! नहीं-नहीं।

[वे पाँच उसी तरह कुर्सियों पर बैठकर अखबार पढ़ने के बहाने अपने मुँह ढक लेते हैं।]

व्यक्ति : *(फाइल फाड़ता हुआ)* हम सब एक-दूसरे को पहचान रहे हैं। तुम सब मुझे पहचान रहे हो। मैं तुम सबको पहचान रहा हूँ। मैं तब तक तुम सबको घूरता हुआ खड़ा रहूँगा, जब तक यहाँ तुम हो। जब तक यहाँ मैं हूँ: यहाँ सब कुछ करने को है। यहाँ जो कुछ हुआ है, हमने किया है।

[पर्दा गिरता है।]

कथासाहित्य

उपन्यास

कविता और नाटक अगर साहित्य की परम्परागत विधाएँ मानी जाती हैं, तो उपन्यास नितान्त आधुनिक । 1605 ई. में प्रकाशित सर्वांतीज के उपन्यास 'डॉन किहोटे' को आमतौर पर पाश्चात्य परम्परा का पहला उपन्यास माना जाता है। अगर उससे उपन्यास की शुरुआत मानें तो उपन्यास को लिखे जाते चार सौ से अधिक वर्ष नहीं हुए हैं। लेकिन आज उपन्यास का जो रूप हमारे सामने है, विधा के रूप में उसकी पहचान 18वीं शताब्दी के यूरोप में बनी।

उपन्यास को सामान्य तौर पर यथार्थवादी विधा के रूप में देखा जाता है। उपन्यास के उद्‌भव को लेकर अनेक विचार रहे हैं, लेकिन यूरोप में उपन्यास के उद्भव को लेकर सामान्य तौर पर दो तरह की धारणाएँ प्रचलित रही हैं। एक विचार उपन्यास को बुर्जुआ वर्ग के उदय और आधुनिक पूँजीवाद से उद्भव से जोड़कर देखता रहा है दूसरा विचार जो उपन्यासों के उद्भव और विकास को लेकर यूरोप में प्रचलित रहा है वह उपन्यास को व्यक्तिवाद के उदय के साथ जोड़कर देखता है। बहरहाल, इसमें कोई सन्देह नहीं कि यूरोप में औद्योगिक क्रान्ति के दौर में चार्ल्स डिकेंस, डब्ल्यू. एम. ठाकरे, सर वाल्टर स्कॉट जैसे उपन्यासकारों के सुदीर्घ उपन्यासों ने ही वह जमीन तैयार की, जिसके आधार पर उपन्यास ने आगे विकास किया।

वास्तव में आधुनिक शिक्षा के प्रसार और औद्योगिक क्रान्ति के कारण यूरोप में जो मध्य-वर्ग पैदा हुआ, उसे महाकाव्य या रोमांस जैसी विधाएँ सामन्ती मूल्यों में रची-बसी लगने लगीं। एक नया समाज बन रहा था, शहरों ने नयी जीवन-शैली का प्रचलन बढ़ रहा था। एक तरफ औद्योगिक समाज में काम करनेवालों का जीवन था, उनका एकाकीपन था, लोग अपने-अपने गाँवों-परम्पराओं से कटकर जीविका के लिए दूसरे बड़े शहरों में जा रहे थे। यूरोप में उपन्यास सामाजिका, आर्थिक, सांस्कृतिक बदलाव के इसी सन्धिकाल की उपज है।

उपन्यास के रूप में नये समाज को एक ऐसी विधा मिली जिसमें वह बदलते समाज के ताने-बाने को हमेशा के लिए अंकित कर लेना चाहता था। राजा-

महाराजाओं, सामन्तों के जीवन की कथाओं में आधुनिक मनुष्य की दिलचस्पी नहीं रह गयी थी। उपन्यास के रूप में उसे एक ऐसी विधा मिल गयी थी जिसमें वह महाकाव्यों की तरह अपने जीवन-संघर्ष को दर्ज कर सकता था। एक ऐसे दौर में जब पारम्परिक सामाजिकता खण्डित हो रही थी, लोग एकाकी रहने को अभिशप्त थे, वैसे दौर में उपन्यास ने एक प्रकार की सामाजिकता रचने का काम किया।

यह तो हुई बात यूरोप में उपन्यास के उद्भव और विकास के कारणों की? लेकिन पौर्वात्य परम्परा में गद्य के कुछ ऐसे नमूने पहले से उपलब्ध रहे हैं, जिनको उपन्यास के पूर्व-प्रारूपों के रूप में देखा जाता है। उदाहरण के लिए बाणभट्ट ने सातवीं शताब्दी में संस्कृत भाषा में 'कादम्बरी' की रचना की। दसवीं शताब्दी में जापान में गद्य की एक कथाकाव्य कृति की रचना हुई, जिसका अँग्रेजी अनुवाद 'द टेल्स ऑफ जेंजी, के रूप में विश्व भर में उपलब्ध है। इसके अलावा, भारत में पंचतन्त्र की कथा बाद में विष्णु शर्मा द्वारा लिखी गयी। इसी तरह फारसी परम्परा में अलिफ लैला है।

अब सवाल यह उठता है कि क्या इन उपन्यास-पूर्व कथाख्यानों को उस रूप में उपन्यास माना जा सकता है जिस रूप में उपन्यास की विधा का पिछले 300-400 वर्षों में विकास हुआ है। इसका जवाब नकारात्मक ही होगा। आधुनिक उपन्यासों में 'एक समय की कथा' नहीं कही जाती है, बल्कि उसमें देशकाल की एकता होती है। इसके अलावा, जो एक बड़ा अन्तर इन पुराने कथारूपों और आज के उपन्यासों में दिखायी देता है वह यह है कि आज उपन्यास के केन्द्र में मनुष्य है, उसमें मनुष्य के जीवन का चित्रण होता है। हिन्दी में उपन्यास शब्द की व्युत्पत्ति से भी यही सिद्ध होता है कि वह मनुष्य की अभिव्यक्ति की सबसे नजदीकी विधा है। उपन्यास शब्द उप (नजदीक) और न्यास (थाती) से मिलकर बना है। हिन्दी में यथार्थवादी उपन्यास की धारा को सुस्थापित करनेवाले लेखक प्रेमचन्द ने उपन्यास की परिभाषा देते हुए भी लगभग यहीं बातें उसकी प्रकृति को लेकर कहीं हैं—'मैं उपन्यास को मानव-चरित्र का चित्रमाला समझता हूँ। मानव चरित्र पर प्रकाश डालना और उसके रहस्यों को खोलना ही उपन्यास का मूल तत्त्व है।....आदमियों के चरित्रों में भी बहुत कुछ समानता होते हुए भी कुछ विभिन्नताएँ भी होती हैं। यही चरित्र सम्बन्धी समानता और विभिन्नता-अभिन्नत्व में भिन्नत्व और विभिन्नत्व में अभिनव-दिखाना उपन्यास का मूल कर्तव्य है।'

इसके विपरीत व्यक्तिवादी उपन्यास के विचार के मानने वाले विचारक भी यह तो मानते ही रहे हैं कि उपन्यास का सम्बन्ध मनुष्य के जीवन से होता है, उसके परिवेश से होता है। लेकिन उनके यहाँ यह जीवन कुछ अधिक सूक्ष्म हो जाता है। प्रसिद्ध उत्तर आधुनिक उपन्यासकार मिलाना कुन्देरा ने अपनी पुस्तक 'द आर्ट ऑफ नॉवेल' में उपन्यास को परिभाषित करते हुए कहा है—उपन्यास, चाहे वह किसी भी दौर का

हो, का सम्बन्ध आत्मा से होता है। जैसे ही शब्दों के माध्यम से आप कोई काल्पनिक चरित्र खड़ा करते हैं, खड़ा करना चाहते हैं, तो अकस्मात आपके सामने यह प्रश्न उठ खड़ा होता है—आत्म क्या है? उसको किस चरित्र में ढाला जाए? इसी बुनियादी सवाल पर उपन्यास टिका होता है।

बहारहाल, यह तो हुई उपन्यास के उद्‍भव, विकास और उसकी प्रकृति सम्बन्धी बातें। इससे उपन्यास की जो सबसे बड़ी विशेषता उभर कर आई वह यह कि इसका सम्बन्ध मानव, उसके जीवन, उसकी परिस्थिति से रहा है। इसीलिए समाज में जो भी बदलाव आये हैं, उपन्यास ने भी उतने ही रूपाकार ग्रहण किये हैं। इस रूप में उपन्यास को सबसे लचीली विधा कहा जाता है। आज अँग्रेजी में 'ग्राफिक नॉवेल' यानी चित्रित उपन्यास भी लिखे और पढ़े जा रहे हैं। लेकिन इन सारे बदलावों के बीच उपन्यास की कुछ ऐसी सामान्य विशेषताएँ हैं जिनके आधार पर किसी रचना को उपन्यास कहा जा सकता है। वैसे अपवाद हर पहलू के होते हैं।

उपन्यास के शास्त्रीय पहलू निम्नलिखित हैं—

(1) कथावस्तु—उपन्यास के लिए पहली आवश्यक शर्त यह है कि उसमें कोई कहानी होनी चाहिए। इसको लेकर विवाद हो सकता है कि कथावस्तु क्या हो, लेकिन इससे कोई इंकार नहीं करता कि उपन्यास में मूल रूप से एक कथा होनी चाहिए। आमतौर पर उपन्यास-लेखक कथा का चुनाव जिस तरह से करता है, जिस परिवेश को वह बार-बार रचता है, उससे एक तरह से लेखक की अपनी पहचान भी जुड़ती है, जो उसकी विश्वसनीयता का वाहक भी होती है। उदाहरण के लिए यह जानते हुए भी कि उपन्यास एक काल्पनिक विधा है, आप यह नहीं सोच सकते कि अज्ञेय गँवई जीवन की कथावस्तु का चयन उपन्यास के लिए करें या निर्मल वर्मा का कोई पात्र अपनी ग्रामीण बोली में बोलेगा। उसी तरह प्रेमचन्द के उपन्यासों का परिवेश, उसकी कथावस्तु मूलतः ग्रामीण रही है।

कथावस्तु की विशेषता मानी जाती है कि उसमें विश्वसनीयता हो, उपन्यास में व्यक्त अनुभव इस तरह से विन्यस्त किये गये हों कि वे प्रामाणिक लगें। साथ ही, उसमें जीवन की किसी बड़ी समस्या, किसी बड़े पहलू को उभारने की योग्यता भी हो। इसके अलावा, कथानक ऐसा हो कि उसमें कार्य-कारण सम्बन्ध का अभाव न लगे। साहित्यिक उपन्यास जासूसी, रूमानी, तिलिस्मी आदि उपन्यासों से भिन्न इसी रूप में होते हैं कि उनमें कार्य-कारण सम्बन्ध होता है। इसके अलावा, कथानक का जो महत्त्वपूर्ण पहलू होता है वह अनुपात और सन्तुलन का होता है। कहने का तात्पर्य यह है कि उपन्यास में कई पात्र होते हैं, कई घटनाएँ होती हैं—उनमें तारतम्य होना चाहिए और पूर्वापर सम्बन्ध होना चाहिए।

कथावस्तु और कथानक यानी प्लॉट के सम्बन्ध को इस तरह समझा जा सकता

है। कथावस्तु किसी उपन्यास की उस मूल कहानी या उस विषय को कहते हैं जिसको लेकर उपन्यास लिखा गया होता है। उदाहरण के लिए प्रेमचन्द के विशाल उपन्यास 'रंगभूमि' की कथावस्तु या मूल कथा यह है कि किसी गाँव में सिगरेट का एक कारखाना लगने वाला है और जिससे लड़ने के लिए और कोई नहीं उसी गाँव का अन्धा भिखारी सूरदास उठ खड़ा होता है, जो एक बड़े आन्दोलन की शक्ल ले लेता है। लेकिन इस कथा का ताना-बाना किस तरह बुना गया वही उसका कथानक होता है। इस सम्बन्ध में 'ऑस्पेक्ट्स ऑफ नावेल' में ई. एम. फास्टर का लिखा कथन अक्सर कहा जाता है कि 'राजा मर गया और रानी मर गयी—यह तो हुई कहानी लेकिन इसी कथन को अगर इस तरह से कहें कि राजा मर गया और उसके दुख में रानी भी मर गयी, तो यह कथानक हो गया, क्योंकि इसमें वह कारण आ गया जिससे राजा के मरने और रानी के मरने के बीच की कथा आगे बढ़ी।'

इसी तरह, अगर जॉर्ज आर्वेल की प्रसिद्ध उपन्यास 'नाइंटीन एट्टीफोर' की कथा यह है कि उसमें एक ऐसे समाज का चित्रण है जिसमें 'बिग ब्रदर' का राज है। हर ओर उसके पोस्टर लगे हुए हैं, वह टेलिविजन के परदे पर अवतरित होता है। लेकिन जब आप कहते हैं कि विंस्टन स्मिथ नामक एक पात्र उस समाज में, बिग ब्रदर के आतंक के उस राज में विद्रोह करने के लिए उठ खड़ा होता है। उससे आर्वेल के इस महान उपन्यास का कथानक स्पष्ट हो जाता है।

कोई उपन्यास इसलिए श्रेष्ठ नहीं हो जाता है कि उसमें किसी महान व्यक्ति का जीवन चित्रित होता है या वह किसी महान घटना पर आधारित होती है या उसे लिखनेवाला कोई महान व्यक्ति होता है। उपन्यास के रूप में पाठकों को वही रचना अपनी लगती है जिसमें उसे अपने जैसा जीवन दिखायी देता है और जिसका कथानक इस तरह का होता है कि पाठक उसे पढ़ने में रम जाता है इसलिए उपन्यासकार से यह आशा की जाती है कि वह कुछ ऐसे सवालों से टकराए जिससे समाज का बड़ा तबका जूझ रहा हो, वह बेआवाजों की आवाज बने। जैसाकि ऊपर कहा गया है कि उपन्यास का समाज से सम्बन्ध साहित्य की अन्य विधाओं की अपेक्षा भले नया हो, लेकिन कम समय में ही वह समाज बड़ा साहित्यिक हमसफर बन गया है। इसी कारण समाज की अपेक्षाएँ भी उससे कुछ ज्यादा रहती हैं। उपन्यासकार से यह आशा की जाती है कि वह समाज की एक और तस्वीर दिखाए।

(2) पात्र-योजना एवं चरित्र चित्रण—ऊपर उपन्यास की प्रेमचन्द द्वारा दी गयी परिभाषा में जिस बात पर जोर दिया गया है वह यह है कि उपन्यास में मानव-जीवन की कथा होती है। वास्तव में प्रत्येक उपन्यास में कुछ लोगों के जीवन, घटनाएँ, सुख-दुख आदि का वर्णन किया जाता है। समाज में लोग अलग-अलग समूहों में रहते हैं, अलग-अलग वर्ग के होते हैं। आदमी जिस परिवेश में पलता-बढ़ता है उसी के

अनुसार उसका व्यक्तित्त्व, उसका मानस ढलता है। उपन्यास का एक अपना समाज होता है, जिसमें अनेक लोग आते-जाते रहते हैं। यही उसके पात्र कहलाते हैं। कहानी की उपेक्षा उपन्यास में पात्र अधिक होते हैं। पात्रों की संख्या को लेकर ऐसा कोई नियम नहीं है, लेकिन इतना जरूर है कि जिस उपन्यास की कथा समाज के व्यापक पहलू को लेकर होती है, उसमें पात्रों की संख्या अधिक होगी। जैसे—अमृतलाल नागर के उपन्यास 'बूँद और समुद्र' में। उसी प्रकार उपन्यास अगर व्यक्तिपरक होगा तो उसमें पात्रों की संख्या सीमित होगी। जैसे अज्ञेय का उपन्यास 'नदी के द्वीप' में।

पात्र-योजना के साथ उपन्यासों में चरित्र-चित्रण का भी बहुत महत्त्व होता है। एक तरह से लेखक चरित्र-चित्रण के द्वारा पात्रों की प्राण-प्रतिष्ठा करता है। चरित्र-चित्रण के द्वारा ही किसी पात्र को लेखक विश्वसनीय बनाता है। कुछ उपन्यास घटना-प्रधान होते हैं, कुछ चरित्र-प्रधान। चरित्र-प्रधान उपन्यास में पात्रों के चरित्र का बड़ी बारीकी से अंकन किया जाता है, लेकिन कुछ व्यक्तिपरक उपन्यास भी चरित्र-प्रधान शैली में लिखे जाते हैं। शिवाजी सावन्त का उपन्यास 'मृत्युंजय' ऐतिहासिक चरित्र-प्रधान उपन्यास का उदाहरण है, तो रोम्यां रोलां का उपन्यास 'ज्यां क्रिस्तोफ' व्यक्तिपरक उपन्यास का उदाहरण है।

अब प्रश्न उठता है कि लेखक पात्रों का चरित्र-चित्रण या व्यक्तित्त्व-उद्घाटन किस प्रकार करता है ? इस सम्बन्ध में लेखक तीन प्रकार की युक्तियों का प्रयोग करता है—(1) परिस्थितियों और घटनाओं के बीच पात्रों को डालकर उनके क्रिया-व्यापार और प्रतिक्रियाओं द्वारा, (2) लेखक द्वारा पात्रों की मानसिकता और जीवन-स्थितियों के विश्लेषण और जब पात्रों का परिचय कराया जाता है, तो उसे वर्णनात्मक शैली कहते हैं, इसके अलावा अन्य शैलियाँ नाटकीय कहलाती हैं। नाटकीय विधि द्वारा पात्र-परिचय, उसका चरित्रोद्घाटन अधिक सहज लगता है, लेकिन आजकल उत्तर-आधुनिक ढंग के उपन्यासकार कथा में लेखकीय हस्तक्षेप का भी युक्ति की तरह सायास उपयोग करते हैं।

विवरणात्मक शैली का एक उदाहरण—

'भारी-भरकम, काले स्याह, गंजे सिर, बड़ी-सी नाक, चौड़े कानों वाले अब्बू साब किसी किताब का विषय नहीं हो सकते। वे गर्मियों में भवों और पलकों को छोड़कर पूरे जिस्म पर उस्तरा फिरवा लिया करते थे। जिस्म पर भालू जैसे बाल थे। गर्मियों में खजूर का पंखा उनके जिस्म का हिस्सा बन जाता था। नंगे बदन बैठे रहते थे। कुछ हिसाब-किताब किया करते थे। सामने पानदान खुला रहता था और लगातार गर्मी की शिकायतें करते रहते थे।'

(सात आसमान : असगर वजाहत)

इसके अलावा, पात्र भी आमतौर पर दो प्रकार के होते हैं, स्थिर और गतिशील। स्थिर पात्र वह होता है जो उपन्यास के आरम्भ से अन्त तक एक समान रहता है। जबकि गतिशील पात्र वह होता है जिसका चरित्र परिवर्तित होता चलता है। जैसे 'शेखर : एक जीवनी' उपन्यास के नायक शेखर का चरित्र गतिशील कहा जाएगा। इसी तरह व्यक्ति पात्र और टाईप पात्र होते हैं। टाईप पात्र वह होता है जो समाज के किसी वर्ग या किसी प्रवृत्ति विशेष का प्रतिनिधित्व करता है। जैसे, प्रेमचन्द के प्रसिद्ध उपन्यास 'गोदान' का होरी उत्तर भारत के दुर्दशाग्रस्त किसानों का प्रतीक है। इसी तरह यथार्थ पात्र और आदर्श पात्र भी होते हैं। यथार्थ जीवन में कोई व्यक्ति एक जैसा नहीं रहता है। अलग-अलग परिस्थितियों में पड़कर वह बदलता रहता है।

एक सवाल अब भी रह जाता है कि उपन्यासकार अपने पात्रों का चुनाव कहाँ से करता है ? इसका उत्तर तो यही हो सकता है। कि उपन्यास कल्पना-प्रधान विधा है, इसलिए उसके पात्र भी कल्पना के आकाश से उतरते हैं। लेकिन जब उपन्यास को यथार्थवादी विधा कहा जाता है, तो उसके पीछे यही कारण होता है कि उपन्यासों में जीता-जागता समाज होता है। इसलिए लेखक अक्सर अपने समाज से ही पात्रों का चुनाव करता है। उदाहरण के लिए, फणीश्वरनाथ 'रेणु' के प्रसिद्ध उपन्यास 'मैला आँचल' के अनेक पात्र उनके अपने ही अंचल के थे। उसमें एक डाकू का चरित्र है—चरित्रर कर्मकार का, जो उनके इलाके के उस प्रसिद्ध दस्यु के चरित्र पर आधारित है, जो अँग्रेजी राज में अँग्रेजपरस्त जमींदारों को लूटकर गरीबों में उसका पैसा बाँटा करता था। उसी तरह अज्ञेय के उपन्यासों 'शेखर एक जीवनी' और 'नदी के द्वीप' को आत्मपरक उपन्यास कहा जाता है। इस प्रकार, यह कहा जा सकता है कि उपन्यास को विश्सनीयता प्रदान करने में उसके पात्रों की भी बड़ी भूमिका होती है।

(3) कथोपकथन या संवाद—पात्र अगर नाटकों का आधार होते हैं, तो उपन्यासों में संवाद से नाटकीयता पैदा होती है, पठनीयता पैदा होती है। जब भी दो या दो से अधिक पात्रों की बातचीत उपन्यास में होती है, तो उसे संवाद कहते हैं। यह कोई जरूरी नहीं है कि उपन्यासों में संवादों की बहुलता हो ही। कई उपन्यास किस्सागोई की शैली में लिखे जाते हैं, तो उसमें संवाद कम होते हैं। लेकिन उपन्यासों में भी उपन्यासकार संवाद-योजना द्वारा कई कार्यों की सिद्धि करता है। संवादों द्वारा कथा का क्रम आगे बढ़ाया जाता है, पात्रों के चरित्र का उद्घाटन किया जाता है, पात्रों की मानसिकता को सामने लाया जाता है।

संवाद को भले नाटकों का आवश्यक पहलू माना जाता हो, लेकिन संवादों में नाटकीयता नहीं होनी चाहिए। वही संवाद अच्छे माने जाते हैं जो स्वाभाविक समझे जाते हैं। स्वाभाविक कहने से तात्पर्य यह है कि संवाद को दो लोगों की बातचीत की तरह ही लगना चाहिए। लम्बे-लम्बे संवाद एक तो बातचीत की तरह नहीं लगते हैं,

बल्कि उसमें भाषणबाजी की झलक अधिक आ जाती है। उसी तरह से संवाद देशकाल के विपरीत नहीं होना चाहिए। ऐतिहासिक उपन्यासों में इसका विशेष रूप से ध्यान रखने की आवश्यकता होती है। मान लीजिए आप उपन्यास मध्यकाल की किसी घटना या किसी चरित्र को आधार बनाकर लिख रहे हैं तो उसमें कोई ऐसी बात संवाद में नहीं आनी चाहिए, जो आधुनिक हो। उदाहरण के लिए उपन्यास कबीरदास के जीवन पर आधारित हो और उसमें आज की तरह साम्प्रदायिक भेदभाव की बात की जाने लगे, तो ऐसे में वह बातचीत स्वाभाविक नहीं लगेगी।

इसके अलावा, यह भी कहा जाता है कि संवाद पात्रों के अनुकूल होने चाहिए। उर्दू के प्रसिद्ध शायर और हिन्दी फिल्मों के अत्यन्त प्रसिद्ध गीतकार साहिर लुधियानवी के बारे में कहा जाता था कि उनके गानों में हर तरह के पात्रों को बहुत अच्छी उर्दू में लिखे गये गानों को गाते दिखाया जाता था। इसे स्वाभाविक नहीं कहा जा सकता। समाज में शिक्षित, अशिक्षित, बालक, वृद्ध—हर तरह के लोग रहते हैं और इन सबके बात करने का अन्दाज अलग-अलग होता है। यह पात्रों की बातचीत में दिखायी देनी चाहिए। एक समान परिस्थितियों में भी हर व्यक्ति के बात करने का अन्दाज, उसका लहजा एक समान नहीं होता है। अगर उपन्यासकार इन बातों का ध्यान रखता है, तो इससे संवादों में रोचकता का पुट आ जाता है और पात्र तथा कथा में विश्वसनीयता का भाव पैदा हो जाता है। कथावस्तु और पात्र की योग्यता के अनुसार संवाद स्वाभाविक माना जाता है।

(4) देशकाल और वातावरण—प्राचीन आख्यानों, पुराणों और आधुनिक उपन्यासों में एक बड़ा अन्तर यही माना जाता है कि जहाँ आख्यानों, पुराणों की कथा 'एक समय की बात है' के अन्दाज में चलती है, तो उपन्यास में किसी निश्चित देश-काल की बात की जाती है। उपन्यास की कथा किसी देश यानी स्थान में अवस्थित होती है और उसमें किसी निश्चित काल का वर्णन होता है।

कुछ लोग ऐसा सोचते हैं कि देशकाल और वातावरण कहानी, पात्र और कथ्य के लिए विश्वसनीय पृष्ठभूमि भर होते हैं। वे यह मानते है कि मानव-जीवन के अर्थ देशकाल निरपेक्ष होते हैं। देशकाल और वातावरण का उपयोग उनको मूर्त या ठोस रूप देने के लिए किया जाता है। जबकि आधुनिक विद्वान इसे पूरी तरह से सही नहीं मानते हैं। उनका मानना है कि मानव-जीवन की समस्याएँ देशकाल और वातावरण में विकसित होनेवाली विभिन्न ऐतिहासिक शक्तियों के कारण पैदा होती है। देशकाल के सन्दर्भ से ही मनुष्य के जीवन में अर्थवत्ता आती है। देशकाल का तात्पर्य केवल प्राकृतिक नहीं होता है, वह सामाजिक आर्थिक, धार्मिक भी होता है। उदाहरण के लिए, हिन्दू-मुसलमान संघर्ष और उसमें एकता की समस्या मध्ययुग के पहले सम्भव नहीं थी। एकल परिवार, पति-पत्नी के बीच तनाव, बच्चों के जीवन में तनाव

आधुनिक युग की देन है। साम्राज्यवादी शक्तियों के खिलाफ संघर्ष आधुनिक युग की ही देन है।

लेखक अपनी कथा, अपने पात्रों को देशकाल और वातावरण में इस प्रकार अविस्थित करता है कि उसकी कथा किसी समाज की कथा बन जाती है। इसलिए उपन्यास सजीव, जीवन्त लगे इसमें देशकाल और वातावरण के वर्णनों का बड़ा महत्त्व होता है।

उदाहरण—उनका अपना कमरा-दो पलंग, एक मेज, स्कूल की कुछ किताबें-कापियाँ, जो उन दिनों धूल-गर्द में लिपटी उपेक्षित पड़ी रहतीं। पलंगों के बीच एक छोटी-सी तिपायी थी, जिस पर मरी हुई तितलियाँ, कैडबरी चॉकलेट की तस्वीरें और कुछ जड़ी-बूटियाँ पड़ी रहतीं—जिनसे एक अजीब नशीली-सी गन्ध आती रहती थी। छोटे इन चीजों को जमा नहीं करते थे, वे सिर्फ उनकी दुनिया का हिस्सा थीं, जो कमरे के भीतर और बाहर एक जैसी फैली थी—और उस बाहर और भीतर के बीच कोई सीमा, कोई फ्रण्टियर, कोई अलगाव नहीं था। लगता था जैसे बाहर की दुनिया बहता पानी हो, जो सब कूल-किनारों को पार करता हुआ भीतर आ जाता था, अपने साथ समूची तलछट ले आता था, जो उस पहाड़ी शहर को घेरे रहती थी—प्लेन वृक्षों के लाल सुर्ख पत्ते, बाँस की लकड़ियाँ, चीड़ों के कोन-जैसे बाहर के महीने बदलते जाते, वैसे ही कमरे के संग्रहालय की चीजें भी। कुछ चीजें गिन्नी लाती थी, जब वह जिन्दा थी, मरे हुए जानवरों की हड्डियाँ और टूटे हुए घोंसले, जिन्हें वह मुँह में दबाकर लाती और मेज के नीचे जोड़ देती थी—वे सिलसिले टूटे अण्डों में लिथड़े तिनके, वे हड्डियाँ, वे बालों के गुच्छे अब भी मेज के नीचे पड़े थे, हालाँकि अब उसे कोई गिन्नी का कोना नहीं कहता था।

(उपन्यास-लाल टीन की छत-निर्मल वर्मा)

(5) भाषा-शैली—उपन्यास का मायावी संसार भाषा में ही खड़ा होता है, इसलिए भाषा का उपन्यास में बहुत महत्त्व होता है। उपन्यास चूँकि यथार्थ का माध्यम है। इसलिए उसकी भाषा कथा के अनुरूप होनी चाहिए। उदाहरण के लिए फणीश्वरनाथ रेणु ने 'मैला आँचल' में जमकर बिहार के पूर्णिया-फारबिसगंज अंचल की भाषा का प्रयोग किया है, तो कृष्ण सोबती ने अपने उपन्यास 'जिन्दगीनामा' में पंजाबी भाषा की खानगी का बेहतरीन इस्तेमाल किया है। इसी तरह प्रेमचन्द के उपन्यासों के कथानक तो ग्रामीण हैं, लेकिन ज्यादातर खड़ी बोली हिन्दी का ही प्रयोग दिखता है। मनोहर श्याम जोशी के उपन्यास 'कुरू-कुरू-स्वाहा' का उदाहरण यहाँ दिया जा सकता है, जिसमें हिन्दी जिस तरह से अलग-अलग शैलियों में देश के अलग-अलग हिस्सों में बोली जाती है यानी गुजराती हिन्दी, पंजाबी हिन्दी, मराठी हिन्दी, आदि, उन सबकी बानगी इस उपन्यास में प्रस्तुत की गयी है। उसी तरह उनके

एक और प्रसिद्ध उपन्यास 'कसप' में कुमाऊँनी भाषा की रंगत दिखाई देती है।

उपन्यासों की भाषा-शैली के इन उदाहरणों के आधार पर यही कहा जा सकता है कि उपन्यासकार अपने उपन्यास की कथावस्तु, उसके परिवेश, पात्रों के अनुरूप ही भाषा-शैली का चुनाव करता है। वैसे यह उसकी भाषा और परिवेश पर पकड़ पर भी निर्भर करता है। जैसे, अमृतलाल नागर के उपन्यासों में भाषा की अलग-अलग शैलियों की छटा दिखायी देती है। कई उपन्यासकारों की भाषा काव्यात्मक होती है, कई सरल भाषा-सहज भाषा में लिखने के हामी होते हैं। वैसे इतना जरूर है कि पत्र-पत्रिकाओं की भाषा, विचार-विमर्श की भाषा और उपन्यास-कहानी की भाषा में तो फर्क होना ही चाहिए। बहरहाल, भाषा जिस तरह की भी हो, उसमें पाठकों को बाँधे रखने की क्षमता होनी चाहिए।

भाषा के बाद सवाल आता है शैली का। शैली का तात्पर्य है कि रचनाकार में कथावस्तु का चुनाव कर लिया, पात्राों का भी चयन कर लिया, देशकाल-वातावरण सब कुछ के बाद जो सवाल आता है वह यह कि आखिर इस कथा को कहा किस तरह जाए? यह सवाल सबसे महत्त्वपूर्ण भी होता है उपन्यास की रचना के क्रम में, क्योंकि उपयुक्त शैली के अभाव में कथा की शुरुआत ही नहीं हो सकती है। जैसे पाण्डेय बेचन शर्मा 'उग्र' का उपन्यास 'चन्द हसीनों के खुतुत' पत्र-शैली में लिखा गया है यानी पूरे उपन्यास की कथा कुछ पत्रों के सहारे चलती है। अज्ञेय के उपन्यास 'नदी के द्वीप' की शैली में भी पत्रों का बड़ा अच्छा इस्तेमाल किया गया है। इसी तरह मनोहर श्याम जोशी के उपन्यास 'कसप' की कथा सिनेमा के शॉट की तरह आगे चलती है। शैली का एक बड़ा अच्छा उदाहरण है उपन्यास एक इंच मुस्कान', जिसे राजेन्द्र यादव और मन्नू भण्डारी ने लिखा है। इस उपन्यास में पुरुष पात्र की कथा राजेन्द्र यादव ने लिखी है, तो मन्नू-भण्डारी ने स्त्री पात्र की कथा लिखी है। इसी तरह डॉ. देवराज के उपन्यास 'अजय की डायरी' का उदाहरण दिया जा सकता है, जो डायरी शैली में लिखा गया है। शानी का उपन्यास 'कालाजल' फ्लैशबैक यानी पूर्वदीप्ति शैली में लिखा गया है।

उपन्यासकार चाहे जिस शैली में भी उपन्यास लिखे। सवाल यह नहीं है कि कौन-सी शैली उपयुक्त होती है और कौन-सी अनुपयुक्त, बल्कि कथा के अनुरूप कौन-सी शैली उपयुक्त होगी—यह महत्त्वपूर्ण होता है। भाषा और शैली वही उपयुक्त हो सकती है जिसमें कथा सुसंगत रूप से आकार ग्रहण करे। इस्पहानी भाषा के प्रसिद्ध उपन्यासकार मारियो वर्गास ल्योसा ने उपन्यास के बारे में अपनी पुस्तक 'लेटर्स टु ए यंग नॉवेलिस्ट' में लिखा है कि अच्छा उपन्यास वह होता है जो हमें कुछ कहता हुआ प्रतीत नहीं होता, बल्कि वह हमारा साझीदार बनकर हमारे साथ जीता-प्रतीत होने लगता है।

(6) उद्देश्य—उपन्यास लिखने का क्या उद्देश्य होता है? जिस तरह अलग-अलग इंसान अपने जीवन में अलग-अलग उद्देश्यों से प्रेरित होते हैं, उसी तरह अलग-अलग उपन्यासों का उद्देश्य भी अलग-अलग होता है। ऐतिहासिक उपन्यासों का उद्देश्य इतिहास के किसी पात्र, किसी कालखण्ड की कथा कहना होता है। जैसे—झाँसी की रानी तथा बुन्देलखण्ड के शाही परिवारों के जीवन की कथा को आधार बनाकर वृन्दावनलाल वर्मा ने उपन्यास लिखे। आजकल हिन्दी साहित्य में दलितवादी और स्त्रीवादी दृष्टिकोण से प्रेरित होकर उपन्यास लिखने का चलन बढ़ा है। विचारधारा के उद्देश्य से भी प्रेरित होकर खूब उपन्यास लिखे गये हैं। प्रेमचन्द ने अगर यथार्थवादी उद्देश्य से संचालित होकर उपन्यास लिखे, तो जैनेन्द्र कुमार का उद्देश्य पात्रों का मनोवैज्ञानिक निरूपण होता था। इसी तरह फणीश्वरनाथ रेणु ने आँचलिक शैली में 'मैला आँचल' और 'परती परिकथा' जैसे उपन्यास लिखे। रांगेय राघव के उपन्यास 'कब तक पुकारूँ' का उद्देश्य था नट-समाज के जीवन को यथार्थवादी तरीके से दिखाना।

बहरहाल, उपन्यासकार के उद्देश्य अलग-अलग हो सकते हैं, लेकिन वे कथावस्तु का हिस्सा बनकर ही आते हैं, तो सहज प्रतीत होते हैं। पात्रों के कार्यकलापों, घटनाओं में ही लेखक का विचार चलता है तो सहज प्रतीत होता है। अगर उपन्यासकार अलग से उपन्यास में लम्बे-लम्बे कथनों की योजना कर विचार व्यक्त करने लगता है तो उससे उपन्यास की संरचना प्रभावित होती है। इतना जरूर है कि उपन्यास का भी एक जीवन होता है और उस औपन्यासिक जीवन की जितनी ही संगति वास्तविक जीवन के साथ होती है उतना ही वह उपन्यास विश्वसनीय बन पड़ता है।

मोटे तौर पर एक उपन्यास में इन पहलुओं का होना आवश्यक समझा जाता है। आवश्यक कोई नियम नहीं होता है। अनेक उपन्यास में जान-बूझकर समय का इस तरह उपयोग दिया जाता है कि उसकी संगति टूट जाती है। उपन्यास विधा के लगातार लोकप्रिय होने जाने का शायद यह एक बड़ा कारण है कि उसमें कथा को लेकर, शिल्प को लेकर इतने प्रयोग किए गये हैं कि शायद ही किसी और विधा में किए गये हों। अँग्रेजी के प्रसिद्ध उपन्यासकार विक्रम सेठ का उपन्यास 'द गोल्डेन गेट' पूरी तरह से पद्य में लिखा गया है। आचार्य जानकीवल्लभ शास्त्री ने ऐसा ही प्रयोग 'गाथा' में पद्य में कहानी-रचना कर किया है। इसी तरह के प्रयोग उपन्यास की विधा में लगातार चल रहे हैं। अभी हाल में ही अँग्रेजी भाषा के प्रसिद्ध उपन्यासकार जे. एम. फोएटजी का उपन्यास 'एलिजबेथ कोसेलो' आया। यह उपन्यास एक स्त्री मानवाधिकार कार्यकर्ता के जीवन पर आधारित है और यह पूरा उपन्यास उनके पाँच भाषणों के आधार पर बुना गया है। यही इस विधा की जीवन्तता का प्रमाण है।

कहानी

कहानी का वह रूप जिसे अँग्रेजी की 'शॉर्ट स्टोरी' की तर्ज पर देखा जाता है, निश्चित रूप से आधुनिक है। लेकिन कहने-सुनने की इस विधा की मौजूदगी प्राचीन काल से ही देखी जा सकती है। संस्कृत में कथासरित्सागर, पंचतन्त्र जैसे पुराने प्रारूप इसके मौजूद रहे हैं। लोककथाएँ आदिम जमाने से हमारे समाज में मौजूद रही हैं। लेकिन आधुनिक विधा के रूप में कहानी का उद्भव 19वीं शताब्दी में माना जाता है। जब रूस, फ्रांस, जर्मनी और अमेरिका की पत्र-पत्रिकाओं में कहानियाँ छपने लगीं। आरम्भिक कथाकारों में फ्राँस के बालजाक, अमेरिका के वाशिंगटन इर्विंग, रूस के अलेक्सांद्र पुश्किन, जर्मनी के इ. टी. ए. हॉफमैन का नाम लिया जा सकता है। लेकिन रूसी लेखक गोगोल और अँग्रेजी के लेखक एडगर एलन पो की कहानियों में इस विधा ने आधुनिक शक्ल ग्रहण किया।

हिन्दी में कहानी की विधा को इस रूप में नितान्त 20वीं शताब्दी की विधा कहा जा सकता है, क्योंकि इसी शताब्दी के आरम्भिक दशकों में कुछ ऐसी कहानियाँ लिखी गयी, जिन्होंने आगे इस विधा के विकसित होने के संकेत दिये। चन्द्रधर शर्मा 'गुलेरी' की उदात्त प्रेम की कथा 'उसने कहा था' ऐसी ही एक कहानी है। लेकिन हिन्दी में कहानी का नाम आते ही जिस लेखक का नाम सबसे पहले ध्यान में आता है वह है प्रेमचन्द। हिन्दी में सचमुच प्रेमचन्द ने कहानी विधा को स्थापित कर दिया। 300 से अधिक कहानियाँ लिखनेवाले प्रेमचन्द ने कहानी की विधा को समाज के ताने-बाने को समझने, उसके रिश्ते-नाते, ईर्ष्या-द्वेष, भेदभाव इस सबका चित्रण प्रेमचन्द ने अपनी कहानियों में किया, जबकि उनके उपन्यासों का फलक व्यापक होता था। प्रेमचन्द की जमीन पर हिन्दी में यथार्थवादी कहानियाँ बड़े पैमाने पर लिखी गयी हैं।

कहानी क्या है ?—आमतौर पर कहानी को आकार के कारण उपन्यास का छोटा रूप कहा जाता है। लेकिन कहानी महज इसी रूप में उपन्यास से अलग विधा नहीं होती है। उपन्यास जहाँ विस्तार की विधा है, वहीं कहानी गहनता की विधा है। इसे हम हिन्दी के प्रसिद्ध लेखक प्रेमचन्द की कहानियों और उपन्यासों के अन्तर से समझ सकते हैं। हिन्दी के शायद वे अकेले ऐसे लेखक हैं जिन्होंने कहानी और उपन्यास दोनों ही विधा में अपनी अलग-अलग पहचान बनायी। उपन्यास में अगर उन्होंने राजनीतिक आन्दोलन, स्वतन्त्रता, आन्दोलन और उस समय विचार के लिए उपस्थित बड़े-बड़े सवालों का उठाया, तो कहानियाँ उनके लिए कुछ चरित्रों को गढ़ने, कुछ घटनाओं को रखने, सामाजिक कुरीतियों को सामने लाने की विधा थी।

कहानी-कला के सिद्धान्त भी आमतौर पर वही माने जाते हैं, जो उपन्यास के

होते हैं, इसलिए यहाँ उनकी अलग से चर्चा करने की आवश्यकता नहीं है। कहानी वास्तव में किसी एक विषय, किसी एक पहलू के बारे में बहुत गहराई से सोचने का मौका देता है, किसी एक पहलू के प्रभाव से आकर्षित करता है। उदाहरण के लिए अज्ञेय की कहानी 'रोज' या मोहन राकेश की कहानी 'मिस पाल' में अकेलेपन को बड़ी शिद्दत से दिखाया गया है। कहानी में छोटी-छोटी घटनाएँ, कुछ चरित्रों की कथा कही जाती है। उदाहरण के लिए धर्मवीर भारती ने 'गुलकी बन्नो', 'बन्द गली का आखिरी मकान' जैसी अनेक चरित्र-प्रधान कहानियाँ लिखी हैं।

उपन्यास और कहानी में एक अन्तर इस कारण भी है कि कहानी आमतौर पर पत्र-पत्रिकाओं में प्रकाशन के लिए लिखी जाती हैं, जबकि उपन्यास का स्वतन्त्र प्रकाशन होता है। इसलिए कहानी को अपने छोटे आकार में ही वह प्रभाव पैदा करना होता है जिसके लिए कोई लेखक उपन्यास लिखता है। उपन्यास का प्रभाव पाठकों पर समग्र नहीं होता है। उपन्यास पाठक को टुकड़ो-टुकड़ों में प्रभावित करता है। अगर उदाहरण के लिए प्रेमचन्द्र के उपन्यास 'गोदान' को ले लें तो उसकी कथा का प्रभाव हर पाठक के लिए अलग-अलग हो सकता है—कोई गोबर के विद्रोही चरित्र से प्रभावित हो सकता है, तो कोई होरी के संघर्ष से आईडेण्टीफाई कर सकता है, किसी को मेहता-मालती की कहानी में अधिक मजा आ सकता है, और भले इस उपन्यास को ग्रामीण जीवन का महाकाव्य कहा जाता हो, मगर यह भी हो सकता है कि किसी पाठक को उस उपन्यास की शहरी कथा ही अधिक आकर्षित करती हो। लेकिन उन्हीं की कहानियों के उदाहरण से समझें तो कहानी का एक केन्द्रीय भाव होता है। प्रेमचन्द की एक कहानी है 'ठाकुर का कुआँ'—कहानी पढ़कर यही प्रभाव मन पर पड़ता है कि ऐसी छुआछूत है समाज में कि पानी तक बँटा हुआ है। इसी तरह, कहानी का एक आवश्यक गुण उसकी समग्रता होती है। उदाहरण के लिए भारत-विभाजन को अधार बनाकर इतने उपन्यास हिन्दी में लिखे गये हैं, लेकिन महीप सिंह की कहानी 'पानी और पुल', मोहन राकेश की कहानी 'मलबे का मालिक', कृष्णा सोबती की कहानी 'सिक्का बदल गया' जैसी कहानियों का प्रभाव जिस समग्रता में विभाजन की भयावहता को सामने रखता है, वह कहानी का एक विशेष रूप भी है।

एक समालोचक ने अच्छी कहानी की सात विशेषताएँ बतायी है—(1) एकमात्र घटना प्रधान, (2) एकमात्र प्रमुख चरित्र, (3) कल्पना, (4) कथावस्तु, (5) कसाव-संक्षिप्तता, (6) गठन, (7) प्रभाव की अन्विति।

इसी तरह कहानी को लेकर कई सिद्धान्त रहे हैं, लेकिन उपन्यास की तरह ही कहानी विधा भी अत्यनत लचीली विधा रही है। इतनी लचीली कि किसी कथाकार ने रोजनामचा की तरह कहानी लिख दी, जैसे इस्पहानी भाषा के लेखक गाब्रिएल गार्सिया मार्केस ने रोजनामचा की शैली में कहानी लिख दी—'क्रॉनिकल ऑफ ए डेथ

फोरटोल्ड'। इसी तरह 'मैं' शैली में लिखी गयी कहानियाँ अक्सर आत्मकथा का भ्रम देने लगती है, लेकिन यहाँ यह ध्यान रखने की बात है कि कहानी आत्मकथा नहीं होती है। उसी तरह कहानी संस्मरण और रेखाचित्र भी नहीं होती है, यद्यपि इन दोनों ही विधारूपों में कहानियाँ लिखी जाती हैं या कम से कम इस तरह कहानी संस्मरण और रेखाचित्र होने का भ्रम देने लगती हैं। कहने का मतलब यह है कहानी किसी भी विषय पर लिखी जा सकती है और किसी भी शैली में लिखी जा सकती है।

कुछ मिलाकर, यह कहा जाता है कि अच्छी कहानी वही होती है जिसमें अनुपात का सन्तुलन होता है। अनुपात का सन्तुलन यह है कि यदि कहानीकार कहानी लिखते हुए अपने द्वारा अपनाए गये किसी विचार के प्रभाव में आ जाता है, तो उसके असर में कहानी के वैचारिक निबन्ध हो जाने का खतरा रहता है, उसी प्रकार अगर उसमें संवाद की बहुलता हो जाए तो इस बात का खतरा रहता कि वह नाटक लगने लगे। अगर कहानीकार चरित्र-प्रधान कहानी भी लिखता है, तो उसे इसका ध्यान रखना चाहिए कि वह उस चरित्र में ही इतना न उलझ जाए कि कहानी रेखाचित्र बन जाए। इसी तरह लेखक को इससे भी बचना होता है कि उसकी कहानी संस्मरण का भ्रम न पैदा करे।

इसी तरह, अगर कोई लेखक किसी घटना को आधार बनाकर कहानी लिखता है, तो उसे उस घटना को विश्लेषण में ही इतना नहीं उलझ जाना चाहिए कि वह अखबार की खबर लगने लगे। मान लीजिए आप किसी कस्बे में दो समुदायों के बीच तनाव और अन्ततः उनमें शान्ति स्थापना को लेकर कहानी लिखना चाहते हैं, तो बजाय इसके कि आप इस विस्तार में जाएँ कि दंगे का क्या कारण था, उसमें प्रशासन की भूमिका क्या रही, तो इस कहानी में आप कोई नयी बात नहीं कह रहे होते हैं। क्योंकि हो सकता है कि आपकी कहानी में वह तनाव भले पहली बार घटित हो रहा हो, लेकिन इस तरह की घटनाएँ देश के अलग-अलग हिस्सों में जब-तब घटती रहती हैं और उनके बारे में समाचारपत्रों में खबरें भी छपती रहती हैं। जिनके अकसर इसी तरह की बातें रहती हैं। कहानी को यथार्थ पर आधारित होना तो चाहिए, लेकिन यथार्थ का तात्पर्य घटना का यथातथ्य वर्णन करना नहीं होता है। बहरहाल, लेकिन अगर आप दो समुदायों के बीच तनाव फैलने और उसके थम जाने की घटना पर ही कहानी लिखना चाहते हैं, तो उसे आप दो व्यक्तियों के सम्बन्धों के माध्यम से भी लिख सकते हैं। मान लीजिए कि दो विधर्मी स्त्री-पुरुष आपस में प्रेम करते हैं और इस दंगे में वे फँसे हुए हैं। इस तरह से आप उन प्रेमियों की कहानी लिखते हुए दंगे की भयावहता, उसकी निस्सारता को और भी गहराई से दिखा सकते हैं। इसी तरह की एक कहानी कथाकार अखिलेश की है जिसका शीर्षक है 'अँधेरा'।

कहानी के बारे में इस्पहानी भाषा के महान रचनाकार बोर्खेज ने लिखा है कि

सृष्टि की रचना करनेवाले ने सृष्टि के आरम्भ में ही एक कहानी लिख दी थी। हर दौर का लेखक उसे अपने-अपने ढंग से लिखता है। वास्तव में कहानी यथार्थवादी इस अर्थ में भी होती है कि लेखक किसी भी विषय, किसी भी घटना पर लिखते हुए उसे अपने अनुभव से नया बना देता है। उदाहरण के लिए प्रेमी-प्रेमिका का मिलन कोई लेखक खेत में दिखाता है, सलमान रश्दी के उपन्यास में प्रेमी अपनी पर्दानशीं प्रेमिका को एक इंच के छिद्र से देखता है, तो मनोहर श्याम जोशी के उपन्यास 'कसप' में प्रेमी-प्रेमिका का प्रथम मिलन अस्थायी टट्टी के परदे के आर-पार होता है।

प्रश्न यह उठता है कि कहानी के लिए विषय कहाँ से लाया जाए? किस तरह किसी विषय को कहानी में ढाला जाए? इसका जवाब तो यही हो सकता है कि आप जिन जीवन-स्थितियों में जीते हैं, जिन परिस्थितियों का आप सामना करते हैं, जिस तरह की घटना आपको प्रभावित करती है, कोई व्यक्ति आपको ऐसा लगता है कि उस पर कहानी लिखी जाए। कहानी वही जीवन्त होती है।

कहानी के आवश्यक तत्त्व भी उपन्यास की तरह ही होते हैं। उसमें भी कथावस्तु-कथानक, पात्र-योजना, चरित्र-चित्रण, संवाद आदि का महत्त्व होता है, लेकिन उपन्यास की तरह कहानी में विस्तार का नहीं संक्षिप्तता का महत्त्व होता है। हालाँकि ऐसी भी कहानियाँ लिखी गयी हैं जो काफी लम्बी होती हैं। महत्त्व कहानी में विषय और दृष्टिकोण का होता है। कहानीकार जितनी स्पष्टता से कहानी के माध्यम से उस दृष्टिकोण को सामने ला पाता है उसी में कहानी की सफलता मानी जाती है।

कथाकार बनने के लिए यह आवश्यक है कि विश्व कथा-साहित्य के मूर्धन्यों, यथा, गोगोल, चेखव, मोपासां, ओ. हेनरी की कहानियों के अलावा हिन्दी के भी महत्त्वपूर्ण कथाकारों की कहानियों का अध्ययन जरूर करना चाहिए। प्रेमचन्द की कहानियाँ समाज के विविध अनुभवों को लेकर हैं, हर कथाकार को उनकी कहानियाँ पढ़नी चाहिए। उसी तरह यशपाल, जैनेन्द्र कुमार, उदय प्रकाश, अरुण प्रकाश, अखिलेश जैसे कथाकारों की कहानियों का अध्ययन भी करना चाहिए। ये तो महज कुछ नाम हैं। जिन कथाकारों की कहानियों ने कहानी-विधा को समृद्ध किया है, उसे नये-नये रूप दिये हैं—उन कथाकारों के अध्ययन से यह पता चलता है कि कहानी का विकास किस तरह हुआ है और आगे उसकी क्या दिशा होनेवाली है।

खण्ड : चार

सूचना-तन्त्र के लिए लेखन

सूचना–तन्त्र के लिए लेखन

प्रिण्ट माध्यम

मीडिया के महत्त्व से सभी परिचित हैं। सूचनातन्त्र में प्रिण्ट–माध्यम और इलैक्ट्रानिक–माध्यम दोनों ही महत्त्वपूर्ण हैं। इन्हें लोकतन्त्र की दो आँखें माना जा सकता है। दोनों क्षेत्रों में काम करने वाला व्यक्ति पत्रकार लेखक भी होता है। और दोनों (लेखक और पत्रकार) सर्जक हैं। दोनों में ही अन्तर्भेदिनी दृष्टि, चिन्तनक्षमता और सम्प्रेषण की शक्ति अनिवार्य है। यद्यपि समस्त पत्रकारिता साहित्य नहीं है—पर पत्रकारिता का क्षेत्र साहित्य का क्षेत्र भी है। पत्रकारिता साहित्य की एक सशक्त विधा है। भारतेन्दु जैसे साहित्यकार पत्रकारिता के भी कर्णधार रहे। पत्रकार में समय की नब्ज को पहचानने की शक्ति होती है। लोगों के 'जानने का अधिकार' क्या है? उन्हें क्या जानना चाहिए? पत्रकार उस अधिकार की रक्षा करता है। वह अपने समय के बारे में लिखता है। एक नागरिक और उसके समय के परस्पर सम्बन्ध को जानकर उसके महत्त्वपूर्ण बिन्दुओं को उजागर करता है। पत्रकारिता में विशेषज्ञता का सर्वाधिक महत्त्व है। चाहे वह सामान्य लेखन हो तथ्यात्मक या अन्वेषणात्मक लेखन उसे घटनाओं, तथ्यों, स्थितियों और विषयों को क्रम से पिरोना आना चाहिए। घटना कब, क्यों कहाँ, कैसे हुई? क्या है जो उसके भीतर निहित है? इसका स्पष्ट ब्यौरा सरल और सहज भाषा में कहने का अभ्यास करना होगा। खोजी या अन्वेषणात्मक पत्रकारिता के लिए सर्वेक्षण, अध्ययन और अनुसन्धान के क्षेत्र में प्रवृत्त होना होगा। निश्चिय ही इसके लिए सतर्कता, कर्मठता और निरन्तरता की आवश्यकता है। खोजबीन के लिए उसे कई बार जासूसी भी करनी पड़ती है। पर अधिकांश यह कार्य गुप्त रूप से ही करना पड़ता है। किसी को कानोकान खबर न हो। उद्घाटन का क्षण पत्रकार को पहचान और प्रतिष्ठा दिलाता है। प्रत्युत्पन्नमति के साथ–साथ सही अभिव्यक्ति भी आवश्यक है।

पत्रकारिता और सृजनात्मक लेखन

श्रेष्ठ पत्रकारिता में साहित्यिक गुण विद्यमान रहते हैं। सर्वोत्तम साहित्य भी पत्रकारिता

जैसे सूचना देने का कार्य करता है। साहित्यकार 'मनुष्यों और समय की धारा' को मोड़ना चाहता है तो पत्रकार का लक्ष्य भी यही है। समाज के विचारों और साहित्य का संवहन पत्रकारिता करती है। अच्छा पत्रकार अच्छा साहित्यकार भी होता ही है। पत्रकार का लेखन 'इति' के महत्त्व की अपेक्षा 'अर्थ' के महत्त्व पर केन्द्रित होता है। सच्चिदानन्द हीरानन्द वात्स्यायन 'अज्ञेय', धर्मवीर भारती, रघुवीर सहाय, सर्वेश्वरदयाल सक्सेना, राजेन्द्र अवस्थी, कमलेश्वर, राजेन्द्र यादव, मनोहर श्याम जोशी, कन्हैयालाल नन्दन आदि ऐसे साहित्यकार हैं जिन्होंने दोनों क्षेत्रों में सफलता और ख्याति अर्जित की। मनोहर श्याम जोशी, कमलेश्वर, मृणाल पाण्डेय, हिमाँशु जोशी जैसे लोगों ने प्रिण्ट मीडिया और इलैक्ट्रानिक-मीडिया दोनों में ही महत्त्वपूर्ण कार्य करके योगदान किया है।

यात्रा-वृतान्त

तीर्थ-यात्रा हो या पर्यटन की प्रवृत्ति यह विराट भू और जन दोनों से निकटता का अवसर देता है। प्राचीन काल में फाहियान और ह्वेनसांग, अलबरूनी जैसे लोगों ने अपने यात्रा-वृतान्तों को शब्दबद्ध किया। आज वे प्राचीन समय में देश और सभ्यता को जानने के महत्त्वपूर्ण दस्तावेज साबित हो रहे हैं। प्रकृति के प्रति सहज आकर्षण ऐसे लेखकों-पत्रकारों के शब्दों को साहित्यिक गुणवत्ता देने के अतिरिक्त सौन्दर्य और ज्ञान की प्यास भी पूरी करता है। अज्ञेय (अरे यायावर रहेगा याद), राहुल सांकृत्यायन जहाँ साहसिकता और सौन्दर्यवृत्ति का परितोष करते हैं, वहीं निर्मल वर्मा का 'चीड़ों पर चाँदनी' और रांगेय राघव के यात्रा-वृतान्त, अजित कुमार 'सफरी झोले में' महत्त्वपूर्ण आर्थिक -सामाजिक-ऐतिहासिक दस्तावेज कहे जा सकते हैं।

आज 'ग्लोब्लाजेशन' का युग है। हम दूसरे देशों और लोगों के बारे में जानना चाहते हैं—दूसरे के अनुभवों को बाँटना चाहते हैं। इसीलिए यात्रा-वृतान्त का लेखन और साहित्य में उसकी स्थापना हो रही है। यात्रा-वृतान्त आज साहित्य की स्वतन्त्र विधा के रूप में स्थापित हो गया है। बहुत से देशों की सरकारें पत्रकारों-साहित्यकारों को अपना देश देखने और उसके बारे में लिखने का मौका देती हैं। बहुत से लेखक अपने घुमुन्तू स्वभाव और खोजी प्रवृत्ति के कारण अपने खर्च पर पर्यटन कर अपने अनुभवों को लिखते हैं। यात्रा-वृतान्त सामान्य लेख नहीं। इसका लेखक पूरी आत्मीयता से दृश्य जगत को 'कहानी' के अन्दाज़ में कह सके, दार्शनिक रंग और पैनी दृष्टि से वर्णन कर सके तभी पाठक को तन्मयता दे सकता है।

साक्षात्कार (इण्टरव्यू)

साक्षात्कार या भेंटवार्ता आज की पत्रकारिता की महत्त्वपूर्ण जरूरत है। समाचार पाने

का भी यह महत्त्वपूर्ण माध्यम है। सही साक्षात्कार एक कला है। जो अनजान या महत्त्वपूर्ण व्यक्तियों को जानने, उनसे किसी विषय, विधा या सूचना लेने का विशिष्ट माध्यम है—प्रामाणिक भी। किसी उत्सव, संगोष्ठी या समारोह के अतिरिक्त अप्रत्याशित घटने या आपात् स्थिति की जानकारी हासिल करने का स्रोत है।

साक्षात्कार लेते समय अपने विषय की पूर्व जानकारी हासिल करें। साक्षात्कार देनेवाले को यह नहीं लगे कि आप उसके बारे में कुछ नहीं जानते। अपने प्रश्न सीधे और स्पष्ट रूप में करें। राजनीतिज्ञों के साक्षात्कार कई बार बड़े जटिल होते हैं। बे साफ़-साफ कुछ नहीं बताना चाहते। साक्षात्कारकर्ता को प्रश्नों का ऐसा चक्रव्यूह रचना पड़ता है कि उससे सच्चाई निकलवा सके। पर यह सब हल्के-फुल्के आत्मीयता भरे सहज अन्दाज में किया जाय। ताकि साक्षात्कार देने वाला किसी डर या दबाव को अनुभव न करें। स्वयं अधिक न बोलकर साक्षात्कार देने वाले व्यक्ति को बोलने दें। आपके प्रश्नों में वह रुचि ले और अधिक से अधिक जानकारी दे। प्रश्नकर्त्ता को ऐसे प्रश्न संजोने चाहिए अधिक से अधिक जानकारी हासिल हो सके। कही गयी बातें उन्हीं के शब्दों में लिखें तो अच्छा रहता है। मिलते ही प्रश्नों की बौछार न करें। अनौपचारिक बातें करके भेंटकर्ता से आत्मीयता स्थापित करें। उसकी पुस्तकों अथवा कार्यों के विषय में जानकारी एकत्र करने के बाद ही साक्षात्कार उचित रहेगा। कलाकारों से साक्षात्कार के समय उनके भावी कार्यक्रम, प्रोजेक्ट के बारे में अवश्य पूछें। पिछले कार्यक्रमों की सफलता-असफलता या महत्त्वपूर्ण बिन्दुओं, और उनके महत्त्व पर भी बात कीजिए।

साक्षात्कार के लिए पूछे गये प्रश्न महत्त्वपूर्ण होने चाहिए। इतिवृत्तात्मक प्रश्नों की अपेक्षा नये तरीके से पूछ जाएँ जो उत्तर देने वाले को भी उत्तर के लिए प्रेरित करें। कई बार एक विषय पर अनेक लोगों के साक्षात्कार भी महत्त्वपूर्ण होते हैं। तब प्रश्नमाला तैयार कर उनको भेजी जाए अथवा उनसे उत्तर माँगे जाए। उसके लिए एक सुन्दर विषय और आकर्षक शीर्षक होना आवश्यक है। प्रश्नकर्ता को सकारात्मक रूख अपनाना चाहिए। साक्षात्कार के लिए निर्धारित समय से पहले पहुँचना चाहिए। बहुत से लोग अपनी बात रिकार्ड नहीं करवाना चाहते। अथवा स्वयं को 'कोट' न करने का आग्रह करते हैं—लिखते समय इन बातों का सम्मान करना आवश्यक है। साक्षात्कार ऐसे वातावरण में समाप्त हो कि भविष्य में दुबारा मुलाकात में कठिनाई न हो।

उदाहरण—

प्रसाद : भारतेन्दु से आगे के नाटककार

ब. व. कारन्त से विजयमोहन सिंह की बातचीत

[ब. व. कारन्त से विजय मोहन सिंह की यह बातचीत 'स्कन्दगुप्त' की प्रस्तुति पर केन्द्रित है, और यह नटरंग-44, वर्ष 1985 में प्रकाशित हुई थी।]

कारन्त से नाटकों के बारे में बात करना या सुनना मुश्किल नहीं है, खास तौर पर तब जब कि वे उन दिनों किसी नाटक के निर्देशन में लगे हों या अभी-अभी उन्होंने कोई नाटक मंचित किया हो। मेरी उनकी बातचीत उन्हीं दिनों हुई जब वे प्रसाद के नाटक स्कन्दगुप्त को बड़ी सफलता से मंचित कर रहे थे। जाहिर है, इसलिए बातचीत मुख्यतः प्रसाद के नाटक तथा *स्कन्दगुप्त* पर केन्द्रित रही।

प्रश्न : अपने अब तक प्रसाद के कितने नाटक खेले हैं?

तीन : चन्द्रगुप्त, विशाख तथा स्कन्दगुप्त।

प्रश्न : सबसे असफल कौन रहा?

विशाख। चन्द्रगुप्त में नाटकीय गति बनी रही।

प्रश्न : और सबसे सफल?

स्कन्दगुप्त, आपकी प्रतिक्रिया के अनुसार।

प्रश्न : केवल प्रतिक्रिया के आधार पर?

स्कन्दगुप्त सबसे सुरक्षित बना रहा।

प्रश्न : सुरक्षित किस अर्थ में?

मूल उद्देश्य, कथासूत्र, पात्रों का विकास—सभी अर्थों में।

प्रश्न : उसके पात्रों में विकास अधिक है?

स्कन्दगुप्त में परिवर्तन तथा विकास दोनों हैं—प्रसाद के अन्य नाटकों की अपेक्षा। स्वयं *स्कन्दगुप्त* के चरित्र में भी यह बात देखी जा सकती है। कई स्तरों पर। जैसे, पहले वह विजया की ओर आकृष्ट होता है, फिर देवसेना की ओर। लेकिन जब दोनों नहीं मिलतीं, या दोनों से उसे अलग होना पड़ता है, तो वह टूटता नहीं। इसके अलावा, शुरू में उसके व्यक्तित्त्व में चिन्ता या चिन्तन अधिक है, पर धीरे-धीरे कर्म, या नाटकीय दृष्टि से गति (ऐक्शन), प्रधान होता जाता है। देवसेना में हालाँकि विजया की अपेक्षा यह परिवर्तन कम है। पर वह भी पहले तो स्कन्दगुप्त के लिए सब कुछ अर्पित करने को प्रस्तुत है, पर यह पता लगते ही कि स्कन्दगुप्त विजया की ओर आकृष्ट है, वह अपने प्रेम पर अंकुश लगा देती है।

प्रश्न : स्कन्दगुप्त करने से पहले आपके मन में कोई प्रिकंसीव्ड नोशन (पहले से निश्चित विचार) था?

नहीं, पर यह जरूर था कि प्रसाद के नाटकों का महाकाव्यात्मक अवधारणा के अन्तर्गत देखना चाहिए। एक साथ कई घटनाएँ होती हैं, कई स्थानों पर, और उनकी ईको (प्रतिध्वनि) एक दूसरे पर होती है। इस तरह मैंने स्थान

और काल की अन्विति का उपयोग किया है या अन्विति स्थापित कर पाया हूँ।

प्रश्न : *काव्यात्मक से मतलब?*

काव्य के साथ जीवन की विराट पृष्ठभूमि है, 'टोटल विजन' (समग्र दृष्टि) है। सब कुछ कई स्तर पर और कई दिशाओं का स्पर्श करता हुआ चलता है। बहुत सारी चीजों का 'फ्यूजन' (समावेश) है। उनके सामने उदाहरण के रूप में पारसी थिएटर था। लेकिन जो उनकी थी, वही शक्ति थी।

प्रश्न : *व्यक्ति कैसे?*

....दृश्यों में एक पारस्परिक सम्बन्ध था जो पारसी थिएटर में नहीं था। उनके यहाँ ...(पारसी थिएटर वाली) नहीं है, यह भी एक अच्छी बात है। वह इंगलैण्ड में एलिज़ाबेथकालीन थिएटर की तरह है जहाँ तमाम स्थल है, पर उन्हें एक ही दृश्यबन्ध में खेला जा सकता है वह दृश्यबन्ध लगभग 'न्यूट्रल' (निरपेक्ष) है। यहाँ स्थल तथा मंच में फर्क समझा जा है: स्थल सहज है। मंच कृत्रिम तथा निर्मित है। प्रसाद के यहाँ थिएट्रिकल एफैक्ट नाटकीय प्रभाव) देने की कोशिश कम-से-कम है, जो जानबूझकर पारसी थिएटर वाले परदे भी यहाँ नहीं है। प्रसाद के पारसी थिएटर के अनुगामी नहीं है।

प्रश्न : *आपने स्कंदगुप्त के अलावा उनके दूसरे नाटकों तथा लहर से भी गीत लिये हैं, क्यों?*

न रखें? क्योंकि नाटकीय आवश्यकता थी। क्योंकि एक ही प्रेरणा या जरूरत थी लिए वे अपना सारा साहित्य रच रहे थे।*कामायनी,* नाटक, या उनका लिखा सब कुछ खोज है—विजन है। इसलिए रंगमंच की दृष्टि से हम कहीं से किसी चीज का न कर सकते हैं। *लहर* में भी अनेक नाटकीय भाव-स्थितियाँ हैं, वो मुझे प्रासंगिक लगीं उनका मैंने इस्तेमाल किया।

प्रश्न : *लोगों की धारणा है, नाटक देखकर, कि उसमें एक संकीर्ण राष्ट्रवादी स्वर उभरता आपका क्या खयाल है?*

मुझे भी यह लगा। पर बाद में लगा कि प्रसाद 'प्रोटेस्ट' के नाटककार हैं। वह आज संकीर्ण राष्ट्रवाद लग सकता है। पर वैसा तो कुछ भी लग सकता है, जैसे, हिन्दी की भाषा की बात करना, किसी भी देश की स्वतन्त्रता की बात करना। कोई भी शक्ति देश की स्वतन्त्रता में बाधक बनती है, या उससे हमें खतरा पैदा होता है, तो उसका

आवश्यक है। प्रसाद यही करते हैं। वे एक सभ्यता, संस्कृति और धर्म से टकराहट हैं। यह उनका प्रिय विषय है और यह दिलचस्प है। संकीर्णतावादी टकराता नहीं, वह आरोपित करता है।

प्रश्न : *नाटक को कुछ 'इम्प्रोवाइज' भी किया है?*

किसी भी छोटी भूमिका को छोटा नहीं रहने दिया।

गुप्त के चरित्र में एक गहरा द्वन्द्व है : प्रेम को लेकर, देशप्रेम, अपनी ....तथा आवश्यक दबावों को लेकर। वह बार-बार अपने होने का अर्थ ढूँढ़ता है।

प्रश्न : *क्या यह द्वन्द्व आपकी प्रस्तुति में प्रक्षेपित हो पाया है?*

नहीं, 'मोटिवेशन' (प्रेरणा का प्रयोजन) नहीं है।

प्रश्न : *किस चीज का 'मोटिवेशन?'*

'मोटिवेशन' अमूर्त रह जाता है। जिन बातों को लेकर उसमें द्वन्द्व है उनके लिए वस्तुगत स्थितियाँ नाटक में ही नहीं है।

प्रश्न : *इसका मतलब कि प्रसाद के नाटकों में रंगमंच की दृष्टि से कोई मूलभूत अन्तर्निहित अक्षमता है?*

नहीं। कुछ हो भी तो फर्क नहीं पड़ता। कभी नाटक अपनी क्षमता से रंगमंच की कमजोरियों को ढंक लेता है। इसी तरह रंगमंच अपनी क्षमता से नाटक की ऐसी कमजोरियों को भी ढक सकता है। बिना रंगमंच की प्रक्रिया से गुजरे ही कभी हमने प्रसाद के नाटकों को पसन्द किया, यह कमजोरी जरूर है कि वे बहुत-सी बातें को एक साथ समेट लेना चाहते हैं, बिना उनके लिए सामान्य वस्तुगत स्थितियाँ निर्मित किये। वे केवल उनके मस्तिष्क में रहती हैं। वस्तुतः जहाँ गहरी परम्परा होती है वहाँ ऐसा होना स्वाभाविक है। रचनाकार मानकर चलता है कि लोग उन सन्दर्भों को समझ रहे होंगे, जिनकी स्थितियाँ निर्मित या अभिव्यक्त नहीं हैं। कभी-कभी परम्परा पात्रों की अस्पष्टता को ढंक लेती है।

प्रश्न : *अब प्रसाद का कौन-सा नाटक आप खेलना चाहेंगे?*

अजातशत्रु। वह एक अलग किस्म का नाटक है क्योंकि उसका नायक रुढ़ अर्थ में नायक नहीं है। यह एक बड़ा आकर्षण है—चुनौती भी।

प्रश्न : *स्कन्दगुप्त के बारे में एक बात और जो मैं पहले पूछना भूल गया था : नाटक में देश तथा राष्ट्र के लिए इतना भीषण संघर्ष करने के बाद स्कन्दगुप्त जिस तरह अन्त में खोजे तथा विदूषक किस्म के भाई को राजा बनाता है यह अस्वाभाविक, हास्यास्पद तथा 'सिनिकल'*

(सनकीपन) का निर्णय नहीं है?

इस सम्बन्ध में मैं कुछ कर सकता था, लेकिन मैंने किया नहीं, क्योंकि मैंने पाया कि उस समय का आदर्शवाद किस तरह आज 'सिनिसिज्म' (सनकीपन) प्रतीत होता है, और उसे मूल रूप में ही रखा जाए। और यही नाटक की सम्भावना भी है। आगे शायद कोई इसे दूसरी तरह से पेश करे। कोई नाटक कभी समाप्त नहीं होता। उसकी व्याख्यात्मक प्रस्तुतियाँ होती रहती हैं। एक महत्त्वपूर्ण रचना के सैकड़ों भाष्य होते हैं, नाटक में भी यही होता है।

प्रश्न : आपकी प्रस्तुतियों का कोई ऐसा विशेष डिजाइन होता है जो लगभग प्रत्येक प्रस्तुति में बना रहता है?

ऐसा तो कुछ नहीं है, पर प्रवेश तथा निर्गम (प्रस्थान) की रेखाओं को मैं जड़ीभूत नहीं करता। इन्हें मैं हमेशा खुली स्थिति के रूप में प्रस्तुत करता हूँ। प्रवेश तथा निर्गम को देखते हुए यह निश्चित रूप से कहा जा सकता है कि प्रसाद के नाटक रंगमंच को ध्यान में रखकर लिखे गये हैं।

प्रश्न : क्या प्रसाद के नाटकों की भाषा, जैसा कि प्राय: लोग कहते हैं, क्लिष्ट या गरिष्ठ है—रंगमंच की दृष्टि से?

क्लिष्ट है पर असम्प्रेषणीय नहीं है। विशेषणबहुल भी है, पर विशेषण काट दें तो उस भाषा की कविता मर जाएगी और वह भाषा भी। उसमें आंगिक अभिनय नहीं है, सात्विक अभिनय है। पर वह दूसरी बात है। नाटक के सन्दर्भ में बोलचाल की भाषा की हिमायत करना मुझे बहुत सार्थक नहीं प्रतीत होता। कभी बोलचाल की भाषा का इस्तेमाल केवल सस्ते चटपटेपन के लिए किया जाता है, जैसे आधू-अधूरे की भाषा। इस दृष्टि से *आषाढ़ का एक दिन* की भाषा बेहतर है, हालाँकि वह अपेक्षाकृत क्लिष्ट है। प्रसाद की एक सुनिश्चित रंगमंच परिकल्पना थी जिसे किसी ने समझने की कोशिश ही नहीं की। यह मेरा आरोप नहीं, प्रायश्चित है। वह बौद्धिक तथा सामान्य दोनों स्तरों का निर्वाह करती है। प्रसाद की असफलता लोगों द्वारा इस परिकल्पना का न समझ पाने की असफलता है।*(नटरंग:)*

पुस्तक-समीक्षा

पुस्तक-समीक्षा का क्षेत्र साहित्य में आज स्वतन्त्र विधा के रूप में स्वीकृत हो चुका है। सभी पत्र-पत्रिकाएँ नये प्रकाशनों से अपने पाठकों को अवगत कराना साहित्यिक

दायित्व मानती हैं। प्रतिष्ठित समीक्षकों की इस क्षेत्र में सक्रियाता इस विधा के प्रति उनकी गंभीरता को इंगित करती है। पुस्तक का प्रचार भी होता है और समीक्षा के माध्यम से उसका मूल्यांकन भी, किन्तु ध्यान रहे समीक्षा न तो अति प्रशंसा हो और न कटु आलोचना। केवल आलोचना के लिये आलोचना न की जाए। समीक्षक को व्यक्तिगत राग-द्वेष से मुक्त होकर समीक्षा करनी चाहिए। किसी भय अथवा आतंक से आक्रान्त होकर समीक्षा न की जाए। समीक्षा करते समय भूल जाइए कि लेखक कौन है। केवल पुस्तक के गुण-दोष उजागर करने पर ध्यान दें। कथ्य, भाषा-शैली पर ध्यान केन्द्रित हो। कोई बात अच्छी न लगे तो कहने में संकोच न करें। कोई वाक्य या पंक्ति अच्छी लगे तो उसे भी उद्धृत करना चाहिए। विषय का समाज, उसके आर्थिक सामाजिक प्रत्येक पत्र और पत्रिकाएँ नियमित रूप से समीक्षाएँ प्रकाशित करती हैं। निश्चय ही इनका साहित्यिक महत्त्व है। कुछ पत्रिकाएँ तो मात्र समीक्षा या आलोचना केन्द्रित हैं। 'आलोचना' इस दृष्टि से उल्लेखनीय है। 'प्रकर' (दिल्ली) 'समीक्षा' (पटना) ऐसी पत्रिकाएँ हैं जो केवल पुस्तक समीक्षा का ही लक्ष्य लेकर प्रकाशित हो रहीं हैं। 'वार्षिकी' में तो वर्ष-भर की प्रकाशित पुस्तकों का विवरण रहता है।

पुस्तक-समीक्षा प्रायः संक्षिप्त ही होती है। हर पत्र की अपनी नीति के अनुसरण उसमें व्यंग्य, विस्तार या प्रहार होता है। एकांकी समीक्षा उचित नहीं। समीक्षा का आरम्भ पुस्तक की पंक्तियों अथवा लेखक की परिचयात्मक टिप्पणी से किया जा सकता है। जिस सामाजिक ध्येय का उल्लेख करती है, उसकी चर्चा से भी समीक्षा का आरम्भ हो सकता है।

हमारे यहाँ पत्र-पत्रिकाओं की समीक्षा प्रायः नहीं होती, जो होनी चाहिए। पत्रिकाएँ अपने पाठकों की प्रायः प्रशंसात्मक चिट्ठियों को ही प्रकाशित करती हैं। पत्र-पत्रिका के इतिहास और योगदान की चर्चा भी अपेक्षित है। पत्रकारिता के इतिहास में उसके महत्त्व को भी आँका जाना चाहिए।

उदाहरण

''अमरीका हड्डियों में जम जाता है'' प्रवासी भारतीयों , का जीवन्त चित्रण

—रमेशचन्द्र शर्मा 'चन्द्र'

'अमरीका हड्डियों में जम जाता है', डॉ. अंजना संधीर की 49 कविताओं का संग्रह है। संग्रह की अधिकांश कविताएँ रोजी रोटी की तलाश में गये हुए प्रवासी भारतीयों से सम्बन्धित हैं। अमरीका में बसे भारतीयों से सम्बन्धित हैं। अमरीका में बसने पर

भारतीय कितना असहाय, अनुभव करते हैं तथा उनको द्वितीय स्तर का नागरिक माना जाता है, कितने घण्टे काम करना है तथा कितना पैसा कमाना है, यह उनको स्वयं ही निश्चय करना होता है। वहाँ पर दिन रात काम चलता है। कभी बिजली गुल नहीं होती, सड़कें बन्द नहीं होती, अमरीका में बसे हुए भारतीय कैसे अपनी जड़ों से कट जाते हैं इनका जीवन्त चित्रण इन कविताओं में है। अमरीका में रहनेवाले भारतीय अपने घर-परिवार, माँ-बाप, भाई-बहन आदि से हमेशा-हमेशा के लिए बिछुड़ जाते हैं। उनको अपने गाँव को बहुत याद आती है वे कहते हैं—

मेरे गाँव/मैं तुझसे बिछुड़कर यहाँ/जीवित होकर भी मृत हूँ/
और तुझमें मरकर भी जीवित रहूँगा/वहाँ कुछ भी तो नहीं बदला है।

आज अमरीका भौतिक एवं वैभव विलास की दृष्टि से सर्वोपरि है। भौतिक समृद्धि की वैज्ञानिक उपलब्धियों ने मानव को अधिक महत्त्वाकांक्षी बनाया। इन सुखों की मरीचिका के पीछे भागते-भागते वह अपने परिवार, समाज भाषा, सभ्यता, संस्कृति और यहाँ तक कि अपनी मातृभूति की भी उपेक्षा करने लगा। भारतीय संस्कृति और यहाँ तक कि अपनी मातृभूति की भी उपेक्षा करने लगा। भारतीय संस्कृति की मूलधारा आदर्श, सत्यं शिवं सुन्दरम्, वसुधैवकुटुबकम आदि पीछे छूट गये। भौतिक विकास को सर्वांगीण विकास मानकर उसी में वह रमने लगा। अमरीका जाकर अमरीका उसकी साँसों में बस गया। एक तीव्र वेदना, कसमसाहट लेकर अमरीका में जीने लगा; दशा धोबी के कुत्ते जैसे हो गयी। घर का रहा न घाट का—

उड़ने को मुक्त किया
लेकिन पर काट लिए

अमरीका निवासी होकर भी अमरीकी नहीं मानते। बच्चों के माँ बाप जरूर बने, किन्तु बच्चे स्वयं को अमरीकी मानते हैं तथा माँ-बाप को हेय दृष्टि से देखते हैं। माँ-बाप को अपने बच्चों से डर लगता है। बच्चे 911 डायल कर तुरन्त पुलिस को बुला लेते हैं। अमरीका में बच्चों को दण्डित नहीं किया जा सकता। वे जन्म से ही स्वतन्त्र होते हैं। पाँचवीं कक्षा में यौन शिक्षा मिल जाती है। लड़के-व-लड़कियाँ अपने-अपने गर्लफ्रेण्ड, बाय-फ्रेण्ड्स के साथ घूमते हैं। यदि कोई कई दिन घर न आये—तो आप कुछ कर नहीं सकते। कभी-कभी तो बच्चे स्वयं ही पुलिस को साथ लेकर आ ज़ाते हैं।

वृद्धावस्था में वृद्धों को सरकार से पेशन मिलती है, पर उनकी कोई बात सुननेवाला नहीं होता। कोई उनसे दो बातें प्रेम से करे तो निहाल हो जाते हैं। यहाँ किसी के भी साथ घूमने-फिरने, मौज-मस्ती मनाने की पूरी स्वतन्त्रता होती है। अनब्याही

माताएँ तथा अनब्याहे पिता भी मिल जाएँगे—फिर से वे अपने जोड़े बना लेते हैं। अमरीका में रंग-रेलियाँ मनाते हैं और शादी भारत में करते हैं। लड़की को ले आते हैं यहाँ जो काम के साथ-साथ बच्चे का बोझ भी उठाती है, इस तरह पैसे का लालच उनकी कहीं का नहीं छोड़ता है। न भारत के रह पाते हैं, न अमरीका में सपनों का सुख मिल पाता है। एक हताश-निराश व्यक्ति की तरह उम्र पूरी होती है...माँ-बाप *यह कहकर छूट जाते हैं कि इतनी दूर से कैसे* बुलाएँ। पैसा तो खूब कमाते हैं, किन्तु जीवन नारकीय हो जाता है। जैक्सन हाइट्स नाम का एक भारतीय बाजार है जिसमें भारत के खाने-पीने की सभी वस्तुएँ मिलती हैं। जहाँ जाकर लगता है कि व्यक्ति भारत में है। कवयित्री लिखती है।

"मैं भारतीय बाजार जैकसन हाइट्स हूँ
यहाँ अमरीका में...
तुम हर मौसम में भारत में ही रहते हो
लेकिन मैं तुम्हें याद दिलाता हूँ
कि तुम अमरीका में हो—(पृ. 46)

अमरीकी जीवन-शैली का एक मार्मिक चित्र कवयित्री ने खींचा है—

सेक्स के मुक्त दृश्य
किशोरावस्था से गायब होने की स्वतन्त्रता
डिस्को की मस्ती,
अपनी मनमानी का जीवन
कहीं भी, कभी भी, किसी के भी साथ
उठने, बैठने की आजादी
धीरे-धीरे हड्डियों में
उतरने लगता है अमरीका (पृ. 37)

प्रवासी भारती की मनोदशा का चित्रण निम्न शब्दों में देखिए—

आज मैं एक ग्रीन कार्ड हूँ
सोशियल सिक्युरिटी नम्बर हूँ
तेरी धरती पर रहने के लिए मुक्त
किन्तु मानसिक रूप से
गुलाम हो चुका हूँ...(पृ. 51)

सुखों के सब साधन होते हुए भी माँ की स्मृति बनी रहती है...कवयित्री कहती है—

माँ, मेरे आने की राह देखती

तेरी आँखें मुझे भूलती नहीं हैं।
अब सुबह से शाम का इन्तजार करना
मैं आऊँगी
परदेशन का इन्तजार करना
मैं आऊँगी...(पृ. 52)

अमरीका को कवियित्री एक जुआघर के रूप में देखती है—

जीतने, जैकपोट की चाह में
वह और भी हारने लगता है
इस चाह में जमा पूँजी
क्रेडिट कार्ड तक पहुँच जाती है
आने से पूर्व व्यक्ति—माँ, बाप, भाई-बहन
मुल्क दाँव पर लगा देता है
यहाँ आने पर काम-काम-काम
यहाँ का कमाया सब
यहीं रह जाता है...

जो लोग अमरीका में रच-बस गये हैं। पूर्ण आधुनिक हो गये हैं। उनकी भावनाओं को कवयित्री ने व्यक्त किया है—

मैं एक व्यक्ति हूँ, मेरी मर्जी
जिससे चाहूँ मिलूँ
माँ बनूँ या गर्भपात करूँ
बच्चों को पिता का नाम दूँ या नहीं
मुझे अधिकार है अपना जीवन जीने का
अब मैं भारत लौट जाना नहीं चाहती
वहाँ पशु और औरत की
कोई मर्जी नहीं होती
मैं औरत नहीं एक व्यक्ति हूँ
व्यक्ति की तरह ही
जीना चाहती हूँ। (पृ. 110)

''अमरीका हड्डियों में जम जाता है'' कविता का बंगाली और तेलुगु भाषा में अनुवाद हुआ है। जो इस पुस्तक में भी प्रकाशित किया गया है।

अपनी बात में कवयित्री ने अमरीका स्थिति साहित्यिक गतिविधियों तथा

साहित्यिक आयोजनों तथा पत्र-पत्रिकाओं पर प्रकाश डाला है। मार्मिक बात यह भी लिखी है कि परिवार के लोग मात्र पैसे के लिए अमरीका में बसे अपने लोगों को पत्र लिखते हैं। कभी-कभी उन्हें बुलाने व प्रेम प्रदान करने के लिए भी पत्र लिखें। जब उन्हें लगता है कि भारत में उनके लिए कोई जगह नहीं है, उनका हृदय टूटता है। यह लेख कवयित्री यहाँ के दैनिक पत्रों में प्रकाशित कर दें तो जन सामान्य को भी लाभ हों।

वृत्त-लेख या सामयिक विषयों पर लेखन (फीचर)—फीचर-लेखन

कोई भी प्रधान लेख जो किसी प्रकरण सम्बन्धी विषय पर प्रकाशित होता है फीचर अथवा वृत्त-लेख कहलाता है। मनोरंजन ढंग से लिखा लेख प्रासंगिक लेख होता है। फीचर वृत्त-लेख और लेख में कई समानताएँ है। पर दोनों का लेखन समाचार लेखन से अलग होता है। लेख फीचर का रूप ग्रहण कर सकता है। फीचर या वृत्त-लेख में सामान्य लेख का लक्षण दिखायी दे सकते हैं। दोनों के बीच पार्थक्य रेखा खींचना सम्भव नहीं। इसी लिए फीचर के लिए वृत्त-लेख का प्रयोग किया जा रहा है। प्राय: ये सामयिक विषयों पर ही केन्द्रित होते हैं। अन्य विषय भी हो सकते हैं।

किसी विषय पर लेख लिखते समय अन्य ग्रन्थों तथा पत्र-पत्रिकाओं की पड़ताल आवश्यक है। किन्तु फीचर या वृत्त-लेख लिखते समय लेखक को अपनी आँखों-देखी और कानों सुनी बातें को प्रस्तुत करना पड़ता है। अपनी और लोगों की प्रतिक्रियाएँ, अनुभवों और सम्वेदनाओं का सहारा लेना पड़ता है। इनकी प्रस्तुति इलेक्ट्रोनिक मीडिया में भी प्रभावी सिद्ध हो सकती है। बहुत साल पहले कमलेश्वर का 'परिक्रमा' इसका अच्छा उदारण कहा जा सकता है। रेडियो पर 'दिल्ली दर्शन' नाम का कार्यक्रम भी खासा लोकप्रिय हुआ था।

वृत्त-लेख अथवा फीचर-लेखन सामान्य लेख से अधिक कठिन है। तथ्य, आँकड़े सामने हो तो लेख लिखना आसान हो जाता है। फीचर लिखने के लिए खास तैयारी की जरूरत है। लेख शिक्षा देता है तो फीचर मनोरंजन करने के साथ-साथ सामयिक जीवन, उसकी समस्याओं और स्थितियों पर गहरायी से दृष्टिपात करने की प्रेरणा भी देता है। लेख जानकारी बढ़ाने और तर्क-वितर्क का नतीजा है। तो फीचर में अपनी मानसिकता और समझ के अनुसार किसी विषय या व्यक्ति का चित्रण रहता है। इसमें हास्य-व्यंग्य और कल्पना का विशेष योगदान है। लेख ज्ञान-गम्भीर हो सकता है, साहित्यिक गुण गम्भीर शैली में लिखा जाता है। फर फीचर के लिए ज्ञान की गठरी मारक सिद्ध हो सकती है। हल्के-फुल्के अन्दाज में, साधी सरल भाषा में कहने की प्रवृत्ति इसमें जीवन्तता लाती है। कहने का अन्दाज ऐसा हो कि दिल में हिलोरें उठें, विचार में आन्दोलन हो। वृत्त लेख लिखते समय अपना पाण्डित्य, कहाँ

छपना है, पाठक कौन होगा इत्यादि बातों को भूल कर सहजभाव से तनाव मुक्ति होकर लिखें।

लिखते समय विचारों को बिन्दुवार क्रमशः और तारतम्य से लिखें। भटकाव न हो, एक विचार-बिन्दु को पूरा करने के बाद ही विचार के अगले बिन्दु अथवा नये विचार को छुएँ। एक ही वृत्त लेख में सब कुछ कहने के प्रलोभन से बचना चाहिए। समस्या का कौन-सा पहलू आप उठा रहे हैं? उसमें क्या कहना है, इस सम्बन्ध सामग्री और रूपरेखा पहले से तैयार करें—बाद में लिखना प्रारम्भ करें।

लेख का आरम्भ ही महत्त्वपूर्ण और आकर्षक पंक्तियों से आरम्भ हो, तो पाठकों की जिज्ञासा बाँधने में आप सफल हो सकते हैं। मौलिकता और हार्दिकता का समावेश उचित होगा।

आपकी लेखन शैली बनावटी न हो, सहज हो, आपके व्यक्तित्त्व के अनुकूल हो। श्रेष्ठ और प्रसिद्ध लेखकों को पढ़ना जरूर चाहिए। पर उनकी नकल आपको श्रेष्ठ सिद्ध नहीं करेगी—इस बात का ध्यान बराबर रखिए। कम से कम शब्दों में सटीक ढंग से अपनी बात कहने का अभ्यास करें, तभी आपका पाठक आपको पहचानेगा और आपसे जुड़ना पसन्द करेगा। नये विचार के लिए नया अनुच्छेद आवश्यक है। प्रत्येक अनुच्छेद एक पूर्ण विचार के रूप में उपस्थित हो। शब्दों के सन्दर्भ में मितव्ययिता का परिचय दें। शब्दों का प्रयोग सोच-समझ कर करें। इनकी शक्ति से परिचित होना आवश्यक है। आपका वर्णन या अभिव्यक्ति ऐसी हो कि पाठक अन्त तक पढ़े बिना न रह सके। समापन के लिए 'पंचलाइन' का इस्तेमाल करें। अन्तिम वाक्य प्रभावी हो। आरम्भ जिज्ञासा बढ़ाये और अन्त गूँज बन कर पाठक के मानस में गूँजता रहे—तभी वृत्तलेखक सफल होगा।

अपने लिखे को बार-बार और तब तक पढ़ें जब तक आप स्वयं सन्तुष्ट न हो जाएँ। एक बात ध्यान में रखें प्रकाशित या प्रसारित होने के बाद वह रचना आपके हाथ नहीं रहती, पाठकों, श्रोताओं या दर्शकों की हो जाती है। आलोचना-प्रत्यालोचन से विचलित न हों। बल्कि ऐसा लेखन करें कि पाठक-श्रोता के मन में विचारों और प्रतिक्रियाओं की भँवरे बने। तब वृत्त या फीचर-लेखन सफल होगा।

इलेक्ट्रानिक माध्यम

इलेक्ट्रानिक माध्यम के लिए लेखन—

इलेक्ट्रानिक माध्यम कहते ही हमारे जेहन में रेडियो, टेलिविजन, सिनेमा जैसे माध्यमों की तस्वीर उभर आती है। आधुनिक संचार-पद्धतियों के विकास ने दृश्य-श्रव्य माध्यमों को अभिव्यक्ति का केन्द्रीय माध्यम बना दिया है। तरह-तरह की सैद्धान्तिक आपत्तियों, बाजार-पूँजी के प्रभावों, अपसंस्कृति आदि के खतरों आदि के बावजूद टेलिविजन, रेडियो आदि दृश्य-श्रव्य माध्यमों की जगह तेजी से बनती जा रही है। आज देश में टेलिविजन के करीब सौ चैनल हैं, जिनके भविष्य में और बढ़ते जाने की सम्भावना है। घर-घर छोटे परदे ने अपनी स्थायी उपस्थिति बना ली है।

इसी तरह, अगर टेलिविजन के आने के बाद यह लगने लगा था कि रेडियो का दौर अब बीत गया है, तो यह बात सच नहीं होगी। एफ. एम. प्रसारण के रूप में रेडियो ने अपना पुनराविष्कार किया है। दिल्ली-मुम्बई जैसे शहरों में तो लगभग दर्जन भर एफ एम स्टेशन कार्यक्रम प्रसारित कर रहे हैं। आनेवाले समय में देश भर में 300 एफएम स्टेशन और प्रसारित होने लगेंगे। एफ एम ट्रांसमीटर के लिए अब रेडियो सेट का चलन पुराना पड़ता जा रहा है। एफ एम की लोकप्रियता का आलम यह है कि वह आपकी गाड़ी में आपके साथ होता है, यहाँ तक कि छोटे-छोटे पेन जैसे उपकरणों में भी एफ एम का स्टीरियो प्रसारण सुना जा सकता है। मोबाइल फोन में भी एफ एम रेडियो का होना नया चलन है। एफ एम आजकल युवाओं के फैशन का हिस्सा बन चुका है।

केवल एफ एम ही नहीं रेडियो की दुनिया में सैटेलाइट रेडियो की भी आमद हो चुकी है। बंगलोर आधारित 'वर्ल्डस्पेस' नामक कम्पनी ने एक ऐसा रेडियो प्रसारण आरम्भ किया है जिसके कुल 40 अलग रेडियो स्टेशन हैं और संगीत की विधाओं के हिसाब से उनका निर्धारण किया गया है। यानी उस पर पुराने हिन्दी फिल्मी गानों का अलग स्टेशन है और नये फिल्मी गानों का अलग। उसी तरह कर्नाटक संगीत का अलग स्टेशन है और हिन्दुस्तानी सुगम संगीत का अलग। 2001 में शुरू हुए

'वर्ल्डस्पेस' के इस प्रसारण ने महानगरों में रहनेवाली नयी पीढ़ी में अपनी अच्छी पैठ बना ली है।

लेकिन ऐसा भी नहीं है कि इन माध्यमों पर तरह-तरह के दबाव न हों। बाजार की शक्तियों का दबाव स्पष्ट रूप से दृश्य-श्रव्य माध्यमों पर दिखायी देता है। रेडियो हो या टी. वी. उसके अधिकतर कार्यक्रम प्रायोजित होते हैं। इन माध्यमों में लेखन के अवसर बढ़े हैं तो उन पर बाजार का दबाव भी रहता है। कविता-कहानी लेखक अपनी स्वतन्त्रता से लिखता है। वह किस विधा में लिखता है, क्या लिखता है—यह पूरी तरह लिखनेवाले के अपने वश में होता है।

वह, अपनी रचना का स्वामी होता है, उसका 'ऑथर' होता है। लेकिन रेडियो, टी. वी. तकनीक-आधारित माध्यम हैं और इसके लिए लिखते हुए उन तकनीक की सीमाओं का हमेशा ध्यान रखना पड़ता है।

रेडियो के लिए लेखन—रेडियो पर नाटक, वार्ता, रूपक आदि का नियमित प्रसारण रेडियो के अलग-अलग केन्द्रों से होता है। रेडियो श्रव्य माध्यम है यानी इस माध्यम को केवल सुना जा सकता है। इसमें लेखक का काम शब्दों से समय को भरना होता है। इसलिए सबसे पहले आपको यह पता होना चाहिए कि समय को रेडियो पर शब्दों से किस तरह भरा जाता है। इसका तरीका यह है कि अगर आप बोलकर देखें तो सामान्य बातचीत में एक आदमी एक सेकण्ड में सामान्य रूप से दो शब्द बोलता है। इस तरह अगर आपको रेडियो के किसी कार्यक्रम के लिए एक मिनट की पटकथा लिखनी है, तो मोटे तौर पर आपको 120 शब्द लिखने होंगे। रेडियो में शब्दसीमा का ध्यान रखना बड़ा आवश्यक होता है। रेडियो के लिए जो भी पटकथा लिखें उसमें शब्द सीमा की इस तकनीक की जानकारी आपके लेखन में चुस्ती ला देती है।

शब्दों की इस सीमा के कारण रेडियो के लिए लिखते हुए आपको कई चीजों का ध्यान रखना पड़ता है। आप अगर प्रिण्ट मीडिया के लिए किसी विषय पर लिखते हैं तो आप उसमें बड़ी आसानी से विश्लेषण कर सकते हैं, लेकिन रेडियो के लिए लिखते हुए आपको मुख्य-मुख्य मुद्दों पर इस तरह से जोड़ देना पड़ता है कि सुननेवालों को बात समझ में आ जाए। गागर में सागर भरने का मुहावरा रेडियो के सन्दर्भ में सार्थक प्रतीत होता है। स्पष्टता तो किसी भी प्रकार के लेखन की पहली शर्त होती है, लेकिन रेडिया के लिए लिखते हुए आपको अपनी बात बहुत स्पष्टतापूर्वक लिखनी पड़ती है, क्योंकि आप जो भी लिखते हैं वह श्रोताओं को केवल सुनायी देता है।

रेडियो चूँकि बोलने और सुनने का माध्यम है। इसलिए आप चाहे रेडियो के लिए कोई सूचनापरक कार्यक्रम लिख रहे हों या कोई रूपक या नाटक आप इस बात का जरूर ध्यान रखें कि आप शब्दों का चुनाव इस तरह करें कि उसे बोलने में असुविधा

न हो। किन्तु, परन्तु, यद्यपि जैसे प्रयोगों से बचना चाहिए, क्योंकि इस तरह के शब्दों का उच्चारण हर व्यक्ति नहीं कर सकता है। हो सकता है कि आप जिस शब्द को लिख रहे हों उसका उच्चारण आप स्वयं कर लेते हैं, लेकिन रेडियो पर बोलनेवाले व्यक्ति का उच्चारण आप नहीं जानते। इसके अतिरिक्त रेडियो बोलने का माध्यम है, अगर इस पर कर्णप्रिय शब्द नहीं सुनायी देंगे तो लोग रेडियो नहीं सुनेंगे। याद रखिए कर्णप्रिय केवल संगीत ही नहीं होता। आपका बोलना भी कर्णप्रिय हो सकता है।

अगर आप रेडियो नाटक लिख रहे हैं तो संवादों में इसका ध्यान रखना चाहिए कि एक-एक शब्द न सिर्फ सुनायी दे, उसका असर भी हो। याद रखिए धर्मवीर भारती का प्रसिद्ध नाटक 'अन्धायुग' रेडियो के लिए ही मूल रूप से लिख गया था। इसी तरह का ध्यान रेडियो के लिए किसी भी और तरह के कार्यक्रम लिखते हुए रखा जाना चाहिए। आपके शब्दों में ऐसी शक्ति होनी चाहिए कि रेडियो पर शब्द केवल खनकदार सुनायी ही न दें, आपको शब्दों के माध्यम से किसी घटना, किसी स्थल को दिखाना भी आना चाहिए।

कल्पना कीजिए कि आप रेडियो पर पर्यटन-आधारित किसी कार्यक्रम में नैनीताल के पर्यटन के विषय में लिख रहे हैं, तो आपको केवल सूचनात्मक ही नहीं रहना चाहिए। दृश्य-श्रव्य माध्यम के विषय में भले यह कहा जाता हो कि उसके लिए लेखन तकनीक-आधारित होता है, उसमें लेखक के लिए स्पेस नहीं होता है। आप बताएँगे कि अभी हाल ही में सुपहिट फिल्म 'कोई मिल गया' की शूटिंग भी झीलों के इसी शहर में हुई थी। इससे आपकी पटकथा में रोचकता पैदा होती है। याद रखिए *बतरस* भी एक रस होता है। जब इस तरह से आप रोचक शैली में किसी रेडियो कार्यक्रम की पटकथा लिखते हैं तो सुननेवाले उससे जुड़ जाते हैं।

याद रखने की बात है कि बीसवीं शताब्दी के आरम्भ में या कह लीजिए कि बीसवीं शताब्दी के पूर्वार्द्ध तक रेडियो प्रिण्ट के अलावा सूचना प्रदान करने का सबसे बड़ा माध्यम था। सबसे शक्तिशाली भी। देश की आजादी की पहली घोषणा लोगों ने रेडियो के माध्यम से ही सुनी थी और राष्ट्रपिता महात्मा गाँधी की हत्या की खबर भी इसी के माध्यम से दुनिया भर में फैली थी। उस खबर ने देश के जनमानस पर किस तरह असर डाला था, रेडियो का प्रभाव उस समय किस तरह का था—इसका बड़ा ही अच्छा वर्णन फणीश्वरनाथ रेणु के उपन्यास 'मैला आँचल' में आया है। लेकिन आज जल्दी से जल्दी सूचना प्रदान करनेवाले माध्यमों के रूप में टीवी और इण्टरनेट ने भी अपनी जगह बना ली है। ऐसे में रेडियो ने भी बदलते समय की नब्ज को पहचाना है। उसके कार्यक्रमों का स्वरूप भी इस दबाव के कारण बदल रहा है। पहले केवल राष्ट्रीय स्तर पर आकाशवाणी थी, आज छोटे-छोटे शहरों तक में निजी एफएम प्रसारण का जाल फैलाने की तैयारी चल रही है। आज अगर रेडियो की

प्राथमिकताएँ बदली हैं, तो रेडियो-लेखकों को भी उसके लिए तैयार हो जाने की आवश्यकता है।

रेडियो की जो सबसे बड़ी शक्ति है वह भारत जैसे देश में और भी महत्त्वपूर्ण हो जाती है। रेडियो की वह शक्ति है कि यह एक ऐसा माध्यम है जो पढ़े-लिखे और अनपढ़ वर्ग में समान रूप से संचार कर सकता है। इसलिए भी रेडियो में भाषा का सवाल महत्त्वपूर्ण हो जाता है। रेडियो भाषा का चमत्कार दिखाने का माध्यम नहीं है। इस माध्यम से इस बात का परीक्षण नहीं होता कि किसी लेखक की भाषा किस प्रकार की है। वह उच्चकोटि की है या नहीं। इस माध्यम में भाषा की इस शक्ति की परीक्षा जरूर हो जाती है कि वह किस तरह समाज के अलग-अलग वर्गों से एक समान भाव से संवाद स्थापित कर सकती है। ध्यान रखिए कि अगर कोई व्यक्ति अपने बन्द ए.सी. कार में रेडियो का आनन्द ले रहा होता है, तो एक रिक्शावाला भी अपने रिक्शे के हैण्डल के साथ लगी डोलची में रेडियो रखकर दुनिया से अपने तार जोड़े रखता है। इसलिए आपके लिखने के अन्दाज में वह किस्सागोई होनी चाहिए जिससे सुननेवाला उसे सुनने को विवश हो जाए।

यह तो हुई रेडियो के लिए लिखनेवालों के लिए कुछ सामान्य बातें। लेकिन आजकल एफएम प्रसारण से रेडियो की यह पारम्परिक तस्वीर बदल रही है। भारत में रेडियो प्रसारण के 75 साल हो गये हैं। लेकिन अचानक एफ. एम. प्रसारण को सुनने पर यह लगता है जैसे वह युवा हो रहा है। आज युवाओं के सुख-दुख का साथी बनता जा रहा है एफ एम। उसके कार्यक्रमों का झुकाव कैम्पस यानी कॉलेजों-विश्वविद्यालयों में शिक्षा प्राप्त करनेवाले युवाओं की तरफ हो रहा है। उसकी भाषा बदल रही है। आज रेडियो में भी भाषा का यहीं हिंलशीकरण हो रहा है तो कहीं उसका स्थानीयकरण हो रहा है। मोबाईल फोन में मिलनेवाली 'शॉर्ट मैसेज सर्विस' की सुविधा ने भाषा की रचनात्मकता के इतने आयाम प्रस्तुत किए हैं कि उसका असर एफ एम प्रसारणों पर भी दिखने लगा है।

इसलिए आज के दौर में बतौर लेखक रेडियो से जुड़ने की चुनौतियाँ पहले से काफी बढ़ गयी हैं। जिस तरह से सीधी, सपाट भाषा साहित्यिक अभिव्यक्ति के लिए उपयुक्त नहीं मानी जाती है। उसी तरह आजकल रेडियो की भाषा में भी उसी जीवन्तता पर जोर दिया जाने लगा है। लिखने की भाषा औचपारिक शैली में लिखी जाती है, जबकि बोलचाल की शैली अनौपचारिक मानी जाती है। बोलचाल की भाषा में मुहावरों का प्रयोग होता है, लोग बातचीत में इधर-उधर के हवाले देते हैं। आज रेडियो में इस तरह की अनौपचारिक शैली में प्रस्तुत करने का चलन बढ़ रहा है। और होना भी चाहिए। आज रेडियो ज्ञान प्रदान करने वाला या सूचना प्रदान करनेवाला माध्यम भर नहीं है। आज रेडियो घर से ज्यादा घर के बाहर आपके अकेलेपन का साथी

बन गया है। वह सफर में आपके साथ होता है, आपके काम करने के स्थान पर आपके साथ होता है। वह आपके मोबाईल फोन का हिस्सा बनकर हर जगह, हर समय आपके साथ मौजूद होता है।

इसीलिए ऊपर कहा गया कि आज रेडियो माध्यम के लिए लिखना अधिक चुनौतीपूर्ण हो गया है। पहले के दौर में रेडियो पर ज्ञानपरक, सूचनापरक कार्यक्रमों की अधिकता होती थी। मनोरंजन के लिए विविध भारती होता था। आज 24 घण्टे मनोरंजक कार्यक्रम प्रसारित करनेवाले एफएम स्टेशनों की देश भर में बाढ़ आनेवाली है। इसलिए इस नये दौर में बतौर लेखक रेडियो से जुड़ने के लिए यह आवश्यक है कि आपको आज के युवाओं की बतकही का अन्दाज, उनकी रुचियों आदि का पता होना चाहिए। और सबसे बढ़कर छोटे-छोटे वाक्य लिखने चाहिए।

टेलिविजन-लेखन

रेडियो के मुकाबले टेलिविजन संचार का अपेक्षाकृत नया माध्यम है। इसकी प्रकृति भी रेडियो से भिन्न प्रकार की है और विस्तृत भी। रेडियो संचार का ऐसा माध्यम है। जो केवल सुनायी देता है, जबकि टेलिविजन दिखायी भी देता है। इसलिए यह दृश्य-श्रव्य माध्यम कहलाता है। यह एक ऐसा दृश्य श्रव्य माध्यम है जो सपनों में नहीं वास्तविकता में जीता है। इसी कारण अत्यन्त कम समय में टेलिविजन ने घर-घर अपनी उपस्थिति दर्ज करायी है। 1977 तक भारतीय घरों में केवल पौने सात लाख टेलिविजन सेट था, आज छोटे-बड़े कुल मिलाकर दस करोड़ से भी ज्यादा टी वी सेट भारतीय घरों की जरूरत बनकर मौजूद हैं।

टेलिविजन पर कथात्मक, गैर-कथात्मक कार्यक्रम तो प्रसारित किए ही जाते हैं, आजकल समाचारों की लोकप्रियता भी बढ़ती जा रही है, पहले दूरदर्शन पर और बाद में केबल के माध्यम से निजी चैनलों की आमद के बावजूद समाचारों की उपस्थिति दिन भर के प्रोग्रामिंग में संक्षिप्त होती थी। आज सभी भारतीय भाषाओं को मिला लें तो दो दर्जन से भी अधिक समाचार चैनल भारतीय आकाश पर छाए हुए हैं। और निकट भविष्य में इनमें काफी इजाफ़ा होने की गुंजाइश भी बतायी जाती है। इसलिए समाचार-लेखन का काम भी बढ़ा है।

सिनेमा से टेलिविजन इस मायने में भिन्न माना जाता है कि उसमें तकनीकी-चमत्कार दिखाने का स्कोप उतना नहीं होता है। कुल मिलाकर, यह माध्यम शब्द-प्रधान ही होता है। इसमें इतनी सुविधा और होती है कि इसमें आप बोलनेवाले को दिखा भी सकते हैं। इसी कारण इस माध्यम से लेखक का महत्त्व काफी अधिक माना जाता है। टेलिविजन-माध्यम में लेखक के महत्त्व को लेकर मनोहर श्याम जोशी ने लिखा है, 'टेलिविजन का माध्यम फिल्म के माध्यम की अपेक्षा बहुत अधिक शब्द-

प्रधान है। इस माध्यम में दिग्दर्शक, कैमरामैन, सम्पादक, साउण्ड रिकार्डिस्ट वगैरह के लिए करने को कुछ खास नहीं होता है। दर्शकों को बाँधे रखने का सारा दारोमदार लेखक के कलम के कमाल पर ही है। भारतीय टेलिविजन में भले ही अब तक फिल्मों की तरह निर्माता और दिग्दर्शक को ही महत्त्व दिया जा रहा हो, पश्चिमी में धारावाहिक लेखन के क्षेत्र में लेखक की भूमिका ही केन्द्रीय मानी जाती है। वहाँ धारावाहिकों के निर्माता अक्सर खुद लेखक ही होते हैं।' मनोहर श्याम जोशी को भारतीय टेलिविजन में धारावाहिकों के जन्मदाता के तौर पर देखा जाता है। उनके इस वक्तव्य से यह स्पष्ट है कि टेलिविजन माध्यम में कहानी और उसके लेखक का कितना महत्त्व होता है।

टेलिविजन माध्यम से बतौर लेखक जुड़ने से पहले यह आवश्यक है कि यह जान लिया जाए कि टेलिविजन के लिए किस-किस प्रकार का लेखन सम्भव है, टेलिविजन पर जो कथा दिखाई जाती है उसको पटकथा कहते हैं। टेलिविजन की पटकथा को मोटे तोर पर दो भागों में बाँटा जा सकता है—(1) कथात्मक और (2) गैर-कथात्मक। इसके अलावा, समाचार चैनलों की लोकप्रियता ने समाचार-लेखन की सम्भावना का भी विचार किया है। लेकिन यह तो मोटे तौर पर किया गया विभाजन है। आइए अब इसको विस्तार से समझते हैं।

टेलिविजन के लिए कथात्मक लेखन का मतलब बहुत साफ़ है। विभिन्न टेलिविजन चैनलों पर धारावाहिकों का नियमित प्रसारण होता है। दूरदर्शन के दौर में वे 13,26, 52 या 104 एपिसोड की कथा वाले होते थे। आजकल वे अनन्त कड़ियों या एपिसोड तक प्रसारित होनेवाले सोप ऑपेरा में तब्दील हो चुके हैं। अब यह बात अलग है कि वे धारावाहिक कैम्पस की घटनाओं को लेकर हो सकते हैं, पौराणिक कथाओं को लेकर हो सकते हैं, कॉमेडी हो सकती है, इतिहास के किसी कालखण्ड पर आधारित कोई कथा हो सकती है। धारावाहिक के विषय अलग-अलग हो सकते हैं, लेकिन उनके लिए आवश्यकता कथा की होती है।

दूरदर्शन पर धारावाहिकों के आरम्भिक दौर में साहित्यिक कृतियों को आधार बनाकर बनाये गये कुछ प्रमुख धारावाहिक इस प्रकार हैं—ताराशंकर बद्योपाध्याय के उपन्यास 'गणदेवता' पर आधारित धारावाहिक, शरतचन्द्र के उपन्यासों 'श्रीकान्त' और 'चरित्रहीन' की कथा पर बने धारावाहिक। इसी तरह, हिन्दी के भी कुछ प्रमुख उपन्यासों की कथा को आधार बनाकर उस दौर में अनेक धारावाहिक बने। उन उपन्यासों में कुछ नाम इस प्रकार हैं—कब तक पुकारूँ (रांगेय राघव), रागदरबारी (श्रीलाल शुक्ल), मैला आँचल (फणीश्वरनाथ रेणु), पचपन खम्भे लाल दीवारें (उषा प्रियंवदा), तमस (भीष्म साहनी) आदि।

बाद में जब निजी चैनलों का दौर आया और बाजार द्वारा प्रयोजित धारावाहिकों

का दौर शुरू हुआ तो अलग-अलग विषयों, कहानियों के स्थान पर फॉर्मूला लेखन का दौर शुरू हुआ। पहले 'स्वाभिमान' मार्का बड़े घरानों के अवैध सम्बन्धों की दास्तान दिखाने का दौर चला। आजकल 'सास-बहू' मार्का फॉर्मूलों का दौर चल रहा है। टी वी अब पूरी तरह से एक व्यावसायिक माध्यम में तब्दील हो चुका है। इसमें एक सफल लेखक बनने के लिए यह आवश्यक माना जाता है कि वह अलग-अलग प्रकार की कथानक रुढ़ियों या व्यावसायिक कथा-फार्मूलों को देख-परख ले, उसकी बारीकियों को समझ ले।

टेलिविजन माध्यम के लिए कथात्मक लेखन फिल्म-लेखन से भिन्न होता है— इस सम्बन्ध में 'हमलोग', 'बुनियाद' जैसी टी. वी. के आरम्भिक धारावाहिकों के लेखक और प्रसिद्ध साहित्यकार मनोहर श्याम जोशी के विचार जानने उपयोगी हैं। वह कहते हैं—'फिल्म और टेलिविजन की पटकथा में एक बड़ा अन्तर इस वजह से पैदा हो जाता है कि टेलिविजन का परदा बहुत छोटा होता है, टेलिविजन कार्यक्रम किसी बन्द अँधेरे कमरे में नहीं रोशनी में देखा जाता है। और उसे देखनेवाले अपने घर में बैठे हुए टीवी देखने के अलावा और भी छोटे-बड़े काम अक्सर कर रहे होते हैं। परदा छोटा होने की वजह से दूसरी से लिए गये शॉट अक्सर टेलीविजन में नजर नहीं आते और आते भी हैं तो खास प्रभाव नहीं छोड़ पाते हैं। इसलिए टेलीविजन में पास से लिए गये शॉट खासकर क्लोज—अप का विशेष महत्त्व होता है। जबकि फिल्म में हर तरह की दूरी से यानी लांग-शॉट मिड शॉट-क्लोज अप इत्यादि रख जा सकते हैं। सिनेमा में बिम्बों का विशेष महत्त्व होता है। टेलिविजन चूँकि एकग्रता से नहीं देखा जाता इसलिए उसमें मूक शॉटों और बिम्बों का उतना महत्त्व नहीं रह जाता जितना कि फिल्मों में होता है। टेलिविजन के लिए संवादों की अधिक जरूरत होती है। और ये संवाद भी जितने अधिक नाटकीय हों उतना अच्छा। गोया टेलिविजन में ध्यान खींचने की कोशिश करनी पड़ती है जबकि फिल्म में यह मानकर चला जाता है कि अँधेरे हॉल में दर्शक का ध्यान परदे से हटेगा नहीं।'

मनोहर श्याम जोशी के इस उद्धरण से साफ़ है कि टेलिविजन माध्यम किस प्रकार फिल्म-माध्यम से सीमित होता है। लेकिन इसी सीमा के कारण टीवी में पटकथाकारों की संभावना बढ़ जाती है। इस सम्बन्ध में प्रसिद्ध लेखक कमलेश्वर के विचार जानते हैं—फिल्म और टेलिविजन-माध्यम में लेखन के फर्क को बताते हुए कमलेश्वर लिखते हैं, 'वैसे तो दोनों ही एक तरह की टेक्निकल राइटिंग है। पर दोनों में बुनियादी फर्क है। टेलिविजन में रचनात्मकता के लिए काफी जगह होती है, जो फिल्मों में नहीं होती। पौने तीन घंटे की फिल्म की पटकथा 85-90 दृश्यों की लिखी जाती है। लेकिन उसमें इतनी गतिशीलता होती है कि आपके पास सोचने का वक्त नहीं होता। लेकिन टीवी में कथा के विस्तार में जाने का, दर्शकों के सोचने के लिए

कोई गहरा क्षण पैदा करने का स्पेश रहता है। टेलिविजन में धारावाहिक-लेखन में एक और महत्त्वपूर्ण बात यह है कि इसमें साहित्य से बहुत अधिक आप जुड़े रह सकते हैं। बल्कि साहित्य ही इसका मूल आधार भी बन जाता है, जो फिल्मों में सम्भव नहीं है। एक फिल्म के 85-90 दृश्यों में से अधिक से अधिक दो दृश्य आप अपनी मर्जी से लिख सकते हैं। वह भी शूटिंग के बाद एडिटिंग टेबल पर उसका क्या हश्र होगा, पता नहीं? टेलिविजन में कथा-विस्तार में लेखक का महत्त्व रहता है। इसका एक कारण तो यह है कि टेलिविजन माध्यम में वक्त नहीं रहता है। ऐसे में अगर लेखक तत्परता से अपना काम करता रहता है, तो उसकी पटकथा चल जाती है।'

टेलिविजन की पटकथा के मुख्य पहलू—आइए इस सम्बन्ध में मनोहर श्याम जोशी के विचार जानते हैं—'फिल्म और टेलिविजन धारावाहिक में कथा-निरूपण के स्तर में भी अन्तर होता है। फिल्म की कहानी नायिका अथवा नायक प्रधान होती है। इस प्रधान नायक या नायिका का कोई एक लक्ष्य होता है। उस लक्ष्य की प्राप्ति में कई बाधाएँ होती हैं, जिनसे जूझकर वह अपने लक्ष्य तक पहुँच पाता है। कहानी का आदि, मध्य और अन्त होता है। दूसरी ओर टीवी धारावाहिक की कहानी में कई-कई नायक-नायिकाएँ होती हैं, वह एक निश्चित अवधि में ही पूरी दिखा देने के लिए अथवा पात्रों की जिन्दगी का एक निश्चित कालक्रम ही दर्शाने के लिए नहीं लिखी जाती। उसका कोई सुनिश्चित अन्त नहीं होता। फिल्म में उपकथाएँ कम से कम रखी जाती हैं और उन्हें मूलकथा से खबसूरती से पिरोया जाता है। टेलिविजन-धारावाहिक में एक दूसरे से जुड़ती-बिछुड़ती कई-कई कथाधाराएँ होती है। जिनमें से कभी किसी को प्रमुख कथा का दर्जा मिल जाता है कभी किसी को। दूसरे शब्दों में टेलिविजन के लिए हर कथा महत्त्वपूर्ण होती है और कभी किसी को महत्त्व मिल जाता है कभी किसी को।'

एक प्रकार से यह कहा जा सकता है कि फिल्म के लिए कोई छोटी सी कहानी चाहिए। एक कहानी में भी भीतर-बाहरी वातावरण को दिखाने की गुंजाइश अधिक चाहिए, संवाद कम। लेकिन धारावाहिक में बड़ी, लम्बी और जटिल कहानी चाहिए। ऐसे संवादों की भरमार जिनसे चरित्र-चित्रण होना ही आवश्यक सूचनाएँ मिलती हों और हर दृश्य में नाटक और कुतूहल पैदा होता हो। टेलिविजन धारावाहिक इस मायने में उपन्यास और मंच के नाटक और फिल्म के विधाओं को मिलाकर बनायी गयी शैली है जिसमें फिल्म का अंश सबसे कम है।

टेलिविजन धारावाहिक में इस बात का भी ध्यान रखना होता है कि हर कमर्शियल ब्रेक से पहले ऐसा कुछ हो कि दर्शक के मन में आगे देखने के लिए कुतूहल बना रहे। और हर एपिसोड के अन्त में निश्चय ही ऐसा नाटकीय मोड़ प्रस्तुत हो कि दर्शक बेसब्री से अगले एपिसोड का इन्तजार करे। फिल्म लिखते समय सिर्फ मध्यान्तर

के लिए ऐसे नाटकीय मोड़ की तलाश करनी पड़ती है।

धारावाहिक-लेखन के मूल-तत्त्व

हर धारावाहिक की एक कहानी होती है, चाहे वह कॉमेडी हो या सोप-ऑपेरा या थ्रिलर। हर कहानी में कुछ घटनाएँ होती हैं और उन घटनाओं में ड्रामा नहीं होता है वह कहानी दृश्य-माध्यम में किसी काम की नहीं। यानी आपकी कहानी में कई पात्र होने चाहिए और उनकी परस्पर क्रिया-प्रतिक्रिया से कहानी में ड्रामा पैदा हो तब देखने में मजा आता है। साहित्यिक कहानी के लिए ऐसा आवश्यक नहीं है क्योंकि वे पढ़ने के उद्देश्य से लिखी गयी होती हैं। अगर आप किसी कहानी को आधार बनाकर दृश्य-माध्यम के लिए लिखना चाहते हैं तो ऐसी कहानियों का चयन करें जो घटनाप्रधान हो तभी उसके व्यावसायिक रूप से सफल होने की कोई आशा की जा सकती है। इसी प्रकार हर कहानी का एक आइडिया या 'विचार' होता है।

विचार (Idea) : टेलीविजन या फिल्म के लिए आपने अगर कुछ लिखा है तो उसका कोई मूल विचार होना चाहिए। जिसमें जब आप निर्माता से मिलें तो उसे एक मिनट में सुना सकें क्योंकि निर्माता के पास इतना समय नहीं होता कि वह हर लेखक की पूरी कहानी सुने। इसलिए आप उसे आइडिया बताते हैं और अगर उसे वह आइडिया पसन्द आता है तो वह आपकी कहानी सुनने में दिलचस्पी दिखाएगा अन्यथा आप से यह कह देगा कि आपका यह आइडिया मेरे किसी काम का नहीं है। जैसे—भारतीय टेलीविजन के पहले धारावाहिक 'हमलोग' का मूल विचार सिर्फ इतना था 'छोटा परिवार सुखी परिवार'। इसी प्रकार 'बुनियाद' का मूल विचार था भारत-विभाजन के बाद भारत आये शरणार्थियों के अतीत यानी बुनियाद की खोज। वास्तव में, एक निर्माता आपके उस विचार या 'आइडिया' में बहुत सारी चीजों को देखता है—सबसे पहले उसका नयापन। उदाहरण के लिए जुड़वां भाइयों को लेकर एक सफल फिल्म बनी थी 'राम और श्याम'। प्रसिद्ध लेखक जोड़ी सलीम-जावेद को यह विचार आया कि क्यों न दो जुड़वां बहनों को आधार बनाकर एक फिल्म की कहानी लिखी जाए। निर्माता को यह विचार पसन्द आया और इस तरह पैदा हुई सत्तर के दशक के आरम्भिक वर्षों की एक सफल फिल्म 'सीता और गीता'। उसके अलावा निर्माता यह भी देखता है कि उस 'आइडिया' पर बनी फिल्म या धारावाहिक के बाजार में बिकने की क्या सम्भावना है? उदाहरण के लिए, आजकल विभिन्न चैनलों पर 'कैम्पस' यानी विश्वविद्यालय जीवन को आधार बनाकर लिखे गये कई धारावाहिकों का प्रसारण हो रहा है। ऐसे में किसी को यह विचार आया कि क्यों न कैम्पस के बाद के जीवन को आधार बनाकर धारावाहिक बनाए। कैम्पस से तुरन्त-तुरन्त निकले कई दोस्तों के जीवन-संघर्षों को आधार बनाकर जन्म हुआ 'सोनी टी. वी.' पर दिखाये

धारावाहिक 'चैलेंज' का।

इसलिए यह आवश्यक है कि बतौर लेखक आप इस बात का ध्यान रखें कि आपके आइडिया में थोड़ा नयापन हो और बाजार की शर्तों के मुताबिक भी हो। इसे इस तरह समझें कि अगर बाज़ार की माँग 'मुझे चाँद चाहिए' की है, तो उसके सामने प्रेमचन्द का उपन्यास 'गोदान' परोसने की कोशिश न करें। भले ही वह कितना ही महान उपन्यास क्यों न हो ? कई बार ऐसा होता है कि निर्गाता कोई विचार देता है और कहता है कि आप एक ऐसी कहानी लिखिए जिसमें दिल्ली के एक हिन्दू और एक मुस्लिम परिवार के माध्यम से 1942 से 1997 तक की घटनाओं को दिखाया जा सके। यही विचार है 'स्टार प्लस' पर दिखाये जा रहे धारावाहिक 'गाथा' का । लेकिन इस इन्तजार में नहीं रहना चाहिए कि निर्माता आपको आइडिया देगा। निर्माता अपनी तरफ से तो किसी सफल लेखक से ही कहानी लिखवाना चाहता है। इसलिए नये लेखकों को हमेशा ऐसे विचारों को खोज में लगे रहना चाहिए जो कि उस माध्यम के उस समय के प्रचलन के मुताबिक भी हो और उसमें थोड़ा नयापन भी हो।

अब सवाल यह उठता है कि विचार कहाँ से मिलें ? तो साहब विचार तो आपके आसपास ही होते हैं। आप जो पढ़ते हैं, जो देखते हैं, जो सुनते हैं आपको कहानियाँ उसी से पैदा होती हैं। यानी आपके अनुभव ही आपके कहानी को घटनात्मक बनाते हैं। मान लीजिए आपने पिछले दिनों दिल्ली में हुए दो सनसनीखेज हत्याकाण्ड— नैना साहनी हत्याकाण्ड और प्रियदर्शिनी मट्टू हत्याकाण्ड के बारे में पढ़ा हो, जिनमें से एक में दिल्ली के कुछ बड़े राजनेता और दूसरे में उच्च पुलिस अधिकारी का पुत्र शामिल थे। इसी तरह जैसिका लाल हत्याकांड में भी एक नेता-पुत्र सम्मिलित थे। इससे आपको यह विचार आ सकता है कि क्यों न ऐसा ऐसा धारावाहिक लिखा जाए जो कि सच्ची घटनाओं पर आधारित हो और बड़े लोगों द्वारा किए गये अपराधों की पृष्ठभूमि हो। ऐसे धारावाहिक की शुरुआत प्रसिद्ध बैडमिण्टन खिलाड़ी सैयद मोदी के हत्याकाण्ड की कहानी से की जा सकती है। हो गया एक बिकाऊ आइडिया तैयार, सत्य अपराध-कथाओं पर आधारित 'थ्रिलर' का। आजकल एक ऐसा धारावाहिक 'सोनी टी. वी.' पर आ भी रहा है 'भँवर' नाम से।

इसी प्रकार, पिछले दिनों इस देश के दो मुख्यमन्त्री भ्रष्टाचार के आरोप में जेल गये तथा एक केन्द्रीय मंत्री को हत्या के आरोप में उम्रकैद हुई। अब इससे यह आइडिया आ सकता है कि क्यों न राजनेताओं के भ्रष्टाचार को आधार बनाकर एक धारावाहिक की कथा लिखी जाए। फिर यहाँ पर एक बात का ध्यान और भी रखना चाहिए कि चूँकि किसी मंत्री का गेटअप, उनकी वाक्पटुता कहानी में ज्यादा नाटकीयता पैदा कर सकती है, इसलिए अगर आप कहानी का ताना-बाना उनके चरित्र के इर्द-गिर्द बुनें तो उसके सफल होने की सम्भावना अधिक रहेगी। उसी प्रकार अगर,

आपने बॉम्बे डाइंग ग्रुप और रिलायंस उद्योग-समूह की व्यावसायिक भिड़न्त की कहानियों का ध्यानपूर्वक अध्ययन किया है, तो आप इस विचार को आधार बनाकर कहानी लिख सकते हैं, जिसमें दो औद्योगिक घरानों की लड़ाई की पृष्ठभूमि हो।

लेकिन इस तरह के विचारों को आधार बनाकर काल्पनिक कहानी नहीं गढ़नी चाहिए, बल्कि उस आइडिया को आधार बनाकर रिसर्च करना चाहिए। अगर आपने अच्छी तरह रिसर्च किया है तो आपकी कहानी में यथार्थ का तत्त्व आता है। उदाहरण के लिए धारावाहिक 'बुनियाद' के रिसर्च के दौरान पुष्पेश पन्त ने छोटी-छोटी बातों का भी ध्यान रखा था। मसलन, यहाँ तक कि लाहौर की जिस समय की कहानी दिखायी जा रही है, उस समय वहाँ कौन-कौन से सिनेमा हॉल में क्या-क्या फिल्में चल रही थीं या कौन-कौन से गीत लाहौर में उन दिनों लोग गुनगुनाया करते थे? तो इसी तरह अगर आप 'नैना साहनी' की कहानी को आधार बनकर कुछ लिखना चाहते हैं तो थोड़ा रिसर्च इसका करें कि उसकी हत्या के पीछे क्या कारण थे? उसकी आकांक्षाएँ क्या थीं? उसके जीवन में कौन-कौन लोग थे? परिवार के साथ उसके सम्बन्ध कैसे थे? आदि-आदि। इसी तरह, अगर किसी मंत्री के भ्रष्टाचार की कहानी आप लिखना चाहते हैं तो रिसर्च करके उनकी अदाएँ, उनके तकिया कलाम, उनकी पारिवारिक पृष्ठभूमि आदि सबकी जानकारी आपको इकट्ठा कर लेनी चाहिए। इस तरह के रिसर्च का सबसे बड़ा फायदा यह होता है कि आपकी कहानी में एक प्रकार की प्रामाणिकता आती है और घटनाएँ यथार्थ प्रतीत होती हैं। इस तरह के यथार्थ से दर्शक जुड़ते हैं।

आइडिया एक पंक्ति का भी हो सकता है और एक पृष्ठ का भी। लेकिन आपको करना यह चाहिए कि आप लगभग एक पृष्ठ में अपने विचार को लिख डालें। जिसमें आपकी कहानी का विचार तो हो ही, उसके साथ ही उस विचार की पृष्ठभूमि, उसकी मौलिकता, किस प्रकार के दर्शक-वर्ग को आकर्षित करेगा वह विचार, उसमें मनोरंजन के तत्त्व क्या-क्या हैं? आदि बातों का भी स्पष्टता से उल्लेख होना चाहिए। इसको इण्डस्ट्री की भाषा में 'कॉन्सेप्ट नोट' कहते हैं और जब किसी चैनल को निर्माता अपना धारावाहिक बेचने जाता है तो वहाँ यानी चैनल के अधिकारी उसी 'कॉन्सेप्ट नोट' को पढ़कर धारावाहिक के बारे में पहली राय बनाते हैं। इसलिए इस 'कॉन्सेप्ट नोट' की बड़ी महिमा है और इस इण्डस्ट्री में कई लोग ऐसे होते हैं जिनकी ख्याति बहुत बढ़िया 'कॉन्सेप्ट नोट' लिखनेवाले के रूप में होती है। इसलिए एक लेखक के दिमाग में अपनी कहानी का विचार एकदम स्पष्ट होना चाहिए। अगर आप ही को अपनी कहानी की स्पष्ट समझ नहीं है तो आप दूसरों को कैसे समझा पाएँगे। हॉलीवुड की फिल्म इण्डस्ट्री में तो एक मुहावरा ही चलता है 'वन मिनट स्टोरी' यानी एक मिनट की कहानी। वहाँ आइडिया या विचार के लिए यह मुहावरा चलता है।

ट्रीटमेण्ट : आपके दिमाग में आइडिया आया। आपने उस आइडिया के अनुरूप कहानी भी लिख ली। लेकिन फिल्म या टेलीविजन जैसे दृश्य-माध्यमों के लिए इस तरह लिखी गयी कहानियाँ महत्त्वपूर्ण नहीं मानी जातीं। क्योंकि हर कहानी तो एक जैसी ही होती है। दृश्य-माध्यम के लिए महत्त्वपूर्ण होता है ट्रीटमेण्ट यानी दृश्यानुसार कथा। इसे हॉलीवुड की भाषा में 'स्टेप-बाई-स्टेप ट्रीटमेण्ट' भी कहा जाता है। इसमें कहानी उस तरह लिखी जाती है, जिस तरह उसे दिखाया जाना होता है। निर्देशक उसी ट्रीटमेण्ट के आधार पर फिल्म के दृश्यों की कल्पना करता है।

टेलीविजन के लिए लिखते समय दृश्यानुसार कथा के अतिरिक्त एक और चीज लिखनी पड़ती है। वह होती प्रस्तावित धारावाहिक की एपिसोड के आधार पर कथा। यानि हर एपिसोड, जितने भी एपिसोड की आपकी कहानी हो, उसकी रूपरेखा एक साथ माँगते हैं। तो कॉन्सेप्ट नोट, ट्रीटमेण्ट नोट के बाद यह तीसरी महत्त्वपूर्ण बात होती है, जिसका ध्यान एक धारावाहिक लेखक को रखना चाहिए।

मान लीजिए आपका आइडिया यह है कि 'पति, पत्नी और वो' की एक कहानी लिखी जाए। आपने एक कहानी लिखी जिसमें सदन, बिन्दिया पति-पत्नी हैं और अनूप बिन्दिया का पूर्व-प्रेमी है। अब इस कहानी की शुरुआत आप यों कर सकते हैं कि सदन एक दिन शराब पीकर कार चला रहा होता है और उसकी कार दुर्घटनाग्रस्त हो जाती है। उसे एक अस्पताल में भर्ती कराया जाता है। जहाँ अनूप, जो कि डॉक्टर होता है, उसका इलाज करता है और वह ठीक हो जाता है। इस दौरान बिन्दिया और अनूप के बीच पुराने सम्बन्धों के सूत्र जुड़ने लगते हैं। इस दौरान हम यह देखते हैं कि सदन थोड़ा शक्की स्वभाव का है और यह भी कि उसके सम्बन्ध अपनी पत्नी बिन्दिया से तनावपूर्ण हैं। अनूप जो कि बहुत ही अच्छे स्वभाव का है एक बार पुनः बिन्दिया के जीवन में जगह बनाने लगता है।

हम यह भी दिखा सकते हैं कि सदन को बहुत गहरा जख्म आ गया है और अस्पताल से घर चले जाने के बाद भी अनूप बतौर डॉक्टर उसके घर आता रहता है और बिन्दिया के साथ उसके सम्बन्ध दुबारा हो जाते हैं। इस बात को लेकर घर में तनाव बढ़ता जा रहा है। आस-पड़ोस शहर में अफवाहों का बाजार गर्म हो गया है। कहानी में इस तनाव के बाद अब सिर्फ इस कहानी का क्लाइमेक्स या चरमोत्कर्ष बचता है।

इसके चरमोत्कर्ष में हम यह दिखा सकते हैं कि बिन्दिया के घर में तनाव बढ़ा चुका है। बाहर भी चर्चाओं का बाजार गर्म है। ऐसे में एक दिन बिन्दिया के वर्तमान जीवन के यथार्थ को समझकर अनूप उसकी जिन्दगी से दूर चले जाने का फैसला करता है और उस शहर से अपना तबादला करवा लेता है। या हम दिखा सकते हैं कि हमारे ऊपर यह राज खुलता है कि अनूप भी विवाहित हो और इस सारे घटनाक्रम के दौरान

उसकी पत्नी, जोकि अपने नैहर में है, के माँ बनने की खबर अनूप को आती है। अनूप यह सूचना जाकर बिन्दियों को देता है। फिर दोनों एक-दूसरे की विपरीत दिशाओं में चल पड़ते हैं। अपने-अपने यथार्थ में लौट जाते हैं। या फिर हम यह भी दिखा सकते हैं कि अब तक बुरा दिखाया जा रहे सदन का हृदय-परिवर्तन होता है और वह स्वयं बीच से हटकर दोनों प्रेमियों के पुनर्मिलन का रास्ता साफ कर देता है।

कुल मिलाकर यह कि ट्रीटमेण्ट में एक प्रकार से पात्रों, कहानी की घटनाओं, उसके संवादों सबकी झलक देनी पड़ती है। ट्रीटमेण्ट से ही निर्माता-निर्देशक यह समझ लेते हैं कि आपकी कहानी में कितना दम है और आपके लेखक रूप में उनकी पहचान भी होती है। इसलिए ट्रीटमेण्ट नोट का दमदार होना आवश्यक है। इसी में आपके पात्रों को शरीर मिलता है। इसलिए आप संक्षेप में अपने पात्रों की चारित्रिक विशेषताओं का भी उल्लेख करते चलें। मसलन यह कि कोई शराबी है, तो कोई भगवान की पूजा करता है तो किसी को बाजारू उपन्यास पढ़ने का शौक है तो कोई मानसिक रूप से विकलांग है। इसके साथ-ही-साथ आपको अपने प्रमुख पात्रों के संवादों की झलक भी देते हुए चलना चाहिए। अगर किसी पात्र का कोई तकिया कलाम है, किसी को बात-बात में शेर सुनाने का शौक है तो कोई बात-बात में जोक सुनाता रहता है। यानी कहानी के सारे अंगों की एक झलक आपके ट्रीटमेण्ट नोट में होनी चाहिए। लेकिन साथ ही इस बात का भी ध्यान रखना चाहिए कि यह ट्रीटमेण्ट नोट बहुत बड़ा नहीं है। आमतौर पर 10-15 पेजों का ट्रीटमेण्ट नोट आदर्श माना जाता है। इसलिए ट्रीटमेण्ट नोट लिखने में लेखक की असली परीक्षा होती है।

ट्रीटमेण्ट नोट के साथ एपिसोड के आधार पर कहानी का विभाजन भी ट्रीटमेण्ट का एक महत्त्वपूर्ण हिस्सा होता है। इसे हॉलीवुड की भाषा में 'वन लाइनर' कहा जाता है। 'वन लाइनर' यानी एक पंक्ति में दृश्य की कहानी कहना। दृश्य के स्थान, काल, उस दृश्य में उपस्थित पात्र और उनके संवादों की झलक एक पंक्ति में लिखना। इसी प्रकार 13, 26 या 52 एपिसोड की कहानी के दृश्यों का 'वन लाइनर' तैयार कर लेना चाहिए। हर चैनल धारावाहिक का कॉन्सेप्ट नोट, ट्रीटमेण्ट नोट के साथ प्रस्तावित 13, 26 या 52 एपिसोड की 'वन लाइनर' के आधार पर विभाजित पटकथा भी माँगते हैं और इसे तैयार करना भी लेखक की जिम्मेदारी होती है। वैसा भी 'वन लाइनर' तैयार कर लेने के बाद सम्पूर्ण पटकथा लिखने में पटकथाकार को सुविधा होती है। इस 'वन लाईलर' में इस बात का ध्यान रखना चाहिए कि हर एपिसोड में एक समान नाटकीयता हो। इस प्रकार के नाटकीय धारावाहिक टेलीविजन के लिए सबसे बिकाऊ माने जाते हैं।

कथासार : इसको हॉलीवुड की भाषा में 'स्टोरी आउट लाइन' कहा जाता है। कथासार में मुख्यतः कहानी की मुख्य-मुख्य बातें लिखी जाती हैं। ट्रीटमेण्ट के

मुकाबले यह बहुत ही संक्षिप्त होती है। कथाकार मुख्यतः फिल्म-लेखन की शब्दावली है। यह कॉन्सेप्ट नोट से भिन्न होता है। कॉन्सेप्ट नोट में अगर संक्षेप में विचार और उस विचार के उद्देश्य और सार्थकता की चर्चा होती है। लेकिन कथासार में संक्षेप में फिल्म की कहानी लिखी जाती है। फिल्म-लेखन के तीन चरण होते हैं— (i) कहानी, (ii) पटकथा, (iii) संवाद तो समझ लीजिए की कथासार पहला चरण होता है। इसी को आधार बनाकर पटकथा लिखी जाती है।

उदाहरण के लिए 1953 में बनी निर्माता-निर्देशक विमल रॉय की फिल्म 'दो बीघा जमीन' की कहानी का कथासार प्रस्तुत है :

भारत एक कृषि प्रधान देश है, इसलिए इस देश का सुख-दुःख उसमें रहनेवाले करोड़ों किसानों के सुख-दुःख पर निर्भर करता है।

दो साल के सूखे के कारण जनता बड़ी बेहाली में दिल काट रही थी। आखिरकार पानी बरसता है सब खुश होकर नाचने-गाने लगते हैं।

शम्भू अपने वृद्ध पिता, अपनी पत्नी पार्वती और पुत्र कन्हैया के साथ रहता है। वे सब भी वर्षा का स्वागत करते हुए नाचने-गाने लगते हैं। परनतु शम्भू की खुशी क्षणिक साबित होती है। जमींदार फैक्ट्री बनवाने के लिए उसकी दो बीघा जमीन माँगता है। पर चूँकि यह जमीन उसकी जीविका का एकमात्र साधन है, इसलिए शम्भू अपनी पुश्तैनी जमीन देने से इनकार कर देता है।

जमींदार कोर्ट में जाकर जोड़-तोड़ करके यह आदेश हासिल कर लेता है कि या तो शम्भू तीन महीने में जमींदार का कर्ज अदा कर दें या फिर उसकी जमीन जब्त कर ली जाएगी। जमींदार के जमीन हथियाने के प्रयत्नों से शम्भू का यह निश्चय और दृढ़ हो जाता है कि वह जमीन को हाथ से नहीं निकलने देगा। उसके मित्र उसे सलाह देते हैं कि निर्धारित समयावधि में पैसा जुटाने के लिए उसे कलकत्ता जाना चाहिए। जहाँ वह आसानी से इतने पैसे कमा सकता है। शम्भू कलकत्ते को चल पड़ता है। उसका पुत्र भी उसके साथ चल पड़ता है। दोनों गाँव के निवासी शहर में अपने आपको असहज पाते हैं। उनके पास सिर छुपाने के लिए भी जगह नहीं होती है। कन्हैया बीमार पड़ जाता है। यही नहीं उनका सामान भी चोरी हो जाता है।

इन बाधाओं से घबराये बिना शम्भू बस्ती क्षेत्र में रहना शुरू कर देता है। वह बस्ती गरीबों की रिहाइश है। यहाँ वह एक बूढ़े रिक्शा खींचनेवाले की मदद करता है जो कि बाद में उसका दोस्त बन जाता है।

शम्भू की रिक्शा खींचनेवाला बन जाता है। बूढ़ा रिक्शावाला उसे इस धन्धे के गुर सिखाता है। शम्भू का पुत्र कन्हैया भी बूट-पॉलिश करके थोड़े-बहुत पैसे कमाने लगता है।गाँव में शम्भू की पत्नी पार्वती एक ठेकेदार के यहाँ काम करने लगती है।

ठीक उसी समय जबकि शम्भू को लगता है कि वह अपनी जमीन को बचाने

में सफल हो जाएगा, उसके साथ एक दुर्घटना घट जाती है और वह बिस्तर पकड़ लेता है। कन्हैया भी बेकार हो जाता है क्योंकि उसके बूट-पॉलिस के सामान का झोला गुम हो जाता है। जैसे-जैसे मियाद पूरी होती जाती है, शम्भू की चिन्ता बढ़ती जाती है, गम्भीर बीमारी के बावजूद वह काम पर जाना चाहता है। अपने पिता के स्वास्थ्य के प्रति चिन्तातुर कन्हैया अपनी माँ का पत्र लिखकर कलकत्ता आने का अनुरोध करता है, ताकि उसकी सहायता से वह अपने पिता को रिक्शा खींचने से रोक सके। परन्तु कलकत्ता पहुँचने पर पार्वती एक शहरी गुण्डे के जाल में फँस जाती है और बचने का प्रयास करते हुए एक गम्भीर दुर्घटना का शिकार हो जाती है। जनता उसे हस्पताल पहुँचाने के लिए शम्भू रिक्शेवाले को आवाज देती है। यह दृश्य देखकर शम्भू को बहुत धक्का पहुँचता है।

उधर कन्हैया बुरी सोहबत में पड़ जाता है। वह आसानी से पैसा कमाने के चक्कर में चोरी करने लगता है। ऐसे में उसका अपनी माँ से एक नाजुक मोड़ पर मुलाकात होती है और वह चुराए हुए नोटों को फाड़ देता है। शम्भू और कन्हैया द्वारा मेहनत से कमाया गया धन पार्वती के इलाज पर खर्च हो जाता है।

जब वे तीनों अपने गाँव पहुँचते हैं। तब तक उनकी जमीन नीलाम हो चुकी होती है और उस एक फैक्ट्री बन रही होती है। यह देखकर बूढ़ा पिता पागल हो जाता है। शम्भू अपनी जमीन से एक मुट्ठी धूल उठाता है, परन्तु चौकीदार को उस पर शक हो जाता है और वह उससे उसकी मुट्ठी खाली करवा लेता है। तीनों एक नयी जिन्दगी शुरू करने के लिए कहीं और चल पड़ते हैं।

यह कथासार है विमल रॉय की प्रसद्धि यथार्थवादी फिल्म 'दो बीघा जमीन' की। फिल्मों में आमतौर पर यह भी होता है कि कथा साहित्य किसी और की होती है, पटकथा कोई और तैयार करता है और संवाद कोई और लिखता है। जैसे कि अगर हम 'दो बीघा जमीन' फिल्म को ही लें तो पाएँगे कि इस फिल्म के संवाद-लेखक है पॉल महेन्द्र। इसलिए वर्तमान काल में यानी 'है' शैली में कहानी लिखी जानी चाहिए। ऐसा इसलिए क्योंकि फिल्म एक दृश्य-माध्यम है। इसलिए ऐसी कोई भी बात नहीं लिखनी चाहिए जिसकी आप दृश्यात्मक कल्पना नहीं कर सकते हों।

टेलीविजन में कथासार दूसरे प्रकार से तैयार किया जाता है जैसाकि ऊपर बताया जा चुका है। जितने एपिसोड का प्रस्तावित धारावाहिक है उतने एपिसोड को हर एपिसोड के मुताबिक कथा। उसी तरह ट्रीटमेण्ट नोट का भी महत्त्व टेलीविजन के लिए ज्यादा है।

चरित्र-चित्रण : आपकी कहानी चाहे 'दौड़' फिल्म की तरह पैसे के पीछे भागती दुनिया की हो या कोई और हो, वह किसी-न-किसी चरित्र पर आधारित होगी। एक नहीं कई चरित्रों की आवश्यकता होती है फिल्म या टेलीविजन की कहानी

में। उन्हीं चरित्रों को आपसी टकराहट से कहानी आगे बढ़ती है। आपकी कहानी में नायक, प्रतिनायक, खलनायक, नायिका सदय माता, हृदयहीन पिता, बात-बात में जान देने के तैयार रहनेवाला दोस्त जैसे कुछ 'टाइप' पात्र होने चाहिए। तभी आपकी कहानी दमदार होगी। इस तरह के टाइप पात्र मिलकर ही कहानी में ड्रामा पैदा करते हैं, जिससे आपकी कहानी निर्माताओं को पसन्द आती है। आपके ऊपर देखा होगा कि 'दो बीघा जमीन' जैसी यथार्थवादी फिल्म की कहानी में भी ड्रामा का भरपूर ध्यान रखा गया है।

आमतौर पर फीचर फिल्म में चरित्र-चित्रण की एक समान कुछ युक्तियाँ होती हैं, जिनके पालन की हर लेखक से अपेक्षा की जाती है। लेकिन टेलीविजन धारावाहिक का कैनवास बड़ा होता है। इसलिए उसमें ढेर सारे पात्रों की आवश्यकता पड़ती है। तो उन ढेर सारे पात्रों को ध्यान में रखकर ड्रामा पैदा करना पड़ता है, टेलीविजन धारावाहिकों में। लेकिन कुछ चीजें दोनों में ही समान होती हैं।

दोनों में ही एक नायक और कुछ प्रमुख पात्र होते हैं। दोनों में ही नायक के सामने कुछ उद्देश्य होते हैं। जैसे—'जंजीर' फिल्म के नायक अमिताभ बच्चन के सामने उद्देश्य है अपने माता-पिता के कातिलों को पड़ना। फिल्म 'शोले' के प्रमुख नायक संजीव कुमार के सामने उद्देश्य है अपने परिवार के हत्यारे गब्बर सिंह को जिन्दा पकड़ना और इसलिए वह जय और वीरू जैसे दो चोरों को जेल से छुड़वाता है ताकि उनकी मदद से वह गब्बर सिंह को जिन्दा पकड़ सके। वैसे 'सोप ऑपेरा' में एक प्रमुख नायक नहीं होता, बल्कि आमतौर पर एक या दो परिवार होते हैं जिनके सारे पात्र किसी बात को लेकर एक-दूसरे से उलझते रहते हैं और कहानी को आगे दिशा मिलती रहती है। उनके बीच आमतौर पर सम्पत्ति को लेकर लड़ाई होती है या सम्पत्ति या सम्बन्धों, दोनों को लेकर जैसाकि हमेशा भट्ट निर्देशित धारावाहिक 'स्वाभिमान' में नज़र आता है। या फिर दो औद्योगिक घरानों की लड़ाई होती है जैसा कि इम्तियाज अली निर्देशित धारावाहिक 'इम्तिहान' में नज़र आता है।

किसी भी दृश्य माध्यम के लिए लिखते वक्त कुछ निम्नलिखित प्रमुख बातें ध्यान रखना आवश्यक है : भारतीय 'सोप ऑपेरा' के जनक श्री मनोहर श्याम जोशीजी सबसे पहले जिस युक्ति के पालन को आवश्यक बताते थे वह यह कि हमें कहानी के अनुसार अपने सभी प्रमुख एवं छोटे पात्रों 'बायोडाटा' तैयार कर लेना चाहिए। इसका सबसे बड़ा कारण तो यह है कि धारावाहिक बहुत दिनों तक चलता है और ऐसे में हो सकता है कि एक लेखक अपने कुछ छोटे पात्रों के बारे में भूल जाए या अपने बड़े ही पात्रों के बारे में कोई ऐसी गलती कर जाये जो उसके पहले दिखलाए गये रूप से भिन्न हो। इस तरह के 'बायोडाटा' आप अपने पात्रों के बारे में एक-एक छोटी जानकारी लिख लें। ठीक उसी तरह जैसे एक जासूस अपने केस के बारे में एक-एक

जानकारी इकट्ठा करता है। इसमें उसकी आदतें बाकी पात्रों से उसके सम्बन्ध की बारीकियाँ, उसका अगर कोई तकियाकलाम है तो वह, उसकी इच्छाएँ आदि एक-एक छोटी-बड़ी बातें को लिख लिया जाता है। इससे आगे लेखन में बहुत सुविधा हो जाती है। यह काम थोड़ा श्रमसाध्य है, लेकिन लेखक के काम को बाद में आसान बना देता है।

लेखक को अपनी कहानी में कोई ऐसा प्वाइण्ट जरूर रखना चाहिए, जिसके इर्द-गिर्द उसके पात्रों की इच्छाएँ टकराएँ। उदाहरण के लिए फिल्म 'दौड़' में एक बक्से में उसके सारे पात्रों के इच्छाएँ बन्द हैं और वे सब उसके पीछे भागने के क्रम में एक-दूसरे से टकराते हैं। इस तरह की टकराहट की स्थिति में आपके पात्र परवान चढ़ते हैं। इस क्रम में हमें अपने मिथक-कथाओं, पौराणिक ग्रन्थों के नायकों को स्मरण करना चाहिए। याद कीजिए, 'रामायण' के नायक राम को। उसके राह में आयी बाधाओं और उन बाधाओं को पार कर पाने की उसकी क्षमता ने ही उसे इतना बड़ा नायक बनाया। इसलिए यह कहा जाता है कि हमें अपने मिथकों, पुराणों की कथाओं का अध्ययन करना चाहिए और उनके 'आर्कटाइप' पात्रों का निर्माण करना चाहिए। राम की तरह अच्छाई के रास्ते पर चलनेवाला नायक हो, जो महान बलशाली रावण को संहार बानर-सेना के सहारे कर दे। याद कीजिए हमारी हिन्दी फिल्मों को। ज्यादातर हिन्दी फिल्में बुराई के खिलाफ अच्छाई की विजय की कहानी होती हैं। चूँकि ये कहानियाँ हमारे घरों में रची-बसी हुई हैं। इसलिए इनके अनुसार गढ़े गये चरित्र भी लोग सहज ही स्वीकार कर लेते हैं। अगर आप अध्ययन करें तो पाएंगे कि कहानी के सारे टाइप वहाँ मौजूद मिलेंगे। कौशल्या, यशोदा जैसी माएँ, भरत जैसा भाई, सीता जैसी पत्नी या कुन्ती-कर्ण जैसा माँ-बेटे का सम्बन्ध, मन्थरा जैसी कुटिलाएँ, अभिमन्यु, लव-कुश जैसे पुत्र, कृष्ण-सुदामा की मित्रता—ये सारी इन्हीं पौराणिक कहानियों के ऐसे पात्र हैं जिनके टाइप का इस्तेमाल हमारी फिल्मों में पता नहीं कितनी बार हुआ है और होता रहेगा।

आमतौर पर यह माना जाता है कि जितना सशक्त आपका नायक हो, आपका खलनायक भी उतना ही सशक्त होना चाहिए। नायक और खलनायक दोनों टक्कर के होने चाहिए—दोनों में बराबर दम-खम होना चाहिए। याद रखिए राम नायक थे तो खलनायक रावण जैसा दुर्दांत राक्षस था। फिर दमदार खलनायक होने की ऐसी परिस्थिति पैदा होती है जिनको पार करता हुआ आपका नायक नायकत्व को पाता है। इसके अलावा, खलनायक आपके नायक की राह में बाधाएँ खड़ी करता है, जिनको पार करने के क्रम में नायक जो युक्तियाँ लगाता है उससे कहानी में ड्रामा पैदा होता है।

अच्छे चरित्र को तैयार करने में बाधाएँ बहुत सहायक होती हैं। जरूरी नहीं है कि बाधाएँ सिर्फ खलनायक ही पैदा करे। बाधा किसी परिस्थिति की भी हो सकती

है। मसलन, नायक को अपनी माँ का ऑपरेशन करवाना है और उसकी बाधा यह है कि उसके पास आवश्यक धन नहीं है या यह कि नायक जिस लड़की से प्यार करता है उसके परिवार से नायक के परिवार की बरसों पुरानी दुश्मनी है या यह कि नायक जिस लड़की से प्यार करता है उस लड़की से उसका दोस्त भी प्यार करता है। याद रखिए आप एक दृश्य-माध्यम के लिए लिख रहे हैं, आपको संवादों में सूचना नहीं देनी है, बल्कि घटनाओं को घटते हुए दिखाना है। इस तरह की बाधाएँ वे परिस्थितियाँ पैदा करती हैं जिनमें घटनाएँ घटती हैं और दर्शक 'अब क्या?' के भाव से फिल्म में डूबता जाता है। इस तरह की बाधाएँ बहुत आवश्यक होती हैं, एक एपिसोड की कहानी और दूसरे एपिसोड की कहानी के बीच दर्शकों को बांधे रखने के लिए।

आपके चरित्रों की कुछ ऐसी इच्छाएँ भी होनी चाहिए जिनसे वशीभूत होकर वह कार्य करे। मसलन 'दीवार' के नायक अमिताभ बच्चन की इच्छा है एक दिन शहर के सबसे बड़े आदमी बन जाने की, इसके लिए वह अपराध का रास्ता चुनता है या हाल ही में प्रदर्शित फिल्म 'परदेस' के नायक शाहरुख खान की इच्छा है नायिका महिमा चौधरी को पाना, जो कि उसके भाई अपूर्व अग्निहोत्री की मंगेतर है। इसी क्रम में वह अमरीका में नायिका की वक्त-बेवक्त मदद करता रहता है और अन्त में उसका प्यार पा लेता है। नायक की वह इच्छा घटनाओं को जन्म देती है, जो कहानी में आवश्यक मसाला पैदा करती है। प्रेम, घृणा, वासना ऐसी मूल इच्छाएँ हैं जोकि हर मनुष्य में होती हैं।

फिल्मों से धारावाहिकों की भिन्नता आमतौर पर इस मायने में होती है कि धारावाहिकों की कहानी कई कड़ियों में बँटी होती है, इसलिए उसमें एक या दो पात्रों से काम नहीं चलता। विशेषकर अगर आप 'सोप ऑपेरा' लिख रहे हैं तो कई पात्र ऐसे होने चाहिए जिनका कि एक ही उद्देश्य हो। मसलन 'स्वाभिमान' की तरह सम्पत्ति को पाना उद्देश्य होना चाहिए। 'इम्तिहान' की तरह उद्योगपतियों की लड़ाई हो सकती है। या कई पुरुष एक ही स्त्री से प्रेम करते हों। या परिवार के वैध लोगों और अवैध लोगों के बीच रस्साकशी चल रही हो। या दो राजनीतिज्ञों की टकराहट हो जैसा कि धारावाहिक 'महायज्ञ' में है। इस तरह की स्थितियों में पात्र तरह-तरह के दाँव-पेंच खेलते हैं, जो अपने धारावाहिक के एपिसोड को अधिक मनोरंजन बनाते हैं।

इसी तरह कई तरह के पात्र या चरित्र होने चाहिए। ठीक उसी तरह जैसे एक परिवार में कई तरह के लोग होते हैं। कोई पढ़ने में बहुत तेज होता है, कोई बोदा होता है। एक लड़की सुन्दर होती है, एक बदसूरत। एक प्रेम करती है, एक लोगों से बहुत कम मिलती-जुलती है। छोटा भाई अपने बड़े भाई पर बहुत विश्वास करता है, लेकिन बड़ा भाई उसके विश्वास का फायदा उठाकर उसका हिस्सा मारता रहता है। माँ उस बेटे के बहुत प्यार करती है जो कि थोड़ा बोदा है या थोड़ा आवारा किस्म का है। पर

पिता उस लड़के को प्यार करता है जो कि बहुत तेज होता है। सास-बहू की टकराहट भी हो सकती है। कई परिवारों में मानसिक रूप से विकलांग या पागल लोग भी होते हैं। बूढ़ा नौकर हो सकता है किसी बड़े परिवार में। इस तरह अलग-अलग तरह के पात्रों का होना एक अच्छी पटकथा के लिए आवश्यक माना जाता है। हिन्दी साहित्य के इतिहास-लेखक आचार्य रामचन्द्र शुक्ल के मुहावरे को उधार लेकर हम कह सकते हैं कि आपके पात्र ऐसे होने चाहिए कि आपकी पटकथा 'विरुद्धों का सामंजस्य' लगे यानी वे सारे चरित्र एक-दूसरे के विरुद्ध तो हों पर उनका उद्देश्य एक हो या वे किसी-न-किसी रूप में एक-दूसरे से बँधे हों। अगर आपके सारे पात्र अपनी डफली, अपना राग बताते रहें, तो कहानी ही भटक जाएगी या कोई कहानी ही नहीं बनेगी ऐसा उपन्यासों में तो सम्भव है दृश्य-माध्यम में नहीं।

इसी प्रकार अपने चरित्रों के पहनावे-ओढ़ावे का भी एक खाका बना लेना चाहिए। यह काम भी पटकथा-लेखक का ही होता है। जैसे आमतौर पर यह देखा जाता है कि अगर कोई लड़की सलवार-कुर्ता पहने हुई हो तो उसे परम्परागत विचारों वाले परिवार का मान लिया जाता है और अगर कोई लड़की जीन्स पहनकर घूमे तो उसे आधुनिका माना जाता है। जरूरी नहीं है कि यथार्थ ऐसा ही हो। इसलिए आपके चरित्र अपने पहनने-ओढ़े से भी अपना परिचय देते हुए लगने चाहिए।

इसी तरह आपके पात्रों का कुछ प्रोफेशन भी होना चाहिए। आमतौर पर हर आदमी की एक व्यक्तिगत जिन्दगी होती है और एक प्रोफेशनल जिन्दगी होती है। दोनों का ही ध्यान अपने चरित्रों के गढ़ने के क्रम से आपको रखना चाहिए। व्यक्तिगत जिन्दगी के अन्तर्गत आपके चरित्र का घर-परिवार, कोई गुप्त सम्बन्ध आदि आते हैं तो प्रोफेशनल जिन्दगी के अन्तर्गत यह आता है कि वह क्या करता है ? यानी वह किस तरह के धन्धे में है ? आमतौर पर एक अच्छे धारावाहिक में एक चरित्र की जिन्दगियों की टकराहट होती है। इसे हम सामान्य भाषा में यों समझ सकते हैं कोई गाँधीवादी नेता सार्वजनिक जीवन में अपने मूल्यों की वजह से बहुत सम्मान पाता है, पर अपने व्यक्तिगत जीवन में बहुत ही रंगीन किस्म का आदमी है। इसके पटकथा में तनाव पैदा होता है।

प्रोफेशन में भी इस बात का ध्यान रखना चाहिए कि वह प्रोफेशन ऐसा हो जिसमें सार्वजनिक जीवन की घटनाएँ कुछ आ सकती हों। इसलिए लेखक का चरित्र दृश्य-माध्यम के लायक नहीं माना जाता है, लेकिन पत्रकार टेलीविजन धारावाहिकों का एक आदर्श पात्र माना जाता है। आमतौर पर टेलीविजन या फिल्मों के कुछ टाइप प्रोफेशन होते हैं, जिनका ध्यान रखना चाहिए। जैसे—वकील, उद्योगपति, नेता, पुलिस अफसर आदि। आजकल निज़ीकरण और उदारीकरण का असर फिल्मों, टेलीविजन धारावाहिकों पर भी दिखाई देने लगा है। मसलन, आजकल विज्ञापन एजेन्सी की

एक्जीक्यूटिव, मॉडल जैसे पात्र भी पर्दे पर नजर आने लगे हैं। बहरहाल, आपके चरित्र भी ऐसे ही प्रोफेशन में होने चाहिए,लेकिन फिर भी उसमें कुछ नयापन लाने का प्रयास करना चाहिए। जैसे—ईमानदार और बेईमान दोनों ही तरह के पुलिस अधिकारी दिखाए जा चुके हैं। इसलिए आपको प्रयास करके ऐसा पुलिस अधिकारी चरित्र गढ़ना चाहिए जोकि वैसे तो ईमानदार हो, पर किसी परिस्थितिवश भ्रष्ट हो जाता है।

ये कुछ ऐसी युक्तियाँ हैं जिनका पालन अपने चरित्र-निर्माण के क्रम में एक पटकथा-लेखक को रखना चाहिए। पटकथा-लेखन लेखन का एक ऐसा प्रकार है जो कि मेहनत से आती है। कोई भी आदमी मेहनत करके पटकथा-लेखक बन सकता है। इसलिए चरित्र-निर्माण के लिए एक पटकथा-लेखक को अपने आस-पास चरित्रों की तलाश करनी चाहिए जिनका कि वह इस्तेमाल कर सके। इसके अलावा, क्लासिकों का अध्ययन करना चाहिए और फिल्में देखनी चाहिए—हॉलीवुड दोनों की।

संवाद : टेलीविजन एक दृश्य-माध्यम है, लेकिन नाटकों की तरह संवादों के सहारे इसकी कथा नहीं चलती। फिर भी फिल्म और टेलीविजन में एक बुनियादी अन्तर यह है कि टेलीविजन में आप कैमरे का उस सीमा तक इस्तेमाल नहीं कर सकते जितना कि फिल्मों में होता है। यानी सिर्फ कुछ शॉट होते हैं जो टेलीविजन के उपयुक्त समझे जाते हैं—मिड शॉट, क्लोज अप, ओवर दि शोल्डर शॉट, टू शॉट आदि। इसका एक कारण तो यह समझा जाता है कि जिस तरह फिल्मों का प्रदर्शन सिनेमा हॉल में लगभग एक तरह की स्थितियों में हर जगह होता है। लेकिन टेलीविजन में ऐसा नहीं होता यानी कोई पोर्टेबल ब्लैक एण्ड व्हाइट टी. वी. पर कार्यक्रम देखता है, तो 51 से. मी. के रंगीन टी. वी. पर तो कोई 73 से. मी. के रंगीन टी. वी. पर। यानि कि एक तरह का प्रभाव टेलीविजन से पैदा नहीं होता। ऐसे में संवाद का महत्त्व टेलीविजन धारावाहिकों में होता है। विशेषकर, हास्य धारावाहिकों में तो संवाद का महत्त्व और भी अधिक होता है। इसलिए संवाद-लेखन को काफी गम्भीरता से लेने की आवश्यकता है।

फिल्मों या टेलीविजन में आमतौर पर यह भी देखा जाता है कि पटकथा कोई और लिखता और संवाद कोई और लिखता है। यानी कुछ लेखक होते हैं जो कि दृश्य-निर्माण के उस्ताद समझे जाते हैं, तो कुछ लोग संवादों के। जैसे कि हम फिल्मों को देखें तो पाएँगे कि स्व. राही मासूम रजा, कमलेश्वर, हृदय लानी जैसे कुछ लेखक ऐसे रहें हैं जो कि सिर्फ संवाद-लेखक के रूप में जाने गये। सिर्फ जाने ही नहीं गये, बल्कि अत्यन्त सफल भी रहे। यही नहीं फिल्म दुनिया की मशहूर लेखक जोड़ी सलीम-जावेद के बारे में यह कहा जाता है कि सलीम स्क्रीनप्ले के उस्ताद थे, तो जावेद संवादों के। वैसे ज्यादातर पटकथा-लेखक संवाद और पटकथा दोनों ही लिखते हैं 'देवदास'

में प्रकाश कावड़िया ने ऐसा ही किया है। इसीलिए संवादों की कुछ बारीकियाँ ऐसी होती हैं जिनका ध्यान हर लेखक को रखना चाहिए।

सबसे पहले यह ध्यान रखना चाहिए कि संवाद पात्रानुकूल हों। इसे हम इस तरह समझ सकते हैं कि हिन्दी सिनेमा के मशहूर गीतकार साहिर लुधियानवी के ऊपर यह आरोप लगाया जाता है कि उनके फिल्मों में माली भी शायरी गाते थे। मतलब यह कि जैसा पात्र हो संवाद वैसा ही होना चाहिए। फिल्मों में तो ऐसा होता है कि कुछ लोगों के लिए 'डॉयलॉग स्टार' की संज्ञा ही प्रचलित हो गयी। जैसे कि राजकुमार के पर्दे पर आते ही दर्शकों को यह उम्मीद रहती थी कि वे 'जिनके घर खुद शीशे के होते हैं, वे दूसरे के घरों पर पत्थर नहीं फेंका करते, चिनॉय सेठ!' जैसा कोई भारी-भरकम संवाद बोलेंगे। लेकिन टेलीविजन के साथ ऐसा नहीं है मतलब यह कि सिनेमा के विपरीत टेलीविजन एक जनतान्त्रिक माध्यम है। आपकी उँगलियों के बीच दर्जनों चैनल हैं जो कि दर्जनों मनोरंजक कार्यक्रम लेकर आपके सामने होते हैं। इसलिए टेलीविजन में स्टार की भाषा नहीं, बल्कि आपकी कहानी की भाषा चलती है। अगर आपकी कहानी 'स्वाभिमान' जैसी होगी तो पात्र भी अलग होंगे और जाहिर है भाषा भी। उसी तरह अगर आपकी कहानी 'मुझे चाँद चाहिए' जैसी है तो उसके पात्र उसकी भाषा तय करेंगे। हालाँकि टेलीविजन में यह भी होता है कि हर चैनल की भाषा को लेकर अपनी नीति होती है। यानी अगर वह चैनल जी. टी. वी. है तो उसकी भाषा 'हिंगलिश' होगी, या सादी टी. वी. है तो उसकी भाषा आम बोल-चाल की हिन्दुस्तानी होगी। इसलिए संवाद-लेखन में इस बात का भी ध्यान रखना आवश्यक है कि वह धारावाहिक किस चैनल का हिस्सा बननेवाला है।

प्रसिद्ध लेखक अर्नेस्ट हेमिंग्वे और एफ. स्कॉट फिटजगेराल्ड एक सफल पटकथा-लेखक बनना चाहते थे, पर नहीं बन पाये। इसका कारण यह बताया जाता है कि उनके संवाद दृश्य माध्यम के अनुकूल नहीं होते थे। मसलन, अगर आप यह लिखते हैं कि 'वह देखो रमेश आ रहा है' तो यह आपका यह संवाद फिल्म या टेलीविजन के उपयुक्त नहीं माना जाएगा। क्योंकि यह तो सभी देख ही रहे हैं कि रमेश आ रहा है। संवाद-लेखन के बारे में यह कहा जाता है कि अच्छा संवाद वह है जो कि वह बताए जो आपके चरित्र में नजर नहीं आ रहा हो। ध्यान रखिए कि आप कोई उपन्यास, कहानी या नाटक नहीं लिख रहे हैं जहाँ कि अपने पात्र की ज्यादातर जानकारियाँ आपको अपने संवाद के माध्यम से ही देनी होती है।

फिर यह भी कहा जाता है कि दृश्य-माध्यम के लिए अगर आप संवाद लिख रहे हों तो कम-से-कम शब्दों का इस्तेमाल करें तो ज्यादा मजा आएगा। उदाहरणत: अगर आपका पात्र यह बताने की जगह कि 'मेरा नाम अन्ना है' टेलीफोन पर सिर्फ़ इतना कहे 'अन्ना' तो ज्यादा नाटकीय लगता है। फिल्मों में 'डायलॉग-स्टार' के लिए

भारी-भरकम डायलॉग तो लिखे जा सकते हैं या एक जमाने में फिल्मों में भारी-भरकम डायलॉग लिखने का चलन-सा था। पर आजकल फिल्मों की रफ्तार तेज हो गयी है और टेलीविजन पर भी अच्छे धारावाहिक वही माने जाते हैं, जिसमें घटनाएँ तेजी से घटती दिखाई जाएँ। इसलिए धारावाहिक की गति को बनाये रखने के लिए छोटे-छोटे संवाद लिखे जाने चाहिए। याद कीजिए 'स्वाभिमान' के पहले ढाई सौ एपिसोड इसीलिए बहुत लोकप्रिय हुए क्योंकि उनकी गति बहुत तेज थी।

इसके अलावा, 'मुझे याद आता है', 'जब मैं जवान था' जैसे डायलॉग से तब तक बचना चाहिए जबकि आपका फ्लैशबैक उसके बाद शुरू नहीं होने जा रहा हो। यहाँ पर अरस्तू का कार्य-व्यापारों वस्तुओं की एकता के सिद्धान्त को ध्यान में रखना चाहिए। नाटकीयता तभी होती है जब आप यह दिखाएँ कि आपका पात्र क्या पाने की कोशिश कर रहा है। ऊपर बताये संवादों से आपके पात्रों की कार्य-व्यापार की एकता खण्डित होती है यानी कहानी अपने रास्ते से भटकने लगती है।

यह भी कहा जाता है कि आपके संवाद ऐसे हों कि उनसे यथार्थ का भ्रम पैदा हो न कि वे यथार्थ हों। यथार्थवादी संवाद बोरियत पैदा करते हैं। इसलिए आप देखते हैं कि फिल्मों में 'टपोरी', 'पंगा' जैसे शब्दों का प्रयोग डॉयलॉग में होता है। इस तरह के संवाद यथार्थ का भ्रम पैदा करते हैं। आमतौर पर एक सफल संवाद-लेखक अपने डायलॉग टेप पर रिकार्ड करके उसे सुनकर उसके नाटकीयता का परीक्षण करता है। हिन्दी के प्रसिद्ध उपन्यासकार अमृतलाल नागर भी कहा करते थे कि भाषा पढ़कर नहीं, सुनकर आती है। इसलिए जब भी आप लोगों को बातचीत करते देखें तो उनकी भाषा को ध्यान से सुनिए। जितना आप लोगों को सुनेंगे, अलग-अलग वर्ग के लोगों को सुनेंगे, आपके संवादों की भाषा उतनी अच्छी होगी।

यह भी कहा जाता है कि वर्णनात्मक संवादों से बचना चाहिए। संवाद लेखकों को वर्णनात्मकता से इसलिए बचना चाहिए, क्योंकि टेलीविजन या फिल्म लेखन में आपको अपनी साहित्यिकता नहीं दिखानी रहती है। इसी तरह हास्य-धारावाहिकों के लिए यह कहा जाता है कि चुटकुले सुनाना नहीं, बल्कि चुटकुले सुनाए। टेलीविजन पर चुटकुले सुनाने में हास्य पैदा नहीं होता, बल्कि हास्यास्पद हो जाता है।

इसके अतिरिक्त, अपने कुछ प्रमुख पात्रों का पहचान देने के लिए 'तकियाकलाम' का इस्तेमाल भी करना चाहिए। फिल्मों में तो नायक-नायिकाओं, विशेषकर खलनायकों को विशिष्टता प्रदान करने के लिए इसका इस्तेमाल करता है। उदाहरणतः फिल्म मिस्टर इण्डिया' में खलनायक बात-बात में कहता है—'मोगंबो खुश हुआ।' या 'क्रान्ति' में प्रेम चोपड़ा कहता है, 'शम्भू का दिमाग दोधारी तलवार है।' वह कोई जुमला भी हो सकता है या कोई आदत भी हो सकती है। मसलन आपके

नायक की आदत यह हो कि वह बात-बात में शेर सुनाता हो, या अमेरिकन अन्दाज़ में 'हलो' कहता हो। ध्यान रखिए कि इस तरह गर आप एक पात्र में भरेंगे तो बिलकुल नहीं चलेगा।

इस बात का भी ध्यान रखना चाहिए कि उन्हीं बोलियों का प्रयोग हो जो कि फिल्मों में चले हुए हैं। उदाहरणत: अगर फिल्मी बिहारी हिन्दी का रूप यह है कि 'हम बोला हूँ' तो वही लिखिए, न कि उसका शुद्ध रूप 'हम बोले हैं।' अगर आप ऐसा लिखेंगे तो बिहारियों को छोड़कर बाकी दर्शक-वर्ग के लिए वह एक नयी भाषा हो जाएगी। प्रकाश झा की फिल्म 'मृत्युदण्ड' के नहीं चलने का एक कारण यह भी माना जाता है कि उसकी बिहारी हिन्दी शुद्ध थी, जो कि बाकी दर्शकों को समझ में नहीं आयी। इसलिए फिल्मी भाषा के अलग-अलग रूपों का अध्ययन भी आवश्यक है।

पटकथा की मास्टर सीन तकनीक

यह बहुप्रचलित तथा सरल टेक्नीक है। इसके अन्तर्गत सबसे पहले कथा को तीन भागों में विभाजित कर लिया। पहले भाग में कथा का प्रारम्भिक भाग आता है। दूसरे भाग में मध्य तथा अन्तिम में कथा का शेष भाग आ जाता है। मास्टर सीन तकनीक जैसा कि नाम से विदित है 'सीन' या 'दृश्य' पर आधारित होती है।

दृश्य या सीन की परिकल्पना : एक स्थान पर घटने वाली घटनाओं से एक दृश्य बनता है। मान लीजिए एक कमरे में कुछ लोग बैठे बातें कर रहे हैं या कोई काम कर रहे हैं। यह एक दृश्य माना जाएगा। परन्तु जैसे ही कहानी का घटना चक्र आगे बढ़ेगा, पात्र दूसरे स्थान पर जाएँगे या अन्य पात्रों की दूसरे स्थान पर घटी गतिविधियों को दिखाया जाएगा, सीन बदल जाएगा। कमरे में काम कर रहे लोगों में से यदि दो बाहर निकलकर बस स्टॉप पर खड़े होकर बस की प्रतीक्षा करने लगते हैं तो सीन बदल जाता है। क्योंकि स्थान बदल गया है।

सीन कथा के अनुसार छोटे तथा बड़े हो सकते हैं। पूरी कथा को विभिन्न स्थानों पर घटने वाली घटनाओं के आधार पर सीनों में विभक्त किया जा सकता है। उदाहरण के लिए प्रेमचन्द की लोकप्रिय कहानी 'पूस की रात' के प्रारम्भिक दृश्य इस प्रकार बनाए जा सकते हैं :

सीन-1 : हल्कू अपनी पत्नी (मुन्नी) के पास आता है। वह झाड़ू लगा रही है। हल्कू उससे कहता है कि सहना आया है और उधार चुकाने को कह रहा है। हल्कू मुन्नी से कहता है जो रुपये रखे हैं वे दे दो तो मैं सहना को देकर अपनी जान बचाऊँ। मुन्नी कहती है कि तीन ही तो रुपये हैं और वह उसने

कम्बल खरीदने के लिए रख छोड़े हैं। कम्बल न लिया तो जाड़ा कैसे कटेगा? हल्कू उसे समझाता है कि यदि सहना के पैसे न लौटाए तो वह गालियाँ देगा, धमकियाँ देगा। हल्कू पैसा देने के लिए अपनी पत्नी की खुशामद भी करता है। दोनों में पैसे को लेकर वाद-विवाद होता है। अपने अपने-अपने तर्क आमने-सामने रखते हैं। अन्ततः मुन्नी हल्कू को पैसे दे देती है और वह पैसा लेकर निकल जाता है।

सीन-2 : हल्कू दरवाजे पर खड़े सहना के पास आता है उसे पैसे देता है। सहना पैसे लेकर चला जाता है।

नोट : कहानी में सहना का पैसे देने का दृश्य नहीं है। पर पटकथा में यह आवश्यक हो जाता है। इस दृश्य में एक-दो ऐसे संवाद हो सकते हैं जो सहना तथा हल्कू की स्थिति उनके स्वभाव और महाजन तथा किसान के रिश्ते पर प्रकाश डालते हैं।

सीन-3 : जाड़े की रात है तेज हवा चल रही है। उसकी आवाज घर के अन्दर आ रही है। हल्कू खेत पर जाने की तैयारी कर रहा है। वह अपनी पत्नी से कुछ ओढ़ने के लिए माँगता है। घर में केवल एक पतली चादर है। वही वह ले लेता है। कुत्ते को आवाज देता है। वह दुम हिलाता आ जाता है। दोनों बाहर निकलते हैं।

सीन-4 : हल्कू गाँव के एक गलियारे में चला जा रहा है। चादर को उसने अच्छी तरह लपेट रखा है। हाथ में लाठी लिए है। उसके दाँत सर्दी की वजह से बज रहे हैं। कुत्ता उसके साथ-साथ चल रहा है।

सीन-5 : खेत के किनारे ऊख के पत्तों की एक छतरी के नीचे हल्कू और झबरा बैठे हैं। हल्कू को बड़ी सर्दी लग रही है। वह काँप रहा है। हल्कू कुत्ते से सर्दी के बारे में बातें करता है। कहता है कि तुम कल से मत आना मेरे साथ। हल्कू चिलम पीता है। धीरे-धीरे सनसनाती हवा की आवाजें बढ़ जाती हैं। हल्कू सर्दी से बेचैन होने लगता है। वह कुत्ते को उठाकर अपनी चारपाई पर लिटा लेता है और उससे चिपट जाता है। अचानक कुत्ता भौंकने लगता है और उछलकर भाग जाता है। दूर से कहता है, चलो सूखी पत्तियाँ बटोर लाएँ और जलाएँ।

सीन-6 : हल्कू सूखे पत्ते जमा कर रहा है। उसने एक झाड़ू बनाकर पत्तों का एक ढेर-सा लगा लिया है। कुत्ता भी उसके साथ है। बीच-बीच में हल्कू कुत्ते से बातें भी करता जा रहा है। पत्ते का ढेर जब बड़ा हो जाता है। तो उसके पास बैठकर हल्कू उसमें आग लगा देता है। तापता है। कुत्ते से बातचीत करता है। फिर दोनों अलाव के ऊपर से कूदते हैं। धीरे-धीरे अलाव की

आग ठण्डी पड़ जाती है। हल्कू कुत्ते से कहता है, चलो खेत पर चलें नहीं तो जानवर चर लेंगे। हल्कू उठ जाता है।

आपने देखा कि कहानी को सीनों में बाँटने का सबसे बड़ा आधार 'स्थान' बनता है। यानी एक जगह घटने वाली घटनाओं के आधार पर एक दृश्य निर्मित होता है। कहानी में अगर कोई आवश्यक दृश्य नहीं है, तो उसकी सहज कल्पना करके नये दृश्य भी डाले जा सकते हैं। पर ये दृश्य आरोपित या कहानी की मूल आत्मा के विपरीत नहीं होने चाहिए।

दृश्य में समय का उल्लेख : कहानी का दृश्यों में विभाजन करने के बाद दृश्य किस समय घट रहा है इसका उल्लेख भी आवश्यक है। दृश्य में समय का उल्लेख प्राय: दिन या रात में किया जाता है। समय का उल्लेख दो दृष्टियों से आवश्यक है। कैमरामैन रात या दिन में शूट किए जाने वाले दृश्यों में प्रकाश का अलग-अलग ढंग से प्रबन्ध करता है। यदि उसे नहीं मालूम कि अमुक दृश्य रात में फिल्माया जाना है तो वह आवश्यक प्रकाश का बन्दोबस्त नहीं करेगा और शूटिंग नहीं हो सकेगी। समय का दूसरा महत्त्व फिल्म की गति से सम्बन्धित है। एक घटना यदि रात में घटती है और अगली दिन में घटती है, तो समय बीतने का अहसास देखनेवाले को सहज ही हो जाएगा। समय बीतने का तर्क भी रात और दिन के उल्लेख से पता चलता है। प्राय: समय का उल्लेख दृश्य के साथ इस प्रकार होता है :

दृश्य : 1
समय : दिन/रात

दृश्य के इनडोर तथा आउटडोर का उल्लेख : दृश्य में समय के उल्लेख के साथ-साथ यह उल्लेख भी आवश्यक है कि दृश्य का फिल्मांकन अन्दर होगा या बाहर। प्राय: छत के नीचे फिल्मांकन के लिए 'अन्दर' यानी 'इनडोर' और खुले में यानी आसमान के नीचे फिल्मांकन को आउटडोर कहते हैं। इसका उल्लेख भी कैमरामैन को सही प्रकार के प्रकाश की व्यवस्था करने में मदद देता है। इनडोर/आउटडोर का उल्लेख इस प्रकार किया जाता है :

दृश्य : 1
समय : दिन/रात
स्थान : इनडोर/आउटडोर

दृश्य में पात्रों का उल्लेख : शूटिंग को नियमित रूप से चलाने तथा शूटिंग कार्यक्रम बनाने के लिए यह जानकारी आवश्यक होती है कि किस दृश्य में कौन-कौन अभिनेताओं की आवश्यकता पड़ेगी। इस जानकारी का लाभ पूरी यूनिट को होता है, क्योंकि निर्देशक से लेकर कपड़ों आदि तक की व्यवस्था करनेवाले का कार्य सरल

हो जाता है। नामों का उल्लेख इस प्रकार होता है—

दृश्य : 1
समय : दिन/रात
स्थान : इनडोर/आउटडोर
पात्र : (पात्रों के नाम)

दृश्यों में विशेष सामग्री का उल्लेख : दृश्य में कभी-कभी किसी विशेष सामग्री (वस्तु) की आवश्यकता होती है। उदाहरण के लिए यदि कोई पात्र अपने हाथ में हर समय चाँदी की छड़ी लिए दिखाया जाना है, तो वह जिस सीन में भी आएगा उसमें उसके हाथ में चाँदी की छड़ी आवश्यक होगी। इसलिए प्रापर्टी विभाग वालों की सुविधा के लिए प्रत्येक दृश्य में यदि कोई विशेष वस्तु दरकार है, तो उसका उल्लेख होता है ताकि उसकी व्यवस्था हो सके।

दृश्य : 1
समय : दिन/रात
स्थान : इनडोर/आउटडोर
पात्र : (पात्रों के नाम)
विशेष सामग्री : (विशेष सामग्री के नाम)

दृश्य का विवरण : प्रत्येक दृश्य में क्या घटता है इसका विवरण देना भी आवश्यक है। यह विवरण अभिनेताओं को संक्षेप में बता देता है कि यह दृश्य क्या है और वे उसी के अनुसार अभिनय करते हैं। जैसे पूस की रात के पहले दृश्य का विवरण इस प्रकार होगा :

> *मुन्नी घर में झाड़ू लगा रही है। हल्कू आकर उससे कहता है कि सहना आया है और अपना कर्ज माँग रहा है। मुन्नी पहले पैसा देने से इनकार करती है क्योंकि उसने किसी तरह मजदूरी करके तीन रुपये कम्बल खरीदने के लिए बनाए हैं। पर हल्कू के आग्रह तथा अपमान किये जाने के डर से पैसा दे देती है।*

दृश्य में विवरण को निम्न ढंग से रखते हैं :

दृश्य : 1
समय : दिन/रात
स्थान : इनडोर/आउटडोर
पात्र : हल्कू, मुन्नी
विशेष सामग्री : झाड़ू
विवरण : (ऊपर लिखा गया विरण)

दृश्य में संवाद : प्रत्येक दृश्य में वे संवाद लिखे जाते हैं जो उस दृश्य में विभिन्न पात्र बोलते हैं। संवाद लिखते समय यदि लेखक संवादों के भीतर छिपे किसी विशेष अर्थ को सामने लाना चाहता है या संवादों को कोई नया 'टोन' देना चाहता है तो उसका उल्लेख संवादों से पहले कोष्ठक ( ) बनाकर उनके अन्दर किया जाता है। एक ही संवाद यदि तरह-तरह से बोला जाये तो उसके अर्थ बदल जाते हैं। लेखक को यह स्पष्ट उल्लेख करना आवश्यक है कि वह संवाद से क्या अर्थ ग्रहण करने का आग्रह कर रहा है। जैसे—'वह मेरा कोई नहीं है', संवाद लापरवाही से भी बोला जा सकता है। इसके बोलने में यदि दुःख का पुट दे दिया जाए तो अर्थ बदल जाएँगे। इस तरह लेखक संवाद में क्या 'फीलिंग' देना चाहता है इसका उल्लेख भी आवश्यक है। संवादों सहित पूरे दृश्य का स्वरूप इस प्रकार बन गया। उदाहरण के लिए 'पूस की रात' के पहले दृश्य को देखा जा सकता है।

दृश्य : 1
समय : दिन
स्थान : इनडोर
पात्र : (हल्कू, मुन्नी)
विशेष सामग्री : झाड़ू
विवरण : मुन्नी घर में झाड़ू लगा रही है। हल्कू आकर उससे कहता है कि सहना आया है और अपना कर्ज माँग रहा है। मुन्नी पहले पैसे देने से इनकार करती है क्योंकि उसने किसी तरह मजदूरी करके तीन रुपये कम्बल खरीदने के लिए बचाए हैं। पर हल्कू के आग्र तथा अपमान किए जाने के डर से पैसे दे देती है।

संवाद : *[मुन्नी झाड़ू लगा रही है उसी समय हल्कू आ जाता है। हल्कू एक क्षण तक उसे देखते रहने के बाद कहता है]*

हल्कू : सहना आया है।
मुन्नी : आया है तो आने दो...मैं क्या करूँ।
हल्कू : *(थोड़ा घबराकर)* वह अपना उधार माँगने आया है।
मुन्नी : *(उदासीनता से)* पैसे हैं कहाँ?
हल्कू : *(विनती के स्वर में)* लाओ जो रुपये रखे हैं उसे दे दूँ...किसी तरह गला तो छूटे।
मुन्नी : रुपये उसे दे दोगे तो कंबल कहाँ से आएगा? माघ पूस की रात हार में कैसे कटेगी? उससे कह दो फसल पर दे देंगे। अभी पैसा नहीं है।
हल्कू : *(समझाते हुए)* तुम तो सहना को अच्छी तरह जानती हो...वह न

मानेगा ...गालियाँ अलग देगा...हाथ-पैर तोड़ने की धमकियाँ देगा।

मुन्नी : पैसे अभी नहीं हैं तो कोई क्या करे?

हल्कू : *(दयनीयता से)* मेरी बात माना जा...गाँववालों के समाने गालियाँ देगा तो क्या रह जाएगी...ला दे दे...कम्बल के लिए कोई दूसरा उपाय सोचूँगा।

मुन्नी : *(आँखें तरेरकर)* कर चुके दूसरा उपाय! जरा सुनूँ तो कौन उपाय करोगे? कोई खैरात दे देगा कम्बल?

हल्कू : *(गिड़गिड़ाते हुए)* देख, मैं कहीं से ले आऊँगा...कुछ भी कर लूँगा...

मुन्नी : *(बिगड़कर)* अभी न जाने कितनी तो बाकी पड़ी है। जो किसी तरह चुकने में ही नहीं आती। मैं कहती हूँ तुम क्यों नहीं खेती छोड़ देते? मर-मर काम करो, उपज हो तो बाकी दे दो, चलो छुट्टी हुई। बाकी चुकाने के लिए ही तो हमारा जन्म हुआ है। पेट के लिए मजूरी करो। ऐसी खेती से बाज आए। मैं रुपये न दूँगी...न दूँगी।

हल्कू : *(उदास होकर)* तो क्या गाली खाऊँ...जूते खाऊँ।

मुन्नी : *(तड़पकर)* गाली क्यों देगा, क्या उसका राज है?

[बाहर से सहना की आवाज आती है]

सहना : क्यों बे हल्कू, क्या घर में छिपकर बैठ गया...आऊँ मैं अन्दर?

हल्कू : *(जोर से)* अभी आया सहना भाइया...*(धीरे से मुन्नी से कहता है)* तुझे मेरी सौगन्ध पैसे दे दे, नहीं तो बड़ी विपत्ति हो जाएगी...

[मुन्नी ताक में रखी एक मिट्टी में हँडिया में से पैसे निकालकर हल्कू के हाथ पर रख देती है]

शॉट-बाई-शॉट तकनीक

पटकथा लेखन की दूसरी तकनीक को शाट-बाई-शाट तकनीक कहते हैं। इसे समझने के लिए सबसे पहले यह जानना आवश्यक है कि शाट क्या होता है। कैमरा जब एक बार चलाया जाता है, तो फिल्मांकन शुरू हो जाता है उसके बाद कैमरा बन्द कर दिया जाता है। इस बीच दो छायांकन होता है उसे शाट कहा जाता है। मतलब यह कि कैमरा चलने के एक यूनिट को एक शाट कहते हैं। यह एक शाट लम्बा भी हो सकता है और छोटा भी हो सकता है। इसी तरह के सैकड़ों-हजारों शाट्स से पूरी फिल्म का निर्माण होता है।

दरअसर मास्टर सीन टेकनीक में शाट विभाजन निर्देशक स्वयं तय करता है।

जैसे—'पूस की रात' के पहले सीन पें पहला शॉट क्या होगा इसका निर्णय निर्देशक करेगा। वह पहला शॉट मुन्नी के झाड़ू देने से शुरू कर सकता है और फिर फ्रेम में हल्कू आ सकता है या वह हल्कू के घर में घुसने से पहले शाट शुरू कर सकता है और फिर फ्रेम में मुन्नी आ सकती है। कहने का तात्पर्य यह है कि मास्टर तीन टेकनीक में निर्देशक शॉट्स तय करता है। लेकिन शाट-बाई-शाट पटकथा लिखने में यह निर्णय पटकथा लेखक लेता है।

कथा का शॉट्स में विभाजन : यदि ध्यान से फिल्में देखी जाएँ तो यह स्पष्ट हो जाता है कि छोटे-छोटे शॉट्स एक साथ मिलकर पूरा फिल्म का स्वरूप ग्रहण करते हैं। कथा को शाट्स में विभाजित करने का कार्य कुछ अधिक कल्पनाशीलता तथा 'विजुअल सेंस' की माँग करता है। लेखक कथा को छोटे-छोटे अंशों में इस प्रकार विभाजित करता है कि शाट्स में पूरी कथा बँट जाती है।

विस्तार से कथा को शाट्स में विभाजित करने की विधि समझाने से पहले यह जानना आवश्यक है कि दूरदर्शन धारावाहिक और मंच पर प्रस्तुत किये जाने वाले नाटकों में बहुत अन्तर होता है। सबसे बड़ा अन्तर तो यह होता है कि मंच पर नाटक केवल एक 'विजुअल ऐंगिल' से देखा जाता है। उदाहरण के लिए यदि आप मंच के बिल्कुल सामने बैठे हैं तो मंच पर जो भी अभिनेता आएगा उन्हें आप अपने स्थान पर बैठकर देखेंगे। यदि कोई अभिनेता मंच की ओर पीठ कर लेता है, तो आप उसका चेहरा नहीं देख पाएँगे और यदि कोई अभिनेता टेढ़ा खड़ा होता है, तो आप उसका केवल साइडपोज ही देख पाएँगे और यदि कोई अभिनेता टेढ़ा खड़ा होता है, तो आप उसका केवल साइडपोज ही देख पाएँगे। इसके अतिरिक्त चेहरे के उतार भी आप एक निश्चित केवल साइडपोज की देख पाएँगे। इसके अतिरिक्त चेहरे के उतार-चढ़ाव भी आप एक निश्चित दूरी से ही देख पाएँगे। यदि मंच पर कोई किसी को एक अँगूठी दे रहा है, तो अँगूठी का आकार तथा उसकी बनावट आप निश्चित स्थान पर बैठकर एक ढंग से ही देख पाएँगे। जबकि फिल्म या दूरदर्शन के प्रोग्रामों में कैमरा आपको पात्रों के इतना निकट तक ले जा सकता है कि आप चेहरे के रोएँ तक देख सकते हैं और इतनी दूर से आपको दिखा सकते हैं कि आप पात्रों को एक छोटे से बिन्दु के रूप में देखते हैं। कहने का तात्पर्य यह है कि कैमरे का यह गुण कि वह पात्रों और दर्शकों के बीच की दूर को नियन्त्रित कर सकता है, एक ऐसा गुण है जिसके कारण दृश्य-श्रव्य माध्यम लचीला बनता है। उसके इसी लचीले स्वभाव का लाभ फिल्मकार उठाते हैं। मान लीजिए, यदि फिल्म में कोई किसी को अँगूठी भेंट कर रहा है, तो फिल्मकार पूरे पर्दे पर अँगूठी का ऐसा क्लोज-अप दिखा सकता है, पूरे पर्दे पर अँगूठी ही अँगूठी दिखायी देगी। फिल्मों में प्राय: पात्रों तथा वस्तुओं को दिखाये जाने के ऐंगिल और आकार बदलते रहते हैं। जब भी ऐसा कोई परिवर्तन पर्दे पर दिखाई पड़ता

है, तो उसके लिए 'कट' का सहारा लिया जाता है। जैसे पूरे पर्दे पर आपने देखा कि दो मित्र चले जा रहे हैं और आपसे में बातें कर रहे हैं। दूसरे ही क्षण आप पूरे पर्दे पर केवल एक ही मित्र का चेहरा देखेंगे जो दूसरे से कुछ पूछ रहा है। तीसरे क्षण पूरे पर्दे पर दूसरे मित्र का ही चेहरा नजर जाएगा। उसके बाद फिर दोनों मित्रों के चेहरे एक साथ दिखायी पड़ेंगे, तो यह परिवर्तन दरअसल अलग-अलग शाट्स लेकर कहानी इसी तरह के शाट्स में विभाजित करके लिखता है। उदाहरण के लिए 'पूस की रात' कहानी के पहले दृश्य के कुछ शाट्स इस प्रकार बनाये जा सकते हैं।

पहला शाट : मुन्नी झाड़ू लगा रही है और दरवाजे में से हल्कू आता है। मुन्नी को झाड़ू लगाते देखता है और कहता है, सहना आया है।

कट

दूसरा शाट : पूरे पर्दे पर मुन्नी का चेहरा है और वह कहती है, आया है तो आने दो...मैं क्या करूँ?

कट

तीसरा शाट : पर्दे पर दोनों आते हैं। हल्कू कहता है वह अपना उधार माँगने आया है। मुन्नी उदासीनता से कहती है, पैसे हैं कहाँ?

कट

चौथा शाट : पर्दे पर केवल हल्कू का चेहरा वह कहता है, लाओ जो रुपये हैं उसे दे दूँ...किसी तरह गला तो छूटे।

कट

पाँचवाँ शाट : पर्दे पर केवल मुन्नी का चेहरा। कहती है—रुपये उसे दे दोगे तो कम्बल कहाँ से आएगा? माघ-पूस की रात हार में कैसे कटेगी। उससे कह दो फसल पर दे देंगे। अभी पैसा नहीं है।

आपके मन में यह विचार आ रहा होगा कि जब केवल हलकू और मुन्नी के संवाद ही फिल्माए जाने हैं तो पर्दे पर बार-बार विजुअल क्यों बदल रहा है। क्यों नहीं हम कैमरे को एक स्थान पर रखकर। एक ही बार में पूरे सभी शाट्स को फिल्मा लेते। यानी हम बार-बार कैमरा चलाकर क्यों रोकें? यदि हम हर शाट को अलग से नहीं फिल्माएँगे तो फिल्म नाटक जैसी लगेगी और माध्यम न तो प्रभावशाली बन पड़ेगा और न उसमें लचीलापन ही आ जाएगा। इसलिए फिल्मांकन अलग-अलग शाट्स में ही किया जाता है।

शाट्स में समय का उल्लेख : शाट्स में समय का उल्लेख आवश्यक है। कारण वह है जो दृश्य में समय का उल्लेख करने के पीछे हैं। समय का उल्लेख इस प्रकार किया जा सकता :

शाट् नं. : 1

समय : दिन/रात

शाट्स में डनडोर तथा आउटडोर का उल्लेख : शाट्स में इनडोर तथा आउटडोर को उललेख आवश्यक है। इसका कारण भी वही है जो दृश्य में इनडोर/आउटडोर के उल्लेख का कारण बताया गया है।

शाट नं. : 1

समय : दिन/रात

स्थान : इनडोर/आउटडोर

शाट्स में संवादों का उल्लेख : प्रत्येक शॉट के शॉट नम्बर समय तथा स्थान के उल्लेख करने के बाद शॉट से संवाद या संवादों का उल्लेख आवश्यक है। जैसे पूस की रात कहानी का पहला शॉट इस प्रकार लिखा जाएगा :

शाट नं. : 1

समय : दिन

स्थान : इनडोर

संवाद :

हल्कू : सहना आया है।

पटकथा तथा कलाकार

पटकथा कलाकारों के लिए एक ऐसा दस्तावेज होती है, जिसके बिना वे एक कदम भी आगे नहीं बढ़ सकते। अभिनेता पटकथा को पढ़कर अपने संवाद ही नहीं बल्कि अपना पूरा रोल समझते हैं तथा उसे एक निश्चित अवधारणा प्रदान करते हैं। निर्देशक के कार्य का आधार पटकथा बनती है। पटकथा के बिना निर्देशन भी असम्भव है। इसके अतिरिक्त फिल्म का कला निर्देशक भी पटकथा के आधार पर ही अपना कार्य करता है। वेशभूषा तथा मेकअप वालों के कार्य का आधार भी पटकथा बनती है।

पटकथा टेक्नीशियन

पटकथा के आधार पर कैमरामैन प्रकाश की व्यवस्था करता है तथा 'स्पेशल इफेक्ट' की पद्धति निश्चित की जाती है। पटकथा में दिये गये निर्देशों का तकनीशियन ध्यान से पढ़कर कार्य करने की पद्धति का चयन करते हैं। सम्पादन के समय भी पटकथा सम्पादक के सामने होती है और वह उसके आधार पर सम्पादन करता है। 'डबिंग' के लिए भी पटकथा का होना आवश्यक है क्योंकि कलाकार 'डबिंग' में वे संवाद फिर से बोलता है जो शूटिंग के समय बोले गये थे। इस तरह तकनीकी दस्ते के लिए भी पटकथा बहुत आवश्यक सामग्री होती है।

गैर-कथात्मक लेखन

डॉक्यूमेण्ट्री बनाने की की दो तरह की पद्धतियाँ प्रचलित हैं—एक वॉयस ओवर के माध्यम से बनायी जाती है, यानी दृश्य दिखाते हुए पीछे से कमेण्टरी सुनाते चलना और दूसरी तरह की डाक्यूमेण्ट्री के लेखन का तरीका अलग होता है।

वॉयस ओवर के माध्यम से बनायी जानेवाली डाक्यूमेण्ट्री अधिकांशतः विषयगत होती है। यह एक ऐसी विधि को अपनाने की कोशिश करती है जो समस्या के कथन से लेकर समस्या के हल का प्रतिपादन करती है। इस तरह की फिल्मों के लेखन के भी दो तरीके प्रचलन में हैं। लेकिन आजकल टेलीविजन के लिए जल्दी-जल्दी कार्यक्रम बनाये दो तरीके प्रचलन में हैं। ऐसी लेखक तकनीक का प्रचलन बढ़ा है। जिसके कारण एक ओर तो इस तरह के कार्यक्रमों में दर्शकों की हिस्सेदारी घटी है, पर दूसरी ओर लेखक का काम भी बहुत ही आसान हो गया है।

इस तकनीक में निर्माता-निर्देशक पहले शूटिंग कर लेता है और फिर एक कागज पर उस फिल्म की रूपरेखा बना लेता है। फिल्म की भाषा में उसे 'स्टोरी' कहते हैं। उसमें उस फिल्म की प्रस्तावित अवधि के मुताबिक दृश्यवालियाँ निर्धारित कर ली जाती हैं और हर दृश्य की अवधि भी सामने लिख दी जाती है। इस कागज के टुकड़े को 'डोप शीट' कहते हैं। यही 'डोप शीट' लेखक को पकड़ा दिया जाता है और उसे हर दृश्य के सामने लिखी हुई अवधि के मुताबिक शब्द भरना होता है और उसे हर दृश्य के सामने लिखी हुई अवधि के मुताबिक शब्द भरना होता है। मान लीजिए कि पहले दृश्य की अवधि 30 सेकेण्ड है तो लेखक 60-62 शब्दों में उस दृश्य के बारे में लिखेगा। इस शब्द-सीमा का ध्यान रखना बहुत आवश्यक माना जाता है। आमतौर पर यह माना जाता है कि एक सेकेण्ड में वाचक दो शब्द बोलता है। इसलिए एक मिनट में 120-125 शब्दों का हिसाब सही बैठता है। इसलिए लेखक को इस अनुपात का हमेशा ध्यान रखना चाहिए।

इस तरह के ढाँचे में लेखक के लिए यही बचता है कि वह कितने सुन्दर शब्दों का प्रयोग करता है। लेखक कुछ रचनात्मक सुझाव भी दे सकता है। मान लीजिए कि दस मिनट की एक डाक्यूमेण्ट्री स्टोरी किसी निर्देशक ने अमरोहा के बिच्छू वाले मजार पर बनायी है और वह इस बात से परेशान है कि इसकी ओपनिंग ढंग से नहीं हो पा रही है। तो आप यह सुझाव दे सकते हैं कि इसकी शुरुआत में अमरोहा के कुछ सुन्दर दृश्य दिखाते हुए बैकग्राउण्ड में यह गाना दिखाए कि 'मौसम है आशिकाना' और जहाँ यह मुखड़ा खत्म हो वहाँ 'वॉयस ओवर' यह आये कि 'अमरोहा की प्रसिद्धि सिर्फ अपने मशहूर बेटे कमाल अमरोही के कारण ही नहीं है बल्कि कुछ और भी चीजें हैं यहाँ की जो प्रसिद्ध हैं।' इससे 'स्टोरी' में जान आ जाती है।

अगर बतौर लेखक आप परेशानी से बचना चाहते हैं तो निर्माता निर्देशक से 'डोप शीट' की माँग करें और यह भी कहें कि एक एडीटिंग टेबल पर जाने से पहले

पटकथा लिखवा ले। क्योंकि अगर एडीटिंग के बाद आपसे पटकथा या 'नैरेशन' लिखने को कहा जा रहा है तो याद रखिए कि आप बहुत मुश्किल में फँसने जा रहे हैं। क्योंकि ऐसे आपकी पटकथा में एक भी शब्द फालतू नहीं होना चाहिए नहीं तो आपका 'नैरेशन' उस दृश्य के साथ 'सिंक' नहीं करेगा। वास्तव में डाक्यूमेण्ट्री लेखन में लेखक के रचनात्मक की परीक्षा यहीं होती है कि वह कैसे कम-से-कम शब्दों में आवश्यक बात कह दे। इसीलिए एडीटिंग के बाद पटकथा लिखना बहुत श्रमसाध्य हो जाता है। टेलीविजन माध्यम के साथ एक मुश्किल यह भी है कि वहाँ सभी कुछ समयबद्ध होता है और एक निश्चित अवधि के अन्दर कार्यक्रम को तैयार करना होता है। इस हड़बड़ी में लेखक को बार-बार पटकथा लिखकर वी. सी. आर. पर दृश्य को देख-देखकर उससे सिंक करवाने की कोशिश करते रहना पड़ता है और निर्देशक लेखक के बारे में यह धारणा भी बना लेता है कि वह या नौसिखिया है या अच्छा लेखक नहीं है और वह बाजार में इस बात का प्रचार करके बतौर लेखक आपकी छवि भी बिगाड़ सकता है। इसी कारण एडीटिंग के बाद पटकथा लिखने से बचना चाहिए।

डाक्यूमेण्ट्री लिखने का दूसरा तरीका, जो काफी पुराना है, उसमें लेखक की भूमिका प्राथमिक होती है। उसमें लेखक को विषय बता दिया जाता है और कह दिया जाता है कि आप पटकथा लिखिए। फिर उस तैयार पटकथा के आधार पर शूटिंग की जाती है। मान लीजिए कि कवि त्रिलोचन या लेखक मनोहर श्याम जोशी पर फिल्म बनानी है तो पहले उस लेखक की तलाश की जाती है जोकि ऊपर बताये गये कवि या लेखक के व्यक्तित्व और कृतित्व को जानता है और फिर उससे कहा जाता है कि वह एक ऐसी पटकथा तैयार करे जिसमें कि उसका व्यक्तित्व और कृतित्व दोनों आ जाएँ। फिर लेखक की यह पटकथा निर्देशक के लिए दृष्टि का काम करती है। लेकिन इस विधि के साथ मुश्किल यह है कि लेखक की कल्पना को अक्सर निर्देशक अपने विषय को लेकर कितना स्पष्ट है। जितना ही वह कम स्पष्ट होगा लेखक की भूमिका उतनी ही महत्त्वपूर्ण हो जाएगी।

डाक्यूमेण्ट्री की भाषा में इस बात का ध्यान हमेशा रखना चाहिए कि वह ऐसी हो जिसका उच्चारण आसानी से किया जा सके। यानी आम बोलचाल की भाषा का ही प्रयोग करना चाहिए ताकि वाचक को असुविधा न हो। उसके देखनेवालों और समझनेवालों का दायरा बढ़ाने के लिए भी ऐसी भाषा का प्रयोग आवश्यक है।

टेलीविजन समाचार लेखन—

टेलिविजन में समाचारों की लोकप्रियता आज कई मायनों में मनोरंजन चैनलों से भी अधिक है। इसलिए दर्जनों टेलिविजन समाचार चैनल प्रसारित हो रहे हैं और भविष्य में इनकी संख्या में और भी वृद्धि होने की सम्भावना व्यक्त की जा रही है।

यहाँ यह ध्यान रखना बहुत आवश्यक है कि टेलीविजन पहले दृश्य-माध्यम है, इसलिए उसमें पहले महत्त्व दृश्य का होता है। इस माध्यम में शब्दों की सार्थकता देखे जाने के सन्दर्भ में ही है। 'टेलीविजन समाचारों की एक सचाई यह है कि उसमें लिखे हुए शब्द द्वितीयक होते हैं। इसलिए न्यूज डेक्स पर बैठा हुआ व्यक्ति जो समाचार लिख रहा होता है कि वह जो खबर लिख रहा है उसके क्या विजुअल्स उसके पास है।

समाचार चैनलों पर भी आजकल दो तरह के समाचार दिखाए जाने लगे हैं— (1) राजनीतिक खबरें यानी हार्ड न्यूज और (2) मनोरंजन, खेल, ग्लैमर आदि से जुड़ी खबरें यानी सॉफ्ट न्यूज।

राजनीतिक खबरों को आमतौर पर बाईट्स आधारित पत्रकारिता भी कहते हैं। उसमें कई बार विषय ही इतना भारी हो जाता है कि आप चाहे कुछ भी शब्द लिख लें विषय के सामने वह छोटा ही हो जाता है। उदाहरण के लिए समाचार यह है कि प्रधानमन्त्री ने अपने पद से इस्तीफा दे दिया है। अब इस प्रकार के समाचारों में यह विषय ही ऐसा है कि आप सीधे-सीधे यह बात लिख दें, काफी होता है।

लेकिन आमतौर पर समाचार लिखते हुए अगर लिखनेवाले व्यक्ति के सामने वे विजुअल्स होते हैं, तो इससे उसकी पटकथा में कल्पनाशीलता आती है, मान लीजिए कि यही खबर है कि प्रधानमन्त्री ने इस्तीफा दे दिया है। अब इस खबर में किसी ऐसे व्यक्ति का विजुअल आप दिखा सकते हैं जिसकी प्रधानमन्त्री बनने की सम्भावना है या आप उन परिस्थितियों को लेकर कोई विडम्बना पूर्ण टिप्पणी कर सकते हैं जिसके कारण प्रधानमन्त्री को इस्तीफा देना पड़ा। टेलीविजन समाचारों में इस बात का हमेशा ध्यान रखना चाहिए कि इस माध्यम में एक समाचार के लिए डेढ़-दो मिनट से ज्यादा समय नहीं होता है। उन्हीं डेढ़-दो मिनटों में विजुअल्स भी दिखाए जाने होते हैं और शब्द भी सुनाये जाते हैं। इसलिए लेखक को इस बात का ध्यान रखना पड़ता है कि उसके शब्द इस तरह के हों, उसकी टिप्पणी ऐसी हो जो दृश्यावली के पीछे खो न जाए। हार्ड न्यूज यानी राजनीतिक खबर लिखते हुए लेखक का राजनीतिक ज्ञान यानी राजनीतिक नारों, राजनीतिक मुहावरों की उसकी पकड़ भी उसकी पटकथा में चार चाँद लगा सकती है। उदाहरण के लिए, आयाराम, गयाराम, दल बनाये रखिए दिल मिलाए रहिए जैसे मुहावरे या अलग-अलग राजनीतिक दलों के मुहावरों की जानकारी लेखक के काम को विशेष बना देती है। उदाहरण के लिए अगर खबर यह लिखनी है कि बहुजन समाज पार्टी यू.पी में अब ब्राह्मणों समेत ऊँची जातियों की ओर दोस्ती का हाथ बढ़ा रही है, तो आप इस खबर की शुरुआत इस तरह से कर सकते हैं कि यह वही बहुजन समाज पार्टी यूपी में अब ब्राह्मणों समेत ऊँची जातियाँ की ओर दोस्ती का हाथ बढ़ा रही है, तो आप इस खबर की शुरुआत इस तरह से कर सकते

हैं कि यह वही बहुजन समाज पार्टी है जो अगड़ों के विरोध के नाम पर सत्ता में आयी थी और जिसका उस दौर में नारा होता था तिलक-तराजू और तलवार, इनको मारो जूते चार। इससे खबर में रोचकता आती है और उसमें लेखक का रोल भी समझ में आता है।

सॉफ्ट स्टोरी में लेखक के पास खेलने का पर्याप्त स्पेस होता है—शब्दों से खेलने का। मान लीजिए कि यह खबर है कि वर्षों बाद लता मंगेशकर ने 'ऐ मेरे वतन के लोगों' गाना गाया। इस खबर में आप यह लिख सकते हैं कि यह वही गीत है जिसे जब लता ने बरसों पहले गाया था तो उसे सुनकर तत्कालीन प्रधानमन्त्री जवाहर लाल नेहरू की आँखों में भी आँसू निकल आये थे। सॉफ्ट स्टोरी में विषय पर आपकी पकड़ और आपकी कल्पनाशीलता का पर्याप्त महत्त्व होता है।

रघुवीर सहाय की एक कविता है जिसमें वे ऐसे शब्द की कामना करते हैं जिसके दो अर्थ न हों। कविता का शीर्षक है 'दो अर्थों का भय'। पता नहीं ऐसी भाषा साहित्य के लिए कितनी उपयोगी हो सकती है, मगर टेलीविजन समाचारों में ऐसे शब्दों के प्रयोग से बचना चाहिए, जिनके दो या कई अर्थ हों, भाषा बोलचाल की हो। शब्द सहज-सरल हों।

अब तक हमने टेलीविजन माध्यम के लिए कथात्मक लेखन की बात की यानी टेलीविजन पर दिखाए जानेवाले धारावाहिकों के खेल की बात की। लेकिन टेलिविजन पर ऐसे अनेक कार्यक्रम भी दिखाए जाते हैं जिनमें कथा-कहानी नहीं वास्तविकता का तत्त्व प्रबल होता है। आइए अब इस तरह के कार्यक्रमों के लेखन की बात करते हैं कि इसमें पटकथा का विधान किस तरह का रहता है। आमतौर पर गैर कथात्मक लेखन के अन्तर्गत फीचर, समाचार लेखन आदि आते हैं। कथात्मक लेखन के विपरीत इस तरह के कार्यक्रमों के लेखन में दृश्यों को शब्दों के सहारे एक रूप में देना पड़ता है।

विभिन्न टेलीविजन कार्यक्रमों के लिए लेखन

सिनेमा यथार्थ जीवन का पुनरुत्पादन है—इस कथन के समर्थन में गैर-कथात्मक फिल्मों को रखा जा सकता है। स्पष्ट है कि इस तरह के सिनेमा का सैद्धान्तिक आधार यथार्थवादी परम्परा में निहित है। गैर-कथात्मक फिल्म किसी घटना या विषय को पुनः प्रस्तुत करने की कला है। वास्तव में गैर-कथात्मक फिल्म बनानेवाला व्यक्ति यथार्थ को वास्तविक तरीके से एक ऐसे रूप में रखता है कि वह वास्तविकता को विश्वसनीय बनाना चाहता है। यानी कथात्मक धारावाहिकों की कल्पनाशीलता के माध्यम से यथार्थ का रूपान्तरण इसमें नहीं होता। गैर-कथात्मक फिल्मों को बनानेवाला यथार्थ को बिना बहुत बदले रचनात्मक रूप से अभिलेखित और व्याख्यायित करता है।

स्पष्ट है कि कथात्मक कार्यक्रमों में रूप की प्रधानता हो सकती है, पर यहाँ वस्तु की प्रधानता है। वैसे सिनेमा माध्यम की शुरुआत भी गैर-कथात्मक फिल्मों से ही हुई थी। आज हम टेलीविजन के चैनलों पर दिखाए जानेवाले कार्यक्रमों का विश्लेषण करें तो यह पाएँगे कि सिनेमा और धारावाहिकों से ज्यादा गैर-कथात्मक कार्यक्रम प्रसारित होते हैं। इसके विभिन्न रूप दिखायी देते हैं—टॉप टेन कार्यक्रम, फिल्मी घटनाओं पर आधारित कार्यक्रम , टॉक शो, गेम शो, समाचार, घटना-प्रधान कार्यक्रम, सांस्कृतिक पत्रिकाएँ आदि। भले ही इनके अनुपात में अन्तर हो सकता है। उदाहरण के लिए हम पाएँगे कि डाक्यूमेण्ट्री का प्रसारण दूरदर्शन के अलावा अन्य चैनलों पर नहीं के बराबर होता है। प्राइवेट चैनलों पर मनोरंजन-प्रधान गैर-कथात्मक कार्यक्रमों की बाढ़ नजर आती है। होम टी. वी. पर प्रसारित होनेवाले 'इण्डिया अनजाना' जैसे कुछ कार्यक्रमों का उदाहरण लिया जा सकता है जिसका रूप तो डाक्यूमेण्ट्री का है, पर जिसकी वस्तु मनोरंजन-प्रधान है। उदाहरण के लिए इस कार्यक्रम में गुरु हनुमान की कहानी, अमरोहा के बिच्छू वाले मजार की कहानी जैसी दिलचस्पी कथाएँ होती हैं। आजकल समाचार चैनलों पर इस तरह के कार्यक्रमों की भरमार रहती है।

इसी तरह समाचार आधारित कार्यक्रम भी होते हैं। जैसे-दूरदर्शन के प्रारम्भिक दिनों में 'ताना-बाना' नाम की संस्कृति पत्रिका दिखाई जाती थी। 'सुरभि' एक ओर कला-संस्कृति पत्रिका है, तो 'परख', 'सासाहिक आज तक' जैसे साप्ताहिक कला और समाचार पत्रिकाएँ भी दिखायी जाती रही हैं। एन.डी.टी.वी. में 'डी.सी.पी. अर्जुन' और 'सनसनी' क्राइम समाचारों पर आधारित कार्यक्रम हैं। यानी कुल मिलाकर हर चैनल के 'साफ्टवेयर पैकेज' में समाचारों का हिस्सा बढ़ता प्रतीत हो रहा है और उसमें हिन्दी का भी।

साक्षात्कार आधारित कार्यक्रमों का लेखन

इस तरह के कार्यक्रमों में कई प्रकार से लेखन किया जाता है। यह ज्यादा निर्भर उस कार्यक्रम पर करता है, यानी उसका दर्शक वर्ग क्या है? उसका प्रस्तुतकर्ता कौन है? यानी कोई ऐसा तो नहीं है जिसे हिन्दी बोलने में कठिनाई होती है या कोई ऐसा है जो हिन्दी बहुत अच्छी बोलता है। मान लीजिए कि वह युवा दर्शक-वर्ग को ध्यान में रखकर बनाया गया 'चैनल एल' का टॉक शो 'पुरुष क्षेत्र' है और जिसकी प्रस्तुतकर्ता किरण खेर या दिव्या सेठ है जो बड़ी ठसक से बोलती है। 'आई रियली डोण्ट अण्डरस्टैण्ड मेन' तो जाहिर है कि आपको अपनी भाषा भी वैसी ही रखनी पड़ेगी। यानी महानगरों के युवाओं की हिंगलिश भाषा। क्योंकि उसका दर्शक-वर्ग भी वही है। ऐसे में आपको भाषा अधिक 'रियल', अधिक वास्तविक लगेगी।

यहाँ भाषा के क्रम में इस बात को जानना जरूरी है कि टेलीविजन के गैर-कथात्मक कार्यक्रमों के लेखन के लिए विशेषकर एक सफल लेखक बनने के लिए यह जरूरी नहीं है कि आप हिन्दी भाषा के पारंगत हों, बल्कि 'अपमार्केट' हिन्दी की आपको कितनी जानकारी है। ऐसे में आपको दिल्ली विश्वविद्यालय के 'कैम्पस' की भाषा को ध्यान में रखना चाहिए, उन जैसों की बातचीत को ध्यान से सुनना चाहिए और अगर इसका अवसर नहीं मिल पाए तो इस तरह के कार्यक्रमों की भाषा को ही ध्यानपूर्वक देखना चाहिए। कहने का मतलब सिर्फ़ इतना ही है कि ऐसा नहीं है कि इस तरह की भाषा अभ्यास द्वारा नहीं सीखी जा सकती। यह कोई ऐसा पाठ नहीं है जो पढ़ाया जा सके, बल्कि स्वयं अभ्यास द्वारा ही इसे पाना होता है।

इसी तरह 'टॉप टेन' कार्यक्रमों, फिल्मी गीतों पर आधारित विविध कार्यक्रमों, फिल्मी पत्रिकाओं जैसे कार्यक्रमों, यहाँ तक कि ट्रेवेल शो जैसे कार्यक्रमों की भाषा भी ऐसी ही नज़र आती है। चाहे वह केबल चैनल हो या दूरदर्शन मेट्रो के कार्यक्रम। ऐसे में सफलता का नुस्खा यही बताया जा सकता है कि ऐसी भाषा को पाने की कोशिश कीजिए। क्योंकि बाजार में आज भी ज्यादा काम धारावाहिकों में नहीं, अन्य मनोरंजक कार्यक्रमों के लेखन के क्षेत्र में ही है। अब भले ही अशोक चक्रधर की शुद्ध हिन्दी के बावजूद 'न्यूजी टॉप टेन' एक सफल कार्यक्रम है। तो इसमें योगदान अशोक चक्रधर जैसे 'ब्राण्ड नेम' का ही माना जाएगा। इसके अलावा इस कार्यक्रम का रूप भी समाचार-विश्लेषण का ही है।

कुल मिलाकर ऐसा लग रहा है कि गैर-कथात्मक कार्यक्रमों में भी हिन्दी की मात्रा बढ़ रही है। यहाँ तक कि 'डिस्कवरी चैनल' ने अनुवाद के माध्यम से ही सही अपने उपयोगी ज्ञानवर्द्धक कार्यक्रमों का हिन्दीकरण शुरु कर दिया है। आजकल ऐसे लेखक भी सामने आ रहे हैं, जो गैर-कथात्मक प्रारूपों के लेखन के विशेषज्ञ समझे जाते हैं। यानी भारत में टी.वी. क्रांन्ति के बाद बाज़ार में ऐसे लेखकों की ज़रूरत भी बढ़ी है जो अगर चाहें तो बिना कथात्मक धारावाहिक का लेखन किए ही बाज़ार में आराम से गुजर-बसर कर सकते हैं।

इस तरह विविध कार्यक्रमों के लेखन के क्रम में इस बात का भी ध्यान रखना चाहिए कि वह कार्यक्रम किस चैनल पर प्रसारित होनेवाला है। हर चैनल की अपनी एक भाषा होती है। इसलिए भाषा के दिखाए जा रहे इन विविध रूपों के ज्ञान को अर्जित करने का प्रयास करना चाहिए।

खण्ड : पाँच

बाल-साहित्य-लेखन

बाल-साहित्य

बच्चों के लिए रचनात्मक साहित्य लिखना कोई बच्चों को खेल नहीं है। ऐसा करते समय एक ओर मनोरंजन के साथ उन्हें शिक्षा देना लक्ष्य रहता है, तो दूसरी ओर उनकी ग्रहण-सामर्थ्य और भाषा की समझ भी ध्यान में रखना जरूरी है। गम्भीर और शिक्षाप्रद बात को रोचक और मोहक अन्दाज से बच्चों की भाषा में सम्प्रेषित करना रचनाकार के लिए बड़ी चुनौती है।

श्रेष्ठ बाल साहित्य अधिक मात्रा में उपलब्ध होना अभी बाकी है। पर बाल-साहित्य के लेखन की ओर हिन्दी रचनाकारों का ध्यान जाता रहा है। अनेक महत्वपूर्ण लेखकों ने बच्चों के लिए रचनात्मक साहित्य-लेखन में रुचि दिखाई है। भारतभूषण अग्रवाल, सर्वेश्वर दयाल सक्सेना और शेरजंग गर्ग के नाम इस सन्दर्भ में विशेष उल्लेखनीय हैं।

बाल-साहित्य कविता, कहानी, उपन्यास, नाटक, चित्रकथा, कॉमिक्स, शब्द पहेलियाँ और चुटकुले जैसी अनेक धाराओं में फलता-फूलता रहा है। ये विभिन्न विधाएँ बालक के मन को लुभाती हैं और शब्दों, चित्रांकन तथा मोहक रंगों के इन्द्रजाल द्वारा उसके मन-मस्तिष्क पर अलग-अलग प्रभाव भी डालती हैं।

बाल-कविता

'नदिया, तितली, फूल, सितारे
ये सारे सारे के सारे
हम बच्चों के लिए बने हैं।'

यहाँ रोशनी फैलाने को
जुगनू करते हैं उजियारा

झरनों की कलकल से सजता
है प्यारा हर एक नजारा
ये खरगोश हिरण ये प्यारे
ये सुन्दर ये सभी नजारे
हम बच्चों के लिए बने हैं।

कितने युग बीते पर ठहरा
दूर-दूर तक फैला सहरा
अपनी एक अलग दुनिया है
नीला शान्त समन्दर गहरा
ये दुनिया को चले पता रे
बालू, सीपी, शंख, किनारे
हम बच्चों के लिए बने हैं

(हरा समन्दर, गोपी चन्दर से—
गीतकार—अजय जनमेजय)

यह एक बाल-कविता है। इसे पढ़ते हुए बाल कविता की जिस पहली विशेषता की ओर सहज ही ध्यान चला जाता है वह यह है कि बाल-कविता में गेयात्मकता का तत्त्व अनिवार्य होता है। यह सामान्य तथ्य है कि बच्चों को अगर गीतों के माध्यम से कुछ बताया या सुनाया जाता है तो उसकी ओर उनका ध्यान सहज ही आकर्षित हो जाता है। इसीलिए बचपन में माँ की लोरी का सन्दर्भ आता है जिसके द्वारा माँ बच्चे को सुलाती है। इसी तरह गीतों के माध्यम से बच्चों को अनेक बातों की शिक्षा दी जाती है, कोई कथा सुनाई जाती है, जीवन-जगत की विशेषताओं की ओर उसका ध्यान बँटाया जाता है। यही कारण है कि पाठ्य-पुस्तकों, पत्र-पत्रिकाओं में बालगीतों के लिए विशेष स्थान होता है।

"बच्चों के नन्हें हाथों को चाँद-सितारे छूने दो,
चार किताबें पढ़कर ये भी हम जैसे हो जाएँगे।"

इस शेर में बच्चों को लेकर, उसके भविष्य को लेकर जो कामना की गयी है, बाल-कविता में उसे मूर्त रूप देने का प्रयास किया जाता है। बच्चा जिस समाज में जन्म लेता है, बड़ा होता है, उस परिवेश से उसकी पहचान गीतों के माध्यम से करवायी जाती है। मसलन, प्रकृति के नाना-रूपों से उसके परिचय करवाने के क्रम में बाल कविता रची जाती है। इसे एक उदाहरण द्वारा समझा जा सकता है—

मछली जल की रानी है,
जीवन जिसका पानी है।

हाथ लगाओ डर जाएगी,
बाहर निकालोगे मर जाएगी।

इस प्रसिद्ध बाल-कविता में साफ तौर पर मछली नामक जलीय जन्तु से बालक का परिचय करवाया जा रहा है। इस कविता के माध्यम से खेल-खेल में ही बच्चों को मछली के बारे में न केवल पता चल जाता है, बल्कि उसकी उस विशेषता का भी पता चल जाता है कि उसका जल से गहरा रिश्ता है। यह एक तथ्य है कि इस तरह कविता के माध्यम से बचपन में व्यक्ति जो भी ज्ञान प्राप्त करता है वह जीवन भर उसके काम आता है। इस तरह की अनेक कविताओं के उदाहरण देखे जा सकते हैं।

इस तरह की एक और प्रसिद्ध बाल-कविता अँग्रेजी की है—'ट्विंकल-ट्विंकल लिट्ल स्टार। हाऊ आई वण्डर ह्वाट यू आर...' इस कविता में बच्चे का परिचय तारों के आश्चर्यजनक संसार से करवाया गया है, इसी तरह पशु-पक्षियों, जीव-जन्तुओं प्रकृति के अन्य उपादानों से बच्चों का परिचय अगर इस तरह कविता के माध्यम से करवाया जाता है तो बच्चे प्रकृति से अपना रिश्ता समझने लगते हैं। बच्चों के मन में यह बात पैठ जाती है कि जिस तरह आसपास के मनुष्यों से उसका सम्बन्ध है उसी तरह का उसका सम्बन्ध प्रकृति-परिवेश से भी होता है। यही कारण है कि गीतों में चन्दा यानी चन्द्रमा बच्चों के मामा हो जाते हैं—

चन्दामामा दूर के
पूए पकाएँ गुड़ के
आप खाएँ थाली में,
मुन्नी को दें प्याली में
प्याली गयी टूट
मुन्नी गयी रूठ...।

बाल-कविता की एक विशेषता यह मानी जाती है कि वह बच्चों को समाज और प्रकृति से साझा करना सिखाती है। कहने का तात्पर्य यह है कि बाल-कविता की संरचना इस प्रकार की होनी चाहिए कि उसके माध्यम से बच्चे अपने आस-पड़ोस को पहचान सकें। बचपन से ही पर्यावरण के प्रति अगर बच्चों में अपनत्व का भाव, लगाव की भावना जगायी जाए तो आगे चलकर पर्यावरण की संरक्षा का भाव उसमें जग सकता है।

इसी तरह, दूसरे प्रकार की बाल-कविता वह होती है जिसमें बच्चों को कविता के माध्यम से कोई कहानी सुनाई जाती है। वह कहानी इतिहास की हो सकती है, मिथक-पुराणों से जुड़ी हो सकती है या किसी और प्रकार की हो सकती है। गीतों के माध्यम से सहज भाव से बच्चों को कहानी बतायी जाती है, किसी कहानी के

सन्दर्भ को उसको इसी प्रकार गीतों के माध्यम से बताया जाता है। उदाहरण के लिए—

यह कदम्ब का पेड़ अगर माँ
होता जमुना तीरे
मैं भी उस पर बैठ कन्हैया बनता
धीरे-धीरे।'

इस कविता से बच्चों को मिथकीय नायक कृष्ण की कथा का स्मरण कराया गया है। इसी तरह के हवाले गीतों के माध्यम से बच्चों को बताए जाते हैं। यह जरूरी नहीं है कि केवल इतिहास-पुराण-मिथक की कथाएँ ही कविता के माध्यम से बच्चों को बतायी जाती है—वह कथा विज्ञान के किसी पहलू को लेकर भी हो सकती है, प्रकृति के किसी पहलू से जुड़ी कोई कहानी हो सकती है। वह तारों की दुनिया को लेकर कोई कथा हो सकती है, वह कथा जंगल के किसी पशु के सम्बन्ध में हो सकती है। इस तरह से कथात्मकता भी बाल-कविता का एक आवश्यक पहलू होता है। इसके द्वारा बच्चों को पढ़न-लिखने की उम्र से पहले की उम्र में अपने समाज और उसके अलग-अलग अंगों की जानकारी दी जा सकती है।

इसी तरह देशभक्ति गीत भी बाल-कविता की ही एक शैली है। यह एक तथ्य है कि एक स्वतन्त्र देश बनने के क्रम में भारत ने लम्बी लड़ाई लड़ी है। उसके नेताओं को अनेक कुर्बानियाँ देनी पड़ी हैं। बच्चों को इस पृष्ठभूमि की जानकारी अवश्य होनी चाहिए। इस तरह से बाल-कविता के माध्यम से इतिहास के इस पहलू की जानकारी भी बच्चों में भरी जा सकती है। उदाहरण—

आओ बच्चों तुम्हें दिखाएँ
झाँकी हिन्दुस्तान की
इस मिट्टी से तिलक करो
यह धरती है बलिदान की।

या फिर 'हम बच्चे हिन्दुस्तान के...'

इस तरह के गीतों के माध्यम से बच्चों में हँसते-खेलते देश की मिट्टी के प्रति प्रेम, उसके गौरव के प्रति अभिमान, इतिहास-पुरुषों के प्रति सम्मान का भाव पैदा किया जा सकता है।

बाल-गीतों में मनोरंजन और शिक्षा का समान पहलू रहे तो सोने में सुगंध का-सा प्रभाव पड़ता है। अच्छे रचनाकारों का ध्यान इस तथ्य पर रहता है। डॉ. शेरजंग गर्ग ने 'गाते अक्षर' बाल-गीतों की ऐसी पुस्तक लिखी है, जिसमें वर्णमाला को सिखाने के साथ-साथ मनोरंजन और जानकारी देने के गुण साथ-साथ विद्यमान हैं।

कुछ उदाहरण देखिए :

अ : अनार

अनार में अनारदाना
अगर मिले तो अवश्य खाना

ऊ : ऊँट

ऊँट दौड़ता है मरुथल में
दूर पहुँचता पल दो पल में

ओ : ओवरकोट

ओवरकोट पहन तो भाई
सर्दी ने आवाज लगाई

क : कलम

कलम पकड़ कर लिखो मित्र
कूपी लेकर रख लो चित्र

छ : छतरी

छतरी धूप न लगने देती
वर्षा अपने ऊपर लेती

बाल-कविता का एक आवश्यक पहलू बच्चों में कल्पनाशीलता के विकास के रूप में देखा जा सकता है। इस तरह की कविताओं के माध्यम से बच्चों में जिज्ञासा का भाव पैदा होता है और उनकी रचनाशीलता मुखर होने के अवसर मिलते हैं। बच्चे इस प्रकार की कविताओं के माध्यम से स्वयं को जीवन-जगत का हिस्सा समझने लगते हैं।

बाल-नाटक

बच्चों के लिए जीवन एक खेल है और खेल जीवन। वे हर काम खेल-खेल में करना पसन्द करते हैं। बालनाटक एक ऐसी विधा है जो रचनात्मक गतिविधियों के अवसर देकर न केवल उनका मनोरंजन करती है, बल्कि बहुत कुछ सीखने का अवसर भी देती है। इसके माध्यम से उन्हें अपनी कल्पना और भावनाओं की अभिव्यक्त का अवसर मिलता है। उनमें मिलजुल कर काम करने और सामाजिक चेतना जागती है। सामूहिकता या टीम-भावना जीवन को सकारात्मक दिशा में अग्रसर करती है।

नाटक बनाने और खेलने की प्रतिभा बच्चों में बाल्यकाल से ही देखी जा सकती है। अपने आसपास के जीवन, स्थितियों और व्यक्तियों का अनुकरण करने और कल्पना शक्ति से उनमें कुछ जोड़ने की उनमें अद्‌भुत प्रतिभा होती है। वे खेल-खेल में नाटक करते हैं। बीच-बीच में गीत-संगीत और गद्य-पद्य का मिश्रण उनकी रचनात्मक सामर्थ्य का अन्य प्रमाण है। संगीतपूर्ण नाटकों में उन्हें उछलने-कूदने और संगीत-संयोजन का भी मौका मिलता है। और वे इन नाटकों में डूब जाते हैं।

किसी कहानी पर आधारित नाटक करने की उत्सुकता उनमें बराबर देखी जा सकती है। अभ्यास के दौरान संवाद रचना और नाट्यस्थितियों के संयोजन में उनकी कल्पनाशक्ति बेजोड़ है। स्थितियों का आशुनिर्माण और संयोजन, उनमें आशुसंवाद उनसे आशुनाटक-लेखन करवा देते हैं, ये बाल-नाटक रंगमंच को अधिक आकर्षक और व्यापक बनाने में सहयोगी हो सकते हैं।

दो प्रकार के बालनाटक-लेखन सम्भव हैं। खेल-खेल में गाये जाने वाले संवादों में बच्चे विशेष उत्साह से भाग लेते हैं और अधिक सहज अनुभव करते हैं। समस्यापूर्ति, खेल-खेल या कार्यशाला के दौरान तैयार की गयी रचनाएँ जो मनोरंजन के साथ-साथ नीति शिक्षा भी दें। दूसरी ओर नीतिकथाओं और प्रसिद्ध व्यक्तियों के जीवन पर आधारित बाल-नाटक हैं जो उनके जीवन को किसी आदर्श की ओर मोड़ते हैं। साथ ही उनकी कल्पना-शक्ति को भी जाग्रत करते हैं। जीवन की किसी समस्या पर आधारित लेखन उन्हें अपने व्यवहार, कार्यों और परिवेश के प्रति सजग बनाता है।

अपनी कल्पना और मन के अनुकूल 'कुछ' रचने का मौका भी देता है। जीवन के यथार्थ से जुड़कर उसे टटोलते हैं, बालक की प्रतिभा की गन्ध महकने का मौका पाती है। ऐसा ही एक मनोरंजक, जीवन के आनन्द और आह्लाद का प्रतीक नाटक है—रेखा जैन का 'थप्प रोटी थाप दाल'।

बाल-नाटक बच्चों की प्रतिभा को महकने का भरपूर मौका तो देते ही हैं, नाटक करते हुए वे अपने समुदाय से भी जुड़ते हैं। उनमें शारीरिक और मानसिक हलचल शुरू होती है। बौद्धिक और कलात्मक स्तर पर भावना और विचारों की शृंखला बनने लगती है। चरित्र-निर्मिति के दौरान उनमें तर्क करने और निर्णय लेने की सामर्थ्य विकसित होती है। यहीं से समाज के बारे में सोचना आरम्भ होता है।

बच्चों के लिए लिखते हुए इस बात का ध्यान रखना चाहिए कि साहित्य केवल दर्पण मात्र नहीं है, अपितु जीवन का सार भी प्रस्तुत करता है। उसमें जीवन की व्याख्या मात्र नहीं होती, वह शिक्षा भी दे। वे सारग्राही प्रवृत्ति से इस लेखन के प्रति सजग रहें। (i) नाट्य-स्थितियों का चित्रण पूरी तीव्रता और सघनता के साथ किया जाए। प्यार-तो सच्चा और प्रबल प्यार। घृणा—तो चरम घृणा पूरी पराकाष्ठा पर चित्रित हों। (ii) ऐसा हुआ तो क्यों? इसका कारण भी देना चाहिए। असुरक्षा या समर्पण, अधिकार-एकाधिकार या लालसा की भावना भी चरम पर दिखानी होगी। बालक उनका सार ग्रहण करें, उन स्थितियों और संवेगों को अपने जीवन या आसपास के जीवन में पहचान सकें। तभी समाज के प्रति अपने दायित्वों और कर्तव्यों के प्रति सजगता के संस्कारों का बीजवपन उनकी चेतना में सम्भव होगा। वे उदासीन नहीं सजग और सुसंस्कृत नागरिक बनने की सम्भावनाएँ संजोयेंगे। पर यह सब परोक्ष रूप में होना चाहिए। उपदेश की अपेक्षा कलात्मक ढंग से कहा जाएगा तभी बाल पाठक की चेतना गहरा प्रभाव ग्रहण करेगी।

यह नाटक बच्चों को दर्पण दिखाने, उनके व्यवहार की व्याख्या करने और स्वयं को, समाज और उसके जीवन को पहचानने की प्रेरणा देने वाला हो—तभी बालनाटक का लेखन सफल और सार्थक होगा।

उदाहरण स्वरूप श्रीमती रेखा जैन का एक चर्चित बाल-नाटक प्रस्तुत है—

थप्प रोटी थप्प दाल

पात्र

मुन्नी	मीना	सरला
तरला	चुन्नू	टिनक
	अन्य बच्चे	बिल्ली

दिवाली के पटाखे : रेखा जैन

[परदा खुलने पर बच्चे 'मगर तेरी धारा में डुब्बक डुब्बा' खेल खेलते दिखायी पड़ते हैं। एक बच्चा मगर बना है जो अन्य बच्चों को पकड़ने दौड़ता है। बाकी बच्चे एक काल्पनिक तालाब के किनारे से पानी में आते हैं, नहाने का अभिनय करते हुए गाते जाते हैं :]

मगर तेरी धारा में डुब्बक डुब्बा।
मगर तेरी धारा में डुब्बक डुब्बा।

[मगर बच्चों को पकड़ने के प्रयत्न में इधर से उधर दौड़ता है। जब कोई बच्चा उसके हाथ से छू जाता है, तो वही मगर बन जाता है, और खेल पहले की भाँति ही जारी रहता है। सब बच्चे हल्ला मचाते, हँसते हुए बड़े उत्साह के साथ खेल ही रहे होते हैं कि मुन्नी अपने घर से भागी-भागी वहाँ आती है और नीना को पुकारती है। नीना खेल छोड़कर सामने एक किनारे आ जाती है, खेल चलता रहता है]

मुन्नी : *(पुकारकर)* ओ नीना, नीना, सुन!

नीना : *(पास आते हुए)* क्यों, क्या बात है, मुन्नी?

[एक ओर जरा धीमी आवाज में, ताकि खेल का छन्द सुनाई पड़ता रहे।]

मुन्नी : देख नीना, आज मैंने अम्मा से आटा, घी, दाल, दही, साग, चीनी, मक्खन सब चीजें ली हैं। चल, रोटी का खेल खेलेंगे!

नीना : रोटी बनाने का?

मुन्नी : हाँ-हाँ!

नीना : हाँ, खूब मजा आयेगा। चलो, उन लोगों को भी बुला लें। *(ताली बजाकर)* अरे चुन्नू, तरला सुनो, अब इस खेल को खेलते तो बहुत देर हो गयी। चलो, अब रोटी का खेल खेलें।

सब : हाँ-हाँ, यह ठीक है।

चुन्नू : देख री नीना, अच्छी-सी रोटी बनाकर खिलाना, नहीं तो तेरी चुटिया पकड़ खींच लूँगा!

नीना : अरे, जा। ऐसे कहेगा तो तुझे कुछ भी नहीं देंगे।

चुन्नू : मत दीजो, तेरे जैसी तो हम खुद बना लेंगे।

नीना : बनाई! साग तक तो काट नहीं सकता।

मुन्नी : अच्छा-अच्छा, चलो...देख चुन्नू, तू और टिनकू बाजार से साग-सब्जी लाने का खेल करना।

नीना : नहीं मुन्नी, इन दोनों से जरा दाल बनवाएँगे, और जब इनसे आग तक नहीं जलेगी तो बड़ा मजा आएगा।

चुन्नू : तो क्या तू समझती है हम आग नहीं जला सकते? चल रे टिनकू, आज इन्हें दाल बनाकर ही दिखा देंगे। क्यों?

टिनकू : हाँ-हाँ, यार, देख लेंगे।

मुन्नी : तो सरला, तू क्या करेगी?

सरला : मैं तो, भई, तेरे दही का मठा चला दूँगी।

मुन्नी : और तरला, तू?

तरला : मैं? मैं तेरे संग रोटी बनाऊँगी।

नीना : देख तरला, रोटी तो मैं बनाऊँगी।

मुन्नी : *(थोड़ा झल्लाकर)* फिर सभी रोटी बनाएँगे तो बिल्ली कौन बनेगा? नीना, तू ही बिल्ली बन जाना।

नीना : *(चिढ़ाते हुए)* तू बिल्ली बन जाना! वाह जी वाह, मैं बिल्ली बहुत बनी! अच्छा चलो, पुगन की पुगायी करके देख लो। जो चोर बनेगा उसका ही बिल्ली बनाना पड़ेगा।

टिनकू : हाँ, यह ठीक है।

तरला : और रोटी खानेवाला कौन होगा?

चुन्नू : इसकी क्यों चिन्ता करती है, हम दो-दो तो हैं। और अपने दोस्तों को बुला लूँगा।

मुन्नी : चुन्नू, तेरी बड़ी जीभ ललचा रही है खाने को।

नीना : बस-बस, अब चलो, बिल्ली कौन बनेगा यह देख लें।
[सब बच्चे घेरा बनाकर खड़े हो जाते हैं और मुन्नी हर बच्चे के ऊपर हाथ रखकर कहती जाती है :]

अक्कड़-बक्कड़ बम्बे बो,
अस्सी नब्बे पूरे सौ,
सौ में लगा धागा,
चोर निकल के भागा।

[आखिरी शब्द के साथ हाथ नीना के उपर जाता है।]

चुन्नू : *(चिढ़ाते हुए)* ले नीना, तू बहुत बच रही थी! ले, बन गयी न बिल्ली?

नीना : *(खिसियाते हुए) तो क्या हुआ, मुझे तो और भी मजा, मैं तुम्हारी सारी चीजें खा जाऊँगी।*

मुन्नी : नीना, तू बहुत झगड़ती है। जा, तू छिप जा, अब खेल शुरू करते हैं। पर एक बात है। इस खेल में और बच्चों की जरूरत पड़ेगी।

चुन्नू : इसमें क्या है? मैं अपने दोस्तों को बुला लूँगा, तू अपनी सहेलियों को बुला ले।

मुन्नी : हाँ, यह ठीक है। हाँ भई, सब अपनी-अपनी जगह भाग जाओ। एक-दो-तीन—
[खेल शुरू होने से पहले संगीतस्वर। फिर संगीत-स्वर क्रमशः कम होता जाता है और मठा चलाने की हाँडी लेकर अभिनय के साथ दो बच्चियाँ लयबद्ध कदम रहती हुई रंगमंच पर आती हैं। फिर गगरी उतारने का और रई से मठा चलाने का अभिनय करती हैं। साथ ही निम्नलिखित गीत गाती हैं।]

सरला-तरला : घुम्मड़-घुम्मड़ दही बिलोवे, जाटनी का छोरा रोवे। रोता है तो रोने दे, माँ को दही बिलोने दे।
[इन पंक्तियों को गाते समय जाटनी के बेटे के रूप में एक बच्चा रोता हुआ जाटनी के पास आता है। वे उसे मक्खन देने का अभिनय करती हैं और प्यार से पास में बिठाकर फिर मठा चलाने लगती हैं। मुन्नी दौड़कर आती है। मठा देखने का अभिनय करती है।]

मुन्नी : वाह वा, खूब चलाया मट्ठा, देखूँ यह मीठा या खट्ठा!

सरला : क्या देखोगी!
इसे मट्ठे का बढ़िया स्वाद, खाकर सब करते हैं याद।

मुन्नी : *(मुस्कुराकर) अच्छा*! बड़ी शान है!

[चुन्नू, टिनकू कन्धे पर बोझ रखकर लयबद्ध पैर रखते हुए आते हैं।]

तरला : यह लो, चुन्नू-टिनकू आये, देखें क्या तरकारी लाये।

चुन्नू : *(बोझ उतारते हुए)* ओ हो, पीठ रही है दूख।

टिनकू : मुझको लगी करारी भूख।

मुन्नी : *(मुँह मटकाते हुए)* बच्चू जी, भूख लगने से क्या होगा? अब पहले तुम आग जलाओ, और हाँडी में दाल पकाओ।

चुन्नू : अरे हाँ!

चल जल्दी से दाल पकाएँ।
बड़ियों का भी स्वाद चखायें

[दोनों आग जलाने का, फूँक मारने, धुएँ से आये आँसू पोंछने का अभिनय करते हैं। फिर दाल और बड़ी पकाते हैं। कलछी से दाल चलाकर चखते हैं कि अँगुली जल जाती है। बच्चों के दाल पकाने के अभिनय से प्रकट होना चाहिए कि ये अनाड़ी हैं। अँगुली जलने के अभिनय के साथ-साथ मुन्नी पास आकर इन्हें देखती है।]

मुन्नी : टिनकू ने पकायी बड़ियाँ,
चुन्नू ने पकायी दाल,
टिनकू की बड़ियाँ जल गयीं,
चुन्नू का बुरा हाल।

[तरला तथा अन्य सहेलियाँ एक ओर से आती हैं। हाथ कमर पर इस प्रकार रखा है जैसे हाथों में डलिया हो। आकर बैठ जाती हैं। फिर गाकर रोटी पकाने का अभिनय करती हैं।]

थप्प रोटी थप्प दाल,
खाने वाले हो तैयार।

[ये पंक्तियाँ दो बार गायी जाने के बाद चुन्नू और टिनकू के दोस्त एक पंक्ति में एक के पीछे एक कदम बढ़ाते हुए बड़ी शान के साथ आकर एक ओर बैठ जाते हैं। फिर लड़कियों की ओर हाथ फैलाकर माँगते हुए गाकर दो बार कहते हैं।]

चुन्नू आदि : लाओ रोटी लाओ दाल,
लाखो खूब उड़ाएँ माल।

[मुन्नी और तरला की सहेलियाँ रोटी की डलिया उठाने का अभिनय करती हुई एक पंक्ति में लड़कों के पास आकर उन्हें रोटी देने के अन्दाज में दो बार गाकर कहती हैं।]

मुन्नी आदि : ले लो रोटी ले लो दाल,
चख कर हमें बताओ हाल।
[इसके बाद वे वापिस लौट जाती हैं, अपने पहले स्थान पर आकर बैठ जाती हैं।]

चुन्नू आदि : *(चिढ़ाकर)* खट्टा—(पर जैसे ही मुन्नी गुस्से से उसकी ओर देखती है तो कहते हैं।)
नहीं, नहीं, मीठा। खट्टा—नहीं, नहीं, मीठा।
[खाने का अभिनय करते हुए]
खट्टा, मीठा, खट्टा, मीठा, खट्टा, मीठा, खट्टा, मीठा।
(कुछ रुककर)

सब बच्चे : आधी खायें आधी रक्खें,
अब सो जायें उठकर चक्खें।
[सब बच्चे सो जाते हैं। और पृष्ठभूमि से संगीत बजता है। धीरे-धीरे संगीत की ध्वनि कम होने के साथ-साथ बिल्ली की म्याऊँ सुनायी पड़ती है। बिल्ली का प्रवेश। वह चारों ओर दृष्टि दौड़ाकर जब देखती है तो ओठों पर जीभ को फेर कर बड़ी खुश होकर कहती है।]

बिल्ली : ओ हो! मक्खन कितना सारा, झट से चटकर करूँ किनारा।
(आगे बढ़कर ऊपर उछलती है, छींके पर से कोई चीज लेने का अभिनय करती है।)

है छींके पर यह क्या रक्खा,
बात रही क्या, अगर न चक्खा।

(हाथ बढ़ाकर रोटी निकालते हुए)
रोटी कैसी गरम-गरम है,
घी से चुपड़ी नरम-नरम हैं।
(खाते हुए)
मक्खन-रोटी चावल-दाल,
जी भर खाया कित्ता माल।
और देखो वह,

मुन्नी, चुन्नू, टिनकू, सारे,
खुर्राटे भर रहे बिचारे।
अब चुपके से सरपट जाऊँ।
आलसियों को सबक सिखाऊँ।
म्याऊँ, म्याऊँ, म्याऊँ, म्याऊँ।

[बिल्ली जाती है। अँगड़ाई लेकर सरला उठती है और मक्खन के बर्तन को खाली देखकर आश्चर्य से चिल्लाती हुई कहती है।]

सरला : ओ रे चुन्नू, टिनकू भाई, कहीं न मक्खन और मलाई।

मुन्नी : *(चौंककर उठते हुए)*
अरे, जरा छींके तक जाना,
और रोटी का पता लगाना।
हाय रे,
ना रोटी न दूध मलाई,
लगता है बिल्ली ने खाई।

तरला : हूँ...ऊँ...

जानकी का बेटा : बिल्ली आई आधी रात,
खा गई रोटी खा गयी भात।

एक बच्चा : क्या कहा!
बिल्ली आई आधी रात,
खा गयी रोटी, खा गई भात?

टिनकू : चलो चलें बिल्लीं की ढूँढ मचा
फिर उसको चोरी का मजा चखायें

सब बच्चे : ठीक, ठीक!
[बच्चे मिलकर बिल्ली को ढूँढ़ने चलते हैं। साथ-साथ संगीत बजता है।]

चुन्नू : *(आवाज देकर)* अरी ऐ, कहाँ छिपी बैठी हो बिल्ली?

नीना : वा भई वा,
तुम हो पूरे शेख चिल्ली।

चुन्नू : क्यों जी क्यों?

मुन्नी : और नहीं तो क्या?
बिल्ली क्या खुद ही बोलेगी?
खुद अपना रहस्य खोलेगी?

टिनकू : अच्छा चलो, वहाँ भी देखें।

[फिर सब बच्चे इधर-उधर ढूँढ़ते हैं। कुछ बच्चे अन्दर जाते हैं, बाहर आते हैं। कुछ रंगमंच पर सामने की ओर देखते हैं, कभी बैठकर नीचे झुक कर देखते हैं, कभी विंग की ओर देखते हैं और नहीं मिलने का हाव-भाव प्रकट करते जाते हैं। तभी तरला-सरला चीखकर कहती हैं।]

तरला-सरला : यह लो,
मिल गयी बिल्ली, मिल गया चोर।

चुन्नू-टिनकू : सच, सच, सच!

[बिल्ली घबरायी हुई-सी रंगमंच पर आ जाती है। सब उसे पकड़ते हैं।]

सब : करो पिटायी इसकी जोर।
(हँसकर मारने का अभिनय करते हुए)
बोल, अब खायेगी मेरी रोटी अब खायेगी मेरी दाल?

बिल्ली : हाँ, खाऊँगी सौ-सौ बार जो सोओगे टाँग पसार।

[यह कहकर बिल्ली भागने का प्रयत्न करती है। पर सब बच्चे उसे घेर लेते हैं। तीन-चार बार ऐसा करने के बाद बिल्ली घेरा छोड़कर भाग जाती है, और सारे बच्चे पकड़ो-पकड़ो का शोर मचाते हुए उसके पीछे-पीछे भागते हैं।]

पर्दा गिरता है।

नोट : यदि अधिक बच्चे हों, तो धान कूटने, चक्की पीसने आदि के छन्द और जोड़े जा सकते हैं। शुरू के खेल के लिए एक-दो मुख्य बच्चों को छोड़कर अन्य बच्चे लिये जा सकते हैं और बाद में रंगमंच पर अभिनय करने वाले दूसरे बच्चों को पहले से सजा कर रख सकते हैं।

बाल-कहानी

जब बच्चों की बात होती है, तो अक्सर माँ की लोरी और दादी-नानी की कहानियों का जिक्र किया जाता है। वास्तव में, जब कोई बच्चा पढ़ने-लिखने की अवस्था में नहीं पहुँचा होता है तब दादी-नानी की कहानियाँ सुनकर ही बच्चों की बुद्धि-क्षमता का विकास होता है। उन कहानियों के माध्यम से दादी-नानी बच्चों को संस्कार, देश-समाज की जानकारियाँ आदि देकर भविष्य के लिए उन्हें तैयार करती हैं।

यह एक सचाई है कि अगर बच्चों को नीरस, किताबी ढंग से शिक्षा दी जाती है तब उसे शिक्षण की वह प्रक्रिया ऊबाऊ लगने लगती है। लेकिन अगर बच्चों को शिक्षण की उस प्रक्रिया का सहभागी बना दिया जाए या उनके अध्यापन की प्रक्रिया को रोचक बना दिया जाए तो सीखना उनके लिए रुचिकर हो जाता है। यह एक बड़ी प्रसिद्ध कहानी है कि विष्णु शर्मा ने 'पंचतन्त्र' की रचना बिगड़ैल राजकुमारों को शिक्षा देने के उद्देश्य से की थी। पंचतन्त्र में कहानियाँ तो जंगल की हैं, जानवरों की हैं, मगर उससे शिक्षा सामाजिकता की, सामाजिक आचारों-विचारों की मिलती है।

सुनने-सुनाने के रूप में बच्चों की कहानी का चलन तो काफी पुराना माना जा सकता है। मगर आधुनिक विद्या के रूप में बाल-कहानी का नियमित लेखन हिन्दी में तब शुरू हुआ जब बड़े पैमाने पर पत्र-पत्रिकाओं का प्रकाशन शुरू हुआ। हिन्दी में केवल बच्चों के लिए ही अनेक पत्र-पत्रिकाएँ निकलती थीं। बालसखा, बालभारती, नन्दन, पराग, चम्पक आदि ऐसी ही कुछ पत्रिकाओं के नाम हैं जिन्होंने बाल कहानी की विधा के प्रसार में योगदान दिया। वैसे तो इनमें से अधिकांश पत्र-पत्रिकाएँ बन्द हो चुकी हैं, लेकिन विधा के रूप में बाल-कहानी की प्रासंगिकता में कोई कभी नहीं आयी है। कई प्रकार की बाल-कहानियों के बारे में चर्चा की जा सकती है।

(1) मनोवैज्ञानिक कहानियाँ—मनोवैज्ञानिक कहानियों की रचना इसलिए की जाती है ताकि बच्चों-किशोरों में विभिन्न मानवीय भावनाओं की समझ पैदा हो सके। प्यार, घृणा, लगाव, अपनापन आदि वे मानवीय भाव होते हैं, जिनके बारे में अगर बचपन से बच्चों को पता चल जाए तो आगे चलकर उनमें किसी तरह की भावनात्मक

ग्रन्थियाँ नहीं होतीं। इसीलिए आरम्भ से ही हिन्दी में मनोवैज्ञानिक पहलुओं को लेकर कहानियाँ लिखी जाती रही हैं। प्रेमचन्द का नाम इस तरह के लेखकों में प्रमुखता से लिया जा सकता है। प्रेमचन्द ने बाल-मनोभावों को लेकर अनेक कहानियाँ लिखीं, मगर उनकी 'ईदगाह' कहानी का सहज ही स्मरण हो आता है। इस कहानी का नायक बालक हामिद ईदगाह के मेले में जाता है और कोई खिलौना खरीदने की बजाय दादी के लिए चिमटा खरीद लेता है। बाल-मन की अनुभूतियों की यह बड़ी भावप्रवण कहानी है। इसी तरह जैनेन्द्र कुमार की कहानी 'खेल' का भी जिक्र किया जा सकता है।

बाल-मनोवैज्ञानिक कहानियों के अन्तर्गत बच्चों के विकास को ध्यान में रखकर भी कहानियाँ लिखी जाती हैं। इसे विकासात्मक मनोविज्ञान कहते हैं। इस सन्दर्भ में बढ़ते बच्चों के मन में ताक-झाँक की कोशिश की जाती है। कि बढ़ती उम्र में बच्चों का व्यवहार किस तरह का होता है इस तरह की कहानियों के माध्यम से यह देखने-परखने की कोशिश की जाती है। इसको बताने का प्रयास इस तरह की कहानियों में किया जाता है मन्नू-भण्डारी के उपन्यास 'आपका बण्टी' में बच्चों के विकास के इस दौर की कथा को बहुत बेहतर तरीके से रखा गया है। यानी जब बच्चों में चेतना का विकास हो रहा होता है, जब वे शिक्षा प्राप्त कर रहे होते हैं, समाज में घुल-मिल रहे होते हैं तब उनके अन्दर क्या-क्या जिज्ञासाएँ हो सकती हैं, इसको लेकर 'आपका बण्टी' में काफी सुन्दरता से लिखा गया है। इसी प्रकार कृष्ण कुमार की कहानी 'अम्मा का बेटा' का उदाहरण भी दिया जा सकता है। उसमें कथानायक किशोर इसको लेकर काफी परेशान रहता है कि वह अब काफी बड़ा हो चुका है, समझदार हो चुका है—मगर उसकी माँ हैं कि उसे बच्चा ही समझती हैं।

इसी तरह की अनेक मनोवैज्ञानिक कहानियों के उदाहरण दिए जा सकते हैं। वास्तव में बच्चों का मानसिक विकास भी आवश्यक पहलू होता है। इस तरह की कहानियों का सम्बन्ध बच्चों के मानसिक जगत और मानसिक विकास से होता है।

(2) पशु-पक्षियों, जीव-जन्तुओं से जुड़ी बाल-कथाएँ—अँग्रेजी में रुडयार्ड किपलिंग की पुस्तक 'जंगल बुक' इस तरह की कथाओं के अन्तर्गत आते हैं। इसी तरह पं. विष्णु शर्मा के 'पंचतन्त्र' का सन्दर्भ भी ऊपर आया है कि उन्होंने किस तरह जंगल के जीवन की कथा के माध्यम से राजकुमारों को शिक्षा प्रदान की। इसी तरह, 'जंगल बुक' भले ही टी वी के माध्यम से घर-घर पहुँच गया हो, उसके भेड़िया मानव पात्र 'मोगली' से बच्चों की यारी हो चुकी हो। मगर इस कहानी का उद्देश्य बच्चों में जंगली पशु-पक्षियों की जानकारी बढ़ाने का भी रहा है। जंगल का जीवन किस तरह का होता है, कौन-कौन से पशु कहाँ होते हैं—इस तरह की रोचक जानकारियों को कथा के सूत्रों के सहारे 'जंगल बुक' में पिरोया गया है। साथ ही, इस प्रकार की

बालकथाओं का उद्देश्य बच्चों को यह बताना-समझाना भी रहता है कि वास्तव में पृथ्वी पर रहनेवाले अन्य जीव-जन्तु मनुष्य के शत्रु नहीं होते। वास्तव में सारे एक ही पारिस्थितिकी तन्त्र का हिस्सा होते हैं और कभी-कभी परिस्थितिवश एक दूसरे के सामने पड़ने पर शत्रु की तरह व्यवहार करने लगते हैं।

आज जबकि पर्यावरण का संकट गहराता जा रहा है और इस बात को लेकर चिन्ता बढ़ती जा रही है कि इस संकट से किस तरह निपटा जाए—ऐसे में इस तरह की बाल-कथाओं का महत्त्व समझ में आता है। रुडयार्ड किपलिंग कहते थे कि 'जंगल बुक' उस दुनिया को जानने-समझने में हमारी मदद करती है जिस दुनिया में हम रहते हैं। सचमुच इस प्रकार की कहानियों को पढ़ने से बच्चों में अपने पर्यावरण को लेकर मित्र भाव पैदा होता है। उनको जंगली जानवर, पेड़-पौधे अपनी जान के दुश्मन नही अपने मित्र लगने लगते हैं। क्योंकि मोगली, शेरखान जैसे बच्चों के अनेक पात्र जंगलों के इसी संसार में स्वच्छन्द विचरण करते हैं। इससे बचपन से ही उनमें पर्यावरण के प्रति लगाव का भाव विकसित होता है। इस प्रकार की कहानियों के माध्यम से बच्चों में पशु-पक्षियों, जीव-जन्तुओं, पादप आदि को लेकर जानकारी में भी वृद्धि होती है। यह एक तथ्य है कि किस्से-कहानियों के माध्यम से जो बात सीखी-सिखायी जाती है उसकी मन पर अमिट छाप पड़ती है।

मीनू बोली, "गोगो! रोओ मत।"
चीनू बोली, "गोगो! हिलो मत।"

किट किट...किट किट...किट किट...
चीनू और मीनू ने ऊन काट डाला। गोगो खुश हो गया।

उदाहरण :

नन्हे चुनमुन और शिशुओं के लिए छोटी-छोटी कहानियाँ बातचीत के अन्दाज़ में कही जाएँ अथवा सहज-सरल ढंग से लिखी जाए तो उनके कोमल मन पर छप जाती हैं। पूरी कहानी कण्ठस्थ करके वे सबको आश्चर्यचकित भी कर देते और समय आने पर सुनायी देते हैं। हाँ सन्देश बताना भी नहीं चूकते। ऐसी ही एक कहानी है—चीनू, मीनू और गो गो की।

''चीनू और मीनू बहनें थीं।
एक दिन दोनों स्कूल जा रही थीं।
रास्ते में उन्हें गो गो हाथी दिखाई दिया।
गो गो इधर से उधर अजीब तरह से हिल रहा था।
चीनू ने उससे पूछा, ''गो गो तुम क्या कर रहे हो।''
''देखो मेरे पैर...'' और वह रोने लगा।
चीनू और मीनू ने वहाँ ऊन का गोला देखा।
ऊन की डोर गो गो के पैरों में
उलझी थी। मीनू जल्दी से गो गो की
सूण्ड पर चढ़ गयी। उसने
गो गो के आँसू पोंछे।
मीनू बोली, ''गो गो! रोओ मत।''
चीनू बोली, ''गो गो ! हिलो मत।''
किट किट...किटकिट...किट किट...
चीनू और मीनू ने ऊन काट डाला।
गो गो खुश हो गया।
गो गो हँसा और बोला,
''तुम दोनों बड़ी अच्छी हो।
आओ मेरी पीठ पर बैठ जाओ।''
चीनू और मीनू गो गो की पीठ पर बैठ गयीं।
गो गो उन दोनों को स्कूल पहुँचा आया।

'नेशनल बुक ट्रस्ट, इण्डिया' साभार

लेखन—मनोरमा जफ़ा
चित्रांकन—रेवती भूषण

(3) कल्पना-कथाएँ—वैसे तो समस्त बाल-कथाएँ काल्पनिक ही होती हैं, मगर यहाँ काल्पनिक कथाओं से हमारा आशय उस तरह की कथाओं से होता है जिसमें

बच्चों को कल्पना की उड़ान के सहारे ऐसी कथा बतायी जाती है जिससे उनकी कल्पनात्मकता को विस्तार मिलता है। इस तरह की कथाओं में *विज्ञान-कथाओं* का उदाहरण दिया जा सकता है। जूलिया बर्न्स ने बच्चों के बारे में अनेक विज्ञान-कथाएँ लिखीं। इन विज्ञान-कथाओं के माध्यम से बच्चों को खगोल-जगत, विभिन्न, ग्रहों, मौसम के उतार-चढ़ावों, विज्ञान की नयी से नयी खोज की दिशा में प्रेरित किया जाता है। हिन्दी में मनोहर श्याम जोशी ने भी रॉकेट-तकनीकी को लेकर विज्ञान-कथा का सृजन किया था।

विज्ञान-कथाओं में वर्तमान विज्ञान के सन्दर्भों के हवाले से भविष्य की वैज्ञानिक उपलब्धियों या आशंकाओं के बारे में बताया जाता है। विज्ञान-कथाओं.और अन्य प्रकार की कल्पना-प्रधान कथाओं में अन्तर यह होता है कि विज्ञान-कथाओं में कल्पना का उपयोग विज्ञान की तार्किक परिणतियों को दिखाने के लिए किया जाता है। पश्चिम में, विशेषकर अँग्रेजी, जर्मन और रूसी भाषाओं में विज्ञान-गल्प कथाओं को लिखने का खूब चलन रहा है। यह माना जाता है कि विज्ञान में जिन बच्चों की अरुचि होती है विज्ञान-कथाओं के पठन से उनकी रुचि उस दिशा में जाग्रत हो सकती हैं।

इस तरह की कल्पना-कथाओं में तिलिस्म, जादूगरी आदि की कथाओं को लिया जा सकता है। इस तरह की बाल-कथाओं का सबसे अच्छा उदाहरण कहा जा सकता है 'एलिस इन वण्डरलैण्ड' और आजकल की कथाओं में इस तरह की कथा का सबसे अच्छा उदाहरण 'हैरी पॉटर' श्रृंखला का दिया जा सकता है। संसार भर की भाषाओं में इस कथा-श्रृंखला का अनुवाद हुआ और हर भाषा में बच्चों ने जादूगरी, तिलिस्म की कथाओं का खूब आनन्द उठाया। इसकी लोकप्रियता आज भी बनी हुई है।

हालाँकि हैरी पॉटर जैसी कथाओं के बारे में यह कहा जाता है कि चूँकि इनका वास्तविक जगत से कोई लेना-देना नहीं होता है इसलिए इस तरह की कहानियों से बच्चों में अन्धविश्वास फैलता है, उनका विश्वास अवैज्ञानिक बातों में होने लगता है। तथ्यात्मक रूप से भले इस कथन को सत्य कहा जा सकता हो, मगर यह भी एक सच्चाई है कि नये से नये अनुसन्धानों के लिए यह आवश्यक है कि आपकी कल्पनाशक्ति भी जाग्रत हो। इसका विकास बचपन से ही किया जा सकता है। इस प्रकार की कल्पना-कथाओं का आस्वाद अगर बच्चे बचपन से ही उठाने लगते हैं तो उनके अन्दर वास्तविकता से परे की स्थितियों को देख पाने की क्षमता का विकास होता है। इससे वे भविष्य को लेकर अधिक सतर्क, अधिक जागरूक हो सकते हैं। नयी से नयी परिस्थिति को न केवल समझने में सक्षम हो सकते हैं, बल्कि उनके अनुरूप व्यवहार भी करते हैं।

(4) नीति कथा—सैकड़ों सालों पहले लिखी गयी 'पंचतन्त्र' को अपने नीतिपरक रूप के कारण सबसे पुराने ज्ञानकोश की संज्ञा दी जाती है। आधुनिक शिक्षा के प्रसार के साथ बच्चों के लिए इस तरह की नीति कथाएँ लिखने का चलन बढ़ा। हिन्दी में तो बाकायदा नैतिक शिक्षा को बच्चों के पाठ्यक्रम के तौर पर हाल तक पढ़ाया जाता रहा है।

नैतिक कथाओं के अन्तर्गत रामायण, महाभारत जैसे ग्रन्थों की कथाएँ होती हैं, मिथक-पुराण चरितों की गाथाएँ होती हैं। पहले इसके अन्तर्गत राजा-रानी की कहानियाँ भी दी जाती थीं। आजकल उनके स्थान पर स्वतन्त्रता-संग्राम के नायकों की कथाएँ दी जाती हैं। मसलन, जवाहरलाल नेहरू के जीवन की यह कथा पढ़ायी जाती है कि किस प्रकार अपने पिता की कीमती कलम चुरा लेने पर पिता पं. मोतीलाल नेहरू से उन्हें शारीरिक दण्ड मिला था। इस कथा का उद्देश्य यह है कि बच्चे इससे प्रेरणा लेकर बचपन में चोरी न सीखें। इसी तरह बापू के तीन बन्दरों की कथा के माध्यम से बच्चों में बुरा न देखने, बुरा न कहने, बुरा न सुनने के भाव का प्रसार किया जाता है। इसी प्रकार, स्वतन्त्रता-सेनानियों अशफाकुल्ला, राम प्रसाद 'बिस्मिल' और भगत सिंह की शहादत की कथा बच्चों को इसलिए पढ़ायी जाती है ताकि उनमें साम्प्रदायिक सद्भावना का विकास हो सके।

बाल-कहानी के कुछ प्रचलित प्रारूपों की ऊपर चर्चा की गयी। इसके अलावा भी बाल-कथाएँ लिखी जाती हैं। बाल-कहानियों का उद्देश्य बच्चों को भविष्य के जीवन के लिए तैयार करना होना चाहिए। बच्चों को उन कहानियों से अपने जीवन की कोई गुत्थी सुलझती नजर आनी चाहिए। बच्चे तभी उसमें रुचि दिखाते हैं।

उदाहरण :

शेर और लड़का

—प्रेमचन्द

बच्चों, शेर तो शायद तुमने न देखा हो, लेकिन उसका नाम तो सुना ही होगा। शायद उसकी तस्वीर देखी हो और उसका हाल भी पढ़ा हो। शेर अक्सर जंगलों और कछारों में रहता है। कभी-कभी वह उन जंगलों के आस-पास के गाँवों में आ जाता है और आदमी और जानवरों को उठा ले जाता है। कभी-कभी उन जानवरों को मारकर खा जाता है जो जंगलों में चरने जाया करते हैं। थोड़े दिनों की बात है कि एक गड़ेरिया का लड़का गाय-बैलों को लेकर जंगल में गया और उन्हें जंगल में छोड़कर आप एक झरने के किनारे मछलियों का शिकार करने लगा। जब शाम होने को आयी तो उसने

अपने जानवरों को इकट्ठा किया, मगर एक गाय का पता न था। उसने इधर-उधर दौड़-धूप की, मगर गाय का पता न चला। बेचारा बहुत घबराया—मालिक मुझे जीता न छोड़ेंगे! इस वक्त ढूँढ़ने का मौका न था, क्योंकि जानवर फिर इधर-उधर चले जाते, इसलिए वह उन्हें लेकर घर लौटा और उन्हें बाड़े में बाँधकर, बिना किसी से कुछ कहे हुए गाय की तलाश में निकल पड़ा। उस छोटे लड़के की यह हिम्मत देखो! अँधेरा हो रहा है, चारों तरफ सन्नाटा छाया हुआ है, जंगल भाँय-भाँय कर रहा है, गीदड़ों का हौवाना सुनायी दे रहा है, पर वह बेखौफ जंगल में बढ़ा चला जा रहा है।

कुछ दूर तक तो वह गाय को ढूँढ़ता रहा, लेकिन जब और अँधेरा हो गया तो उसे डर मालूम होने लगा। जंगल में अच्छे-अच्छे आदमी डर जाते हैं, उस छोटे-से बच्चे का कहना ही क्या! मगर जाए कहाँ? जब कुछ न सूझी तो एक पेड़ पर चढ़ गया और उसी पर रात काटने की ठान ली। उसने पक्का इरादा कर लिया था कि बगैर गाय को लाए घर न लौटूँगा। दिन-भर का थका-माँदा तो था ही, उसे जल्दी नींद आ गयी। नींद चारपायी और बिछावन नहीं ढूँढ़ती।

अचानक पेड़ इतनी जोर से हिलने लगा कि उसकी नींद खुल गयी। गिरते-गिरते बच गया। सोचने लगा—पेड़ कौन हिला रहा है? आँखें मलकर नीचे की तरफ देखा तो उसके रोएँ खड़े हो गये। एक शेर पेड़ के नीचे खड़ा उसकी तरफ ललचायी हुई आँखों से ताक रहा था। उसकी जान सूख गयी। वह दोनों हाथों से डाल से चिपट गया। नींद भाग गयी।

कई घण्टे गुजर गये, पर शेर वहाँ से जरा भी न हिला। वह बार-बार गुर्राता और उछल-उछलकर लड़के को पकड़ने की कोशिश करता। कभी-कभी तो इतने नजदीक आ जाता कि लड़का जोर से चिल्ला उठता।

रात ज्यों-त्यों करके कटी, सवेरा हुआ। लड़के को कुछ भरोसा हुआ कि शायद शेर उसे छोड़कर चला जाए। मगर शेर ने हिलने का नाम तक न लिया। सारे दिन वह उसी पेड़ के नीचे बैठा रहा। शिकार सामने देखकर वह कहाँ जाता? पेड़ पर बैठे-बैठे लड़के की देह अकड़ गयी थी, भूख के मारे बुरा हाल था, मगर शेर था कि वहाँ से जौ-भर भी न हटता था। उस लड़के से थोड़ी दूर पर छोटा-सा झरना था। शेर कभी-कभी उस तरफ ताकने लगता था। लड़के ने सोचा कि शेर प्यासा है। उसे कुछ आस बँधी कि ज्योंही वह पानी पीने जाएगा, मैं भी यहाँ से खिसक चलूँगा। आखिर शेर उधर चला। लड़का पेड़ पर से उतरने की फिक्र कर ही रहा था कि शेर पानी पीकर लौट आया। शायद उसने भी लड़के के हाथ-पाँव ढीले पड़ गये, जैसे वह नीचे गिरा जा रहा हो। मालूम होता था, हाथ-पाँव पेट में घुसे जा रहे हैं। ज्यों-त्यों करके वह दिन भी बीत गया। ज्यों-ज्यों रात होती जाती थी, शेर की भूख भी तेज होती जाती थी। शायद उसे यह सोच-सोचकर गुस्सा आ रहा था कि खाने की चीज सामने रखी

है और मैं दो दिन से भूखा बैठा हूँ। क्या आज भी एकादशी रहेगी? वह रात भी उसे ताकते ही बीत गयी।

तीसरा दिन भी निकल आया। मारे भूख के उसकी आँखों में तितलियाँ-सी उड़ने लगीं। डाल पर बैठना भी उसे मुश्किल मालूम होता था। कभी-कभी तो उसके जी में आता कि शेर मुझे पकड़ ले और खा जाये। उसने हाथ जोड़कर ईश्वर से विनय की—भगवान क्या तुम मुझे गरीब पर दया न करोगे?

शेर को भी थकावट मालूम हो रही थी। बैठे-बैठे उसका जी ऊब गया। वह चाहता था कि किसी तरह जल्दी से शिकार मिल जाए। लड़के ने इधर-उधर बहुत निगाह दौड़ायी कि कोई नजर आ जाये, मगर कोई नजर न आया। तब वह चिल्ला-चिल्लाकर रोने लगा। मगर वहाँ उसका रोना कौन सुनता!

आखिर उसे एक तदबीर सूझी। वह पेड़ की फुनगी पर चढ़ गया और अपनी धोती खोलकर हवा में उड़ाने लगा कि शायद किसी शिकारी की नजर पड़ जाए। एकाएक वह खुशी से उछल पड़ा। उसकी सारी भूख, सारी कमजोरी गायब हो गयी। कई आदमी झरने के पास खड़े उस उड़ती झण्डी को देख रहे थे। शायद उन्हें अचम्भा हो रहा था कि जंगल के इस पेड़ पर झण्डी कहाँ से आयी? लड़के ने उन आदमियों को गिना—एक, दो तीन, चार।

जिस पेड़ पर लड़का बैठा था, वहाँ की जमीन कुछ नीची थी। उसे ख्याल आया कि अगर वे लोग मुझे देख भी लें तो उनको यह कैसे मालूम होगा कि इसके नीचे तीन दिन का भूखा शेर बैठा हुआ है? अगर मैं उन्हें होशियार न कर दूँ तो यह दुष्ट किसी-न-किसी को जरूर चोट कर जाएगा। यह सोचकर वह पूरी ताकत से चिल्लाने लगा। उसकी आवाज सुनते ही वे लोग रुक गये और अपनी-अपनी बन्दूकें सँभालकर उसको ताकने लगे।

लड़के ने चिल्लाकर कहा, "होशियार रहो! होशियार रहो! इस पेड़ के नीचे एक शेर बैठा हुआ है!"

शेर का नाम सुनते ही वे लोग सँभल गये; चटपट बन्दूकों में गोलियाँ भरीं और चौकन्ने होकर आगे बढ़ने लगे।

शेर को क्या खबर कि नीचे क्या हो रहा है! वह तो अपने शिकार की ताक में घात लगाए बैठा था। एकाएक पैरों की आहट पाते ही वह चौंक उठा और उन चारों आदमियों को एक टीले की आड़ में देखा। फिर क्या कहना था! मुँहमाँगी मुराद मिली। भूख में सब्र कहाँ? वह इतने जोर से गरजा कि सारा जंगल हिल गया और उन आदमियों की तरफ जोर से जस्त मारी। मगर वे लोग पहले से ही तैयार थे। चारों ने एक साथ गोली चलायी। दन-दन-दन-दन आवाज हुई। चिड़ियाँ पेड़ों से उड़-उड़कर भागने लगीं। लड़के ने नीचे देखा—शेर जमीन पर गिरा पड़ा था। वह एक

बार फिर उछला और फिर गिर पड़ा। फिर वह हिला तक नहीं।

लड़के की खुशी का क्या पूछना! भूख-प्यास का नाम तक न था। चटपट पेड़ से उतरा तो देखा—उसके सामने उसका मालिक खड़ा है। वह रोता हुआ उसके पैरों पर गिर पड़ा। मालिक ने उसे उठाकर छाती से लगा लिया और बोला, "क्या तू तीन दिन से इसी पेड़ पर था?"

लड़के ने कहा, "हाँ, उतरता कैसे? शेर तो नीचे बैठा था।"

मालिक—"हमने तो समझा था कि किसी शेर ने तुझे मारकर खा लिया। हम चारों आदमी तीन दिन से ढूँढ रहे हैं। तूने हमसे कहा तक नहीं और निकल खड़ा हुआ।"

लड़का—"मैं डरता था...गाय जो खोयी थी।"

मालिक—"अरे पागल, गाय तो उसी दिन आप ही आप चली आयी थी।"

भूख—प्यास से शक्ति तक न रहने पर भी लड़का हँस पड़ा।

(5) चित्रकथा, कॉमिक्स—हर बच्चा कथा-कहानी में रुचि लेता ही हो यह कोई जरूरी नहीं। अनेक बच्चों को अगर चित्रात्मक रूप में स्थितियाँ बतायी जाती हैं तो उनको वह समझ में अधिक आता है। आजकल तो बड़ों के लिए भी 'ग्राफिक नॉवेल' यानी चित्रात्मक उपन्यास लिखने का चलन बढ़ा है।

लेकिन बच्चों के लिए चित्रात्मक रूप में कहानी लिखने का चलन पुराना है। इनको कॉमिक्स, चित्रकथा आदि के नाम से जाना जाता है। हिन्दी में इसको इन्द्रजाल कॉमिक्स और अमर चित्रकथा के उदाहरण से समझा जा सकता है। इन्द्रजाल कॉमिक्स ने जहाँ फैण्टम, मैण्ड्रेक जैसे विदेशी कॉमिक्स पात्रों का भारतीयकरण किया, वहीं उसके माध्यम से भारतीय कॉमिक्स पात्र बहादुर की परिकल्पना भी साकार हुई। बाद में, चाचा चौधरी, साबू, मोटू-पतलू, डॉ. झटका जैसे अनेक पात्र कॉमिक्स के पन्नों पर साकार हुए, जिनकी कथाओं ने बच्चों के दिल में जगह बनायी।

दूसरी ओर, अमर चित्रकथा की परम्पराओं को रखा जा सकता है। इसका आकल्पन अनन्त पै ने किया और उद्देश्य यह रखा कि इतिहास की कथा से पात्रों को उठाकर उनकी चित्रकथा बच्चों के लिए तैयार की जाए। अमर चित्रकथा का उद्देश्य एक तरफ इतिहास की कथा का प्रचार तो था ही, दूसरी ओर यह उद्देश्य भी था कि प्रेरणादायी कथाओं के प्रसार से बच्चे उनसे प्रेरणा ग्रहण कर सकेंगे। कॉमिक्स के माध्यम से भी बच्चों में कल्पनाशीलता का विकास होता है, ऐतिहासिक पात्रों-चरित्रों की कथा से उनमें संकल्पशक्ति का भी विकास होता है। चूँकि इसमें कथावाचन का रूप चित्रात्मक होता है, इसलिए बच्चों को इसका आनन्द भी अधिक सहजता से आता है।

मॉरीशस में जन-आंदोलन के अग्रदूत : पंडित वासुदेव विष्णुदयाल
परिकल्पना एवं चित्र कथा— डॉ. सुरेश ऋतुपर्ण
चित्रांकन— अतुल वर्द्धन
साभार : डायमंड पब्लिकेशन

...वासुदेव विष्णुदयाल को एक काव्य पाठ प्रतियोगिता में प्रथम पुरस्कार मिला तथा अन्य दोनों पुरस्कार भी दोनों भाईयों को ही मिले...
Poetry Competition
वासुदेव! तुम्हारा काव्य पाठ बहुत सुन्दर था।
...वासुदेव विष्णुदयाल जी को पढ़ने का बहुत शौक था। किशोरावस्था में ही उन्होंने हिन्दी भाषा का अच्छा ज्ञान प्राप्त कर लिया था और गीता तथा स्वामी दयानंद की जीवनी भी पढ़ ली थी...
कैसा अद्भुत व्यक्तित्व था स्वामीजी का।
...सन् 1926 के दिनों में उन्होंने पोर्ट लुई के डिबेटिंग क्लब में, जहां अंग्रेजी और फ्रेंच भाषा का बोलबाला रहता था, हिन्दी में बहस शुरू कराने का ऐतिहासिक कार्य किया...
भाइयो! इस देश में हिन्दी भाषा का भी वही योगदान है जो फ्रेंच या अंग्रेजी का हो सकता है।
...सन् 1926 में ही अध्यापक बनने की तीसरी परीक्षा पास करके वासुदेव विष्णुदयाल 'सें जुल्ये' गांव के 'देवीदीन ऋतु स्कूल' में अध्यापक नियुक्त हो गये..
REETOO SCHOOL
गुरु जी! प्रणाम!
सदा प्रसन्न रहो!
वासुदेव विष्णुदयाल फ्लाक के पास एक घर लेकर रहने लगे। उन दिनों 'फ्लाक' से 'सें जुल्यें' आना-जाना बड़ा कठिन काम था। पंडित जी बहुत बार पैदल ही स्कूल या घर आया-जाया करते थे।
...इस स्कूल में पढ़ाने के दिनों में ही पंडित जी अपने घर में चटाई पर बैठकर लोगों को हिन्दी पढ़ाया करते थे...
सब लोग बोलें - क से कमल...

(6) शब्द पहेलियाँ—बच्चों के लिए लिखी गयी रचनाएँ ज्ञानवर्द्धक तो होनी ही चाहिए। पहेलियाँ या चित्र पहेलियाँ उनके ऐसे ही खिलौने हैं। इनके माध्यम से वे खेल-खेल में बहुत कुछ जान सकते हैं अथवा ग्रहण कर सकते हैं। भारतभूषण अग्रवाल और उनकी पत्नी बिन्दु अग्रवाल की कुछ शब्द पहेलियाँ 'खेल-खेल में' नाम से प्रकाशित हुई हैं। इनमें बच्चों के दैनन्दिन जीवन के बारे में जानकारी प्राप्त होती है। ''शब्द पहेलियों और उनके हल के साथ पहेलियों में आये शब्दों का परिचय भी दिया गया है। यह परिचय सही शब्दों को ढूँढकर पहेली के खाली स्थानों को भरने में मदद करेगा। यही नहीं बच्चों के ज्ञान को बढ़ायेगा तथा शब्दों से जुड़ी अनेकानेक किंवदंतियों और मुहावरों को जानने में भी सहायक होगा।'' (दो शब्द : खेल खेल में)

देश के पेड़-पौधे, फूल-फल, पक्षी-जानवर, पर्वत-नदियाँ, राज्य-राजधानियों, भाषा और वाद्ययन्त्रों से सम्बन्धित होने के साथ-साथ ग्रह, राशियों और नक्षत्रों के विषय में जानकारी देकर शब्द पहेलियाँ पूछी जा सकती हैं। वीरबालकों और वीर बालाओं के जीवन पर आधारित पहेलियाँ तैयार की जा सकती हैं। मातृभक्ति-देशभक्ति अथवा भगवद्भक्ति की भावना को बढ़ाने वाली वर्ग पहेलियों का भी अपना ही महत्त्व माना जा सकता है। गणित, भूगोल, इतिहास, राजनीति, भाषा-कला और संस्कृति जैसे कठिन विषयों को सरल और रोचक बनाकर शिक्षा देने का अद्वितीय तरीका है।

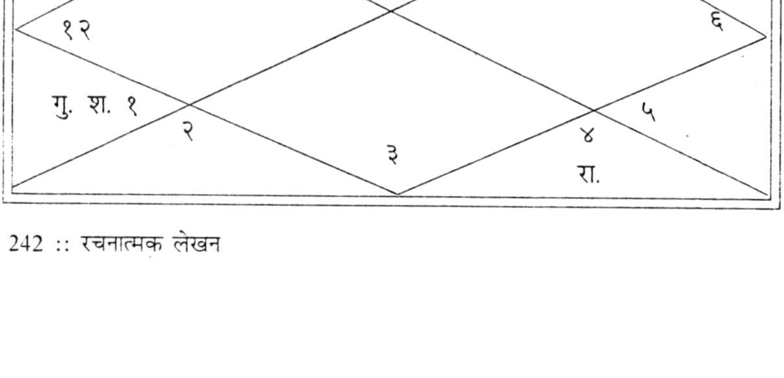

उदाहरण :

ग्रह, राशियाँ और कुछ प्रमुख नक्षत्र

जो विद्या आकाश में स्थिति ग्रह, नक्षत्र, पिण्ड (समूह) पर विचार करती है कि ये सब कितनी दूरी पर हैं, कितने दिनों में किस मार्ग से चक्कर लगाते हैं, कितने दिनों में किस मार्ग से चक्कर लगाते हैं तथा उनके कितने प्रकार के वर्ग या विभाग हैं—उसे ज्योषित विद्या कहते हैं।

भारतीय जीवन में ज्योतिष विद्या का बहुत महत्त्व है। यही कारण है कि ज्योतिष विद्या पर विश्वास करने वाले लोग बच्चे के जन्म के समय ही उसकी जन्मपत्री बनवाते हैं जिसमें ग्रह, नक्षत्र, राशि आदि के विचार से गणना करके उसकी कुण्डली बनायी जाती है। इसी कुण्डली की गणना के अनुसार वे जीवन के प्रत्येक शुभ कार्य को करना अच्छा मानते हैं।

जन्म-कुण्डली भारतीय ज्योतिष विद्या पर आधारित 'पत्रा' (तिथिपत्र) के अनुसार बनायी जाती है। विदेशी पद्धति में कैलेण्डर के अनुसार तारीख देखी जाती है। पर भारतीय पद्धति में 'पत्रा' के अनुसार दिन, सम्वत तथा अनेक प्रकार की गणना की जाती है। अब आधुनिक समय में 'पत्रा' का स्थान कम्प्यूटर ने भी ले लिया है। अनेक ज्योतिषी कम्प्यूटर की सहायता से भी कुण्डली बनाते हैं तथा भविष्यवाणियाँ करते हैं।

ग्रह, नक्षत्र और राशियाँ क्या हैं, अब हम इन पर विचार करते हैं।

आकाश में स्थित वे पिण्ड जो किसी सौर जगत का अंग हों और उस जगत के सूर्य की परिक्रमा करते हों—ग्रह कहलाते हैं। इनका नाम ग्रह शायद इसलिए पड़ा क्योंकि वे मनुष्य के भाग्य को प्रभावित करनेवाले माने जाते हैं। नौ ग्रह माने गये हैं। इनके नाम हैं—चन्द्रमा, मंगल, बुध, वृहस्पति, शुक्र, शनि राहु, केतु और सूर्य।

चन्द्रमा पृथ्वी की और सूर्य की परिक्रमा करती है यानी पृथ्वी सूर्य के चारों ओर घूमती है। पृथ्वी के घूमने के मार्ग के दोनों ओर 80 अंश की दूरी तक लगभग सवा दो सौ बड़े-बड़े तारे हैं जो बहुत दूर होने के कारण हमें बहुत छोटे दिखायी देते हैं। हमें अपनी पृथ्वी तो चलती हुई दिखायी नहीं देती लेकिन ऐसा जरूर लगता है कि चन्द्रमा और सूर्य की चारों ओर घूम रहे हैं। पृथ्वी के चारों ओर घूमते समय उक्त सब तारे उसके मार्ग पर पड़ते हैं। इन्हीं सब तारों को 27 तारक पुंजों में बाँटा गया है जिन्हें नक्षत्र कहते हैं। इन 27 तारक पुंजों की रूप-रेखाओं के आधार पर कुछ विशेष प्रकार की आकृतियाँ दिखायी देती हैं। इन्हीं विशिष्ट आकृतियों के आधार पर इन्हें नाम भी दिये गये हैं। यद्यपि शब्द पहेली में कुछ प्रमुख नक्षत्रों को ही लिया गया है, पर यहाँ 27 नक्षत्रों के नाम हैं।

—अश्विनी, भरणी, कृतिका, रोहिणी, मृगशिरा, आर्द्रा, पुनर्वसु, पुष्य, अश्लेषा, मघा, पूर्वफाल्गुनी, उत्तराफाल्गुनी, हस्त, चित्रा, स्वाति, विशाखा, अनुराधा, ज्येष्ठा, मूल पूर्वाषाढ़ा, उत्तराषाढ़ा, श्रवण, घनिष्ठा, शतमिषा, पूर्वभाद्रपद, उत्तरभाद्रपद, रेवाती।

जिन उक्त तारों के बीच से होकर चन्द्रमा चारों ओर घूमता दिखायी देता है

उन्हीं में से चलता हुआ सूर्य भी दिखायी देता है। अतः सूर्य के चारों ओर घूमने के विचार से इन तारों के 12 विभाग किए हैं जिन्हें राशि कहते हैं। प्रत्येक राशि में प्रायः दो या इससे कुछ अधिक नक्षत्र पड़ते हैं। इन नक्षत्रों के योग से कुछ विशिष्ट प्रकार की कल्पित आकृतियाँ बनती हैं। कल्पित आकृतियों को ही राशि माना गया है और इन्हीं आकृतियों के आधार पर इन राशियों का नामकरण हुआ है, जैसे तुला राशि की आकृति तराजू की तरह, मकर राशि की आकृति मगर की तरह, वृश्चिक राशि की आकृति बिच्छू की तरह, सिंह राशि की आकृति शेर की तरह आदि। बारह राशियों के नाम इस प्रकार हैं—मेष, वृष, मिथुन, कर्क, सिंह, कन्या, तुला, वृश्चिक, धनु, मकर, कुम्भ और मीन।

ऊपर दिए गए विवरण को पढ़कर निम्न शब्द पहेली को हल कीजिए :

ग्रह, राशियां और कुछ प्रमुख नक्षत्र

x	1	शिव		x	x	x	2 स्वा	x	3	ष्य	x	4	5 तु
6 गु		x	x	7 वृ	x	x		x	x	x	x	x	
x	न्ध	x	x		x	x	x	8 मि	x	9	x	10 म	x
x		x	x	11	र्क	x	x		x	द्रा	x		x
x	x	12	क्र	x	x	x	x		x	x	x	x	13
x	14	x	x	15	नि	x	16 वृ	x	17 रो	x	x	18 मी	
x	त्रा	x	19	x	x	20 मे		x		x	21	x	र्व
x	x	x	र्य	x	x	x	22		णी	x	द्र	x	
x	23 सिं	24	x	25		ण	x	x	x	x	x	x	x
x	x	स्त	x	x	x	x	26	म्भ	x	x	x	x	27 मं
x	x	x	x	28	29 ध	x	x	x	30 म	31		x	
x	32 वि		खा	x		x	33	हु	x	न्या	x	34 मू	

35 शब्द

शब्द पहेली का हल :

ग्रह, राशियां और कुछ प्रमुख नक्षत्र

x	1 अ	श्वि	नी	x	x	x	2 स्वा	x	3 पु	ष्य	x	4 के	5 तु
6 गु	रु	x	x	7 वृ	x	x	ति	x	x	x	x	x	ला
x	न्ध	x	x	श्चि	x	x	x	8 मि	x	9 आ	x	10 म	x
x	ती	x	x	11 क	र्क	x	x	थु	x	द्रा	x	घा	x
x	x	12 शु	क्र	x	x	x	x	न	x	x	x	x	13 पु
x	14 चि	x	x	15 श	नि	x	16 वृ	x	17 रो	x	x	18 मी	न
x	त्रा	x	19 सू	x	x	20 मे	ष	x	हि	x	21 चं	x	र्व
x	x	x	र्य	x	x	x	22 भ	र	णी	x	द्र	x	सु
x	23 सिं	24 ह	x	25 श्र	व	ण	x	x	x	x	x	x	x
x	x	स्त	x	x	x	x	26 कु	म्भ	x	x	x	x	27 गं
x	x	x	x	28 बु	29 ध	x	x	x	30 म	31 क	र	x	गा
x	32 वि	शा	खा	x	नु	x	33 रा	हु	x	न्या	x	34 मृ	ग

खण्ड : छः

प्रकाशन

लेखक-पाठक सम्बन्ध

लेखक-पाठक सम्बन्ध इस बात पर निर्भर करता है कि लेखक अपनी रचना से चाहता है क्या है? कोई भी लेखक रचना की दिशा में उन्मुख क्यों होता है? अपनी रचना से उसकी आकांक्षा क्या होती है? लेखक जब लिख रहा होता है तो उसके ध्यान में कौन है? क्या लेखक लिखते समय अपने पाठकों को ध्यान में रखता है?

साहित्य के सम्बन्ध में एक परम्परागत मत यह भी रहा है कि रचनाकार स्वान्तः सुखाय सृजन करता है अर्थात् रचनाकार रचना पहले अपने सुख के लिए ही करता है। एक रीतिकालीन कवि की पंक्तियाँ हैं—'आगे के सुकवि रीझिहें तो कविताई, न तो राधिका-कन्हाई सुमिरन को बहानो है।' महाकवि रवीन्द्रनाथ ठाकुर का इस सम्बन्ध में मानना था कि लेखक की रचना का प्रधान लक्ष्य पाठक-समाज ही होता है। वे उस मत का खण्डन करते हैं कि जैसे पक्षी अपने आनन्द के उल्लास में गाता है उसी प्रकार हम भी अपने आनन्द में विभोर होकर केवल अपने लिए ही लिखते हैं। वास्तव में इस दौर में जोर इस बात पर दिया जाता था कि रचना को स्वतःस्फूर्त होना चाहिए। याद कीजिए वर्ड्सवर्थ द्वारा दी गई कविता की परिभाषा, जिसमें उन्होंने कविता को भावों का उच्छल प्रवाह कहा था। रवीन्द्रनाथ ठाकुर अपने निबन्ध 'साहित्य की सामग्री' में इसीलिए यह सवाल उठाते हैं कि पाठक समाज को ध्यान में रचना नहीं करने से क्या रचना 'कृत्रिम हो जाती है?' इसमें वे आगे यह भी जोड़ते हैं कि माता का दूध सन्तान के लिए होता है तो क्या इसीलिए वह स्वतःस्फूर्त नहीं होता? वे आगे कहते हैं, 'रचना स्वयं रचयिता के लिए नहीं है यह मानना पड़ेगा और मानकर ही चलना पड़ेगा।'

इस निबन्ध में अत्यन्त विस्तार में उन्होंने इस प्रश्न पर विचार किया है कि रचना आखिर किसके लिए होती है? किसी के लिए होती भी है? वे यह तर्क उपस्थित करते हैं कि हमारे भावों की यह स्वाभाविक प्रवृत्ति होती है कि वे चाहते हैं कि उनका अनुभव अनेक लोग करें। अनादिकाल से मनुष्य द्वारा स्वयं को अभिव्यक्त करने के तमाम प्रयासों को वे इसी से जोड़कर देखते हैं। वे लिखते

हैं कि 'संसार के सर्वश्रेष्ठ सम्राट अशोक अपनी जिन बातों को अनंतकाल से श्रुतिगोचर कराना चाहते थे, उन्हें उन्होंने पहाड़ के शरीर में खुदवा दिया था। वे सम्भवत: समझते थे पहाड़ किसी समय मरेगा नहीं, हटेगा नहीं; अनन्तकाल के पथ के किनारे खड़े रहकर नव-नव युग के पथिकों को उनकी बातें चिरकाल तक दुहराता हुआ सुनाता रहेगा। उन्होंने पहाड़ को अपने हृदय की बातें कहने का भार सौंप दिया था।'

रवीन्द्रनाथ ठाकुर यह मानते थे कि हर व्यक्ति में अमरता की आकांक्षा भी होती है। ठीक उसी तरह जिस तरह हर मनुष्य के अन्दर अपने भावों के प्रकटन की कामना होती है। लेखक अपने साहित्य के द्वारा अमर होना चाहता है।

इसी तरह अर्न्स्ट फिशर ने लेखक-पाठक के इस रिश्ते पर टिप्पणी करते हुए लिखा है, 'मनुष्य नितान्त अपने से कुछ अधिक होना चाहता है। वह एक पूर्ण मनुष्य होना चाहता है। वह एक अलग व्यक्ति होकर सन्तुष्ट नहीं रह सकता; अपनी वैयक्तिक जिन्दगी की आंशिकता से वह एक ऐसी पूर्णता की ओर बढ़ना चाहता है, एक ऐसी जिन्दगी की पूर्णता की ओर जिसकी सीमाबद्ध वैयक्तिकता उसे ठेलती है, एक अधिक ग्राह्य, तर्कसंगत विश्व, एक ऐसे विश्व की ओर, जो अर्थगर्भ हो, जिसके मायने हों। अपनी ही जिन्दगी की सीमाबद्धता से वह विद्रोह करता है। वह किसी ऐसी वस्तु से अपना सम्बन्ध जोड़ना चाहता है जो उसे 'मैं' की सीमाओं से पर ले जाए।' अन्सर्ट फिशर यह मानते थे कि साहित्य के माध्यम से व्यक्ति सीमित मैं से निकलकर सामाजिक बनता है। साहित्य उसकी सामूहिकता की भावना की अभिव्यक्ति होती है।

इस सम्बन्ध में एक और विचार यह मानता रहा है कि साहित्य वास्तव में मनुष्य की अपूर्णता की अभिव्यक्ति का माध्यम होता है। न केवल रचनाकार इसी प्रेरणा से रचना की दिशा में उन्मुख होता है, बल्कि दर्शक या श्रोता या पाठक भी इसी अपेक्षा में किसी नाटक, किसी उपन्यास की शरण में जाते हैं, वे उन अनेक पात्रों में अपनी ध्वनियाँ देखते हैं। अर्न्स्ट फिशर इस सम्बन्ध में एक प्रश्न उठाते हैं, 'किसी प्रेक्षागृह के अँधेरे में एक रोशन स्टेज पर आँखें गड़ाए हुए हम इस तरह मुग्ध क्यों हो जाते हैं, जबकि वहाँ जो हो रहा होता है वह सिर्फ नाटक होता है?'

इस सम्बन्ध में बोर्खेज ने अपने एक किस्से में बड़ी ही दिलचस्प कथा कही है। उस कथा के अनुसार शेक्सपियर से जब पूछा गया कि तुम कौन हो तो इसके जवाब में उन्होंने कहा कि जीवन भर हैमलेट, किंग लियर जैसे असंख्य पात्रों के माध्यम से मैं यही तो जानने का प्रयास करता रहा कि मैं कौन हूँ। इस किस्से से भी यही अपूर्णता और पूर्णता के द्वन्द्व की बात सामने आती है।

साहित्य के सम्बन्ध में एक मत यह भी रहा है कि लेखक मनोरंजन के लिए लिखता है। जब मैथिलीशरण गुप्त इस तरह की पंक्ति लिखते हैं 'केवल मनोरंजन न कवि का कर्म होना चाहिए, उसमें उचित उपदेश का भी मर्म होना चाहिए।' तो वास्तव में वे इस बात को स्वीकार रहे होते हैं कि साहित्य का एक उद्देश्य 'मनोरंजन' मानने की भी परम्परा रही है। हिन्दी गद्य को लोकप्रिय बनाने में तो कहा ही जाता है कि 'चन्द्रकान्ता सन्तति' जैसे लोकप्रिय उपन्यासों की बड़ी भूमिका रही है। इसी प्रकार 'अलिफ लैला' जैसी कृतियों का हवाला भी दिया जा सकता है। आधुनिक काल में भी सेक्स और रूमान से भरपूर साहित्य तथा जासूसी साहित्य को भी मनोरंजक साहित्य की श्रेणी में डाला जा सकता है।

हिन्दी में जासूसी उपन्यासों और उससे पहले रुमानी उपन्यासों की दीर्घ परम्परा रही है। वेद प्रकाश शर्मा को अगर जासूसी उपन्यास विधा का महानायक कहा जा सकता है, तो गुलशन नन्दा को भावुकता प्रधान रुमानी उपन्यास-धारा का। हिन्दी प्रकाशन इतिहास में गुलशन नन्दा का उपन्यास 'झील के उस पार' वह पहला उपन्यास था जिसका पाँच लाख प्रतियों का प्रथम संस्करण छपा था। बरसों बाद इस सीमा को पार किया वेद प्रकाश शर्मा के उपन्यास 'वर्दी वाला गुण्डा' ने। इस उपन्यास का प्रथम संस्करण दस लाख प्रतियों का छपा था। लुगदी पर छपे होने के कारण इनकी कीमत काफी कम होती है। इसी कारण इस साहित्य को 'लुगदी साहित्य' तथा 'सस्ता साहित्य' भी कहते हैं।

इस प्रकार के साहित्य का शुद्ध उद्देश्य सनसनीखेज परोस कर उसके माध्यम से धन कमाना होता है। इस प्रकार के साहित्य की जो सबसे बड़ी विशेषता होती है कि इस तरह का साहित्य पाठक नये से नया पढ़ना चाहता है। लोकप्रिय साहित्य, मनोरंजन के लिए लिखा गया साहित्य कालजयी नहीं होता। गुलशन नंदा के उपन्यास 'झील के उस पार' ने भले लोकप्रियता के मानक स्थापित किए हों, मगर सचाई यही है कि आज 'झील के उस पार' की एक प्रति भी आपको कहीं नहीं मिलती। यही हाल 'वर्दी वाला गुण्डा' का है। सनसनी के बाजार में टिके रहने के लिए यह जरूरी होता है कि आप पाठकों के सामने नित कुछ नया परोसें।

यही कारण है कि इस तरह के उपन्यासों के संस्करण ज्यादा नहीं छपते। एक संस्करण में ही अधिक से अधिक बेच लेने का उद्देश्य इस तरह के उपन्यासों के पीछे होता है। केवल बिक्री और मनोरंजन के आधार पर ही नहीं बल्कि इस प्रकार की क्षणिकता की प्रकृति के कारण भी मनोरंजक साहित्य को हेय ठहराया जाता है। यह माना जाता है कि इस प्रकार के साहित्य द्वारा समाज में कुत्सित भावना का प्रसार होता है। लोकप्रिय साहित्य पाठकों को ध्यान में रखकर ही लिखे जाते हैं और बड़ा पाठक-वर्ग मनोरंजन की चाह में उनसे जुड़ता भी है। अनेक

गम्भीर लेखकों के बारे में यह कहा जाता रहा है कि पैसों के लिए उन्होंने मनोरंजक साहित्य की रचना की।

साहित्य सामाजिक परिवर्तन का हथियार होता है। इस मत को माननेवाले भी साहित्य से जुड़ते हैं। इस मत को माननेवाले लेखक यह मानते रहे हैं कि साहित्य का उद्देश्य शिक्षित समाज में कुछ ऐसे मतों का प्रचार करना होता है जिससे वे जीवन में उच्चतर मूल्यों की ओर अग्रसर हो सकें। प्रेमचन्द ने जब साहित्य को समाज के आगे मशाल लेकर चलने की भूमिका में देखा था तब उनकी मुराद शायद यही थी कि साहित्य के माध्यम से सामाजिक कुरीतियों के कारण समाज में आती जड़ता को दिखाया जाए और समाज को विश्रृंखलता से बचाने के लिए उसमें उच्च विचारों का प्रसार किया जाए। स्वतन्त्रता आन्दोलन के दौर में लिखे गये हिन्दी साहित्य में सचमुच यह भाव होता था कि समाज में स्वतन्त्रता की भावना का प्रसार किया जाए। प्रसाद के नाटकों में स्वतन्त्रता के लिए संघर्ष है, प्रेमचन्द के उपन्यासों में स्वतन्त्रता आन्दोलन की छायाएँ स्पष्ट हैं।

परम्परागत साहित्य में अगर इसको देखें तो गोस्वामी तुलसीदास और उनकी कृति 'रामचरितमानस' को देखा जा सकता है। भले प्रकट तौर पर मानस रचने का उद्देश्य उनके लिए स्वांतः सुखाय रहा हो, पर जिस प्रकार से उन्होंने जनभाषा अवधी में परम्परा से हटकर मानस की रचना की, उससे तो उसका उद्देश्य यही लगता है कि मर्यादा पुरुषोत्तम राम की इस आदर्श कथा का प्रसार अधिक से अधिक लोगों तक हो। अधिक से अधिक लोग इस कथा के मर्म को समझें और इसके माध्यम से आदर्श समाज की स्थापना की प्रेरणा लें।

गजानन माधव मुक्तिबोध ने अपने एक निबन्ध 'जनता का साहित्य किसे कहते हैं?' में लिखा है—'जनता के साहित्य से अर्थ है ऐसा साहित्य जो जनता के जीवन-मूल्यों को, जनता के जीवन-आदर्शों को प्रतिष्ठापित करता हो, उसे अपने मुक्तिपथ पर अग्रसर करता हो। इस मुक्तिपथ का अर्थ राजनैतिक मुक्ति से लगाकर अज्ञान से मुक्ति तक है। अतः इसमें प्रत्येक प्रकार का साहित्य सम्मिलित है बशर्ते कि वह सचमुच उस मुक्तिपथ पर अग्रसर करें।'

आगे उन्होंने विस्तार से बताया है कि किस तरह की मुराद उनकी साहित्य से है, जिसे वे जनता का साहित्य कहते हैं—जनता का साहित्य का अर्थ जनता को तुरन्त ही समझ में आने वाले साहित्य से हरगिज नहीं है। अगर ऐसा होता तो किस्सा तोता मैना और नौटंकी ही साहित्य के प्रधान रूप होते। साहित्य के अन्दर सांस्कृतिक भाव होते हैं। सांस्कृतिक भावों को ग्रहण करने के लिए, बुलन्दी, बारीकी और खूबसूरती को पहचानने के लिए, उस असलियत को पाने के लिए जिसका नक्शा साहित्य में रहना है, सुनने या पढ़ने वाले की कुछ स्थिति अपेक्षित

होती है। वह स्थिति है उसकी शिक्षा, उसके मन का सांस्कृतिक परिष्कार। साहित्य का उद्देश्य सांस्कृतिक परिष्कार है, मानसिक परिष्कार है। किन्तु यह परिष्कार साहित्य के माध्यम द्वारा तभी सम्भव है जब स्वयं सुननेवाले या पढ़नेवाले की अवस्था शिक्षित हो। यही कारण है कि मार्क्स का डास कैपिटल, लेनिन के ग्रन्थ, रोम्याँ रोलाँ के, तॉल्स्तॉय और गोर्की के उपन्यास एकदम अशिक्षित और असंस्कृतों को न समझ में आ सकते हैं न वे उनके पढ़ने के लिए होते हैं। 'जनता के साहित्य' का अर्थ, जनता के लिए साहित्य से है, और वह जनता ऐसी हो जो शिक्षा और संस्कृति द्वारा कुछ स्टैण्डर्ड प्राप्त कर चुकी हो। ध्यान रहे कि राजनीति के मूल ग्रन्थ बहुत बार बुद्धिजीवियों को भी समझ में नहीं आते, जनता का तो कहना ही क्या। लेकिन वे हमारी सांस्कृतिक विरासत हैं। ऐसे राजनीतिक-ग्रन्थों के मूल भाव हमारी राजनीतिक पार्टियाँ और सामाजिक कार्यकर्ता अपने भाषणों और आसान जबान में लिखी किताबों द्वारा प्रसारित करते रहते हैं। चूँकि ऐसे ग्रन्थ जनता की एकदम समझ में नहीं आते, इसलिए वे ग्रन्थ जनता के लिए नहीं यह समझना गलत है। अज्ञान और अशिक्षा से अपने उद्धार के लिए जनता को ऐसे ग्रन्थों की ज़रूरत है। जो लोग जनता के साहित्य से यह मतलब लेते हैं कि वह साहित्य जनता के तुरन्त समझ में आए, जनता उसका मर्म पा सके यही उसकी पहली कसौटी है—वे लोग यह भूल जाते हैं कि जनता को पहले सुशिक्षित और सुसंस्कृत करना है। वह फिलहाल अन्धकार में है। जनता को अज्ञान से उठाने के लिए हमें पहले उसको शिक्षा देनी होगी। शिक्षित करने के लिए जैसे ग्रन्थों की आवश्यकता होगी, वैसे ग्रन्थ निकाले जाएँगे और निकाले जाने चाहिए। लेकिन इसका मतलब यह नहीं कि उसको प्रारम्भिक शिक्षा देने वाले ग्रन्थ तो श्रेष्ठ हैं, और सर्वोच्च शिक्षा देने वाले ग्रन्थ श्रेष्ठ नहीं है। ठीक यही भेद साहित्य में भी है। कुछ साहित्य तो निश्चय ही प्रारम्भिक शिक्षा के अनुकूल होगा, तो कुछ सर्वोच्च शिक्षा के लिए। प्रारम्भिक श्रेणी के लिए उपयुक्त साहित्य तो साहित्य है, और सर्वोच्च श्रेणी के लिए उपयुक्त साहित्य जनता का साहित्य नहीं है, यह कहना जनता से गद्दारी करना है।' इस उद्धरण से साहित्य को लेकर अनेक विचारों का पता चल जाता है और यह भी कि जनता के लिए यानी पाठक के लिए किस तरह के साहित्य आदर्श होते हैं और आदर्श साहित्य का समाज में क्यों प्रचार किया जाना चाहिए?

साहित्य को लेकर लेखक और पाठक के सम्बन्ध को दूसरे रूप में देखा जा सकता है। आधुनिक समाज में साहित्य को सत्य के वाहक के रूप में देखा जाता रहा है। साहित्य को समाज के सत्य के वाहक के रूप में देखा जाता रहा है। साहित्य को समाज के दर्पण के रूप में देखा जाता रहा है। यह कहा जाता रहा है कि जो समाज में होता है वही साहित्य में प्रतिबिम्बित होता है। इसलिए

अपने समाज की बेहतर समझ के लिए यह ज़रूरी है कि साहित्य का अध्ययन किया जाए। वास्तव में वैदिक काल या इसी प्रकार इतिहास के अन्य कालखण्डों के बारे में जानने के लिए पाठक पुस्तकों के पास जाता है। पुस्तक से उसे उस समय, उस समाज के बारे में पता चल जाता है। आप इसे साहित्य-अध्ययन के क्षेत्र में किसी कृति को लेकर चली बहसों से समझ सकते हैं। उदाहरण के लिए 'गोदान' उपन्यास के अध्ययन के क्रम में उसके मूल सन्देश की बात की जाती है। या इसी तरह लेखक के जीवन-संघर्षों से उसके साहित्य में अभिव्यक्त संघर्ष को जोड़कर उस साहित्य और उसके लेखक के जीवन को महान ठहराया जाता है।

उत्तर-आधुनिक विचारक इसके विपरीत यह मानते हैं कि साहित्य के पास पहले से देने के लिए कोई महान सन्देश नहीं होता है। पाठक अपने पाठ में उसका जो अर्थ प्राप्त करता है, वही उसके लिए उपन्यास का अभिप्रेत होता है। वह अर्थ प्रत्येक पाठक के लिए अलग-अलग भी हो सकता है। रचना का कोई एक अर्थ नहीं होता है। वह अर्थ पाठ के दौरान ही प्राप्त होता है। उत्तर-आधुनिकता ने पाठक की भूमिका को भी साहित्य में स्वीकार किया। हर लेखक का एक पाठक वर्ग होता है. या प्रत्येक लेखक यह कामना करता है कि उसका अपना एक पाठक वर्ग हो जिसके लिए वह लिखता है।

कोई लेखक बच्चों को ध्यान में रखकर लिखता है तो उसके ध्यान में वे बच्चे होते हैं जो उसके सम्भावित पाठक होते हैं या इसी तरह जासूसी उपन्यास लिखने वाला लेखक यह जानता है कि उसका पाठक सड़क या पटरी से उसे पाँच-दस रुपये में खरीदेगा और बस या ट्रेन की भागमभाग में उसे पढ़ेगा। इसलिए अपनी रचना के माध्यम से वह उसी तरह की सामग्री प्रस्तुत करने का प्रयास करता है जो उस भागमभाग में भी उसका ध्यान किताब पढ़ने में भी लगाए रखे। मंच के लिए लिखनेवाले कवि के सामने यह बात स्पष्ट रहनी चाहिए कि मंच पर किन-किन चीजों की माँग होती है। श्रोता किस तरह की कविता सुनकर फड़क उठते हैं। इसीलिए कवि गीत-गजल या देशभक्ति में हाथ आजमाते हैं। लेखक हो या कवि उसकी कसौटी पाठक ही हो सकते हैं।

किसी लेखक को पाठक का बड़ा सहारा रहता है। रघुवीर सहाय कहते थे कि वे ऐसी कविता लिखना चाहते हैं जिसे सुनकर सन्नाटा छा जाए। कहने का तात्पर्य यह है कि कविताओं का पाठक या श्रोता पर ऐसा प्रभाव पड़े कि पाठक कुछ भी बोलने की स्थिति में न रहे। साहित्य सम्प्रेषण का माध्यम है और वह अच्छी तरह सम्प्रेषित हुई है या नहीं इसके मानक पाठक ही बनाते हैं। फणीश्वरनाथ रेणु के उपन्यास 'मैला आँचल' की इस सम्बन्ध में चर्चा की जा

सकती है। आलोचकों ने इस उपन्यास के महत्त्व को नहीं समझा, पर पाठकों के प्यार से ही इसको इतनी ख्याति प्राप्त हुई। इस सम्बन्ध में सबसे महत्त्वपूर्ण उदाहरण मुक्तिबोध का है। मुक्तिबोध की पहली कृति 'चाँद का मुँह टेढ़ा है' का प्रकाशन उनकी मृत्यु के बाद हुआ। जिन कविताओं के आधार पर उनको कालजयी कवि माना जाता है पुस्तक रूप में वे सभी उनके मरणोपरान्त प्रकाशित हुईं। लेकिन पाठकों ने मरने के बाद उनकी कविताओं को सर-माथे पर बिठा लिया। हिन्दी कविता के वे एक महत्त्वपूर्ण स्तम्भ माने जाने लगे।

पत्र-पत्रिकाओं के अलावा, आजकल इण्टरनेट और टी. वी. आदि मीडिया के अनेक माध्यमों द्वारा भी रचनाओं का प्रसार पाठकों के बीच हो रहा है। जिस तेजी से पिछले बरसों में समाज का परिदृश्य बदला है, लेखक-पाठक सम्बन्धों को लेकर दृष्टिकोण भी बदलता गया है। आज लेखक को एक ब्राण्ड के रूप में देखा जाने लगा है और बाजार में बेचा जाने लगा है। ऐसे में यह प्रश्न फिर से स्वाभाविक प्रतीत होने लगता है कि आखिर पाठक किसी लेखक के पास, उसकी रचना के पास क्यों जाता है?

प्रकाशन एवं प्रसारण

अधिकतर लेखकों के लिए लेखन भले ऐकान्तिक कर्म यानी एकान्त में रहकर काम करने का माध्यम होता हो, मगर हर लेखक की यही इच्छा होती है कि उसकी रचना का कम से कम उस समाज में तो प्रसार हो जिसमें रहकर उसने रचना की है, जिसके जीवन को उसने अपनी रचना का आधार बनाया है। इसी सम्बन्ध में प्रकाशन अथवा प्रसारण का महत्त्व है। लेखक की यह कामना होती है कि उसकी कविता, कहानी या नाटक को पाठक मिलें। भले वे उसकी रचना को सराहें या नकार दें।

प्रकाशन आधुनिक घटना है। आधुनिक काल में छापेखाने के आविष्कार और कागज के उत्पादन से शब्दों का बड़े पैमाने पर मुद्रण और प्रसार सम्भव हो पाया। छपाई की शुरुआत से पहले रचनाकार ताड़पात्रों या भोजपत्रों पर रचना करता था और जिसका प्रसार सीमित समाज में ही हो पाता था। साहित्य वाचिक परम्परा ही होता था। रामायण, महाभारत, वेद, स्मृति आदि मौखिक रूप से ही परम्परा में हजारों साल मौजूद रहे। आधुनिक काल में भी कवि-सम्मेलन, कथावाचन आदि को इसी वाचिक परम्परा से जोड़कर देखा जा सकता है।

बहरहाल, यह तो परम्परा की बात हुई। आधुनिक काल में मुद्रण कला और छापेखाने के आविष्कार ने रचनाकार के सामने अपनी रचना के प्रसार अथवा

प्रकाशन के अनेक अवसर उपलब्ध करवाए हैं। आप चाहे कविता लिखते हों, कहानी लिखते हों, उपन्यास लिखते हों या कोई विचारोत्तेजक निबन्ध आपने लिखा हो—नए से नए लेखक को भी पत्र-पत्रिकाओं में प्रकाशन के अवसर सहज ही उपलब्ध हो जाते हैं। एकदम नया रचनाकार भी अपनी रचना की बदौलत समादृत लेखकों की पंक्ति में खड़ा हो सकता है। सामान्य तौर पर लेखकों की रचना के प्रकाशन के लिए निम्नलिखित माध्यम उपलब्ध है—

(1) प्रकाशन-गृह—छापेखाने के आविष्कार ने प्रकाशनों की शुरुआत की। भारत में 19वीं शताब्दी के मध्य में हिन्दी में पुस्तकें प्रकाशित करने के लिए प्रकाशन-गृहों की शुरुआत हुई। आरम्भ में इन प्रकाशन-गृहों में पाठ्य-पुस्तकों और धार्मिक पुस्तकों का प्रकाशन किया जाता था। धीरे-धीरे खड़ी बोली हिन्दी में कविता सहित अन्य साहित्य का लेखन आरम्भ हुआ और प्रकाशकों की दिलचस्पी उस ओर भी हुई। आज पुस्तक प्रकाशन कितना बड़ा व्यवसाय बन चुका है इसका अन्दाजा इसी बात से लगाया जा सकता है कि हिन्दी में सैकड़ों प्रकाशन-गृह आज मौजूद हैं और साहित्य, शिक्षा, मनोरंजन, खेलकूद जैसे अलग-अलग विषयों के आधार पर वे पुस्तकों का चयन और प्रकाशन करते हैं।

कहने का तात्पर्य यह है कि कुछ प्रकाशन-गृह ऐसे हैं जिनकी दिलचस्पी साहित्यिक प्रकाशन में अधिक होती है। वे प्रकाशन साहित्यिक पुस्तकों के प्रकाशन और उनके प्रसार में अपनी विशेषज्ञता रखते हैं। उदाहरण के लिए, राजकमल प्रकाशन, भारतीय ज्ञानपीठ, राजपाल एण्ड संस जैसे अनेक प्रकाशन हिन्दी क्षेत्र में हैं जो साहित्यिक पुस्तकों के प्रकाशन के लिए ही जाने जाते हैं। कहने का तात्पर्य यह है कि वे प्रकाशन साहित्यिक कथा, कविता, नाटक, आलोचना, गीत, संस्मरण, रेखाचित्र, आत्मकथा, जीवनी, यात्रा-वृतान्त आदि साहित्यिक विधाओं से जुड़ी पुस्तकों का ही प्रकाशन करते हैं। तो दूसरी ओर, अगर आप हिन्द पॉकेट बुक्स प्रकाशन का नाम लेंगे, तो यह सहज ही स्पष्ट हो जाएगा कि आप लोकप्रिय पुस्तकों की बात कर रहे हैं।

इसलिए यह बहुत आवश्यक हो जाता है कि आप अपनी रचना के अनुकूल प्रकाशन का चयन करें। इससे आपकी रचना को सही पाठक-वर्ग मिल जाता है। मिसाल के तौर पर अगर आपने शिक्षा के ऊपर कोई पुस्तक लिखी है और उसे प्रकाशन के लिए आप किसी साहित्यिक प्रकाशन को देते हैं तो इस बात की बहुत सम्भावना रहती है कि या तो वह प्रकाशन उस पुस्तक को प्रकाशित ही नहीं करेगा, अगर करेगा भी तो इस बात की सम्भावना बनी रहेगी कि वह पुस्तक उन पाठकों तक न पहुँच पाए जिस वर्ग को ध्यान में रखकर आपने (लेखक ने) उस पुस्तक का लेखन किया था।

इसी तरह उचित प्रकाशन के चयन और उसके द्वारा आपकी रचना के प्रकाशन से लेखन को लेकर आपकी आशाओं के पूरा होने का सम्बन्ध होता है। इस सम्बन्ध में हिन्दी में अनेक उदाहरण हैं। फणीश्वरनाथ रेणु का उपन्यास 'मैला आँचल' का प्रकाशन पहले किसी गुमनाम प्रकाशन द्वारा किया गया था। बाद में राजकमल प्रकाशन द्वारा जब उसका पुनःप्रकाशन किया गया तो उसको हिन्दी के कालजयी उपन्यासों में गिना जाने लगा। इस तरह के अनेक उदाहरण दिये जा सकते हैं। कहने का मतलब है कि लेखक को प्रकाशन के लिए रचना देने से पहले इस बात पर भी विचार करना चाहिए कि आखिर उसकी रचना किस लायक बनी है। कौन-सा प्रकाशन इसे छापने में रुचि दिखाएगा? इससे प्रकाशन-गृह के चुनाव में आसानी होती है।

(2) पत्र-पत्रिकाएँ—हिन्दी में 19वीं शताब्दी के उत्तरार्ध के बाद पत्र-पत्रिकाओं का प्रकाशन क्रमशः बढ़ता गया। यह कहना अतिशयोक्ति नहीं होगी कि हिन्दी की अनेक साहित्यिक विधाओं के दर्शन पाठकों को पत्र-पत्रिकाओं के पन्नों पर ही हुए। कहानी, कविता, निबन्ध, समीक्षा, जैसी अनेक विधाएँ इन्हीं पत्र-पत्रिकाओं के पन्नों पर पली-बढ़ी। कहानी विधा का विकास तो माना ही जाता है कि पत्र-पत्रिकाओं की लोकप्रियता के साथ जुड़ा है। स्वतन्त्रता के बाद के दौर में भी धर्मयुग, साप्ताहिक हिन्दुस्तान, कल्पना, ज्ञानोदय जैसी पत्रिकाओं का साहित्य के प्रचार-प्रसार में बड़ा योगदान रहा है। इस दौर में तो धारावाहिक उपन्यासों का प्रकाशन कर अनेक पत्र-पत्रिकाओं ने पत्र-पत्रिकाओं में उपन्यासों के प्रकाशन की राह भी निकाल ली।

वर्तमान दौर में राष्ट्रीय स्तर की पत्र-पत्रिकाओं का चलन जरूर कम होता दिखाई दे रहा है। लेकिन इस दौर में सैकड़ों की संख्या में लघु पत्रिकाओं का प्रकाशन हो रहा है, जिनमें रचनाकारों को प्रकाशन के अवसर सुलभ हो जाते हैं। इसके अलावा, इस दौर में राष्ट्रीय स्तर से लेकर स्थानीय स्तर तक पर समाचार पत्रों का प्रकाशन बढ़ा है। जाहिर है, इन समाचार पत्रों में कविता, कहानी आदि के रूप में रचनात्मक लेखन की बानगी किसी न किसी रूप में प्रस्तुत की जाती है।

पत्र-पत्रिकाओं में पृष्ठों की सीमा होती है। आप अगर किसी समाचार पत्र के लिए कहानी लिखना चाहते हैं, तो सबसे पहले जिस बात का ध्यान रखे जाने की आवश्यकता होती है वह यह है कि आप अपनी कहानी की शब्द संख्या सीमित रखें। समाचार पत्रों में आमतौर पर ढाई-तीन हजार से अधिक शब्दों की कहानी का प्रकाशित हो पाना मुश्किल ही होता है। पत्रिकाओं में जरूर अधिक पृष्ठ होते हैं, मगर पत्रिकाओं के लिए भी आदर्श स्थिति 8-10 हजार शब्दों की

ही मानी जाती है। यह जरूर है कि पत्रिकाओं में लम्बी कहानियाँ भी छपती हैं, लेकिन किसी पत्रिका के किसी एक अंक में एक या अधिक से अधिक दो कहानियाँ ऐसी छपती हैं जिनकी शब्द सीमा अपेक्षाकृत अधिक होती है। इसलिए पत्र-पत्रिकाओं के लिए कहानी लिखते हुए लेखक को इस शब्द सीमा को अवश्य ध्यान में रखना चाहिए।

आज भी हिन्दी समाज में पत्र-पत्रिकाओं का प्रसार पर्याप्त है और उसमें छपनेवाली कहानी या कविता आदि पाठकों तक पहुँच भी जाते हैं। लेकिन पत्र-पत्रिकाओं की भी अपनी सीमाएँ होती हैं, उनके अपने दृष्टिकोण होते हैं। इसी के आधार पर उनमें रचनाओं का प्रकाशन के लिए चयन होता है। मसलन, जनसत्ता जैसे कुछेक अखबारों को छोड़ दें, तो हिन्दी के समाचार पत्रों का रचनाओं के चयन के पीछे यही दृष्टिकोण होता है कि उनका स्वर लोकप्रिय हो। चाहे कविता हो या कहानी समाचारपत्रों में गम्भीर साहित्यिक रचनाओं को लेकर न प्रकाशित करने का ही भाव अधिक होता है। उसी प्रकार अलग-अलग पत्रिकाओं में अलग-अलग तरह की कहानियाँ प्रकाशित की जाती हैं। इसलिए अगर कोई लेखक बनना चाहता है और अगर उसने अपनी विधा का चयन कर लिया है तो पहला काम उसके लिए यह होना चाहिए कि वह हिन्दी पत्र-पत्रिकाओं की दुकान पर जाकर विभिन्न पत्र-पत्रिकाओं पर निगाह डालकर यह परखने का प्रयास करे कि उसे अपनी कविता या कहानी प्रकाशनार्थ किस पत्रिका में भेजनी चाहिए।

इलेक्ट्रॉनिक माध्यम—इलेक्ट्रॉनिक माध्यम के अन्तर्गत रेडियो और टेलीविजन मास मीडिया के अन्तर्गत माने जाते हैं। रेडियो पर अनेक स्टेशनों पर साहित्यिक कार्यक्रमों का प्रसारण होता है। उन कार्यक्रमों के अन्तर्गत कहानी, कविताओं के वाचन प्रसारित किए जाते हैं। रेडियो पर कहानी या कविता वाचन के लिए लिखते समय या रेडियो पर रचना प्रसारित करने से पहले इस बात का ध्यान रखना आवश्यक होता है कि रेडियो श्रव्य माध्यम है। इसलिए उसके लिए रचना का चयन इस तरह से किया जाना चाहिए कि सुननेवाले उसे सुनते हुए पढ़ने का आनन्द ले सकें।

इसके अलावा, रेडियो पर नाटकों का प्रसारण भी काफी समय से होता रहा है। हिन्दी में धर्मवीर भारती के नाटक 'अन्धा युग' को क्लासिक की तरह देखा जाता है। लेकिन यह एक तथ्य है कि यह नाटक पहली बार रेडियो पर ही प्रसारित हुआ था। उसी तरह आकाशवाणी के पटना केन्द्र से प्रसारित रामेश्वर सिंह के नाटक 'लोहा सिंह' को रेडियो के माध्यम से ही अपार प्रसिद्धि मिली। वास्तव में रेडियो के नाटक की विधा उपयुक्त भी होती है। नाटक में सम्वादों की प्रधानता होती है और रेडियो वाचन का माध्यम होता है।

रेडियो के अलावा आज के दौर में टीवी का प्रभाव समाज में अधिक है और टी. वी. पर भी नाटकों, कहानियों आदि का प्रसारण होता है। एक दौर था जब रचनाकार वाचिक रूप से अपनी रचनाओं को समाज में प्रसारित करता था, जिस लेखक की रचना को समाज का ज्यादातर तबका ग्रहण करता था उसकी रचना वाचिक परम्परा में सुरक्षित रह जाती थी, बाकी लेखक गुमनामी के गर्त में चले जाते थे। बाद में लेखकों ने ताड़पत्रों, भोजपत्रों में अपने शब्दों को लिखकर उन्हें सुरक्षित रखने का प्रयास किया। लेकिन प्रकाशन के दौर में तो कोई भी अपनी पुस्तक छपवाकर उसे अपने पसन्दीदा पाठकों में प्रसारित कर सकता है। अब इण्टरनेट का दौर है और इसमें कोई भी व्यक्ति अपनी रचना को बिना प्रकाशन के ही किसी बेवसाइट पर डाल सकता है और हो सकता है कि उसे लाखों-करोड़ों पाठक मिल जाएँ।

इसलिए यह आवश्यक है कि लेखक इस बात को लेकर सजग रहे कि वह जिस विधा को लेखन के लिए अपना रहा है उसमें उसके लेखकीय प्रसार की क्या-क्या सम्भावनाएँ हैं। मसलन, अगर कोई व्यक्ति नाटक लिख रहा है तो उसे इस बात को लेकर सजग रहना चाहिए कि वह रंगमंच के लिहाज से उपयुक्त नाटक लिखे। साथ ही, इस बात का भी ध्यान रखे कि उसके नाटक के प्रदर्शन की सम्भावनाएँ कहाँ-कहाँ हो सकती हैं। उसी तरह अगर कोई अपनी कहानी को इस तरह से लिखता है कि उसे दृश्यात्मक रूप से पढ़ा जा सके, तो उसके रंगमंच पर रूपान्तरण या टी. वी. नाटक के रूप में रूपान्तरण की सम्भावनाएँ बढ़ जाती हैं।

सम्पादन और प्रूफ पठन

सम्पादन का काम लेखन समाप्त होने के बाद आरम्भ होता है। सम्पादन के स्तर पर किसी रचना को व्यवस्थित किए जाने का काम किया जाता है। जब कोई रचनाकार रचना लिख रहा होता है तो उस वक्त वह रौ में लिखता चला जाता है। लेकिन जब लेखन समाप्त हो जाता है तब वह इस लिहाज से उसका अध्ययन करता है कि कहानी, उपन्यास या नाटक या कविता-जिस विधा में भी उसने रचना की है उसका अनुपात ठीक है या नहीं। अनुपात का मतलब सन्तुलन से होता है।

इस सन्तुलन का आकलन लेखक कई लिहाज से करता है। सबसे पहले वह यह देखता है कि उसके उपन्यास में (मान लीजिए कि लेखक ने उपन्यास की रचना की हो) मूल संवेदना अच्छी तरह ध्वनित हो रही है या नहीं। कहीं घटनाओं और कहानियों के घटाटोप में लेखक उस उपन्यास के माध्यम से जो

कथा कहना चाहता था वह तो नहीं दब गयी है। लेखक ने कहीं शिल्प के इतने प्रयोग तो नहीं कर लिए हैं कि उससे कथा के सम्प्रेषण में बाधा आ रही है। वास्तव में साहित्य सम्प्रेषण का माध्यम है। रचना के माध्यम से अगर रचनाकार का मंतव्य सम्प्रेषित नहीं हो पा रहा है, तो इसका सीधा तात्पर्य यह है कि रचना के सम्पादन की आवश्यकता है। अपनी रचना को सबसे अच्छी तरह लेखक स्वयं समझता है, इसलिए लेखक को रचना पूरी करने के बाद उसे प्रकाशन के लिए भेजने से पहले स्वयं पढ़कर यह देखना चाहिए कि रचना किस तरह की बन पड़ी है। सम्पादन के स्तर पर रचनाकार अपनी रचना के प्रति निर्मम होकर अगर उसका पाठन करता है और अपेक्षित बदलाव स्वयं करता है तो उससे रचना की सम्प्रेषण शक्ति का विकास होता है। उसके कई उदाहरण हैं। मनोहर श्याम जोशी ने जब 'कसप' नामक अपना अति प्रसिद्ध उपन्यास का पहला ड्राफ्ट समाप्त किया तो उन्होंने उपन्यास को वहाँ समाप्त कर दिया जहाँ नायिका निर्वस्त्र होकर नायक से भोगने के लिए कहती है और बदले में नायक उसे चादर ओढ़ाकर वापस चला जाता है। 'कसप' एक प्रेम-कथात्मक उपन्यास है और उसकी प्रेमकथा की तार्किक परिणति यहीं होती भी है। लेकिन लेखक को यह लगा कि उसने जो कथा सोच रखी थी वह केवल प्रेम की तो नहीं थी। उसमें उत्तर-प्रेम और अपनेपन की तलाश की कथा को भी डाल दिया जाए तो इससे कथा में एक नया आयाम आ जाएगा। उसके बाद उन्होंने कथा में नायक के विदेश से वापस आने की कथा डाली, जिसमें वह लौटकर अपने गाँव जाता है। इससे उस कथा को एक नया ही आयाम मिल गया।

कई बार इस पुन:पठन के स्तर पर लेखक को यह महसूस होता है कि उसकी जो कथा है और उसने जिस शीर्षक का चुनाव किया है उसका मेल नहीं बैठ रहा है। वह अनेक कोणों से इस पर विचार करता है। वास्तव में रचना में शीर्षक का बड़ा महत्त्व होता है। और एक ओर शीर्षक से यह मुराद लेखक की होती है कि उसमें कथा का भाव तो आ ही जाए। वैसे कई बार लेखक की यह भी कोशिश होती है कि शीर्षक में कथा का सार भी आ जाए। चरित्र-प्रधान कहानियों में आमतौर पर यह होता भी है और लेखक इसका पालन भी करते हैं। उदाहरण के लिए उदय प्रकाश की कहानी 'राम सजीवन की प्रेम कहानी'। इसमें शीर्षक से ही यह बात साफ हो जाती है कि इस कहानी में राम सजीवन नामक किसी व्यक्ति की प्रेम कहानी दी गयी है। इस सम्बन्ध में एक बड़ा अच्छा उदाहरण जॉर्ज ऑर्वेल और उनके उपन्यास 'नाइंटीन एट्टीफोर' का है। भविष्य की भयावह कल्पनाओं पर आधारित इस उपन्यास का शीर्षक उनको नहीं सूझ रहा था। काफी माथापच्ची के बाद अचानक एक विचार उनके दिमाग में कौंधा।

उनके ध्यान में यह बात आयी कि उन्होंने जिस साल इस उपन्यास को लिखकर समाप्त किया वह साल 1948 है। बस उन्होंने 1948 के शब्दों में हेरफेर किया और इस उपन्यास का नामकरण 1984 कर दिया। 1948 में भविष्य की आशंकाओं को लेकर लिखे गए उपन्यास का यह बहुत अच्छा शीर्षक साबित हुआ, जो इस उपन्यास के मंतव्यों को खोलकर रख देता था।

रचनाकार अपनी रचना में विचार को इस तरह से भावों में पिरोकर प्रस्तुत करता है कि भावों के माध्यम से ही विचार का भी प्रसार हो जाता है। कई बार लेखक को उपन्यास, कहानी या नाटक लिखने के बाद उसका पुन:पठन करते हुए यह प्रतीत होता है कि उसकी कहानी विचार के भार से दब गयी है, तो फिर वह कथा से विचार के इस दबाव को कम करने के लिए अपनी कृति में आवश्यक संशोधन करता है। कई बार रचनाकार को लगता है कि उसकी रचना में किसी पात्र के साथ न्याय नहीं हो पाया है, किसी पात्र की कथा उसने अधूरी छोड़ दी है या किसी घटना का वर्णन उसने अपनी रचना में ठीक प्रकार से नहीं किया है, तो रचनाकार के पास इसका अवकाश होता है कि वह सम्पादन के क्रम में रचना को उपयुक्त शक्ल दे।

रचनाकार अगर अपनी रचना का स्वयं सम्पादन करता है, तो इसका अगला चरण पुनर्लेखन का होता है। लेखक द्वारा अपनी रचनाओं के सम्पादन का तात्पर्य तब सार्थक होता है जब लेखक अपनी रचना के सम्पादन के क्रम में उसकी कमियों को समझे और उसके अनुसार आवश्यक संशोधन करे। वास्तव में सम्पादन का काम निर्ममता का काम होता है। आमतौर पर लेखकों के लिए यह सम्भव नहीं हो पाता कि अपनी रचना के प्रति वह स्वयं निमर्म होकर निर्णय करे। लेखक को अक्सर अपनी रचना से मोह हो जाता है। उसे लगता है कि उसने जो कुछ भी लिखा है उसे उसी रूप में सामने लाया जाना चाहिए। इसलिए अक्सर लेखक जब स्वयं सम्पादन करता है तो अपनी रचनाओं के प्रति निर्मम नहीं हो पाता है।

इसीलिए यह कहा जाता है कि लेखक का काम पूरा हो जाता है, उसके बाद सम्पादक का काम आरम्भ होता है। मान लीजिए आपने कोई रचना लिखी है और आप चाहते हैं कि आपकी उस रचना का प्रसारण भी हो। ऐसे में सबसे पहला काम जो आप करते हैं वह यह होता है कि आप उसको प्रकाशन के लिए भेजते हैं। रचना को लिफाफे में डालते हैं और उसके ऊपर लिखते हैं—'सेवा में, सम्पादक महोदय।' पत्र-पत्रिकाओं में सम्पादक उस संस्था का नाम होता है जो रचना के प्रकाशन के लिए जिम्मेदार होता है। वही वह व्यक्ति होता है जो आपकी रचना को सहर्ष प्रकाशित करता है और सखेद वापस भेजने का जिम्मा भी उसी व्यक्ति का होता है।

किसी पत्र-पत्रिका का सम्पादन न सिर्फ रचना के प्रकाशन के लिए जिम्मेदार होता है, बल्कि यह उसके अधिकार क्षेत्र के अन्तर्गत होता है कि वह किसी रचना को छापने से पूर्व चाहे तो उसमें अपेक्षित संशोधन भी करे। 'सरस्वती' पत्रिका के यशस्वी सम्पादक श्री महावीर प्रसाद द्विवेदी के बारे में यह कहा जाता है कि उन्होंने ऐसी रचनाओं को सम्पादित कर प्रकाशित किया जो बाद में कालजयी कृतियाँ साबित हुईं। इसी तरह 'नयी कहानियाँ' के सम्पादक भैरव प्रसाद गुप्त के बारे में कहा जाता है कि उन्होंने अनेक लोगों को कथाकार बनाया। यह सम्पादक की संस्था की गरिमा का ही परिचायक है कि ऐसी अनेक पत्र-पत्रिकाएँ हर दौर में होती हैं जिनमें प्रकाशित होना किसी भी लेखक के लिए बड़ी बात होती है। एक दौर में हिन्दी साहित्य में यह दर्जा 'कल्पना', 'ज्ञानोदय' जैसी पत्रिकाओं को प्राप्त था। बाद में 'सारिका' 'नयी कहानियाँ', 'धर्मयुग', 'साप्ताहिक हिन्दुस्तान' जैसी पत्रिकाओं को यह दर्जा प्राप्त था। इन व्यावसायिक पत्रिकाओं के बन्द हो जाने के बाद कुछ लघु-पत्रिकाओं ने वह मुकाम हासिल किया कि उनमें प्रकाशित होना भी लेखक के लिए बड़ी बात होती थी। इस क्रम में 'हंस' का नाम लिया जा सकता है। आजकल 'तद्भव' पत्रिका को लेखक-पाठक समाज में वही मुकाम हासिल है।

पत्र-पत्रिकाओं के सन्दर्भ में सम्पादक की संस्था और सम्पादन पर विचार करें तो उससे यह बात निकलकर आती है कि सम्पादक वही माना जाता है जिसकी पकड़ पाठकों की नब्ज पर हो। सम्पादक जब भी किसी लेखक की रचना में कोई संशोधन सुझाता है तो उसके पीछे वास्तव में उसका उद्देश्य यही होता है कि उसकी पत्रिका के पाठकों के अनुरूप वह रचना हो जाए। यह सम्पादक का दायित्व होता है कि वह अपनी पत्रिका के पाठकों का ध्यान रखे। उनकी रुचियों के मुताबिक सामग्री प्रस्तुत करे, नहीं तो पाठक उस पत्रिका से मुँह मोड़ने लगते हैं। इसलिए सम्पादक की संस्था को बड़े सम्मान से देखा जाता है।

सम्पादक का उद्देश्य केवल इतना ही नहीं होता है। किसी भी पत्र-पत्रिका में जो एक चीज निश्चित होती है वह उसकी पृष्ठों की संख्या होती है। सम्पादक को उस सीमा का ध्यान रखते हुए ही रचनाओं का चयन, सम्पादन और प्रकाशन करना होता है। रचनात्मक लेखन को लेकर आमतौर पर यह माना जाता है कि उसका सम्पादन नहीं करना चाहिए। कविता के बारे में तो यह बात सही कही जा सकती है, लेकिन गद्य साहित्य में सम्पादन द्वारा कुछ अंशों को हटा देने के बाद अगर रचना के मूल मंतव्य में कोई फर्क नहीं पड़ता तो सम्पादक लेखक को यह बदलाव सुझा सकता है। सम्पादक की श्रेष्ठता इसी बात से मानी जाती है कि वह रचना को इस तरह सम्पादित करे कि रचना का मूल भाव बना रहे

और सम्पादन के कारण उसमें किसी प्रकार का झोल न आए। वास्तव में सम्पादन द्वारा रचना को चुस्त बनाने का काम किया जाता है। कई बार रचना में अलग-अलग प्रसंगों में एक तरह की ही बात आ रही हो और उसके कारण रचमा में दुहराव पैदा हो रहा हो, तो सम्पादन के द्वारा उसको चुस्त बनाया जाता है।

सबसे चुनौती पूर्ण समाचार-पत्र के सम्पादन का काम माना जाता है। इसका कारण यह है कि समाचार-पत्र का आकार-प्रकार निश्चित होता है। उसके हर पृष्ठ पर कितने शब्दों की सामग्री जाएगी, यह पूरे तौर पर निश्चित होता है। मान लीजिए कि 'जनसत्ता' नामक राष्ट्रीय दैनिक के सम्पादकीय पृष्ठ पर दो सम्पादकीय टिप्पणियाँ छपती हैं, एक अग्रलेख प्रकाशित होता है, दो छोटे-छोटे लेख प्रकाशित होते हैं तथा इसके अलावा पाठकों के कम से कम दो या तीन पत्र भी प्रकाशित होते हैं। इन सबको मिलाकर सम्पादकीय पृष्ठ पर छपनेवाले शब्दों की सीमा करीब 6 हजार होती है, इसमें 250-300 शब्द अगर ज्यादा भी हों तो उसकी गुंजाइश भी रहती है, लेकिन उससे ज्यादा शब्द हो जाएँ तो तकनीकी समस्या यह खड़ी हो जाती है कि पृष्ठ पर उनके प्रकाशन के लिए जगह ही नहीं रहती है। ऐसे में समाचार-पत्रों में सम्पादन की कुशलता का बड़ा महत्त्व होता है।

यह तो हुई पत्र-पत्रिकाओं में सम्पादक की भूमिका और महत्त्व की बात। लेकिन पश्चिम में तो लेखक के सन्दर्भ में सम्पादक की संस्था का बड़ा महत्त्व होता है। वहाँ प्रकाशन गृह की ओर से किसी कृति को प्रकाशित करने या न करने का निर्णय सम्पादक की ओर से ही लिया जाता है। सम्पादक से साथ लेखक की अपनी पुस्तक के हर पहलू को लेकर पर्याप्त चर्चा होती है। लेखक सम्पादकों के सुझावों को मानकर अपनी पुस्तक में आवश्यक संशोधन करता है। तब जाकर रचना प्रकाशन योग्य हो पाती है। हिन्दी में भी गद्य के आरम्भिक दौर में यह कहा जाता है कि कई सम्पादकों ने भाषा को सँवारने में अपना योगदान दिया। प्रेमचन्द के बारे में भी यह कहा जाता है कि सम्पादन के लिए वे अपने उपन्यास शिवपूजन सहाय को भेजते थे। लेकिन इस तरह की बातें हिन्दी में अनौपचारिक तौर पर ही कही-स्वीकारी जाती हैं। हिन्दी में सैकड़ों प्रकाशन-गृह हैं, मगर उनमें सम्पादक नहीं होते। रचनाकार और प्रकाशक मिलकर सम्पादक का निर्णय कर लेते हैं।

प्रूफ-पठन—किसी भी रचना के लिए सबसे आवश्यक उसकी भाषा होती है। इसका कारण यह है कि भाषा में ही साहित्य की इमारत खड़ी होती है। अगर कोई रचना अच्छी तरह सम्प्रेषित हुई है तो यह माना जाता है कि उसकी भाषा बहुत अच्छी बन पड़ी है। इसलिए यह बहुत आवश्यक होता है कि कोई पुस्तक या रचना शुद्ध रूप में छपे। रचना का शुद्ध रुप में छपना इसलिए भी जरूरी

माना जाता है, क्योंकि पाठक समाज के लिए कोई पुस्तक, कोई कृति महज मनबहलाव या सन्देश देने का ही काम नहीं करती। पाठक के लिए पुस्तक भाषा-शिक्षण का भी काम करती है। कोई शब्द किस तरह लिखा जाता है, किसी शब्द का शुद्ध रूप क्या होता है—इसको जानने के लिए पाठक सबसे पहले किसी पुस्तक की शरण में ही जाता है। इसलिए यह बहुत जरूरी माना जाता है कि रचना में प्रयुक्त शब्द शुद्ध रूप छपें। केवल शब्द ही नहीं प्रकाशन से पहले यह भी देखा जाता है कि वाक्यों की संरचना ठीक हो, भाषा का कोई प्रयोग अनुचित न लगे। प्रकाशन से पहले का यह चरण प्रूफ-पठन का चरण कहलाता है। सम्पादन के चरण पर रचना का औचित्य-अनौचित्य देखा जाता है, उसकी उपादेयता का परीक्षण किया जाता है। यह देखा जाता है कि कृति का भाव ठीक प्रकार से सम्प्रेषित हो रहा है या नहीं। उसमें किसी तरह का झोल तो नहीं है। इसके बाद प्रूफ-पठन के स्तर पर यह सुनिश्चित करने की कोशिश की जाती है कि कृति का प्रकाशन शुद्ध रूप में हो। वास्तव में प्रूफ-पठन की अवस्था कृति के प्रकाशन से पूर्व की अन्तिम अवस्था होती है।

अँग्रेजी में तो ज्यादातर लेखक कम्प्यूटर पर ही अपनी रचना टाईप करते हैं। कम्प्यूटर में अँग्रेजी के शब्दों को सही करने के लिए उसमें सॉफ्टवेयर भी लगा होता है। इससे लिखने के दौरान ही भाषिक प्रयोगों के लिहाज से रचना चुस्त-चौकस हो जाती है। जबकि हिन्दी में मात्राओं के कारण टाईप करने में असुविधा आती है। इस कारण कम ही लेखक कम्प्यूटर या टाईपराईटर पर अपनी रचना करते हैं। लेखक हाथ से लिखता है। उसे कोई अन्य व्यक्ति टाईप करता है और प्रूफ पढ़ने का विशेषज्ञ टाईप होने के बाद उसे पढ़कर टाईपिंग की गलतियों को दूर करने का काम करता है।

प्रूफ-पठन का काम विशेषज्ञता का काम माना जाता है, इसलिए लेखक को स्वयं ही अपनी रचना के प्रूफ पढ़ने के मोह में नहीं पड़ना चाहिए। टाईपिंग के दौरान टाईप करने वालों से अक्सर पंक्तियाँ छूट जाती हैं, जिसे विशेषज्ञ निगाह तो पकड़ लेती है, लेकिन प्रूफ पढ़ने का जिस व्यक्ति को अनुभव नहीं होता है उसकी नजर से इस तरह की भूलें प्रायः छूट जाती हैं और इस तरह स्वयं लेखक के मोह के कारण उसकी कृति में अशुद्धियाँ रह जाती हैं।

प्रूफ-पठन का उद्देश्य टाईप करने वाले को उसकी उन गलतियों के बारे में बताना होता है, जिसे ठीक करने से कृति निर्दोष हो जाती है। प्रूफ के कुछ चिह्न होते हैं। जैसे—जिस शब्द के सामने d जैसा चिह्न हो उसका तात्पर्य होता है कि इस शब्द को मिटा दें। इसी तरह के ⁀ चिह्न का मतलब होता है अक्षरों को पास लाएँ। मान लीजिए कॉपी में आर ती लिखा हुआ है, तो प्रूफ पठन के

दौरान आर और ती के बीच ⌒ चिह्न का प्रयोग किया जाएगा। इसी तरह के अनेक चिह्न होते हैं, जिन्हें देखकर टाईप करनेवाला व्यक्ति यह समझ जाता है कि उससे क्या गलत हुई है। ऐसे कुछ चिह्नों को सूची में देखें और उनके मायने समझने का प्रयास करें।

❑❑❑

पाठाधारित-प्रश्न

परिशिष्ट

खण्ड एक : रचनात्मक लेखन

रचनात्मक लेखन क्या है ?

अभ्यास प्रश्न

(I) लघूत्तरी प्रश्न

(i) रचनात्मक लेखन से आप क्या समझते हैं ?
(ii) रचनात्मक लेखन के तत्त्वों को बताइए।
(iii) 'कल्पना' कैसी होनी चाहिए ? उसकी क्या सीमा है ?
(iv) रचनात्मकता और सामाजिकता का क्या सम्बन्ध है ?
(v) भाषा का रचनात्मकता से क्या सम्बन्ध है ?
(vi) साहित्यिक भाषा का क्या स्वरूप अपेक्षित है ?

(II) निम्न विषयों पर लगभग 100 शब्दों में टिप्पणी लिखिए :

(क) स्थानीय प्रयोग और भाषा।
(ख) साहित्य-रचना का लक्ष्य।
(ग) साहित्य और समाज।
(घ) रचनाकार का स्वानुभूत।
(ङ) सर्जनात्मक लेखन में 'अनुभव' की भूमिका।

(III) निम्न विषयों को आधार बना कर रचनात्मक लेखन कीजिए :

(i) मेरी हवाई यात्रा।
(ii) और मैं नियन्त्रण खो बैठा।

(iii) एक सिक्के की आत्मकथा।
(iv) सूनी आँखों का आकाश।
(v) तुम याद आये...। अमावस की अँधेरी रात में...।
(vi) जीवन के तीन कटु अनुभवों की शृंखला बनाइए।
(vii) तीनों को सकारात्मक दृष्टिकोण में पिरोइए।
(viii) किसी कविता की तीन पंक्तियों पर अलग-अलग टिप्पणियाँ।
(ix) किसी अधूरी कहानी को पूरा कीजिए।
(x) शीर्षक के आधार पर रचना कीजिए।
(xi) कल्पना कीजिए कि अमावस की अन्धेरी रात में...
(xii) *संवेदना की तरलता* ओस भरी घास की तरह छू जाती है और...
(xii) जीवन में अनेक विचारों के वृत्त तभी बनते हैं...
(xiv) मेरे जीवन में मूल्यबोध का कारण...
(xv) भाषा संवेदनाओं को सम्प्रेषित करती है...

(IV) चित्र के आधार पर रचनात्मक लेखन :

(i) चित्र का शीर्षक देकर रचना कीजिए।
(ii) दृश्य अथवा चित्र के आधार पर कविता, कहानी या नाटक का अंश लिखिए।
(iii) दो व्यक्तियों की तस्वीर के आधार पर 'कहानी' या 'संवाद' लिखिए।
(iv) किसी व्यक्ति के रेखाचित्र के आधार पर उसके व्यक्तित्व वर्णन कीजिए।
(क) कविता की पंक्ति (उदाहरणार्थ 'जो-जो आये थे') के आधार पर छन्द में समस्यापूर्ति कीजिए।
(ख) विषय चुनकर कविता की रचना कीजिए।
हरी दूब पर, बूँद जो बन गयी मोती, एक बूँद सहसा उछली जैसे विषय हो सकते हैं।
(ग) इन—शीर्षकों के आधार पर रचना कीजिए।
जैसे को तैसा, लालच बुरी बला है, भगवान की लाठी में आवाज़ नहीं होती
(घ) अनुच्छेद देकर...आगे लिखिए।

खण्ड दो : लेखन-कला

भाव तथा विचार और उसका विकास

अभ्यास प्रश्न :

I. लघूत्तरी प्रश्न

(i) भावना की लेखन में क्या भूमिका है ?

(ii) लेखक का विचार कैसे रचना में अर्थ भरता है ?
(iii) कलाकार ऊँचा किस आधार पर होता है ?
(iv) साहित्य के मूल्यांकन के समय किस सतह का ध्यान रखा जाता है ?
(v) रचना में भाव और विचार का समन्वय क्या महत्त्व रखता है ?
(vi) रचना-प्रक्रिया के तीन महत्त्वपूर्ण बिन्दु क्या हैं ?
(vii) रचना-प्रक्रिया के विषय में अज्ञेय का क्या विचार है ?

II. लगभग 100 शब्दों में उत्तर दीजिए :

(क) दैवी प्रेरणा का सिद्धान्त।
(ख) अनुकरण सिद्धान्त।
(ग) स्वच्छन्दतावादी सिद्धान्त
(घ) मनोवैज्ञानिक सिद्धान्त
(ङ) यथार्थवादी सिद्धान्त
(च) सामाजिक सत्य का वाहक-साहित्य
(छ) तीन क्षणों की यात्रा—रचना-प्रक्रिया।
(ज) 'परिन्दे' की रचना-प्रक्रिया और निर्मल वर्मा
(झ) रचना-प्रक्रिया और भाषा की भूमिका

III. परियोजना :

* लोक व्यवहार की भाषा और रचनात्मक लेखन
** किसी रचना में प्रयुक्त मुहावरे और लोकोक्तियों का संग्रह और रचनात्मक प्रयोग कीजिए।

प्रतीक : अवधारणा, विविध रूप, कोड और सन्देश

अभ्यास प्रश्न :

I. लघुत्तरी प्रश्न

1. 'प्रतीक' शब्द से आप क्या समझते हैं ?
2. सामान्य भाषा-प्रतीकों का रचनात्मक लेखन के प्रतीकों से क्या अन्तर है ?
3. बिम्ब और प्रतीक में अन्तर स्पष्ट कीजिए।
4. रचनात्मक साहित्य की भाषा में प्रतीक की क्या भूमिका है ?
5. भाषा के आदिम प्रयोग किस प्रकार के रहे हैं ?
6. भाषा में कूट निर्माण किस प्रकार होता है ?

7. विकूटीकरण की प्रक्रिया को स्पष्ट कीजिए।

II. अपने अध्ययन के आधार पर किसी कवि की कविता की 8 या 10 पंक्तियाँ चुनिये और उसमें आए प्रतीकों की व्याख्या कीजिए।

III. निम्न कविता-पंक्तियों में आए प्रतीकों को पहचानिए और उनकी व्याख्या कीजिए।

(क) माटी कहै कुम्हार से, तू क्या रुँधे मोहि
इक दिन ऐसा आयगा, हौं रौंधूँगी तोहि —*कबीर*

(ख) रूखी री यह डाल वसन बासन्ती लेगी —*निराला*

(ग) है अँधेरी रात पर दीवा जलाना कब मना है —*बच्चन*

(घ) बुलबुले सिन्धु के फूटे नक्षत्र मालिका टूटी
नभ मुक्त कुन्तला धरणी, दिखलाई देती थी लूटी —*प्रसाद*

(ङ) अहे वासुकि सहस्त्रफन
लक्ष अलक्षित चरण तुम्हारे चिह्न निरन्तर
छोड़ रहे है जग के विक्षत वक्षस्थल पर
शत-शत फेनोच्छवसित स्फीत फूतकार भयंकर —*पन्त*

(च) पहुँचना होगा दुर्गम पहाड़ों के उस पार
तब कहीं देखने मिलेंगी बाहें
जिसमें कि प्रतिपल काँपता रहता/
अरुण कमल एक —*मुक्तिबोध*

(छ) सो रहा अँधियाला झोंप
नदी की जाँघ पर —*अज्ञेय*

अलंकार

अभ्यास प्रश्न :

1. साहित्य के सन्दर्भ में अलंकार का क्या महत्त्व होता है?
2. उपमा और रूपक अलंकारों के उदाहरण अपनी पढ़ी गई किसी आधुनिक साहित्यिक रचना से दें।
3.

गुलगुली गिल में गलीचा है, गुनीजन हैं,
चाँदनी है चिरागन की माला हैं।
कहैं 'पद्माकर' त्यों गजक गिजा हैं सजी
सेज हैं सुराही हैं सुरा हैं और प्याला है
सिसिर के पाला को न व्यापत कसाला,
जिनके अधीन एते उदित मसाला हैं।

तान तुक ताला हैं बिनोद के रसाला हैं,
सुबाला हैं दुसाला हैं बिसाला हैं चित्रसाला है।

इस पद में आये अलंकारों को पहचानिए और यह जानने का प्रयास भी कीजिए कि उसके प्रयोग से कविता के सौन्दर्य में किस प्रकार वृद्धि हुई है ?

4.

नील परिधान बीच सुकुमार खुल रहा मृदुल अधखुला अंग।
खिला हो ज्यों बिजली का फूल मेघवन बीच गुलाबी रंग।

'कामायनी' महाकाव्य की इन पंक्तियों में आए अलंकारों को पहचानिए और उनका अर्थ स्पष्ट कीजिए।

5. "आधुनिक कविता में अलंकारों का उतना महत्त्व नहीं रह गया है"— इस कथन के आलोक में समकालीन हिन्दी कविता के सन्दर्भ में अलंकारों की उपादेयता को स्पष्ट करें।
6. आधुनिक स्वातन्त्र्योत्तर कविता से कुछ ऐसे उदाहरण प्रस्तुत करें, जिनमें आपकी की दृष्टि में अलंकारों का सुन्दर प्रयोग हुआ है।
7. कविता, गद्य, विज्ञापन अथवा खेल शब्दावली में नीचे दिए गये अलंकारों का सर्जनात्मक प्रयोग कीजिए :
अनुप्रास, श्लेष, उपमा, उदाहरण, विरोधाभास, असंगति।

भाषा और शैली

बोध-प्रश्न

1. भाषा का रचना से क्या सम्बन्ध हैं ?
2. रचना के आस्वादन में भाषा की क्या भूमिका है ?
3. भाषा-संरचना की व्याकरणिक कोटियाँ कौन सी है ?
4. शब्द में अर्थ का आगमन किस प्रकार होता है ?
5. शब्द के व्याकरणपरक वर्ग कौन-कौन से हैं ?
6. व्युत्पति के आधार पर शब्द कितने प्रकार के हैं ?
7. रूढ़, यौगिक और योगरूढ़ि शब्दों में क्या अन्तर है ?
8. पारिभाषिक शब्द की क्या विशेषताएँ हैं ?
9. शब्द-शक्ति से क्या तात्पर्य है ?
10. अभिधा किसे कहते हैं ?

11. लक्षणा शक्ति से क्या तात्पर्य है ?
12. व्यंजना शक्ति की परिभाषा बतलाइए।
13. लक्षणा शक्ति का रचनात्मक लेखन में क्या महत्त्व हैं ?
14. व्यंजना अर्थ को किस प्रकार व्यापक बनाती है।
15. रचनात्मक लेखन में शब्द के विशिष्ट प्रयोग का क्या प्रयोजन होता है ?
16. क्या शब्दों में पूर्णतः पर्यायवाचिकता सम्भव है ?
17. विशिष्ट शब्द-प्रयोग की शैली के निर्माण में क्या भूमिका है ?
18. शब्द-निर्माण की प्रक्रिया स्पष्ट कीजिए।
19. नये शब्द के निर्माण में उपसर्ग की भूमिका स्पष्ट कीजिए।
20. अर्थ-परिवर्तन में प्रत्यय की क्या भूमिका है ?
21. समास से नये शब्दों का निर्माण किस प्रकार होता है।
22. शब्द निर्माण-प्रक्रिया में अनुकूलन से क्या अभिप्राय है ?
23. रचनात्मक लेखन में 'नवीन शब्द' की क्या अवधारणा है ?
24. भाषा की औपचारिक शैली से क्या तात्पर्य है ?
25. अनौपचारिक शैली की विशेषताएँ बतलाइए।
26. भाषा-प्रयोग के सन्दर्भ में 'क्षेत्रीयता' का क्या अर्थ है ?
27. भाषा के प्रयोग के सन्दर्भ में वर्ग-भेद से किस प्रकार अन्तर आता है ?
28. 'समूहों की भाषा' की मूल अवधारणा क्या है ?
29. मौखिक भाषा-शैली और लिखित भाषा-शैली में क्या अन्तर है ?
30. मानक भाषा से क्या तात्पर्य है ?

अभ्यास प्रश्न :

1. किन्हीं दो गद्य-खण्डों की शैलीगत तुलना कीजिए।
2. प्रेमचन्द और प्रसाद की दो कहानियों की तुलना भाषा, और शब्द-प्रयोग के आधार पर कीजिए।
3. प्रसाद ओर निराला की दो महत्त्वपूर्ण कविताओं की शैलीगत तुलना कीजिए।
4. बीस तत्सम शब्द चुनिए और उनसे बने तद्‌भव शब्द लिखिए।
5. बीस तद्‌भव शब्द चुनिए और उनके मूल शब्द लिखिए।
6. दस पारिभाषिक शब्द लेकर उनसे वाक्य बनाइए।
7. पाँच ऐसे शब्द चुनिए जो एक दूसरे के पर्याय लगते हैं पर प्रयोग के आधार पर उनमें अन्तर है। अन्तर उदाहरणों के द्वारा स्पष्ट करें।
8. कविता अथवा गद्य से अभिधा शक्ति के उदाहरण के लिए पाँच वाक्य चुनिए।
9. प्रसाद की किसी कविता के माध्यम से लक्षणा शक्ति का स्वरूप स्पष्ट कीजिए।

10. निराला या मुक्तिबोध की किसी कविता के आधार पर व्यंजना शक्ति को स्पष्ट कीजिए।
11. समाज के किन्हीं दो वर्गों की भाषाओं की विशेषताओं को दो अनुच्छेदों के उदाहरण में स्पष्ट करें।
12. दो संवाद-स्थितियों की कल्पना कीजिए। इनमें से एक में औपचारिक भाषा-शैली का प्रयोग कीजिए और दूसरी में अनौपचारिक भाषा-शैली का।
13. एक कहानी की कल्पना करते हुए उसके संवादों के माध्यम से मौखिक भाषा-शैली के स्वरूप को स्पष्ट कीजिए।
14. हिन्दी के किसी उपन्यास से ऐसे अंश चुनिए जिसे लिखित भाषा-शैली का उदाहरण कहा जा सके।
15. दस विलोमात्मक युग्म चुनिए।

खण्ड तीन : रचनात्मक लेखन के तत्त्व

कविता : लय, गति, तुक, छन्द और काव्य रूप

अभ्यास प्रश्न :

1. कविता की मूल अवधारणा क्या है ?
2. 'शब्द-चयन' और 'शब्दानुक्रम' से क्या तात्पर्य है ?

परियोजना कार्य

1. 'अनुभावन' से 'रूपायन' तक कविता की यात्रा कैसे घटित होती है ? इसे एक स्वरचित कविता द्वारा समझाने का प्रयास कीजिए।

लय

1. गद्य और पद्य के अन्तर का मूलाधार क्या है ?
2. लय की परिभाषा दीजिए।
3. मनुष्य ने लय को आरम्भ में कहाँ से पहचाना ?
4. कविता की 'अन्तर्वस्तु' और उसके 'रूप' को निर्मित करने वाले कौन से दो घटक हैं ?
5. लय से छन्द का निर्माण किस प्रकार होता है ?
6. कविता की लयों के निर्माण में लोक-धुनों की क्या भूमिका है ?
7. लय के प्रसंग में गति का क्या अर्थ है ?
8. यति लय को किस प्रकार व्यवस्थित करती है ?
9. ताल से क्या तात्पर्य है ?

10. संवेग किस प्रकार लय को जन्म देता है ?

परियोजना

1. निम्नलिखित उद्धरणों की लयात्मक विशेषताओं पर एक-एक टिप्पणी लिखिए और दोनों उद्धरणों की ऐसी विशेषताओं की तुलना भी कीजिए :

(क) *बादल छाये,*
ये मेरे अपने सपने
आँखों से निकले मँडलाये।
बूँदे जितनी
चुनी अधखिली कलियाँ उतनी;
बूँदों की लड़ियों के इतने
हार तुम्हें मैंने पहनाये!
गरजे सावन के घन घिर-घिर,
नाचे मोर बनों में फिर-फिर
जितनी बार
चढ़े मेरे भी तार
छन्द से तरह-तरह तिर
तुम्हें सुनाने को मैंने भी
नहीं कहीं कम गाने गाये।

(ख) *सूनापन सिहरा,*
अँधेरे में ध्वनियों के बुलबुले उभरे
शून्य के मुख पर सलवटे स्वर की,
मेरे ही उर पर, धँसाती हुई सिर,
छटपटा रही हैं शब्दों की लहरें
मीठी है दुःसह!!
अरे, हाँ, साँकल ही रह-रह
बजती है द्वार पर।

2. चौपाई की लय को पहचान कर इस लय में आठ पंक्तियाँ लिखिए।
3. अपने जीवनानुभव के आधार पर पाँच दोहे लिखिए।
4. समकालीन जीवन की विसंगतियों के आधार पर एक कविता लिखिए, भले ही उसमें पारम्परिक छन्द न हो परन्तु एक लयात्मकता उसमें लक्षित की जा सके।

तुक

1. तुक के स्वरूप को स्पष्ट कीजिए।
2. तुक से कविता के प्रभाव में किस प्रकार वृद्धि होती है।
3. पारम्परिक छन्दों और मुक्त छन्द के तुक-विन्यास में क्या अन्तर है ?
4. रदीफ और काफिया किसे कहते हैं ?

1. ''ऐसा ही होता है
   यहाँ हर सफर में।''
   इस पंक्ति को टेक मानते हुए एक गीत की रचना कीजिए, जिसके अन्तरों के समचरणों में तुक की व्यवस्था हो।
2. त्रिलोचन का एक सॉनेट चुनिए और उसकी तुक व्यवस्था पर 10 पंक्तियों में एक टिप्पणी लिखिए।
3. किसी ग़ज़ल के तीन शेर लिख कर उसमें रदीफ और काफिये को स्पष्ट कीजिए।
4. निम्न कविता को पढ़िये और इसकी तुक-व्यवस्था को पहचान कर उसे रेखांकित करके समझाइए :

शब्दों के सुमनों से
अर्थों की गन्धों से
लदी हुई बहती हैं
कागज की नावों-सी
जलपंखी रागिनियाँ।
ललछौंही किरणों से
मधुमय अनुबन्धों से
रांगोली रचती हैं
मौन मुखर चाहों-सी।
सतरंगी रागिनियाँ
धुँधलाते वर्णों के
कुछ बिसरे छन्दों से
स्वप्न-पटल बुनती हैं
खुली हुई बाहों-सी
रेशम-सी रागिनियाँ
आकाशी झरनों से
तन्मय भुज-बन्धों से
शिथिल हुई ढरती हैं

बादलों की छाहों- सी
रसवती रागिनियाँ

5. धूमिल की एक ऐसी मुक्तछन्द कविता चुनिए, जिसमें मध्यवर्ती तुकों का प्रयोग हुआ है। इन तुकों का अर्थ पर किस प्रकार प्रभाव पड़ता है, स्पष्ट कीजिए।

छन्द

1. छन्द का शाब्दिक अर्थ क्या है ?
2. छन्द की परिभाषा देते हुए उसका स्वरूप स्पष्ट कीजिए।
3. छन्द का लय से क्या सम्बन्ध है ?
4. 'मात्रा' से क्या तात्पर्य है ?
5. मात्रिक एवं वर्णिक छन्दों में अन्तर बतलाइए।
6. 'गण' का छन्द से क्या सम्बन्ध है ?
7. मुक्त छन्द का स्वरूप स्पष्ट करें।
8. छन्द कविता को किस प्रकार प्रभावपूर्ण बनाता है ?
9. मुक्त छन्द का हिन्दी में किस कवि ने प्रवर्तन किया। उसकी मुक्त छन्द में रचित किसी एक कविता का नाम बताइए।
10. नीचे दोहा छन्द की एक-एक पंक्ति दी गयी है। इसमें अपनी ओर से एक पंक्ति जोड़कर छन्द को पूरा कीजिए—
    (क) भूल गया मेरा शहर सब ऋतुओं के नाम
    (ख) नायक-खलनायक हुए अब इतने समरूप
    (ग) भूख गाँव में भटकती तन पर फटी कमीज
    (घ) कस्बे में जब से खुली राजनीति की टाल
    (ङ) बीच सड़क पर हो गया कल करुणा का खून
11. निम्नलिखित उद्धरण के लयात्मक प्रवाह को ध्यान में रखते हुए इसकी मुक्त छन्द सम्बन्धी विशेषताओं पर 10 पंक्तियों की एक टिप्पणी लिखिए—

    हम नदी के द्वीप हैं
    हम नहीं कहते कि हमको छोड़कर स्रोतस्विनी वह जाये।
    वह हमें आकार देती है।
    हमारे कोण, गलियाँ, अन्तरीप उभार, सैकत कूल,
    सब गोलाइयाँ उसकी गढ़ी हैं।
    माँ है वह। है, वह इसी से हम बने हैं।
    किन्तु हम हैं द्वीप

हम धारा नहीं हैं
स्थिर समर्पण है हमारा। हम सदा से द्वीप हैं स्रोतस्विनी के।
किन्तु हम बहते नहीं है। क्योंकि बहना रेत होना है।
हम बहेंगे तो रहेंगे ही नहीं।
पैर उखड़ेंगे। प्लवन होगा। ढहेंगे। सहेंगे। बह जाएँगे
फिर हम चूर्ण होकर भी कभी क्या धार बन सकते?
रेत बनकर हम सलिल को तनिक गन्दला ही करेंगे।
अनुपयोगी ही बनाएँगे —अज्ञेय

12. निम्न उद्धरणों की मात्राओं की गणना उन पर चिह्न लगा कर कीजिए और पहचानिए कि इसमें से कौन-सा वर्णिक छन्द है और कौन-सा मात्रिक:

(क) *ओहो मरा यह वराक बसन्त कैसा?*
ऊँचा गला रुँध गया अब अन्त जैसा।
देखो, बढ़ा ज्वर जरा जड़ता जगी है
तो ऊर्ध्व श्वास इसकी चलने लगी है। —मैथिलीशरणगुप्त

(ख) *मैं न गगन हूँ, मैं न मही हूँ*
जिसी नाम से मुझे पुकारो
उसी रूप का बना वही हूँ।
तुम दिखलाते मैं दिख जाता
तुम सिखलाते मैं लिख जाता
कोई सच या झूठ कहे, पर
मैं न गलत हूँ, मैं न सही हूँ। —आचार्य जानकी वल्लभ शास्त्री

(ग) *नील-नलिन-नयना*
मन्थर-गति-मेघ चन्द्र
अविरत-अनिमिष-अतन्द्र
सुरभिमयी—
सुमन-संचयना —देवेन्द्र शर्मा 'इन्द्र'

काव्य-रूप

I अभ्यास प्रश्न :

1. काव्यरूप के वर्गीकरण का क्या आधार है?
2. भारतीय काव्यशास्त्र में काव्य का वर्गीकरण किस आधार पर हुआ है?
3. गीत की कौन-कौन सी प्रमुख विशेषताएँ हैं?

4. आत्मपरक गीत की क्या विशेषताएँ होती हैं ?
5. लोक-शैली के गीतों की प्रमुख पहचान क्या है ?
6. नवगीत का स्वरूप स्पष्ट कीजिए।
7. मुक्तक की क्या प्रमुख विशेषताएँ हैं।?
8. मुक्तक मुख्यत: कितने प्रकार के हैं ?
9. कौन-कौन से छन्द मुक्तक के रूप में अधिक प्रचलित हो गये हैं ?
10. समकालीन दोहा की विशेषताएँ बतलाइए।
11. लम्बी कविता की प्रमुख विशेषताएँ क्या हैं ?
12. कुछ प्रमुख लम्बी कविताओं के नाम बतलाइए।
13. हाइकू कौन-सी भाषा का काव्य-रूप है।
14. लम्बी कविता के प्रेरक तत्त्व कौन-कौन से हैं ?

II अभ्यास-कार्य

1. नीचे एक पंक्ति दी गयी है। इसे गीत में विकसित कीजिए :

   तुम एक बिसरे गीत सा मुझको भुला देना
2. अपने क्षेत्र में प्रचलित किसी लोकधुन पर एक गीत की रचना कीजिए।
3. समकालीन समस्याओं को चित्रित करने वाले गीत की रचना कीजिए।
4. समाज में रिश्तों में आते बदलाव पर एक कविता लिखिए।
5. स्त्री-अस्मिता को आधार बनाकर एक कविता लिखिए।
6. 'बारिश और बच्चे' इस विषय पर एक कविता लिखिए।
7. किसी एक ही विषय पर एक छन्दोबद्ध और एक मुक्त छन्द की कविता लिखिए।
8. एक ऐसी छन्दोबद्ध कविता लिखिए जिसमें वर्तमान जीवन की समस्याओं का चित्रण हो।
9. ग्रीष्म का चित्रण करने वाले पाँच दोहे लिखिए।
10. केवल पाँच पंक्तियों की एक प्रेम कविता लिखिए।
11. 'राम की शक्ति पूजा' और 'अँधेरे में' की दस-दस पंक्तियाँ लीजिए और लम्बी कविता की विशेषताओं के आधार पर इन पर 15 पंक्तियों में एक टिप्पणी लिखिए।
12. अपने आसपास के जीवन या किसी प्रसिद्ध घटना के आधार पर एक पात्र की कल्पना करते हुए एक लम्बी कविता का आरम्भिक रूप तैयार कीजिए।
13. 'सामाजिक न्याय' को केन्द्र में रखते हुए एक कविता लिखिए

नाटक

अभ्यास-प्रश्न

I. (क) नाटक-रचना में किन बातों का ध्यान रचना चाहिए ?

   (ख) संवादों का नाट्य-भाषा में क्या महत्त्व है ?

(ग) नाट्य-भाषा में किन गुणों का होना आवश्यक है ?

(घ) नाट्य-रचना के तीन महत्त्वपूर्ण घटकों-अभिनेता, प्रेक्षक और स्थापत्य का संक्षिप्त विवरण दीजिए। (लगभग 300 शब्दों में)

(ङ) नाट्य-रचना का लक्ष्य किसकी दृष्टि से महत्त्वपूर्ण है—अभिनेता, नाटककार अथ्वा प्रेक्षक ? अपने विचार 300 शब्दों में व्यक्त कीजिए।

II. (अ) लक्ष्मीनारायण लाल के एकांकी 'अखबार' पर प्रेक्षक की दृष्टि से विचार कीजिए।

(आ) एकांकी 'अखबार' के निम्न पक्षों पर विचार कीजिए :

(i) दृश्य-योजना

(ii) पात्र और चरित्र

(iii) संवादों की विशेषाएँ

(iv) भाषा-शैली

(v) कथ्य

(vi) रंगकर्म की दृष्टि से इसके आलेख की विशेषताएँ

(vii) रंगसंभावनाएँ

(viii) ऐसे ही किसी अन्य एकांकी के रचना-शिल्प पर अपने विचार व्यक्त कीजिए। (लगभग 100 शब्द)

(ix) भ्रष्टाचार की समस्या पर किसी अन्य विधा का रूपान्तर (भोलाराम का जीव) अथवा मौलिक नाटक लेखन कीजिए।

* एक 'छड़ी' अथवा 'घड़ी' अभिनेता के विचारों को व्यक्त करने में किन-किन रूपों में सहायक हो सकती है ? नाट्य-रचना के साक्ष्य से उत्तर दीजिए।

* भिखारी, नेता, प्रेमिका, पत्रकार, सेठ, सास-बहू के एकालाप और संवादों की रचना कीजिए।

** निम्न नाट्य-स्थितियों के आधार पर लघु दृश्य-रचना कीजिए :

(i) रेलवे वेटिंग रूम

(ii) म्यूनिसिपल पार्क

(iii) प्ले स्कूल

(iv) बस स्टॉप/डी. टी. सी. बस में यात्रा

(v) स्टॉफ रूम या क्लास रूम

(vi) झुमकियाँ, साड़ियाँ और नारियाँ

(vii) सिगरेट पीना मना है

(viii) सुनामी लहरों के बाद (भावनाट्य)

III. परियोजना-कार्य :

* किसी ज्वलन्त सामाजिक विषय पर लघु रंगनाटक की रचना कीजिए।

कथा साहित्य

अभ्यास-प्रश्न

I. (1) "उपन्यास को आधुनिक जीवन का महाकाव्य इसलिए कहा जाता है क्योंकि आधुनिक समाज में वह महाकाव्य का स्थानापन्न बन चुका है"—इस कथन के आलोक में यह बताने का प्रयास करें कि किस प्रकार उपन्यासों में आधुनिक जीवन अभिव्यक्त होता है ?

(2) उपन्यास के बारे में हिन्दी के मूर्धन्य उपन्यासकारों प्रेमचन्द, जयशंकर प्रसाद, जैनेन्द्र कुमार, अज्ञेय के विचार क्या थे ?

(3) उपन्यास में वस्तु और रूप की संरचना किस तरह की होती है ? 'मैला आँचल' और 'गोदान' उपन्यासों के वातावरण में क्या अन्तर है ? उपन्यास में वातावरण या परिवेश का क्या महत्त्व होता है ?

(4) उपन्यास विचार-प्रधान भी होते हैं और जीवन्त भी—इस कथन के आधार पर हिन्दी उपन्यासों की अलग-अलग सूची बनाएँ।

(5) हिन्दी में अलग-अलग शैलियों में लिखे गये दस उपन्यासों की एक सूची बनाएँ ओर बताएँ कि उनका लेखन किन शैलियों में हुआ है।

(6) हिन्दी की आरम्भिक कहानियों की सूची बनाएँ और यह बताएँ कि प्रेमचन्द की कहानियों से वे कहानियाँ किस अर्थ में अलग थीं ?

(7) हिन्दी की कुछ प्रमुख लम्बी कहानियाँ और छोटे उपन्यासों के नाम लिखें।

(8) कहानी में विचार किस हद तक होना चाहिए ?

(9) हिन्दी में यथार्थवादी कथा-परम्परा से भिन्न कथा-परम्पराओं के बारे में बताएँ ?

(10) हिन्दी में कहानियों की दस प्रमुख पत्रिकाओं के नामोल्लेख करें।

परियोजना

1. हिन्दी के ऐसे उपन्यासों को सूचीबद्ध करें जिनमें साम्प्रदायिकता की समस्या का वर्णन है या जिनमें हाशिए के समाज के जीवन का चित्रण हुआ है।

खण्ड चार : सूचना-तन्त्र के लिए लेखन

सूचना-तन्त्र के लिए लेखन

प्रिण्ट माध्यम

I. अभ्यास-प्रश्न :

(i) रचनात्मक लेखक और पत्रकार का अन्तर बताइए।

(ii) अच्छे पत्रकार की सर्वप्रमुख विशेषता आप किसे मानेंगे ?
(iii) यात्रा-वृतान्त साहित्य की स्वतन्त्र विधा किस कारण बन गयी है ?
(iv) प्रसिद्ध लेखकों के पाँच यात्रा-वृत्तान्तों के नाम बताइए।
(v) साक्षात्कार से क्या तात्पर्य है ?

I. उत्तर लगभग 300 शब्दों में दीजिए :

(क) आप का प्रिय यात्रा-वृत्तान्त।
(ख) अपनी किसी यात्रा का वर्णन कीजिए।
(ग) ह्वेनसांग की यात्रा।
(घ) किसी नये प्रकाशन की समीक्षा कीजिए।
(ङ) 'हंस' पत्रिका पर संक्षिप्त लेख लिखें।
(च) 'चीड़ों पर चाँदनी' पुस्तक की समीक्षा करें।
(छ) किसी एक पर साक्षात्कार : वर्तमान क्रिकेट, भारत-पाक क्रिकेट।
(ज) वृत्त लेख : बाढ़ में बम्बई, धोनी ने धो डाला,
(झ) किसी तात्कालिक विषय पर फीचर लेखन कीजिए।

III. परियोजना-कार्य :

(i) किसी एक विषय पर तीन साक्षात्कार लीजिए। प्रश्न माला तैयार कीजिए।
(ii) प्रेस सम्बन्धी शब्दावली की जानकारी एकत्र कीजिए और प्रयोग का अभ्यास कीजिए।

इलेक्ट्रानिक माध्यम

I. अभ्यास-प्रश्न :

1 इलेक्ट्रानिक माध्यम से आप क्या समझते हैं ? इलेक्ट्रानिक माध्यम कहने से आपको किन-किन माध्यमों का ध्यान आता है ?
2 जनसंचार और इलेक्ट्रानिक माध्यमों के बीच क्या सम्बन्ध होता है ? आपके दृष्टिकोण से कौन-सा माध्यम जनसंचार का सबसे सशक्त माध्यम है ?
3 रेडियो के लिए लेखन और टी. वी. के लिए लेखन में बुनियादी अन्तर क्या होता है ?
4 रेडियो के लिए विज्ञापन और टी. वी. के लिए विज्ञापन लिखने में क्या अन्तर होता है ?
5 रेडियो-लेखन में नयी सम्भावनाओं के बारे में विस्तार से बताइए।
6 रेडिया समाचार सुनने का माध्यम है और टी. वी. समाचार देखने का—

इस कथन के आलोक में टी. वी. और रेडियो के समाचारों का तुलनात्मक अध्ययन प्रस्तुत करें।

7 धारावाहिक लेखन के आवश्यक पहलुओं की चर्चा करें। धारावाहिक लेखन सिनेमा लेखन से किस अर्थ में भिन्न है?

(8) टेलीविजन के लिए गैर-कथात्मक कार्यक्रमों के लेखन में किन पहलुओं का ध्यान रखा जाना चाहिए?

(9) सिनेमा की तुलना अगर कहानी से की जा सकती है, तो धारावाहिक छोटे परदे पर दिखाए जाने वाले उपन्यास की तरह होते हैं—इस कथन के पक्ष या विपक्ष में अपने तर्क प्रस्तुत करें।

(10) अगर आपको टीवी पर किसी प्रमुख हस्ती से बातचीत करनी हो तो आप इस इण्टरव्यू की तैयारी किस प्रकार करेंगे?

(11) टी. वी. रचनात्मक की अनन्त संभावनाएँ पैदा करता है—इस कथन के आलोक में टी. वी. पर दिखाए जाने वाले कार्यक्रम और लेखन की सम्भावनाओं की चर्चा करें।

(12) अपनी पसन्द की किसी एक टी. वी. धारावाहिक की पटकथा का विश्लेषण करें और यह बताएँ कि धारावाहिक लेखन के आवश्यक पहलुओं का उसमें किस तरह पालन किया गया है?

परियोजना

अपने घर में प्रसारित होने वाले टेलीविजन चैनलों का विधानुसार वर्ग बनाएँ और यह बताएँ कि किस वर्ग के चैनल सबसे ज्यादा हैं तथा इसके क्या कारण हो सकते हैं, पता लगाने का प्रयास करें।

खण्ड पाँच : बाल-साहित्य लेखन

बाल-कविता

I. अभ्यास-प्रश्न :

(1) आपके अनुसार बाल-कविता के क्या-क्या पहलू हो सकते हैं?

(2) हिन्दी कवि सूर्यकान्त त्रिपाठी 'निराला', सुभद्रा कुमारी चौहान, रघुवीर सहाय द्वारा रचित बाल-कविताओं का संचयन करें और यह समझने का प्रयास करें कि उनके माध्यम से बाल-कविता के कौन-कौन से पहलू स्पष्ट होते हैं?

(3) बाल-कविता में गीतात्मकता का तत्त्व क्यों आवश्यक समझा जाता है?

(4) ऐसी बाल-कविताओं का संकलन करें जो प्रकृति के अवयवों को सम्बोधित हों।

(5) आजादी-पूर्व कुछ प्रमुख बाल कविता लिखने वाले कवियों का नामोल्लेख करें।

(6) बाल-कविता में मनोविज्ञान की क्या भूमिका होती है ?

(7) बाल-कविता में देशभक्ति की कविता का क्या महत्त्व होता है ?

(8) कुछ ऐसे बाल-गीत अपने स्मरण से लिखिए जिसके माध्यम से कोई कहानी कही गयी हो।

(9) आजकल पत्र-पत्रिकाओं में छपनेवाले बालगीतों का अध्ययन कर यह पता लगाने का प्रयास करें कि उनमें कौन सी प्रवृत्तियाँ मुखरित हैं ?

(10) बाल-कविताओं की आज क्या प्रासंगिकता है ?

बाल नाटक

I. अभ्यास-प्रश्न :

(i) बालनाटक को आकर्षक बनाने वाली विशेषताएँ क्या-क्या हैं ?

(ii) बालनाटक कितने प्रकार के होते हैं ?

(iii) बच्चों की प्रतिभा के विकास में बालनाटक कैसे सहयोगी होते हैं ?

(iv) बच्चों के लिए लेखन में किन बातों का विशेष ध्यान रखना चाहिए ?

(v) बाल नाटकों की सफलता किन बातों पर निर्भर है ?

(vi) शब्द पहेलियों की सार्थकता बताइए।

(vii) कुछ प्रमुख बाल चित्रकथाओं के नाम बताइए ?

(viii) कुछ प्रमुख बालचित्रकथाओं का परिचय दीजिए।

II. उत्तर 300 शब्दों में दीजिए :

(क) दृश्य रचना कीजिए :

* 'बीमार बालक की चिन्ता' 'कक्षा में चुनमुन' और 'चौराहे पर बाल मजदूर।'

(ख) '15 अगस्त 1947 की रात' चित्रकथा के रूप में प्रस्तुत कीजिए।

(ग) खेल और फिल्मों पर आधारित शब्द पहेलियाँ बनाइए।

III. परियोजना

* किसी एक बालकथा पर आधारित बाल नाटक लिखिए।

** 'मूर्ख राजा और बन्दर' चित्रकथा का आलेख तैयार कीजिए।

बाल कहानी

I. अभ्यास-प्रश्न :

1 बच्चों की कहानियों के क्या उद्देश्य होते हैं ?

2 विभिन्न पत्र-पत्रिकाओं में छपनेवाली बाल-कहानियों के आधार पर यह बताएँ कि आजकल किस प्रकार की बाल-कहानियों का प्रकाशन हो रहा है ?

3 हिन्दी के कुछ ऐसे प्रमुख कथाकारों के नाम बनाएँ, जिन्होंने बच्चों के लिए यादगार कहानियाँ लिखी हों।

4 हैरी पॉटर के बारे में यह कहा जाता है कि अपने समय की वह सबसे लोकप्रिय बाल-साहित्य है—इस शृंखला की हिन्दी में अनूदित किसी पुस्तक के आधार पर यह बताएँ कि उसकी लोकप्रियता के क्या कारण हो सकते हैं ?

5 क्या आपको लगता है कि हिन्दी में स्तरीय बाल-साहित्य का अभाव है ?

6 बाल-कहानी के प्रमुख तत्त्व क्या होते हैं ?

7 एन. सी. ई. आर. टी. के पाठ्यक्रम में संकलित बाल कहानियों के आधार पर यह बताएँ कि शिक्षा के अभिगम के रूप में किस प्रकार की बाल कहानियों को पढ़ाया जाता है ?

8 चित्रकथाओं के आधार पर बताएँ कि उनमें बाल कहानियों का स्वरूप क्या होता है ?

9 आपके विचार में बाल-कहानियों से क्या अपेक्षा की जानी चाहिए।

10 क्या लोककथाओं को बाल-कहानी माना जा सकता है ?

चित्रकथा

अभ्यास-प्रश्न :

1. कुछ प्रसिद्ध चित्र-कथाओं के नाम बताइए ?
2. कुछ प्रमुख बालचित्र कथाओं का परिचय दीजिए।
3. 'मूर्ख राजा और बन्दर' चित्रकथा का आलेख तैयार कीजिए।

खण्ड छः : प्रकाशन

लेखक-पाठक सम्बन्ध

अभ्यास-प्रश्न :

1. लेखक रचना क्यों करता है ? इस सम्बन्ध में प्रचलित सिद्धान्तों के आधार पर आप अपनी राय व्यक्त करें।
2. किसी रचना की सफलता-असफलता में पाठक की क्या भूमिका होती है ? पाठक किस प्रकार लेखक से सम्बन्ध स्थापित करता है ?
3. क्या साहित्य को पाठक का मुखापेक्षी होना चाहिए ? इस कथन के

सन्दर्भ में अपने विचार व्यक्त करें।

4. 'जी हाँ हुजूर मैं गीत बेचता हूँ', मैं तरह-तरह के किसिम-किसिम के गीत बेचता हूँ...भवानी प्रसाद मिश्र की इस कविता में किस तरह के लेखकों और पाठकों की बात की जा रही हैं?
5. 'साहित्यिक लेखन स्वांतः सुखाय होता है'—इस कथन पर अपनी राय व्यक्त कीजिए।
6. पाठक किसी साहित्यिक रचना से बतौर पाठक क्यों जुड़ता है? रचना के वे कौन से तत्त्व होते हैं जो पाठक को किसी रचना को पढ़ने की दिशा में प्रेरित करते हैं?

प्रकाशन एवं प्रसारण

अभ्यास-प्रश्न :

1. समाचार पत्र में सम्पादन में किन पहलुओं पर जोर होता है? समाचार पत्र में सम्पादन करते हुए किन बातों का ध्यान रखना आवश्यक होना चाहिए?
2. उपन्यास या किसी अन्य साहित्यिक कृति के सम्पादन में ध्यान रखनेवाली बातें क्या होती हैं।
3. हिन्दी के राष्ट्रीय दैनिकों, यथा—जनसत्ता, हिन्दुस्तान, नवभारत टाईम्स आदि का अध्ययन कर उनकी सम्पादन-पद्धति का तुलनात्मक अध्ययन करें। साथ ही, इस बात का भी गहराई से परीक्षण करें कि उनकी भाषा, उनकी वर्तनी में क्या-क्या अन्तर है?
4. किन्हीं पाँच ऐसे सम्पादकों का नाम बताएँ, जिनके योगदान की समाचार पत्रों की भाषा को लेकर चर्चा की जाती हो?
5. प्रूफ-पठन का किसी रचना के प्रकाशन के सन्दर्भ में क्या महत्त्व होता है?
6. प्रूफ-पठन का अभ्यास।